Robert B. Reich
Die neue Weltwirtschaft

Robert B. Reich

Die neue Weltwirtschaft

Das Ende der nationalen Ökonomie

Büchergilde Gutenberg

Lizenzausgabe für die Büchergilde Gutenberg
Frankfurt am Main und Wien
mit freundlicher Genehmigung des
Ullstein Verlages Frankfurt am Main, Berlin
Titel der amerikanischen Originalausgabe *The Work of Nations*
Published by Alfred A. Knopf, Inc., New York 1991

Ins Deutsche übertragen von Hans-Ulrich Seebohm

Einbandgestaltung Gerlinde Reckels und Ute Weber, Wiesbaden
Satz KCS GmbH, Buchholz bei Hamburg
Druck und Bindung Wiener Verlag, Himberg bei Wien
Printed in Austria · ISBN 3 7632 4321 6

Zum Gedenken an Frances Freshman

Inhalt

Einführung

Das nationale Konzept

Wir durchleben derzeit eine Transformation, aus der im kommenden Jahrhundert neue Formen von Politik und Wirtschaft hervorgehen werden. Es wird dann keine *nationalen* Produkte und Technologien, keine nationalen Wirtschaftsunternehmen, keine nationalen Industrien mehr geben. Es wird keine Volkswirtschaften mehr geben, jedenfalls nicht in dem Sinne, wie wir sie kennen. Alles, was dann noch innerhalb der Grenzen eines Landes verbleibt, sind die Menschen, aus denen sich eine Nation zusammensetzt. Das Grundkapital eines jeden Landes werden die Kenntnisse und Fertigkeiten seiner Bürger bilden. Vorrangige Aufgabe der Politik wird es sein, gegen die Zentrifugalkräfte der Weltwirtschaft anzugehen, die die nationale Bürgerschaft zu zerreißen drohen – indem diejenigen mit den besten Fachkenntnissen und Fertigkeiten reichlich belohnt und die weniger ausgebildeten Hilfskräfte zu einem stetig sinkenden Lebensstandard verurteilt werden. Indem in wirtschaftlicher Hinsicht Landesgrenzen immer bedeutungsloser werden, sehen sich diejenigen Bürger, die die besten Voraussetzungen für ein gedeihliches Auskommen auf dem Weltmarkt mitbringen, versucht, ihre nationalen Bindungen und Verpflichtungen abzuschütteln und sich so von ihren weniger begünstigten Landsleuten abzusetzen. Diese Transformation und die daraus folgende enorme politische Herausforderung sind das Thema meines Buches.

Mit monotoner Regelmässigkeit hören wir vom Bruttosozialprodukt, der nationalen Handelsbilanz, der Wachstumsrate der Volkswirtschaft, der nationalen Arbeitslosenrate, dem Wert des Volksvermögens, der Rentabilität der nationalen Unternehmen. Regierungspolitiker verweisen mit Stolz auf diese Zahlen; ihre Herausforderer bekunden Entsetzen über andere (und manchmal auch die gleichen) Daten. Dies hat sich zu einem regelrechten Volkssport entwickelt.

Jede Veröffentlichung neuer Zahlen führt zu hektischen Spekulationen darüber, ob es uns nun besser oder schlechter geht. Werden wir von einem anderen Land überflügelt? Kommen wir voran? Was bedeutet dies für unsere wirtschaftliche Zukunft? Zahllose sprechende Köpfe treten vor die Fernsehkameras und liefern salbungsvoll die unerläßlichen Antworten.

Die Optimisten deuten stets nach oben: Seht euch die Zahl der neugeschaffenen Arbeitsplätze an! Staunt über die Unmenge von Unternehmensgründungen! Wundert euch, wie viele exotische Patente, zum Beispiel solche zur Herstellung monoklonaler Antikörper, angemeldet werden! Seid stolz auf all das ausländische Kapital, das als Folge davon in unser Land fließt! Die Wirtschaft boomt wie nie zuvor!

Die Pessimisten zeigen nach unten: Beweint den Rückgang der Produktion! Bejammert das Handelsdefizit und unseren riesigen Schuldenberg gegenüber den restlichen Staaten der Welt! Streut Asche auf euer Haupt angesichts des Ausverkaufs nationaler Vermögenswerte an Ausländer! Unsere Wirtschaft bricht zusammen!

Wer hat nun recht? Geht es mit uns bergauf oder bergab? Was haben wir von der Zukunft zu erwarten? Es kommt ganz darauf an, wen man unter »wir« oder »uns« versteht.

Allen derartigen Diskussionen liegt die Annahme zugrunde, daß wir alle gemeinsam in einem großen Boot namens Volkswirtschaft sitzen. Natürlich gibt es auf diesem Boot oder Schiff verschiedene Einkommenshöhen – einige Passagiere bewohnen geräumige Einzelkabinen, während andere sich auf dem Zwischendeck drängeln –, doch alle zusammen steuern wir in die gleiche Richtung. Die Ärmsten und die Reichsten und alle, die sich dazwischen befinden, erfreuen sich der Wohltaten einer blühenden Volkswirtschaft ebenso, wie sie unter den Folgen einer volkswirtschaftlichen Flaute zu leiden haben.

In den Vereinigten Staaten meint man, daß das Boot der Volkswirtschaft von einer Reihe von Amerikanern gesteuert wird: dem Präsidenten, dem Vorsitzenden des Federal Reserve Board (Bundesbank), mehreren tausend Top-Managern der größten US-Unternehmen, den Gewerkschaftsführern und, um diesen Kern herum, den leitenden Angestellten der mittleren und kleineren amerikanischen Unternehmen, den Investoren und Spekulanten sowie einer breiten Palette von Wissenschaftlern, Erfindern und innovativen, risikofreudigen Kleinunternehmern. Amerika hängt von diesen »Steuermännern« ab. Ihr Wissen, ihre Voraussicht und ihr Ehrgeiz machen den Unterschied aus zwischen Prosperität und Stagnation. Natürlich müssen auch die übrigen Amerikaner ihre jeweiligen Aufgaben treu erfüllen. Ein jeder muß hart arbeiten, so viel wie möglich sparen und seinen Kindern ein ähnlich fleißiges und genügsames Verhalten einprägen.

Die Metapher läßt sich auch auf andere Boote übertragen: auf die japanische, die deutsche, die südkoreanische und jede andere Volkswirtschaft der Welt. Alle zusammen bilden dann eine große Flotte von Volkswirtschaften, die gemeinsam ein weites Meer befährt. Die Geschwindigkeit und Sicherheit eines jeden Bootes hängt in gewissem Maße von der Geschwindigkeit und Sicherheit der anderen Boote ab (eine gewisse Koordination ist nötig, damit wir nicht miteinander kollidieren oder gemeinsam auf Grund laufen; auch ergeben sich beträchtliche Vorteile, wenn wir den anderen einige unserer Waren verkaufen und im Gegenzug einige der ihren kaufen), doch jeder weiß auch, daß alle Boote untereinander in einer Regatta konkurrieren, als deren Siegestrophäe die wirtschaftliche Vorherrschaft winkt. Boote, die zu einem Zeitpunkt der Geschichte in Führung liegen, können in anderen Zeiten wieder zurückfallen. Deshalb dürfen wir niemals in unserer Wachsamkeit nachlassen.

So oder ähnlich sehen die meisten Völker rund um den Erdball ihr gemeinsames Wirtschaftsleben. »Öffentliches Interesse« wird gleichgesetzt mit wirtschaftlichem Wachstum, »Gemeinwohl« mit blühender Volkswirtschaft. Wenn schon nicht durch einen räuberischen Feind von außen, so doch wenigstens durch ein gemeinsames wirtschaftliches Schicksal wird unser Volk zusammengehalten. Das Wohlergehen eines jeden von uns hängt von der wirtschaftlichen Leistungsfähigkeit unseres Landes ab, diese wiederum davon, wie effizient die Ressourcen des Landes entwickelt und mobilisiert werden.

Die Klarheit und Eingängigkeit dieser Vorstellung sind deren einzige Tugenden. Das Problem ist: Sie stimmt hinten und vorne nicht.

MANGELS ERINNERUNGSVERMÖGENS sind wir, nach Santayana, dazu verdammt, die Fehler der Vergangenheit zu wiederholen. Doch übermäßiger Verlaß auf das Gedächtnis kann gleichermaßen nachteilig sein. Die Fixierung auf das, was einmal war, kann uns blind machen für das, was ist, kann den Blick für Veränderungen trüben. In Fragen der wirtschaftlichen und gesellschaftlichen Organisation sind wir besonders anfällig für »rudimentäres« Denken. Da nur wenige von uns Gelegenheit haben, die Gesellschaft als Ganzes zu sehen, lernen wir, uns auf Bilder der Vergangenheit zu verlassen. Einige dieser Bilder können außerordentlich hartnäckig sein – besonders solche, die am hübschesten anzuschauen sind. Doch ein überholtes Bild kann zu gefährlichen Irrtümern führen.

Genau das ist der Fall bei unserem Bild von dem volkswirtschaftlichen Boot, in dem wir alle zusammen dahinsegeln. Früher entsprach dieses Bild den Tatsachen, heute nicht mehr. Das Festhalten daran hat zu einer trügerischen Fehldiagnose ökonomischer und sozialer Probleme und kommender Herausforderungen geführt und die Diskussion über nationale Zielgebungen verzerrt. Wirtschaftspessimisten und -optimisten befinden sich auf dem gleichen Holzweg. Beide gehen von den falschen Voraussetzungen aus.

An Warnungen, daß sich die Gegebenheiten geändert haben, hat es nicht gefehlt. Einige Symptome dieser Veränderungen sind leicht zu erkennen, in den Vereinigten Staaten wie auch anderswo. Zum Beispiel hat es sich herumgesprochen, daß Großkonzerne längst nicht mehr so profitabel sind wie noch vor fünfundzwanzig Jahren. Nach Spitzengewinnen von fast zehn Prozent im Jahr 1965 ging die durchschnittliche Nettoprofitrate der größten Industrieunternehmen Amerikas im Laufe der siebziger Jahre zurück, stieg zwischen 1982 und 1985 wieder etwas an und setzte dann ihren Abwärtstrend fort. Inflationsbereinigt lag der höchste Dow-Jones-Aktienindex der Industriewerte während der boomenden achtziger Jahre im August 1987 sogar noch unter dem früheren Spitzenindex vom Januar 1966.

Zwischen 1975 und 1990 schufen überdies die 500 größten Industrieunternehmen der Vereinigten Staaten keinen einzigen neuen Arbeitsplatz, und ihr Anteil an der Gesamtzahl der im zivilen Sektor tätigen Arbeitnehmer fiel im gleichen Zeitraum von 17 auf weniger als 10 Prozent.

Die Zahl der Gewerkschaftsmitglieder ist auf einen vergleichsweise geringen Prozentsatz der erwerbstätigen Bevölkerung zurückgegangen. Gehörten 1960 noch 35 Prozent aller außerhalb der Landwirtschaft tätigen Erwerbspersonen in Amerika einer Gewerkschaft an, so waren es 1990 nur noch 17 Prozent. Ohne den öffentlichen Dienst betrug der gewerkschaftlich organisierte Anteil der erwerbstätigen Bevölkerung kaum mehr als 13 Prozent – weniger als in den frühen dreißiger Jahren, bevor durch den National Labor Relations Act das Recht auf gewerkschaftliche Vertretung geschaffen wurde.

Auch wird man sich immer mehr bewußt, daß ein stetig wachsender Anteil amerikanischer Produktionsmittel in ausländische Hände übergeht. Noch 1977 befanden sich wertmäßig erst 3,5 Prozent der Produktionskapazitäten der USA im Besitz von Nichtamerikanern. 1990 übten Ausländer bereits die effektive Kontrolle über 11 Prozent der US-Industrie aus und beschäftigten über 10 Prozent der in der industriellen Fertigung tätigen Arbeitnehmer. Gleichzeitig kommt es zu abenteuerlichen Zuwachsraten bei den Investitionen amerikanischer Unternehmen im Ausland. Zwischen 1980 und 1990 lagen die Steigerungsraten amerikanischer Investitionen für neue Fabrikationsstätten und -anlagen sowie für Forschung und Entwicklung im Ausland höher als in den Vereinigten Staaten.

Geld, Technologien, Informationen und Waren überschreiten Grenzen mit nie dagewesener Leichtigkeit. Die Kosten für Warentransport und Kommunikation verringern sich rapide. Der Kapitalverkehr unterliegt in den meisten industrialisierten Ländern immer weniger Kontrollen, Handelsbarrieren werden abgebaut. Sogar Dinge, deren Ein- und Ausfuhr die Regierung gern unterbinden würde (Drogen und illegale Einwanderer im einen, Geheimwaffen im anderen Fall), finden ihren Weg.

Gleichzeitig wird die Kluft zwischen den Bezügen der Firmenmanager und denen der ihnen unterstellten Arbeiter immer größer. 1960 verdiente der Generaldirektor eines der hundert größten Industrie- und Handelsunternehmen der Vereinigten Staaten etwa vierzigmal soviel wie einer seiner Arbeiter. Nach Abzug der Steuern verblieb ihm nur zwölfmal soviel wie dem Arbeiter. Ende der achtziger Jahre jedoch verdiente der Top-Manager (in selteneren Fällen: die Managerin) im Durchschnitt über zwei Millionen Dollar pro Jahr – 93mal soviel wie der Fabrikarbeiter. Nach Abzug der Steuern blieb ihm immer noch siebzigmal mehr als dem durchschnittlichen Fabrikarbeiter.

Dieser Divergenz entspricht eine wachsende Ungleichheit in den Einkommen der Amerikaner insgesamt. Zwischen 1977 und 1990 ging das durchschnittliche Bruttoeinkommen des ärmsten Fünftels der Amerikaner um etwa fünf Prozent zurück, während das reichste Fünftel um etwa neun Prozent zulegte. Am stärksten haben sich die Einkommensunterschiede zwischen College-Absolventen und High-School-Abgängern beziehungsweise Studienabbrechern bemerkbar gemacht – ein Trend, der nicht nur in den Vereinigten Staaten, sondern auch in vielen anderen Industriestaaten zu beobachten ist.

Die Divergenz der Einkommen hängt auch davon ab, wo man lebt. Bis in die späten siebziger Jahre, als die Industrie auch in die weniger entwickelten Gebiete der Vereinigten Staaten vorstieß, näherten sich die Einkommen in den verschiedenen Städten und Bundesstaaten langsam einander an. Seitdem hat sich der Trend jedoch wieder umgekehrt. Relativ reiche Städte und Bundesstaaten sind noch wohlhabender geworden, während die armen im Vergleich dazu immer ärmer werden. Solche regionalen Unterschiede nehmen auch in vielen anderen Ländern zu: zwischen Tokio und den abseits gelegenen Präfekturen Japans, zwischen Südengland und den Midlands, zwischen Italiens wohlhabendem Norden und rückständigem Süden.

All diese Symptome des Wandels beruhen auf der gleichen Ursache, die ich auf den folgenden Seiten eingehender untersuchen will.

Wir Amerikaner sitzen, wirtschaftlich gesehen, nicht länger im selben Boot (und gleiches gilt für die Angehörigen anderer Nationen). Dennoch steckt dieses Bild weiterhin in unseren Köpfen, denn es gibt Halt, vermittelt den Eindruck nationaler Solidarität und Zielgebundenheit: Wenn wir alle im selben Boot sitzen, können wir uns in Zeiten der Not aufeinander verlassen.

ZIEL DIESES BUCHES IST ES, ein neues Bild zu entwerfen, eines, das die Realitäten der sich herauskristallisierenden neuen Weltwirtschaft und der in ihrer Folge entstehenden neuen Gesellschaftsformen besser widerspiegelt. Da fast sämtliche Produktionsfaktoren – Geld, Technologien, Fabrikanlagen und -ausrüstungen – mühelos Grenzen überschreiten können, wird das Konzept einer nationalen Wirtschaft praktisch bedeutungslos, ebenso das Konzept nationaler Unternehmen, nationalen Kapitals, nationaler Erzeugnisse und nationaler Technologien. Von einem ähnlichen Wandel sind alle Staaten mehr oder minder intensiv betroffen – siehe nur Europa, das sich rasant auf die wirtschaftliche Einheit zubewegt.

Wer also sind »wir«? Die Antwort liegt in dem einzigen Aspekt einer Volkswirtschaft, der international relativ unbeweglich ist: das Arbeitskräftepotential, das Volk. Die wahre wirtschaftliche Herausforderung, die in den nächsten Jahren auf die Vereinigten Staaten zukommt – und das gilt gleichermaßen für jedes andere Land –, besteht darin, den potentiellen Wert dessen zu erhöhen, was die Bürger zur Weltwirtschaft beitragen können, indem man ihre Kenntnisse und Fertigkeiten erhöht und die Möglichkeiten verbessert, sich mit diesen Kenntnissen und Fertigkeiten auf dem Weltmarkt zu behaupten.

Hier geht es nicht um die Herausforderung der »nationalen Wettbewerbsfähigkeit«, wie sie üblicherweise verstanden wird. Es hat sich für die Vereinigten Staaten – und für jedes andere Land – mittlerweile erübrigt, ihre Unternehmen vor Konkurrenz zu schützen, zu subventionieren oder sonstwie zu unterstützen, wie es bisweilen gefordert wird. Auch gibt es keinen Grund mehr, die öffentlichen Ausgaben zu reduzieren oder Steuern zu ermäßigen, damit die Bürger mehr Geld investieren – ein beliebtes Argument bei jenen, die mit fast religiöser Inbrunst das Prinzip der freien Marktwirtschaft verfechten. Weder die Rentabilität der Unternehmen eines Landes noch die Erfolge seiner Investoren tragen zur Verbesserung des Lebensstandards der Mehrheit der Bevölkerung bei. Unternehmen und Investoren grasen heute die ganze Welt nach profitablen Gelegenheiten ab und verlieren dadurch immer mehr die Verbindung zu ihrem jeweiligen Heimatland.

Konventionelle Diskussionen über Wirtschaftsfaktoren – Bruttosozialprodukt, Wirtschaftswachstum, Wettbewerbsfähigkeit eines Landes – sind ebenso unerheblich wie wirtschaftliche Zukunftsprognosen. Die Optimisten haben recht – jedoch nur bezüglich eines geringen Teils der Beschäftigten Amerikas, desjenigen nämlich, der innerhalb der Weltwirtschaft immer wertvoller wird. Weil diese Amerikaner es an Wissen in jeder Hinsicht mit den talentiertesten Japanern und Europäern aufnehmen können und weil sie ihr Wissen erfolgreich rund um den Erdball verkaufen, ist es verfehlt, von einer »japanischen Herausforderung« oder einem »Wiederaufstieg Europas« zu reden. Andererseits trifft die Prognose der Pessimisten für den Großteil der übrigen Amerikaner zu, vernachlässigt jedoch diese florierende Minderheit, die einen der größten Erfolge der modernen Wirtschaftsgeschichte repräsentiert.

Die eigentliche Frage betrifft die Zukunft der amerikanischen (oder jeder anderen) *Gesellschaft* – im Unterschied zur amerikanischen Wirtschaft – und das Schicksal der Mehrheit von Amerikanern, die aus dem globalen Wettbewerb als Verlierer hervorgehen. Die Antwort wird davon abhängen, ob noch genügend Interesse an einer amerikanischen Gesellschaft vorhanden ist, um in uns allen – insbesondere in den Bevorzugtesten und Erfolgreichsten unter uns – Opferbereitschaft zu wecken, um für die Mehrheit verlorenen Boden wiederzugewinnen und sie in vollem Umfang an der Weltwirtschaft teilhaben zu lassen. Mit der gleichen Frage des Verantwortungsbewußtseins sehen sich alle Nationen konfrontiert, deren Wirtschaftsgrenzen im Schwinden begriffen sind.

Es ist nicht so sehr eine Frage der nationalen Sicherheit. Durch moderne Technologien sind die globalen Machtverhältnisse nicht mehr so klar umrissen wie früher. Sogar relativ arme Staaten können sich heute Waffen von gewaltiger Zerstörungskraft leisten. Es ist vielmehr eine Frage der nationalen Zielsetzung. Sind wir noch eine nationale Gesellschaft, auch wenn wir keine nationale Wirtschaft mehr sind? Gibt es außer dem Bruttosozialprodukt noch etwas anderes, was uns zusammenhält? Oder hat die Idee des Nationalstaates als Gemeinschaft von Menschen, die eine gewisse Verantwortung für ihr gegenseitiges Wohlergehen miteinander teilen, ausgedient?

TEIL I

Die Wirtschaftsnation

Die Ursprünge des Wirtschaftsnationalismus

In einer zivilisierten Gesellschaft sind wir alle voneinander abhängig.

SAMUEL JOHNSON,
aus *Boswell's Life of Samuel Johnson* (1791)

DAS UNS VERTRAUTE BILD einer Volkswirtschaft, deren Mitglieder Erfolge wie Mißerfolge brüderlich teilen, wäre den Menschen des 17. Jahrhunderts noch als etwas völlig Neuartiges erschienen – sogar in Europa, wo der Gedanke des Nationalstaates am weitesten entwickelt war. Vor Beginn des 18. Jahrhunderts betrachteten nur wenige Könige, Staatsmänner oder Staatsphilosophen die Nation als notwendigerweise mit dem Wohlergehen ihrer Bevölkerung verbunden, geschweige denn dafür verantwortlich. Der Reichtum eines Landes betraf immer nur den Reichtum der Herrschenden – der Könige und Königinnen und deren Gefolgsleute, die verschiedene Pläne ausheckten, finanzierten und durchführten, um Reichtümer ferner Länder an sich zu bringen und damit wiederum Kriege zu finanzieren, mit denen sie ihre Macht auszuweiten trachteten – und nicht den Wohlstand der gewöhnlichen Bürger des Landes. Patriotismus bedeutete Aufopferung für den Monarchen, nicht für den Mitbürger.

Im 17. Jahrhundert wandte der Marquis Colbert, Finanzminister Ludwigs XIV., Techniken zur Stimulierung der französischen Wirtschaft an, die praktisch identisch sind mit denen, die heute von Japanern, Koreanern, Taiwanern, Deutschen, Franzosen oder jedem Gouverneur eines amerikanischen Bundesstaates, der etwas auf sich hält, angewandt werden: Er finanzierte den Bau von Straßen und Kanälen; er gewährte Frankreichs geachtetsten Fabrikanten (den Herstellern von Seidenstoffen, Wandteppichen, Glas- und Wollwaren) Subventionen und Steuererleichterungen; er begründete eine Handelsgesellschaft (die Französische Ostindien-Kompanie), die französische Erzeugnisse bis ans Ende des Erdballs tragen sollte; er traf Maßnahmen zur Qualitätssicherung, um den Verkauf französischer Waren im Ausland zu fördern; und ganz allgemein förderte er den Export und hemmte den Import. Doch im Gegensatz zu seinen modernen Nachahmern bestand Colberts Motiv nicht darin, den Lebensstandard des französischen Durchschnittsuntertanen zu heben; vielmehr erdachte er diesen Plan, um Silber anzuhäufen, mit dem Ludwig XIV. Kriege finanzieren und ein großes stehendes Heer unterhalten konnte. Für Colbert lag die Logik auf der Hand: »Jeder ist sich darüber im klaren, daß Macht und Größe eines Staates ganz und gar an der Menge des Silbers gemessen werden, die er besitzt.«[1] In diesem merkantilistischen Spiel war mit dem Aufstieg eines Landesherrn notwendigerweise der Fall eines anderen verbunden, denn der Sinn der Übung bestand ja gerade darin, mehr Macht als der potentielle Gegner zu gewinnen. »Es ist klar, daß ein Land nur gewinnen kann, wenn ein anderes Land verliert«, notierte Voltaire.[2]

Der Merkantilismus war bereits drei Jahrhunderte lang das Leitprinzip nationaler Wirtschaftspolitik gewesen. Bereits im Jahre 1462 hatte Ludwig XI. von Frankreich den Export »von Gold und Silber, in Münz- oder anderer Form, welches aus diesem unserem Land gewonnen, mitgeführt und transportiert werden könnte« nach Rom verboten.[3] Und jahrhundertelang wurde die Entwicklung der Manufaktur (in der Sprache eines von Heinrich IV. vor 1603 ergangenen Ediktes) betrachtet als »der einzige Weg, den Transport von Gold und Silber aus Unserem Königreich zu verhindern, um unsere Nachbarn zu bereichern«.[4] Durch Produktion des Eigenbedarfs im eigenen Land konnte man Edelmetalle im Lande behalten; durch den Export von Fertigerzeugnissen konnte man noch mehr Edelmetalle anhäufen.

Derselben merkantilistischen Logik zufolge dienten Englands amerikanische Kolonien, wie die Kolonien aller Großmächte, allein dem Zweck, den Reichtum des Herrschers zu vergrößern. Sie sollten billiges Rohmaterial zur Verfügung stellen und dann im Mutterland die Fertigerzeugnisse kaufen. Unter keinen Umständen sollten die Kolonien eigene Fertigerzeugnisse herstellen oder sie aus Drittländern beziehen. (Im Zusammenhang mit einem pennsylvanischen Gesetz zur Subventionierung der Schuhproduktion in der Kolonie und einem Gesetz zur Unterstützung der Leinweberei in Massachusetts stellten die englischen Aufsichtsbeamten kurz und bündig fest: »Eine Gesetzgebung in den Plantagen zur Förderung von Manufakturen, welche in irgendeiner Weise die Manufaktur in diesem Königreich behindert, ist immer als unzulässig angesehen und stets verhindert worden.«[5]) Im Rahmen der Navigationsakte von 1651 (ergänzt 1660, 1663 und 1673) verfügte England des weiteren, daß nur englische Schiffe den transatlantischen Güterverkehr abwickeln durften.

Natürlich gab es andere Gründe, warum die amerikanischen Kolonien letztendlich die Unabhängigkeit von England suchten, doch hätten sie die Möglichkeit gehabt, ihre eigenen wirtschaftlichen Aktivitäten ungehindert von Englands merkantilistischen Forderungen zu entwickeln, wäre die Trennung viel später und wahrscheinlich auch friedlicher vollzogen worden.

Der Übergang vom Merkantilismus zu einem »volks«wirtschaftlichen Nationalismus ging einher mit dem politischen Übergang vom Absolutismus zur Demokratie – ein Übergang, der sich schubweise vom 18. bis zum 20. Jahrhundert vollzog und der, wie ein heutiger Beobachter Lateinamerikas, Osteuropas oder der ehemaligen Sowjetunion mutmaßen könnte, noch längst nicht abgeschlossen ist. Mit der Ausbreitung demokratischer Ideen und Institutionen wechselte das vorrangige wirtschaftliche und politische Ziel von der Machtsteigerung des Potentaten zur Hebung des Wohlstands der Bevölkerung des Landes. In einem Großteil Westeuropas und der amerikanischen Kolonien ging der Anstoß für den Wandel von einer aufsteigenden kommerziellen Klasse von Handelsherren und Bankiers aus, die ihren Besitz sichern, freien Handel treiben und den Privilegien der Aristokratie ein Ende setzen wollten. In Mittel- und Osteuropa entstand der Wirtschaftsnationalismus größtenteils aus dem Bemühen, fremdländische Unterdrücker loszuwerden.

Die Entwicklung setzte zuerst in England ein, wo moderne demokratische Institutionen am frühesten Fuß faßten. Im 18. Jahrhundert entwickelte sich das Unterhaus zu dem, was der Staatsphilosoph Edmund Burke eine »vom Endzweck des großen Ganzen« geleitete »beratende Versammlung«[6] nannte. Für Burke und eine wachsende Zahl seiner Mitbürger stellte die Nation einen »Kontrakt« dar – eine Art »Gemeinschaft zwischen denen, welche leben, denen, welche gelebt haben, und denen, welche noch leben sollen«[7]. Es war dies eine moralische Partnerschaft; die Bürger hatten untereinander Verpflichtungen. Demokratische Institutionen bildeten ein Mittel, um solche Verpflichtungen gleichzeitig aufzuerlegen und zu erfüllen. Der englische Philosoph John Stuart Mill führte an, Demokratie kultiviere moralische Bindungen »durch Herstellung der größtmöglichen Öffentlichkeit und Aussprache, wodurch nicht nur einige wenige aufeinanderfolgende Individuen, sondern in gewissem Umfang die gesamte Öffentlichkeit an der Regierung beteiligt wird«[8]. Demokratische Institutionen schufen, kurz gesagt, gute Bürger.

Das ganze 18. Jahrhundert hindurch machte in England und auf dem Kontinent der Begriff »Patriot« mit zunehmender Häufigkeit die Runde. Ein Patriot war »derjenige, der unter einer freien Regierung sein Vaterland in Ehren hält ... oder, genauer gesagt, das öffentliche Wohl«[9]. Der englische Philosoph (und gescheiterte Staatsmann) Bolingbroke kündigte den Wandel in seinem 1730 erschienenen Essay »The Spirit of Patriotism« an, in dem er bemerkte, daß jeder Bürger, der ein wahrer Patriot sei, »all sein Denken und Handeln dem Wohl seines Landes widmen« würde – das heißt »dem Wohl des Volkes«, worin er »das höchste und eigentliche Ziel des Regierens« sah.[10]

Der demokratische Patriotismus erwies sich als eine viel mächtigere Kraft als die Loyalität gegenüber dem Potentaten. Der Gedanke, sein Leben und Eigentum einem Monarchen zu opfern, der in einem fernen Schloß ein Leben in Luxus führt, schien sehr viel weniger ansprechend (und weniger vernünftig), als dieses Opfer für seine Nation darzubringen. Diese neue Empfindung fand ihren Ausdruck in Nationalhymnen, -flaggen und -feiertagen.

Monarchen wurden zum Symbol der Nation und nicht mehr umgekehrt. »God Save the King«, zum erstenmal 1745 im Londoner Drury Lane Theatre gesungen, hatte weniger mit Liebe zum König als mit Vaterlandsliebe zu tun. Joseph Haydn, der sich 1791/92 und noch einmal 1794/95 in London aufhielt, war so beeindruckt von der gefühlsmäßigen Wirkung des Liedes auf die Engländer, daß er nach seiner Rückkehr in Wien die Musik zur österreichischen Kaiserhymne (»Gott erhalte Franz den Kaiser«) schrieb, die 125 Jahre später, mit dem Text von Hoffmann von Fallersleben (»Deutschland, Deutschland über alles«, 1841) versehen, zur deutschen Nationalhymne wurde. Um die Entstehung dieser Hymnen wie auch der Nationalflaggen rankten sich bald Legenden. Nationale Gesetzbücher und Verfassungen wurden zu geheiligten Dokumenten wie die Gesetzestafeln Moses.

Die Französische Revolution und die darauffolgenden Napoleonischen Kriege verliehen dem Patriotismus zusätzlichen Schwung. Die Völker Mittel- und Osteuropas hatten zwar bereits begonnen, sich auf ihre eigenen Kulturen zu besinnen, teils in Reaktion auf die politische Vormachtstellung Österreichs und der Türkei und die kulturelle Dominanz der Franzosen.[11] Frankreichs blutige Revolution jedoch, gefolgt von den vorrückenden Armeen Napoleon Bonapartes, ließ viele Volksgruppen sich ihrer nationalen Identität nun erst recht bewußt werden. Giuseppe Mazzini, Moralphilosoph und Politiker, erklärte seinen italienischen Landsleuten, ihre Pflichten gegenüber der Nation seien zwischen denen gegenüber Gott und denen gegenüber der Familie anzusiedeln. Johann Gottlieb Fichte verkündete, der deutsche Geist sei edler als der jeder anderen Nation. Die Brüder Grimm, Begründer der modernen vergleichenden Sprachwissenschaft, durchreisten Deutschland auf der Suche nach deutschen Volksmärchen – dem *Volksgeist* Deutschlands. In den folgenden Jahrzehnten breitete sich das Nationalbewußtsein in ganz Europa aus: Polen, Madjaren (Ungarn), Russen, Tschechen,

Slowaken, Ruthenen (Ukrainer), Rumänen, Serben, Kroaten, Griechen – sie alle bildeten ihr eigenes Nationalbewußtsein aus, auch wenn sie über keinen eigenen Nationalstaat verfügten.

Patriotische Bürger waren bessere Soldaten als bezahlte Söldner, zumal wenn es galt, das Vaterland zu verteidigen. Auch waren demokratische Regierungen auf engagierte und gebildete Bürger angewiesen. Aus diesen und anderen Gründen wurde die Schaffung von »guten Bürgern« zum legitimen nationalen Ziel erklärt. Seit den letzten Jahrzehnten des 19. Jahrhunderts wurde in Europa und Amerika von den Kindern erwartet, daß sie die kostenfreien öffentlichen Schulen besuchten, um die Geschichte und die Helden ihres Landes zu studieren und die Landessprache richtig schreiben und sprechen zu lernen. Um die Jahrhundertwende hatte sich die allgemeine Schulbildung bis nach Rußland hinein durchgesetzt.

DIE VORSTELLUNG, DASS sich die Bürger eines Landes die Verantwortung für das allgemeine wirtschaftliche Wohlergehen teilten, war ein natürlicher Nebeneffekt dieses aufkeimenden Patriotismus. Das einflußreichste Buch des 18. Jahrhunderts, verfaßt von dem schottischen Moralphilosophen und Volkswirtschaftler Adam Smith, trug nicht zufällig den Titel *An Inquiry into the Nature and Causes of the Wealth of Nations**. Darin brachte Smith all die Hauptgedanken zum Ausdruck, die konservative und liberale Politiker und Volkswirtschaftler seitdem immer wieder aus der Schublade hervorgeholt haben. Aber Smith war kein Kosmopolit. Er schrieb zwar über universale Wirtschaftsgrundsätze, doch war sein Bezugsrahmen entschieden *national*. Er verurteilte den englischen Merkantilismus nicht, weil er den Reichtum anderer Nationen einschränkte, sondern weil er die Ursache dafür war, daß es Englands Bürgern schlechter ging, als es sonst der Fall gewesen wäre.

Im Prinzip hatte Smith auch nichts gegen Eingriffe der Regierung einzuwenden, wenn es das Nationalinteresse erforderte. Er war der

* Erschienen 1776; Titel der dreibändigen deutschen Ausgabe von 1794/96: *Untersuchung über die Natur und die Ursachen des Nationalreichthums.*

Meinung, die Navigationsakte sei »möglicherweise die weitsichtigste aller britischen Handelsgesetze« gewesen, denn »äußere Sicherheit [ist] wichtiger als Reichtum«, und Britannien solle sein Weltreich ausdehnen, indem es Inseln von »den Falklands bis zu den Philippinen« in Besitz nehme[12] (Ansichten, denen sich Margaret Thatcher ohne weiteres hätte anschließen können). Was nun die Produktion betraf, von der der Reichtum eines Landes hauptsächlich abhing, so erkannte er hier zwei inhärente Determinanten: erstens den erwerbstätigen Anteil der Bevölkerung und zweitens »das Geschick, der Sachverstand und das Urteilsvermögen, mit denen die Arbeitskraft gewöhnlich eingesetzt wird«[13] – Faktoren, die auch heute noch so entscheidend sind wie vor über zweihundert Jahren.

Die meisten Länder, die England wirtschaftlich nachhinkten, folgten aktiveren Vorstellungen, wie der Reichtum ihrer Bevölkerungen zu vergrößern sei, doch lagen diesen die gleichen elementaren Ziele zugrunde. Einer der einflußreichsten Pläne wurde im Dezember 1791 von Alexander Hamilton, Amerikas erstem Finanzminister unter George Washington, vorgelegt. Hamiltons »Bericht zum Gegenstand der Manufakturen« war einer von vier Berichten, die er dem jungen Kongreß der Vereinigten Staaten vorlegte, und der einzige, dessen Anträge vom Kongreß verworfen wurden, weil sie eine zu mächtige Zentralregierung forderten. Doch seine Argumente dafür, warum die Nation als Ganzes die Entwicklung der Industrie unterstützen sollte, hallten in Amerika und vielen anderen Ländern noch zwei Jahrhunderte lang nach: Eine starke Produktionsbasis würde »Staatseinnahmen und Volksvermögen« insgesamt vermehren, würde Arbeitsplätze schaffen und dadurch die Immigration anregen, würde ausländisches Kapital anziehen und das Land unabhängiger und sicherer machen. Eine allein auf landwirtschaftliche Produktion gegründete Wirtschaft würde zu »einem Zustand der Verarmung [führen], gemessen an dem Überfluß, den anzustreben [unsere] politischen und natürlichen Vorzüge [uns] gestatten«[14].

Doch eine starke industrielle Basis konnte sich nicht von allein entwickeln. Hamilton warnte davor, daß kleine Fabrikanten in den Vereinigten Staaten niemals den Vorsprung der größeren und fortschrittlicheren Produzenten Europas aufholen könnten, wenn sie nicht geschützt und subventioniert würden, zumindest zeitweise. Es gebe »keinen Zweck, zu dem öffentliche Gelder vorteilhafter eingesetzt werden können als zum Erwerb eines neuen und nutzbringenden Industriezweiges; kein wertvolleres Ansinnen als eine permanente Erweiterung des Grundstocks an produktiven Arbeitskräften«. Deshalb »liegt es im Interesse der Allgemeinheit... sich in den zeitweiligen Kostenaufwand zu fügen – der mehr als kompensiert wird durch den Zuwachs an Arbeit und Wohlstand; durch eine Vermehrung der Ressourcen und der Unabhängigkeit; und durch den Umstand späterer Billigkeit«.[15]

Hamilton drängte gleichermaßen auf Zölle für ausländische Erzeugnisse wie auf Subventionen für einheimische Hersteller, gab jedoch letzteren den Vorzug, was er damit begründete, daß sich Subventionen abbauen ließen, wenn sie nicht länger vonnöten seien, während Zölle dazu tendierten, auch dann noch weiterzubestehen, wenn sie ihre Rechtfertigung längst verloren hatten. Außerdem ermöglichten Zölle den einheimischen Herstellern, ihre Preise nach Belieben festzusetzen, ohne sich sorgen zu müssen, von einem ausländischen Konkurrenten unterboten zu werden. Ironischerweise war gerade sein vorsichtiger, mit Einschränkung versehener Ruf nach Schutzzöllen derjenige Aspekt in Hamiltons Plan, der im 19. Jahrhundert am meisten Aufmerksamkeit auf sich zog.

ABGESEHEN VON DER SKLAVEREI wurden die Zolltarife zur umstrittensten ökonomischen Frage im Amerika des 19. Jahrhunderts. (Auch unter Akademikern wurde heftig darüber debattiert; einige Universitäten, wie die University of Pennsylvania, verboten ihren Wirtschaftswissenschaftlern, den Freihandel zu propagieren, während andere dessen Unterstützung verlangten. Die Cornell University konnte sich offenbar nicht entscheiden und berief zwei Dozenten, von denen einer den Freihandel und der andere die Protektion befürwortete.) Kleinere Fabrikanten in den New-England-Staaten, in New York und Pennsylvania, die vor dem Import europäischer Fabrikerzeugnisse abgeschirmt werden wollten, argumentierten, die zukünftige wirtschaftliche Größe des Landes hinge vom Zolltarif ab, während andererseits die Farmer des Südens, die landwirtschaftliches Gerät so billig wie möglich erwerben wollten, den Zolltarif – in den selbstgerechten Worten des konservativen Südstaatenpolitikers John C. Calhoun aus South Carolina – als »eine immense Steuerbelastung für einen Teil der Gemeinschaft« betrachteten, »um die Taschen eines anderen [Teils] zu füllen«[16].

In den westlichen Grenzstaaten betrachtete man die Zolltarife als eine potentielle Geldquelle zur Verbesserung der Infrastruktur, wie zum Beispiel zum Bau von Kanälen und Mautstraßen. »Ohne den Auslandsmarkt vernachlässigen zu wollen«, so der liberale Politiker Henry Clay aus Kentucky, »sollten wir auch einen einheimischen Markt schaffen, um dem Konsum amerikanischer Industrieerzeugnisse eine breitere Basis zu verschaffen. Laßt uns der Politik der Ausländer entgegenwirken und ihnen die Unterstützung entziehen, die wir ihrer Industrie jetzt zukommen lassen, und laßt uns statt dessen diejenige unseres eigenen Landes stimulieren.«[17] Clay war leidenschaftlich, wenn auch nicht überzeugend. »Es gibt wohl kaum eine Regierung, die die Errichtung einheimischer Industrien nicht als vorrangiges Ziel ihrer Politik betrachtet«, rief er 1832 während der Senatsdebatte über den Zolltarif. »Wenn Ihnen, meine Herren, Ihr Plan einer unmittelbaren oder allmählichen Zerstörung des amerikanischen Systems endlich geglückt ist – was setzen Sie an dessen Stelle? Freihandel! Freihandel! Der Ruf nach Freihandel ist ebenso vergebens wie das Geschrei eines verzogenen Kindes in den Armen seiner Amme nach dem Mond oder den Sternen, die am Firmament glitzern. Er hat nie existiert, er wird nie existieren.«[18] So sehr erhitzten sich die Gemüter nach der Verabschiedung der Zolltarife von 1832 durch den Kongreß, daß die erzürnte Legislative von South Carolina Zollbeamte der Bundesregierung daran hinderte, innerhalb des Staates Gebühren einzutreiben, wodurch sich Präsident Andrew Jackson gezwungen sah, Verstärkungen in die Garnisonen der Bundesarmee von Fort Sumter und Fort Moultrie zu entsenden.

Dies wiederum veranlaßte den Kongreß von South Carolina, Freiwillige aufzurufen, den Staat vor der »Invasion« zu schützen. Die Krise wurde nur dadurch beigelegt, daß Clay und seine Liberalen klein beigaben und sich einverstanden erklärten, die Zolltarife zu verringern.

Als nach dem Bürgerkrieg die Proteste der Südstaaten-Demokraten im Siegestaumel der Republikaner des Nordens untergingen, wurden die Zölle nochmals angehoben. (»Ich weiß nicht viel über den Zolltarif«, sagte Abraham Lincoln in seiner volkstümlichen Art, »aber soviel weiß ich: Wenn wir Fabrikerzeugnisse im Ausland kaufen, bekommen wir die Waren, und der Ausländer bekommt das Geld. Wenn wir jedoch inländische Fabrikerzeugnisse kaufen, bekommen wir die Waren und das Geld.«[19]) Bis 1913 betrug der durchschnittliche Zolltarif für Warenimporte in die USA zuweilen bis zu fünfzig Prozent und lag für Eisen und Stahl, Baumwoll- und Wollwaren noch höher. In der Tat floß der Staatskasse in den letzten Jahrzehnten des 19. Jahrhunderts aus den hohen Zolltarifen soviel Geld zu, daß die republikanischen Regierungen in die peinliche Lage gerieten, riesige Haushaltsüberschüsse ausweisen zu müssen. Um diese abzubauen und gleichzeitig die fortdauernde Notwendigkeit von Zolleinkünften zu rechtfertigen, verfielen die Republikaner auf eine drastische Erhöhung der Bundesausgaben für genau diejenige Art von infrastrukturellen Maßnahmen, die Henry Clay viele Jahre zuvor befürwortet hatte: den Bau von Kanälen, Eisenbahnen, Hafenanlagen, Brücken und Straßen. Den beiden Eisenbahngesellschaften Union Pacific und Central Pacific zum Beispiel wurden auf einen Schlag 65 Millionen Dollar bewilligt, um eine Eisenbahnlinie zwischen Ost- und Westküste zu bauen.

DER INTERESSANTESTE ASPEKT an der amerikanischen Zolltarifdebatte war vielleicht die *Art* der Argumentation, der sich alle Seiten bedienten: Sämtliche zu erbringenden Opfer würden der Volkswirtschaft als Ganzes nutzen und letztlich denen, die die Zolltarife bezahlten, zugute kommen. Dies war kein Appell an die Ehre oder die Bürgerpflicht, sondern jede Gruppierung des Landes appellierte an die anderen auf der Basis dessen, was im wirtschaftlichen Interesse der jeweils anderen liege. »Der Gesamtnutzen öffentlicher Strukturmaßnahmen für die Gesellschaft als Ganzes wird die zu ihrer Durchführung notwendige Investition . . . von Kapital mehr als rechtfertigen«, argumentierte zum Beispiel Clay, um seinem System der Finanzierung von infrastrukturellen Maßnahmen durch Zolleinnahmen Rückhalt zu verleihen.[20]

Auch die Europäer hatten im 19. Jahrhundert den Zusammenhang von Volkswirtschaft und Wohlstand der Bevölkerung entdeckt. Um jedoch Zölle oder andere Maßnahmen zu rechtfertigen, durch die finanzielle Lasten ungleich verteilt wurden, bedienten sie sich einer anderen Art der Argumentation. Als ein junger französischer Amtsrichter namens Alexis de Tocqueville im Jahre 1831 im Auftrag der französischen Regierung die Vereinigten Staaten bereiste, bemerkte er den Unterschied und stellte fest, daß in Frankreich, wie überall in Europa, materielle Opfer im Namen von Patriotismus und Ehre legitimiert würden. Die »öffentlich anerkannte sittliche Lehre« besage, »es sei rühmlich, sich selber zu vergessen, und es gezieme sich, das Gute ohne eigenen Vorteil zu tun«. Derlei Ansprüche waren in Tocquevilles Augen oft scheinheilig; »man heuchelt täglich immer noch große Hingabe, die man nicht mehr übt«. In Amerika hingegen würden Opfer mit dem Argument gerechtfertigt, daß sie im aufgeklärten Eigeninteresse derjenigen lägen, die sie erbringen müßten. »Die Amerikaner«, so Tocqueville, »lieben es, fast sämtliche Handlungen ihres Lebens aus dem wohlverstandenen Eigennutz abzuleiten; sie zeigen selbstzufrieden, wie die aufgeklärte Selbstliebe sie ständig dazu drängt, sich gegenseitig zu helfen und für das Wohl des Staates bereitwillig einen Teil ihrer Zeit und ihres Reichtums zu opfern.«[21]

Dies ist eine bedeutende Einsicht: Amerikaner haben bereitwillig Opfer für das Wohlergehen der Nation erbracht, weil sie letztlich in ihrem Interesse lagen. Dadurch soll natürlich nicht ein Mangel an Patriotismus in den Vereinigten Staaten unterstellt werden. Nach den Beobachtungen des jungen Tocqueville waren gesellschaftliche Solidarität und soziales Engagement unter den Amerikanern fest verwurzelt. Doch ging diese Haltung aus der gegenseitigen Abhängigkeit hervor und nicht umgekehrt. »Es wäre ungerecht zu glauben, die Vaterlandsliebe der Amerikaner und der Eifer, den jeder für das Wohlergehen seiner Mitbürger bekundet, seien nicht echt«, stellte Tocqueville fest. »Die freien Einrichtungen, die die Bewohner der Vereinigten Staaten besitzen, und die politischen Rechte, von denen sie einen so regen Gebrauch machen, erinnern jeden Bürger beständig und in unzähligen Formen daran, daß er in Gesellschaft lebt. Sie lenken seinen Geist immerzu auf diesen Gedanken, daß Pflicht wie Vorteil den Menschen gebieten, sich ihren Mitmenschen nützlich zu erweisen.«[22]

Was aber, wenn derartige Ansprüche nicht länger überzeugend erscheinen? Was geschieht, wenn die Amerikaner heute viel weniger als früher voneinander abhängig sind, so daß ihnen persönlich kein Vorteil mehr aus ihrer Opferbereitschaft erwächst? Werden die staatsbürgerlichen Tugenden überleben? In den folgenden Kapiteln werde ich auf diese Fragen und auf Tocquevilles Beobachtungen zurückkommen.

Wirtschaftsnationalismus und Massenproduktion

Doch obwohl er es versuchte,
And'rer Länder Sohn zu werden,
Bleibet er ein Engländer!
Blei-bet er ein Eng-län-der!

W. S. Gilbert und A. Sullivan, *H. M. S. Pinafore* (1878)

Die Vorstellung, daß sich die Bürger eines Landes ein gemeinsames wirtschaftliches Schicksal teilen, erhielt während der letzten Jahrzehnte des 19. Jahrhunderts weitere Akzeptanz. Die Revolution in den Fabrikations- und Transportmethoden verband lose miteinander verknüpfte lokale Wirtschaftsnetze zu landesweiten Netzwerken und schuf so eine weltweite Wettbewerbsarena, in der die wichtigsten Kämpfe von Land zu Land ausgetragen wurden.

Zwischen 1870 und 1900 überschwemmte ein Strom von Erfindungen, von denen viele ihren Ursprung in Großbritannien hatten, ganz Europa und Amerika: die Dampfmaschine, die Lokomotive, der Telegraf, die Elektroturbine sowie Maschinen aus Eisen und Stahl mit austauschbaren Teilen. Jede dieser Neuerungen spielte eine entscheidende Rolle bei der Transformation des Fertigungsprozesses. Sie machten es möglich, alle Arten von Erzeugnissen in großen Mengen herzustellen, indem Rohstoffe und sonstige Komponenten über Hunderte oder Tausende von Kilometern herbeigeschafft, sodann in riesigen Fabriken massenweise verarbeitet, zusammengesetzt oder vermischt und die Fertigprodukte wiederum in alle Welt verschickt wurden.

Automatisierte Produktionsanlagen zur Verarbeitung von Tabak und Getreide, zur Herstellung von Seife und Lebensmittelkonserven erhöhten ihren Ausstoß besonders drastisch durch den Einsatz von Maschinen im Dauerbetrieb. Eine 1881 entwickelte Zigarettenmaschine war so produktiv, daß fünfzehn Exemplare genügten, um den gesamten jährlichen Zigarettenbedarf Amerikas zu befriedigen. Procter & Gamble entwickelten eine neue Maschine zur Massenherstellung ihrer »Ivory«-Seife. Diamond Match nahm eine Maschine in Betrieb, die Streichhölzer nach Milliarden produzierte und einschachtelte. Industrien, die Petroleum, Zucker, tierische oder pflanzliche Fette, Alkohol und Chemikalien destillierten und raffinierten, sowie der Eisen- und Stahlindustrie brachte der Einsatz neuer thermischer und chemischer Technologien, gewaltiger Hochöfen und Heizkessel, Zentrifugen, Konverter, Walz- und Veredlungsmaschinen enorme Ersparnisse. Standard Oil, American Sugar Refining, Carnegie Steel und andere erreichten nie dagewesene Grade der Rationalisierung. Die metallverarbeitende Industrie profitierte von leistungsfähigeren Werkzeugmaschinen und einer größeren Auswahl an halbfertigen Materialien. International Harvester mit seinen Ernte- und Singer mit seinen Nähmaschinen überflügelten die kühnsten Phantasien vergangener Generationen.

In den ersten Dekaden des 19. Jahrhunderts hatte der Durchschnittsarbeiter – beim Säen und Ernten, Holzfällen, Fischen oder in den handwerklichen Berufen – jährlich gerade mal 0,3 Prozent an Produktivität zugelegt. Zum Ende des Jahrhunderts war diese Rate auf fast das Sechsfache gestiegen.[1] In Großbritannien, Deutschland und Frankreich spielte sich Ähnliches ab: Die Fabrikation von Woll- und Baumwolltextilien nahm ungeahnte Ausmaße an, ebenso diejenige von landwirtschaftlichen Geräten, Nägeln, Töpfen, Waffen, Werkzeug, Waschbrettern und Hunderten anderer Dinge. Die Eisenproduktion verdoppelte sich zwischen 1870 und 1890, die Stahlproduktion wuchs im gleichen Zeitraum sogar um das Zwanzigfache an. In den Vereinigten Staaten allein stiegen die industriellen Investitionen von 2,7 Milliarden Dollar im Jahr 1879 auf 8,2 Milliarden Dollar im Jahr 1899; der Gesamtwert der jährlichen Produktion stieg im gleichen Zeitraum von 3,8 auf 11 Milliarden Dollar (inflationsbereinigt).[2]

Amerikas Eisenbahn- und Telegrafennetze bildeten die perfekte Ergänzung zu seiner Industrialisierung, indem sie den An- und Abtransport der Waren zu und von den neuen Unternehmen in Fluß hielten. 1830 wurde in den USA die erste Eisenbahnlinie mit 21 Kilometern Länge eröffnet, 1890 maß das Eisenbahnnetz bereits 335 000 Streckenkilometer. Parallel dazu wurde die Telegrafie ausgebaut. 1844 erfunden, wurde sie seit 1847 kommerziell verwertet.[3] Auch in Europa traten Eisenbahn und Telegrafie ihren Siegeszug an und wurden zum Bindeglied zwischen lokalen Wirtschaftsräumen. Schnelle, regelmäßige und zuverlässige Verkehrs- und Kommunikationswege waren unabdinglich für die Massenproduktion. Um die hohen Fixkosten von Fabrikanlagen und Maschinen zu decken, waren die neuen Industrien auf einen konstanten Produktionsfluß (Anlieferung und Abtransport) angewiesen. Dieser hing wiederum von einem vorhersehbaren Strom von Rohmaterialien und Erzeugnissen in der Gesamtwirtschaft ab. Die Hersteller konnten sich weder die Kosten einer umfangreichen Lagerhaltung noch das Risiko eines plötzlichen Mangels an Material oder Produktkomponenten leisten. Eisenbahn und Telegraf reduzierten diese Risiken und Kosten, indem sie es den Herstellern ermöglichten, die benötigten Zulieferungen genau zu planen und die fertigen Waren direkt an die Großhändler im ganzen Lande weiterzugeben.

Wenn das Angebot einer bestimmten Ware schneller steigt als die Nachfrage, so tendiert ihr Preis nach unten. Dieses Prinzip machte sich im ausgehenden 19. Jahrhundert mit besonderer Hartnäckigkeit bemerkbar. Die Produktion weitete sich aus, aber es gab zu wenige Verbraucher, die bereit waren, all die neuen Sachen zu kaufen, die plötzlich zu haben waren. Massenkonsum ist eine Erscheinung der modernen Gesellschaft. Zwar kam der Durchschnittsarbeiter von der Farm in die Fabrik, doch der Durchschnittsverbraucher blieb weiter bei der Selbstgenügsamkeit und Sparsamkeit, die ihm auf der Farm anerzogen worden waren. Es gab noch nicht die Massenvertriebs- und Einzelhandelsnetze, die zögerliche Käufer durch Schmeichelei und Überredungskunst in das große Heer der Verbraucher einreihten, das für die neuen Produktionskapazitäten erforderlich war.

Das Ergebnis war, wie vorherzusehen, ein allgemeiner Preisverfall. Der amerikanische Großhandels-Preisindex, der 1864, am

Ende des Bürgerkrieges, bei 193 gestanden hatte, fiel bis 1890 auf 68. Ähnliches spielte sich in Europa ab, wo die Preise in den 1870er und 1880er Jahren um etwa 40 Prozent absackten. 1873 wurde ein großer Teil Europas und Amerikas von einer ernsten Wirtschaftskrise erschüttert. Bei der nächsten Krise im Sommer 1893 verarmten mehrere landwirtschaftliche Anbaugebiete, Tausende von Banken mußten schließen, und über ein Viertel der ungelernten städtischen Arbeiterschaft verloren ihre Jobs.[4] Es gab politische Konsequenzen. In vielen europäischen und amerikanischen Städten rief eine wachsende Zahl von Sozialisten den bevorstehenden Zusammenbruch des Kapitalismus aus. In den ländlichen Gebieten des amerikanischen Westens verlangten zwielichtige Populisten (eingedenk des Überflusses an Silber in den Bergwerken der Rocky Mountains), die Geldmenge einfach dadurch zu vermehren, daß man statt der Gold- die Silberwährung einführte, was die Schulden des Westens gegenüber den Banken des Ostens verringert und dem Westen Wohlstand beschert hätte.

EINE DER WICHTIGSTEN FOLGEN der industriellen Überkapazität war deren Auswirkung auf die nationalen Gefühle. Spätestens seit Alexander Hamilton auf Subventionierung und Schutz der jungen amerikanischen Industrie gedrängt hatte, war sich die Nation der Bedrohung bewußt geworden, die ihrer aufkeimenden Industrie von den europäischen Herstellern drohte. Nun, angesichts von Massenproduktion und Überangebot, war die Bedrohung noch unmittelbarer geworden. Produzenten auf beiden Seiten des Atlantiks suchten mit aggressiven Methoden nach neuen Märkten für ihren Warenüberfluß und kappten bereitwillig ihre Preise, um Marktanteile zu erwerben. Deutschland, Italien, Frankreich und Rußland erhöhten ihre Zolltarife, um die eigenen Industrien vor räuberischen Ausländern zu schützen. Da überraschte es nicht, daß auch Amerika seine Importzölle nochmals anhob.

Nur Großbritannien, dessen Industrie am weitesten fortgeschritten war und das deshalb zu den Hauptnutznießern des Freihandels gehörte, weigerte sich standhaft, bei diesem eskalierenden Protektionismus mitzumachen. So geschah es, daß Großbritannien von den anderen Industriestaaten (besonders den USA und Deutschland) der gleichen Strategie unterzogen wurde, die, so wird argumentiert, Japan ein halbes Jahrhundert später anwandte: Indem sie ihre heimischen Märkte gegen ausländische Konkurrenz abschotteten, konnten sie ihre Waren im Inland zu Preisen absetzen, die nicht nur die Unkosten deckten, sondern auch einen gesunden Profit gestatteten. Nachdem dann eine bestimmte Größenordnung und damit verbundene Leistungsfähigkeit auf dem heimischen Markt erreicht war, konnten sie den Produktionsüberschuß in Großbritannien zu Kampfpreisen verkaufen – und so ihre Erträge noch steigern, während sie den britischen Herstellern auf dem eigenen Terrain Marktanteile wegschnappten. So konnte es kaum überraschen, daß zwischen 1870 und 1913 die Industrieproduktion zwar weltweit anstieg, Großbritanniens Anteil daran jedoch von 31,8 auf 14 Prozent sank; während des gleichen Zeitraums stieg Deutschlands Anteil leicht an, und derjenige Amerikas erhöhte sich rasant von 23,3 auf 35,8 Prozent.[5] Mit Großbritanniens Freihandelspolitik war, wie die britische Presse süffisant bemerkte, so lange alles in Ordnung gewesen, wie die meisten anderen nach denselben Regeln spielten. Nun aber forderte sie geradezu deutsche und amerikanische »Wirtschaftsinvasionen« heraus.[6]

WENN DER EINHEIMISCHE MARKT die neuen Waren nicht vollständig aufnehmen konnte und ausländische Märkte, die ebenfalls Industriewaren herstellten, sich verschlossen, so blieb noch ein weiteres Absatzfeld: die ärmere Länder und Territorien. Der Begriff »Imperialismus«, der im ausgehenden 20. Jahrhundert einen so schlechten Klang hat, taucht in den Schriften von Karl Marx nirgendwo auf. Zwar wurde er in den siebziger Jahren des vorigen Jahrhunderts zum erstenmal benutzt, doch in die Alltagssprache ging er erst in den neunziger Jahren ein, nachdem jede größere Industrienation begonnen hatte, sich auch in den rückständigeren Weltgegenden nach potentiellen Abnehmern für den Warenüberschuß umzusehen. Das Gerangel um solche »Einflußsphären« trug zu der volkstümlichen Ansicht bei, daß in dem neuen Industriezeitalter der wirtschaftliche Erfolg eines Landes nur auf Kosten eines anderen möglich sei.

Damals bezeichneten sich Politiker mit Stolz als Imperialisten. Nationale Expansion, Einfluß und Wirtschaftswachstum waren eins. Territoriale Expansion, erklärte ein Beamter des US-Außenministeriums im Jahre 1900, sei nur ein Nebenprodukt der Handelsexpansion.[7] Mit grimmigem Lächeln proklamierte Theodore (»Teddy«) Roosevelt Amerikas imperiale Sendung in Lateinamerika. Briten und Deutsche maßen ihre wirtschaftliche Tüchtigkeit an der globalen Reichweite ihrer Länder. Stärke und Einfluß einer Volkswirtschaft wurden gleichbedeutend mit Macht und Entschlossenheit der Nation. »Wirtschaftsmacht« und »Großmacht« verschmolzen zu einem Begriff.

Die Ausbreitung des wirtschaftlichen Nationalismus unter den Industriestaaten rief ähnliche Empfindungen auch in anderen Weltgegenden hervor. Die Unterwerfung Chinas durch die Großmächte überzeugte die Führer der Meiji-Reformen in Japan* davon, Japans Überleben hänge von seiner schnellen wirtschaftlichen Entwicklung ab. Nur ein modernes Wirtschaftssystem konnte eine moderne Armee schaffen und unterhalten. Nur eine im Vergleich zu anderen mächtige Wirtschaft konnte der Nation Sicherheit garantieren.[8] Erziehung, industrielle Entwicklung und nationale Sicherheit wurden in engem Zusammenhang gesehen. Sun Yat-sen, der Chinas Mandschu-Dynastie zu stürzen und das Land nach dem Vorbild der japanischen Reformen zu erneuern suchte, stützte sich bei seinem wirtschaftlichen Entwicklungsprogramm auf eine ganz ähnliche Logik: Der Westen hatte China seit Mitte des 19. Jahrhunderts nicht nur aufgrund seiner überlegenen militärischen Macht unterwerfen können, sondern auch aufgrund seiner wirtschaftlichen Macht. In *Die internationale Entwicklung Chinas* verwarf Sun Yat-sen marxistische Forderungen nach einer gerechteren Verteilung des Reich-

---

* Meiji = »Aufgeklärte Regierung«, Devise von Kaiser Mutsuhito, der während seiner Regierungszeit (1868–1912) Japan modernisierte und zur Großmacht und anerkannten Vormacht in Ostasien machte.

tums zugunsten der Strategie eines vom Westen finanzierten volkswirtschaftlichen Aufbaus mit den Schwerpunkten Erziehung und Industrialisierung. »Unsere wirtschaftlichen Rechte schwinden dahin. ... Wenn wir diese Rechte ... zurückgewinnen wollen, müssen wir uns rasch daranmachen, unter Einsatz der Staatsmacht die Industrie zu fördern, in der Produktion Maschinen einzusetzen und den Arbeitern des Landes Beschäftigung zu geben. ... Wir werden also auf alle Fälle ausländisches Kapital zu Hilfe nehmen müssen, um unser Kommunikations- und Transportsystem auszubauen, und ausländische Kenntnisse und Erfahrungen, um sie zu verwalten.«[9] Diese Vorstellung – welche die nationale Sicherheit und Unabhängigkeit zur wirtschaftlichen Entwicklung des Landes in Beziehung setzte – sollte in Asien, Afrika und Lateinamerika zwar wachsende Bedeutung erlangen, wurde jedoch keineswegs von allen Kolonialstaaten akzeptiert. Mahatma Gandhi, der die Freuden materiellen Wohlstands ablehnte, prangerte Maschinen als »Hauptsymbol der modernen Zivilisation« an und bezeichnete sie als »große Sünde«.[10]

In seinem 1902 erschienenen Buch *Imperialism* sagte der britische Ökonom und Historiker John Atkinson Hobson nach Untersuchung der Ereignisse, die zum Burenkrieg geführt hatten, voraus, daß der Wettkampf um Absatzmärkte logischerweise im Krieg enden werde. Geschäftsleute, so warnte er, optierten für den Krieg, wenn sie die Binnenmärkte ausgeschöpft hätten und nicht mehr wüßten wohin mit ihren Waren. Wie John Maynard Keynes dreißig Jahre später forderte Hobson statt dessen, die am höchsten entwickelten Staaten sollten die Binnennachfrage erhöhen, indem sie mehr Menschen befähigten, im Inland hergestellte Waren zu kaufen. »Die überzeugendste Kritik an der gegenwärtigen Wirtschaftsform kommt in der Schwierigkeit zum Ausdruck, welcher die Hersteller dabei begegnen, Verbraucher für ihre Produkte zu finden. ... Wenn die Einkommensverteilung derart wäre, daß sie nicht zu exzessiver Sparsamkeit führen würde, könnte es im Inland zu einem konstanten Volleinsatz von Kapital und Arbeitskräften kommen.«[11] Hobson konnte natürlich nicht wissen, daß die weniger wünschenswerte

Alternative, die er aufzeigte, in weniger als fünfzehn Jahren zu Tod oder Verwundung von rund zwanzig Millionen Menschen beitragen würde.

DIE MASSENPRODUKTION STIMULIERTE den Wirtschaftsnationalismus auch dadurch, daß sie Menschen scharenweise von Dörfern, Farmen und Großfamilien weg in die Städte zog – wo sie politischen Bewegungen, Nachrichten von ausländischen Machenschaften, Nationalspektakeln und Wellen von Einwanderern ausgesetzt waren, was ihr Nationalbewußtsein zusätzlich stärkte. 1870 waren weniger als acht Prozent der amerikanischen Arbeiter in der Industrie beschäftigt, und nur einer von fünf Amerikanern lebte in einer Stadt mit 8000 oder mehr Einwohnern. Bis 1910 war der Anteil der in der Industrie Beschäftigten auf fast ein Drittel gestiegen, und fast die Hälfte der Bevölkerung lebte in Städten. Die Einwohnerzahl von New York vervierfachte sich zwischen 1860 und 1910. 1860 hatte Chicago 109 260 Einwohner, 1910 war es mit 2,2 Millionen Einwohnern zur zweitgrößten Stadt der Vereinigten Staaten geworden.[12] Hier, in den keimenden Industriestädten der Welt, fand der Begriff der Nation eine konkrete Bedeutung. Das Wort »Nationalismus« war, genau wie das Wort »Imperialismus«, ein Produkt dieser Zeit. Zuerst in Italien und Frankreich im Zusammenhang mit Gruppierungen des rechten politischen Spektrums gebraucht, wurde es gegen Ende des 19. Jahrhunderts gleichbedeutend mit Expansion und Wettbewerb, wobei sich Vaterlandstreue mit nationalen Ambitionen verband.

Nicht nur zogen Massen von Arbeitskräften vom Land in die Stadt, sondern auch aus weniger entwickelten Ländern in die großen Industrieregionen der Welt. In jenen Jahren wanderten zum Beispiel 15 Prozent der Einwohner des polnischen Territoriums auf der Suche nach Arbeit nach Deutschland. Fast die Hälfte der Einwohner Irlands verließ zwischen 1841 und 1911 die Grüne Insel; viele von ihnen landeten in Boston oder New York. In den 1870er Jahren kamen jährlich im Durchschnitt 280 000 Einwanderer in die Vereinigten Staaten. Um die Jahrhundertwende stieg diese Zahl auf über eine Million. In vielen der neuen Industriezweige Amerikas bildeten Einwanderer die Mehrheit der Arbeiterschaft. In einer 1908 von der US-Regierung erstellten Studie wurde festgestellt, daß fast drei Fünftel der Lohnempfänger in 21 Hauptbranchen der amerikanischen Industrie im Ausland geboren waren.[13]

Die Neueinwanderer erhitzten weiter die Nationalgefühle. Manche Amerikaner, die schon länger im Lande waren, wollten den Neuankömmlingen die Tür zuschlagen. Indem sie schlichtweg vergaßen, daß sich ihre eigenen Vorväter einst mit Neuenglands wahren Ureinwohnern deren Mais geteilt und ihnen schließlich das Land weggenommen hatten, setzten sich die Gründer von Bostons Liga zur Beschränkung der Einwanderung 1893 zum Ziel, »die Zerstörung der amerikanischen Lebensweise durch ungezügelte Einwanderung [zu] verhindern«. Andere Amerikaner lösten dann das Problem in konstruktiverer Weise: Bei den Zuwanderern sollten Liebe und Achtung für die neue Heimat geweckt, die Beherrschung der Landessprache gefördert und die Fähigkeit, sich als Bürger in produktiver Weise zu betätigen, kultiviert werden. So wurde in Amerika, wie entsprechend auch in anderen Einwanderungsländern üblich, von den Immigranten verlangt, daß sie Englisch sprechen und schreiben konnten und mit den Grundprinzipien der amerikanischen Verfassung vertraut waren, bevor ihnen die Einbürgerung gewährt wurde.[14]

ZU BEGINN DES 20. JAHRHUNDERTS hatte der Wirtschaftsnationalismus an vielen Orten der Welt feste Wurzeln geschlagen. Den Bürgern der Vereinigten Staaten, Großbritanniens, Deutschlands, Frankreichs, Italiens, Japans und anderer Länder war bewußt geworden, daß ihr eigenes Wohlergehen mit der wirtschaftlichen Leistungsfähigkeit ihres Landes eng verknüpft war. Patriotismus und Wirtschaftsnationalismus waren unentwirrbar miteinander verknüpft. Nation stand gegen Nation im Wettbewerb. Und trotz Karl Marxens Aufruf an die Proletarier der Welt, sich zu vereinigen, blieben die nationalen Bindungen auch unter der neuen städtischen Arbeiterklasse stark. Auf den Schlachtfeldern des nationalen Wirtschaftsstrebens war der Fabrikarbeiter der neue Fußsoldat.

Wirtschaftsunternehmen und nationale Interessen

Wir müssen einen Kreuzzug gegen die Mächte führen, die uns beherrscht haben . . . die unser Leben bestimmt [und] uns in die Zwangsjacke gesteckt haben, um nach Belieben mit uns zu verfahren.

WOODROW WILSON (1912)

WEDER DURCH HOHE EINFUHRZÖLLE, die Importe aus dem Ausland blockierten, noch durch exklusive »Interessensphären« in den weniger entwickelten Weltregionen wurde das Problem der Überproduktion gelöst. Solange inländische Hersteller mit allen Kräften gegeneinander konkurrierten, indem sie ihre Kapazitäten ausweiteten und ihre Preise senkten, blieben ihre Gewinnmargen zu schmal, um auf Dauer im Geschäft zu bleiben. So ergab sich gegen Ende des 19. Jahrhunderts eine dritte Lösung, die, wie die anderen beiden, das Bild prägte, das die Menschen des 20. Jahrhunderts von Sinn und Organisation einer Volkswirtschaft erhielten. Die Lösung bestand darin, die einheimische Konkurrenz zu reduzieren, indem man die Produktion in großen Kapitalgesellschaften *(corporations)* auf bundesstaatlicher Basis konsolidierte. Dies war der letzte Schritt zum Wirtschaftsnationalismus: Das Wohlergehen der Bürger wurde auf Gedeih und Verderb mit dem Erfolg der Volkswirtschaft verknüpft, und dieser hing wiederum vom Erfolg oder Mißerfolg ihrer mächtigen Industrieunternehmen ab.

DIESE LÖSUNG GING DEN EUROPÄERN und nachfolgend auch den Japanern leichter von der Hand als den Amerikanern. Kartelle, Gilden und andere Handelsbeschränkungen waren seit dem Mittelalter in Europa und Japan an der Tagesordnung. Mit königlichen Monopolen wie der Ostindien-Kompanie hatten sich die Monarchen bereichert. Und was vielleicht das wichtigste war: In Deutschland,

Frankreich und Italien waren bereits in den 1870er und in Japan in den 1890er Jahren Regierungsbehörden, die mit der Mobilisierung von Ressourcen und der Lenkung des Handels befaßt waren, fest etabliert worden. Als dann die Märkte rauher wurden, schlossen diese Behörden die Firmen zu Gruppierungen zusammen, die ihre Investitionen koordinieren, ihr flüssiges Kapital miteinander teilen, gemeinsam Rohstoffe einkaufen und gemeinsam ihre Waren vermarkten und Preise festsetzen konnten. Da sich nunmehr heimliche Preisunterbietungen durch einzelne Mitglieder als besonders profitabel erwiesen, taten die Bürokraten noch ein übriges und leisteten ihrer Klientel den unschätzbaren Dienst, gegen derartige Treulosigkeiten politische Maßnahmen zu treffen. So wurden zur Jahrhundertwende die sich gerade erst industrialisierenden Wirtschaftssektoren Europas und Japans von Organisationsformen wie Großunternehmen, Syndikaten, Kartellen und Großbanken beherrscht.[1]

Der Übergang vom Konkurrenzkampf zur nationalen Konsolidierung ging in Amerika viel weniger reibungslos vonstatten. Von der Kolonialzeit her hatten die Amerikaner gelernt, Monopolen, Sonderkonzessionen und anderen königlichen Prärogativen oder Privilegien zu mißtrauen. Der Mißbrauch wirtschaftlicher Macht war fast ebenso gefürchtet wie der Mißbrauch politischer Macht. So wie die Regierungsgewalt in Schach gehalten werden mußte – durch Dreiteilung der Gewalten und Verteilung der Staatsfunktionen auf Kommunen, Einzelstaaten und Bund –, so sollte auch die wirtschaftliche Macht zerstückelt sein; das meinten jedenfalls die meisten Amerikaner. Anders als Europa und Japan besaßen die Vereinigten Staaten im 19. Jahrhundert keine umfangreiche administrative Bürokratie, die Erfahrung darin hatte, Märkte zu steuern und der Industrie auf die Beine zu helfen. Die einzige größere Regierungsbehörde war die Post, und deren Angestellte hatten mit Regen, Schnee, Hagel und nächtlicher Finsternis genug um die Ohren, als daß sie sich noch zusätzlich mit Wirtschaftsplanung hätten befassen können.

Auch waren amerikanische Richter nicht darauf eingestellt, Monopole und Kartelle strafrechtlich zu verfolgen. Das Zivilrecht der Kolonien und später auch der Staaten mißbilligte Absprachen unter Firmen, die – in der erhabenen, aber typisch vagen Gesetzessprache – *»restraints of trade«* (Beschränkungen des Handels) zur Folge hatten. Kaum hatten Amerikas aufsteigende Unternehmen Mittel und Wege gefunden, ihre Preise aufrechtzuerhalten und den einheimischen Wettbewerb in die Schranken zu weisen, führte die Besorgnis der Öffentlichkeit auch schon zur Verabschiedung der Sherman-Antitrust-Akte von 1890, die das Preis-Fixing verbot und »Absprachen« zur Marktaufteilung unterband. Rein technisch wurde darin auch die »Monopolisierung« untersagt, doch versäumte es der Kongreß, genauer zu definieren, was er unter »Monopolisierung« verstand (weshalb die Sherman-Akte 1914 durch die Clayton-Akte ersetzt wurde, in der die Praktiken der Monopolisierung genau definiert waren).

Es sollte nicht das letzte Mal gewesen sein, daß eine an sich gutgemeinte Gesetzgebung in der Praxis genau das Gegenteil dessen bewirkte, was sie eigentlich bewirken sollte. Wenn es amerikanischen Firmen verboten war, sich untereinander über Preise und Märkte ins Einvernehmen zu setzen, so bestand für sie der einfachste Weg darin, sich in einem großen Konzern zusammenzuschließen, dessen Bestandteile sich nun unter dem gemeinsamen Firmendach schamlos über Preise und Märkte ins Einvernehmen setzen konnten. Das Ergebnis war der erste große Fusionsboom der Vereinigten Staaten, der während der letzten zehn Jahre des 19. Jahrhunderts in Schwung kam und zwischen 1898 und 1904 in einer mächtigen Implosion kulminierte. Nahezu ein Drittel der Industrievermögen Amerikas verschmolz in 318 gigantischen Unternehmen mit einem Gesamtkapital von 7,3 Milliarden Dollar. Die hohen Zölle, mit denen Amerika die Einfuhr von Roh- und Betriebsstoffen belegte, sorgten für weitere Fusionierungen: Die neuen Giganten zogen es vor, einheimische Zulieferer gleich aufzukaufen, anstatt ihnen die hohen, geschützten Preise zu zahlen. Als die hohen Schutzzölle zum Beispiel U.S. Steel daran hinderten, billiges Roheisen und Verkokungskohle direkt aus Kanada einzuführen, kaufte der Konzern kurzerhand pennsylvanische Eisen- und Kohlehütten in

Bausch und Bogen auf, anstatt ihnen die Freude an den Extraprofiten aus dem geschützten Markt zu gönnen.

Einige der neuen mammutartigen Gebilde erhielten Namen, die zu Synonymen der amerikanischen Industrie schlechthin wurden – Namen, die den eindeutig nationalen Anspruch widerspiegeln, der dabei im Spiel war: U.S. Steel, American Sugar Refining, American Telephone and Telegraph (AT&T), American Rubber, United States Rubber, American Woolen, National Biscuit, American Can, American Tobacco, Aluminium Company of America, General Electric, General Motors, Standard Oil und – noch pompöser – International Harvester.

Unternehmensgröße und zentralisiertes Management ließen eine noch leichtere Kontrolle über Absatzmärkte und Rohstoffquellen sowie eine – aufgrund der Massenfertigung – weitere Kostenreduzierung zu. Die Produktion konnte jetzt in ein oder zwei großen Betriebsstätten zusammengefaßt, der Arbeitsablauf optimiert, Rohmaterial in größeren Mengen preisgünstiger eingekauft werden als zuvor. Es war nun möglich, den gesamten Produktionsprozeß, angefangen vom rohen Werkstoff, vorauszuplanen, Engpässe zu beseitigen oder auf ein Mindestmaß zu reduzieren, so daß der Materialfluß zur Raffinerie, Montage oder Verarbeitung in immer größeren Mengen und der Weitertransport zu Groß- und Einzelhändlern nach einem vorher festgesetzten Schema immer perfekter wurde. (Wo der Gigantismus es allerdings nicht schaffte, einen derartigen Grad an Wirtschaftlichkeit und Leistungsfähigkeit zustande zu bringen, brach das Unternehmen unter seinem eigenen Gewicht zusammen. Nur wenige erinnern sich heute noch an die ehrgeizigen Anfänge von U.S. Leather, National Wallpaper, Standard Rope and Twine oder National Starch.)

DIE GROSSE *FIN DE SIÈCLE*-KONSOLIDIERUNG der amerikanischen Industrie trug kaum dazu bei, die politische Diskussion zu beruhigen. Ebenso wie die Frage der Zolltarife einen Großteil der Wirtschaftsdebatten des 19. Jahrhunderts beherrscht hatte, beherrschten nun Debatten über die Rolle und Legitimität der amerikanischen Großunternehmen die erste Hälfte des 20. Jahrhunderts. Und die Fürsprecher des Großunternehmens führten oftmals die gleichen Argumente ins Feld, mit denen seinerzeit die Zolltarife gerechtfertigt worden waren: Er sei notwendig angesichts der ausländischen Konkurrenz (man sehe sich nur die Kartelle und Syndikate Europas an!); er sei ein natürlicher und unvermeidlicher Schritt in der Entwicklung der gewerblichen Wirtschaft (Charles Darwins gefeierte Evolutionstheorie lieferte eine praktische Rechtfertigung für jeden Wirtschaftstrend der Zeit, durch den die Reichen reicher und mächtiger wurden); er ermögliche eine enorme Leistungsfähigkeit und Wirtschaftlichkeit; er sichere Arbeitsplätze. Kurz gesagt, das amerikanische Großunternehmen sei das ideale Vehikel, um die Ressourcen der amerikanischen Wirtschaft zu mobilisieren und zu lenken, und werde der Nation Wohlstand und Größe bescheren.

Viele Amerikaner schlossen sich dieser Argumentation nicht an. Großunternehmen mochten zwar leistungsstark sein, aber in ihren Händen schien auch eine gefährliche Macht zu liegen. Sie mochten zwar das Vehikel zur Mobilisierung der nationalen Ressourcen sein, waren aber der Nation keine Rechenschaft schuldig. Sie waren vor Wettbewerb geschützt und damit auch vor allen Forderungen, die der Markt an sie stellen mochte; und sie waren frei von jeder demokratischen Beaufsichtigung und somit auch immun gegen etwaige politische Forderungen, die die Öffentlichkeit an sie stellen mochte.

In der ersten Hälfte des 20. Jahrhunderts erhitzten sich immer wieder die öffentlichen Leidenschaften an dem Schreckgespenst einer Verschwörung böswilliger Unternehmensriesen gegen den Staat. »Die Regierung der Vereinigten Staaten steht unter dem Einfluß des Kapitalisten- und Industriellenklüngels der Vereinigten Staaten«, wetterte Woodrow Wilson im Präsidentschaftswahlkampf von 1912. »Die Regierung der Vereinigten Staaten ist gegenwärtig ein Hätschelkind der Sonderinteressen.«[2] Fünfundzwanzig Jahre später stimmte Franklin Delano Roosevelt ein ganz ähnliches Klagelied an, als er die Schuld an den wirtschaftlichen Nöten des Landes den »Wirtschaftsroyalisten« in den Schaltzentralen der Großkonzerne zuschob, die die Preise festsetzten und jeder Konkurrenz den Garaus machten.[3] Im

Gegensatz hierzu hatten die europäischen Politiker, unter deren Ägide sich die großen volkswirtschaftlichen Konsolidierungen der europäischen Industrie abspielten – David Lloyd George, Otto von Bismarck, Georges Clemençeau –, zu den Übeln konzentrierter Wirtschaftsmacht auffallend wenig zu sagen, was wohl durch das relative Desinteresse der europäischen Öffentlichkeit an diesen Fragen zu erklären ist. Die Aufregung um das Phänomen der Großunternehmen blieb also eine rein amerikanische Besessenheit.

Wie waren diese Kolosse unter Kontrolle zu bringen? Sie konnten nicht in Einzelteile zerlegt werden, ohne daß Amerika seine auf der Massenfertigung beruhende Leistungskraft eingebüßt hätte. Gerichtliche Schritte aufgrund der Antitrust-Gesetze jedenfalls führten, wie das Land bald entdecken sollte, nur selten zu dem gewünschten Erfolg. Nach jahrelangem Prozessieren entschied der Oberste Gerichtshof der Vereinigten Staaten schließlich, daß sowohl Standard Oil als auch American Tobacco zergliedert werden müßten; fünfundsechzig Jahre später wurde AT&T von einem ähnlichen Schicksal ereilt. Doch auf jeden dieser Antitrust-Siege kamen Dutzende von Niederlagen der Ermittlungsbehörden aufgrund von Formalitäten, deren Signifikanz nur ein Antitrust-Anwalt richtig einschätzen könnte: unzulänglicher Nachweis der Monopolisierungsabsicht, unangemessene Definition des Begriffs »maßgeblicher Markt«, ungenaue Angaben zum Marktanteil, kein Nachweis einer Absprache. Die leidenschaftliche Besorgnis, die den Kongreß ursprünglich zur Einführung einer Antitrust-Gesetzgebung veranlaßt hatte und die noch Jahrzehnte später immer wieder in Wahlreden aufflammte, verflog langsam angesichts der nervtötenden, sich endlos hinziehenden Prozesse. Antitrust, einst eine politische Bewegung, wurde zu einem juristischen Spezialgebiet.[4]

WENN GROSSUNTERNEHMEN NICHT ZERLEGT und der Marktdisziplin unterworfen werden sollten – oder konnten –, hätten sie dann nicht zumindest mehr in die Verantwortung genommen werden können? Im Jahre 1909 forderte Herbert Croly, ein junger Staatsphilosoph und Journalist, in seinem Bestseller *The Promise of American*

Life, das amerikanische Großunternehmen solle öffentlicher Aufsicht unterworfen und auf nationale Ziele eingeschworen werden. »Der konstruktive Gedanke, der hinter einer Politik der Anerkennung der halb-monopolistischen Unternehmen steckt, besteht natürlich darin, daß sie in . . . eindeutig im volkswirtschaftlichen Interesse tätige Wirtschaftsmakler umfunktioniert werden können«, heißt es in seinem Buch. Staatliche Kontrolle würde die Leistungsfähigkeit der Massenproduktion erhalten und das Unternehmen »einem nationalen demokratischen Wirtschaftssystem dienstbar machen«[5]. Theodore Roosevelts »New Nationalism« machte sich Crolys Ideen zu eigen, und der Erste Weltkrieg setzte sie in die Tat um.

Der Erste Weltkrieg bescherte Amerika erste Erfahrungen mit staatlicher Unternehmensplanung. Regierungsfunktionen, die ein halbes Jahrhundert später selbstverständlich sein sollten, hatten hier ihren Ursprung. Eine War Finance Corporation, die Bürgschaften für Bankdarlehen an Kriegsindustrien übernahm, war das unmittelbare Vorbild für Herbert Hoovers Reconstruction Finance Corporation nach dem Börsenkrach von 1929 und für die verschiedenen Projekte regierungsgestützter Darlehen und Darlehensgarantien, die unter Franklin D. Roosevelts New Deal fortdauerten und ihre vorläufigen Höhepunkte 1979 mit der Auslösung von Chrysler und 1989 mit der Auslösung der Spar- und Darlehensinstitute fanden. Ein staatliches Wohnungsbeschaffungsamt (U.S. Housing Corporation) enteignete Grundbesitz, baute darauf Wohnungen für Wehrpersonal und leitete damit die bundesstaatliche Verantwortung für das Wohnungsangebot im Lande ein; eine Kommission (War Labor Board) zur Schlichtung von Arbeitskonflikten wurde zum Vorbild für ein zwanzig Jahre später eingeführtes Betriebsverfassungsgesetz; eine Kraftstoffbehörde (Fuel Administration) setzte »benzinfreie Sonntage« durch; eine Nahrungsmittelbehörde (Food Administration) setzte – unter Hoover – Warenpreise fest; ein Schiffahrtsamt (Shipping Board) beaufsichtigte den Schiffsbau.

Die Oberaufsicht führte der Kriegsindustrieausschuß (War Industries Board), der auch prompt die Sherman-Antitrust-Akte zugunsten einer landesweiten industriellen Kooperation außer Kraft setzte. Dem Eindruck eines Mitglieds zufolge stellte dieser Ausschuß so etwas wie eine »Gemeindeversammlung der amerikanischen Industrie« dar. Das Konzept setzte sich Jahre später in Präsident Hoovers Programmen zur »Rationalisierung« der amerikanischen Industrie durch Unternehmerverbände fort; dann in Franklin D. Roosevelts mißglückter National Recovery Administration (die internen Streitereien, kartellisierten Preisen und öffentlichem Mißtrauen zum Opfer fiel); darauf folgte, auf noch breiterer Basis, der Kriegsproduktionsausschuß (War Production Board) des Zweiten Weltkriegs; in den 50er und 60er Jahren schließlich gab es Subventionen und Produktionskartelle, von denen die Militärindustrie, die Ölgesellschaften, Banken, Luftverkehrsgesellschaften und ein Großteil der Telekommunikations- und Raumfahrtunternehmen beherrscht wurden.

Staatliche Wirtschaftsplanung wurde während der ersten vier Jahrzehnte des 20. Jahrhunderts in mehreren anderen Staaten in einem noch ehrgeizigeren Maß betrieben, und zwar offensichtlich mit Erfolg. Solange sich die staatliche Aufsicht auf Schwerindustrien beschränkte, die große Mengen identischer Produkte herstellten, war es relativ einfach, Produktionsquoten festzulegen und durchzusetzen. So mancher Amerikaner betrachtete in den 20er Jahren mit Wehmut die Leistungsfähigkeit von Benito Mussolinis zentral gelenktem staatlichem Produktionssystem. Der Vorsitzende der American Legion – des Verbandes der Kriegsveteranen – vermerkte mit Stolz, seine Organisation entspreche derjenigen Mussolinis in allem außer dem Namen: »Vergessen Sie nicht, daß die Fascisti für Italien das sind, was die American Legion für die Vereinigten Staaten ist.«[6] Inzwischen führten die Sowjets ihre eigene Form der staatlichen Planwirtschaft mit ähnlicher Entschlossenheit durch und waren ähnlich erfolgreich. Die russische Industrieproduktion stieg steil an; der Stahlausstoß allein wuchs während der gesamten 50er Jahre um etwa neun Prozent jährlich. (Nikita Chruschtschow konnte 1959 also mit Recht prahlen, daß seine Wirtschaft, falls sie im gleichen Tempo weiterwuchs, innerhalb von zwanzig Jahren diejenige Amerikas überflügelt haben würde.)

DOCH INNERHALB DES AUF EINZELFÄLLE beschränkten amerikanischen Systems der staatlichen Planung blieb die Frage offen: Wie genau sollten die Manager der größten Unternehmen Amerikas auf nationale Ziele verpflichtet werden? Planwirtschaft in Kriegszeiten war eine Sache, aber wie sollte die politische Kontrolle zu anderen Zeiten funktionieren? 1932 veröffentlichten der Anwalt Adolf A. Berle und der Wirtschaftsprofessor Gardiner C. Means das Buch *The Modern Corporation and Private Property* und dokumentierten darin, was den meisten Leute zwar bewußt, aber noch nie in so krasser Weise vorgeführt worden war: Die Top-Manager der amerikanischen Großunternehmen, die die wichtigsten Wirtschaftsressourcen des Landes kontrollierten und am meisten von der Freigebigkeit der Regierung profitierten, seien nicht einmal den eigenen Aktionären Rechenschaft schuldig. Die Führungskräfte der Wirtschaft leiteten ihre Unternehmen »im eigenen Interesse und . . . zweigen einen Teil des Betriebsvermögens für private Zwecke ab«[7]. Die einzige Lösung, so Berle und Means, bestehe darin, die Macht aller von den Großkonzernen betroffenen gesellschaftlichen Gruppen zu stärken, darunter die Angestellten der Unternehmen und die Verbraucher. »Weder Besitzansprüche noch solche der Verfügungsgewalt dürfen den übergeordneten Interessen der Gemeinschaft entgegenstehen«, warnten sie. »Die Ansprüche der Gemeinschaft müssen lediglich in aller Deutlichkeit vorgebracht werden.«[8] Berle und Means hielten es durchaus für möglich, daß der Unternehmenschef der Zukunft in professionellem Kalkül solche Ansprüche leidenschaftslos gegeneinander abwiegen und Leistungen entsprechend zuteilen würde. »Es ist denkbar – es erscheint in der Tat fast unvermeidlich, wenn das körperschaftliche System überleben soll –, daß sich die ›Kontrolle‹ der Großunternehmen in Richtung einer völlig neutralen Technokratie entwickelt, wobei die Ansprüche verschiedener Gruppen der Gemeinschaft gegeneinander abgewogen und jeder dieser Gru¬pen auf der Grundlage öffentlicher Politik – anstatt privater Begenrlichkeit – ein Teil des Einkommensstroms zugewiesen wird.«[9] Dieses Ideal des Großunternehmens als Einkommensquelle der Nation, geleitet von Fachleuten, die verschiedenen staatlichen

Institutionen Rechenschaft abzulegen hatten, schien in Reichweite zu rücken, als unter der New-Deal-Gesetzgebung die Verhandlungspositionen verschiedener von Unternehmensentscheidungen betroffener Gesellschaftsgruppen gestärkt wurden. Durch das Betriebsverfassungsgesetz von 1935 (National Labor Relations Act, auch Wagner Act genannt) erhielten Arbeitnehmer das Recht, Gewerkschaften zu bilden und gemeinsame Tarifverhandlungen zu führen. Kleininvestoren erhielten Schutz durch das Wertpapiergesetz (Securities Act) von 1933 und das Börsengesetz (Exchange Act) von 1934. Einzelhändler erhielten eine stärkere Verhandlungsposition gegenüber den großen Handelsketten unter dem Robinson-Patman-Act und den Gesetzen über fairen Handel (»fair trade« acts) der Einzelstaaten. Durch solche »ausgleichenden Kräfte«[10] erhielten die Großunternehmen in Amerika dann auch wirklich ihren legitimen Sinn und Zweck. Allmählich begannen sich die Führungskräfte der größten Unternehmen Amerikas als »unternehmerische Staatsmänner« zu betrachten, die für den Interessenausgleich zwischen Aktionären, Arbeitnehmern und Öffentlichkeit verantwortlich waren. Überraschenderweise schloß sich auch die Öffentlichkeit dieser Sichtweise an.

Der nationale Champion

IN DEN 50ER JAHREN WAR ES DANN SOWEIT, daß das Wohlergehen des einzelnen Bürgers, die Prosperität der Nation und der Erfolg der Schlüsselunternehmen des Landes unentwirrbar miteinander verflochten waren. Die wichtigsten Fragen zur Rolle der Großunternehmen innerhalb der amerikanischen Gesellschaft waren gelöst. Nichts bringt die politische Debatte so schnell zum Schweigen wie der Erfolg. Dies war nicht von ungefähr das Jahrzehnt, in dem die meisten heutigen Führungskräfte aus Wirtschaft und Politik zum erstenmal mit der amerikanischen Industrie in Kontakt kamen. Ihre anfänglichen Eindrücke haben sich als erstaunlich ausdauernd erwiesen; rudimentäres Denken überzeugt am ehesten diejenigen, deren überholte Anschauungen von Kollegen und Freunden geteilt werden.

Um sich gegen eine etwaige Rückkehr kriegsbedingter Kontrollen oder auch gegen Verführungen durch Planwirtschaft und Kommunismus zu wappnen, setzte die amerikanische Geschäftswelt zur Jahrhundertmitte eine schwungvolle Public-Relations-Kampagne in Gang, in der die Segnungen des Profitsystems angepriesen wurden. General Motors produzierte einen abendfüllenden Hollywood-Film, in dem die Vorzüge des amerikanischen Kapitalismus herausgestellt wurden. In Werbekampagnen wurden die Vorzüge des freien Unternehmertums und die Übel der staatlichen Planung beschworen. Die National Association of Manufacturers (NAM) – der amerikanische Industriellenverband – verteilte kostenlos ein Comic-Heft an Hunderttausende von Arbeitern, in dem erklärt wurde, daß der amerikanische Befreiungskrieg durch »staatliche Planer« in London ausgelöst worden sei. Der Verbandspräsident faßte die herrschende Meinung so zusammen: »Die große Herausforderung und bittere Notwendigkeit besteht heute darin, freien Amerikanern die Philosophie zu verkaufen – oder meinetwegen wiederzuverkaufen –, die uns und unserer Wirtschaft die Freiheit erhalten hat.«[1]

Solcher Bemühungen bedurfte es eigentlich nicht. Wenn irgend jemanden in Amerika im Jahrzehnt der Depression – den 30er Jahren – oder im anschließenden Kriegsjahrzehnt – den 40er Jahren – Zweifel hinsichtlich der Legitimität der amerikanischen Großunternehmen oder der Lebensfähigkeit des amerikanischen Kapitalismus beschlichen hatten, so wurden diese durch den sich explosionsartig ausbreitenden Wohlstand der 50er Jahre praktisch ausradiert. Sogar die hartnäckigsten Kritiker waren inzwischen bekehrt. David Lilienthal, einer der Planer des New Deal, schwärmte in seinem 1953 erschienenen Buch *Big Business: A New Era* vom amerikanischen Großunternehmen: »Unsere Überlegenheit in Produktion und Vertrieb, unsere wirtschaftlichen Erfolge beruhen auf Größe.«[2] Richard Hofstadter, der in seinen historischen Schriften oftmals die weniger bewundernswerten Eigenschaften des amerikanischen Kapitalismus aufs Korn genommen hatte, begeisterte sich nun: »Eine Führungskraft des Big Business mag hervorstechen durch weltgewandte Aufgeklärtheit, verglichen mit dem kleinen Geschäftsmann, der sich zumeist als stur gewerkschaftsfeindlicher Arbeitgeber entpuppt, als engstirniger, archaischer Gegner liberaler Ideen, als Anhänger von Selbstschutzgruppen und verschrobenen rechten Ideologien.«[3] *Fortune*, das amerikanische Wirtschaftsmagazin, kam in einem Bericht über eine Meinungsumfrage von 1953, aus der hervorging, daß die große Mehrheit der Amerikaner dem Big Business positiv gegenüberstand, zu dem Schluß, daß »die großen Aktiengesellschaften ... zum bedeutendsten Phänomen des Kapitalismus in der Mitte des 20. Jahrhunderts geworden sind. Die Unternehmensgröße wird zunehmend als integraler Bestandteil eines großen Wirtschaftssystems akzeptiert. Was immer man in der Theorie gegen sie vorbringen mag – die Großunternehmen haben unter Beweis gestellt, daß sie halten können, was sie versprechen.«[4]

Während alle anderen bedeutenden Volkswirtschaften nach dem Zweiten Weltkrieg zerschmettert am Boden lagen, hatte die amerikanische Wirtschaft einen Sprung nach vorn gemacht. Staatliche Investitionen in nie gekanntem Ausmaß hatten dem Land aus der Depression geholfen; amerikanische Industrien hatten unvorstellbare Kraftakte vollbracht, amerikanische Unternehmer sich im Dienst am Vaterland ausgezeichnet. Nun, bei Kriegsende, kam es nicht zu den weithin prophezeiten hohen Arbeitslosenzahlen, vielmehr stieg die Produktion auf noch größere Höhen. GIs kehrten in die Heimat zurück, gründeten Familien, kauften Häuser mit staatlich subventionierten Darlehen und füllten ihre Häuser mit Geschirrspülautomaten, Wäschetrocknern, elektrischen Kochtöpfen, Klimaanlagen, Waschmaschinen, Kinderwagen, Kühlschränken und Fernsehern. Die Zahl privater Kraftfahrzeuge stieg zwischen 1949 und 1957 rasant von 10 auf 24 Millionen. 1951 nahm das Bureau of Labor Statistics (Amt für Arbeitsstatistik) in die Berechnung des Verbraucherpreisindexes für Familien mit »bescheidenem Einkommen« erstmals Fernsehgeräte, Toaster, Tiefkühlkost, Babynahrungskonserven, Dauerwellenlotions für den Hausgebrauch und Krankenhauskosten mit auf – eine Reihe neu geprägter Bedürfnisse, die die New Yorker *Herald Tribune* zu der Frage veranlaßten: »Was denn – kein Kaviar?«[5]

Massenproduktion in großem Stil ging natürlich einher mit Massenkonsum. Dies war nun endlich die Gesellschaft, die sich J. A. Hobson ein halbes Jahrhundert zuvor herbeigewünscht hatte – eine Gesellschaft, die ihren Markt im eigenen Land besaß. Amerikaner betrachteten den Konsum als ihre patriotische Pflicht und verstanden den Sinn und Zweck der amerikanischen Wirtschaft darin, ihnen den Konsum zu ermöglichen. »Wirtschaftliche Gesundung hat weder im öffentlichen noch im privaten Leben etwas mit Pfennigfuchserei zu tun«, hieß es 1953 in einer Anzeige des New Yorker Kaufhauses Gimbel. »Das wirtschaftliche Überleben hängt vom Konsum ab. Wenn Sie morgen mehr Kuchen wollen, müssen Sie heute mehr Kuchen essen. Je mehr Sie verbrauchen, desto mehr werden Sie bekommen, und desto schneller.«[6] Der Vorsitzende des von Eisenhower berufenen Wirtschaftsrates (Council of Economic Advisers) machte es offiziell: Der »höchste Zweck« der amerikanischen Wirtschaft, erklärte er feierlich, sei es, »mehr Konsumgüter zu produzieren«.[7]

DIE AMERIKANISCHE WIRTSCHAFT der 50er Jahre war der Motor der Massenproduktion. Ihre Charakteristika sind in Amerikas kollektiver Erinnerung noch fest verankert, und obwohl die heutige Wirtschaftsstruktur fast keine Ähnlichkeit mehr mit diesem Bild besitzt, konditioniert es auch am Ende des Jahrhunderts noch das Denken eines Großteils der Bürger Amerikas.

Im Mittelpunkt standen etwa fünfhundert Großunternehmen, die in den fünfziger Jahren für etwa die Hälfte des industriellen Ausstoßes der Vereinigten Staaten (ungefähr ein Viertel des industriellen Ausstoßes der freien Welt) sorgten, rund drei Viertel der Industriewerte des Landes besaßen, zirka vierzig Prozent der Unternehmensgewinne einstrichen und mehr als ein Achtel der nichtlandwirtschaftlichen Arbeitskräfte beschäftigten. Die größten dieser Unternehmen waren in der Tat sehr groß: Die ersten achtundzwanzig beschäftigten allein zehn Prozent aller Industriearbeiter des Landes.[8] General Motors allein, das größte Industrieunternehmen der Welt, brachte im Jahr 1955 drei Prozent des amerikanischen Bruttosozialproduktes auf, was in etwa dem gesamten BSP Italiens entsprach. Dem Expansionsprogramm, für das General Motors in jenem Jahr eifrig die Trommel rührte, traute man sogar zu, daß es die befürchtete Wirtschaftsflaute verhindern würde.[9] Standard Oil of New Jersey (1972 in Exxon umgetauft) und AT&T machten, jeder für sich, mehr Umsatz, als der Staat Dänemark an Steuern einnahm.

Dieser industrielle Kern zerfiel wiederum in Gruppen von zwei bis drei Großunternehmen, die jeweils an der Spitze von zwanzig bis dreißig Industriezweigen standen. Die Stahlindustrie wurde von drei Kolossen beherrscht: U.S. Steel, Republic und Bethlehem; die Elektro- und Elektrogeräteindustrie von zweien: General Electric und Westinghouse; in der Chemieindustrie waren es Du Pont, Union Carbide und Allied Chemical; in der Nahrungsmittelindustrie General Foods, Quaker Oats und General Mills; in der Tabakindustrie R. J. Reynolds, Ligget & Myers und American Tobacco; bei Düsenmotoren General Electric und Pratt & Whitney; in der Automobilindustrie General Motors, Ford und Chrysler, und so weiter.

Um diese Kernunternehmen herum gruppierten sich mehrere tausend große, aber nicht gigantische Industriebetriebe sowie einige bedeutende Dienstleistungsunternehmen, die ihrerseits die Bedürfnisse der Kernunternehmen befriedigten – Banken, Versicherungen, Eisenbahngesellschaften und Großanbieter wie Sears, Montgomery Ward und J. C. Penney. All dies umgaben, wie die äußeren Ringe des Saturn, Hunderttausende kleinerer Firmen, die Marktnischen für spezialisierte Waren füllten, deren Massenfertigung sich nicht lohnte, sowie kleine Einzelhändler, die die Massengüter vermarkteten oder verkauften. Den Rest der Privatwirtschaft teilten sich Restaurants, Anwaltskanzleien, Friseure, Immobilienmakler und wer sonst noch die Hauptstraßen bevölkert, sowie eine schwindende Zahl von landwirtschaftlichen Familienbetrieben. Anders als die Kernindustrien, die ihre Absatzmengen und Preise ziemlich genau weit im voraus planen konnten, hingen diese peripheren Geschäftsbetriebe weitgehend von den Launen des Marktes ab. Immer vom Wettbewerb bedroht, führten ihre Besitzer und Angestellten eine relativ unsichere Existenz.

Aufgrund ihrer Größe und der zentralen Rolle, die diese Kernindustrien in der Wirtschaft spielten, kam es schließlich dazu, daß sie sich mit der amerikanischen Wirtschaft als Ganzes identifizierten – und daß dies auch im In- und Ausland so gesehen wurde. Sie waren die Champions der Wirtschaft; ihre Erfolge waren auch deren Erfolge. Sie *waren* die amerikanische Wirtschaft.

Die imposanten Verwaltungszentralen, die sich die Unternehmen errichteten, waren die Schreine des amerikanischen Kapitalismus. Sie repräsentierten die Macht und den Optimismus des Landes: die GM-Hauptzentrale in Detroit, das RCA-Gebäude in New York, Lever House und Chrysler Building. Ihre Markenzeichen und Werbesprüche erinnerten die Verbraucher in aller Welt an die Dynamik des amerikanischen Unternehmertums. U.S. Steel erhob in seinem Firmenmotto unverfroren den bombastischen Anspruch: »Wie es dem Stahl geht, so geht es dem Land.« (Von ihrer Public-Relations-Abteilung gewarnt, der Wahlspruch könnte Schuldzuweisungen nach sich ziehen, falls es mit der Wirtschaft tatsächlich einmal bergab ginge, drehte ihn die Firma einige Jahre später in aller Stille einfach um: »Wie es dem Land geht, so geht es dem Stahl.«[10]) Als Charles Erwin (»Engine Charlie«) Wilson, Präsident von General Motors, im Jahre 1953 von Eisenhower zum Verteidigungsminister berufen wurde, faßte er bei seiner Anhörung vor dem Kongreß diese verbreitete Ansicht in Worte, als er gefragt wurde, ob er imstande wäre, eine Entscheidung im Interesse der Vereinigten Staaten zu treffen, die den Interessen von General Motors zuwiderliefe. Er sagte, er könne das, aber dieser Konflikt würde sich niemals erheben. »Ich kann mir keinen vorstellen, denn seit Jahren bin ich überzeugt, daß das, was gut für unser Land ist, auch gut für General Motors ist, und umgekehrt. Da gibt es keinen Unterschied. Unsere Firma ist zu groß. Ihr Wohlergehen geht mit dem Wohlergehen des Landes einher.«[11]

Die Kernunternehmen überfluteten Amerika nicht nur mit Waren, sondern schufen auch Millionen Arbeitsplätze, durch welche nicht nur die amerikanische Mittelklasse einen enormen Zuwachs erfuhr, sondern auch der Massenmarkt für diese Waren vergrößert wurde. Mitte der 50er Jahre fiel gut die Hälfte aller amerikanischen Familien in diese mittlere Kategorie mit einem jährlichen Netto-Familieneinkommen zwischen 4000 und 7500 Dollar (nach Kaufkraft von 1953). Wohlgemerkt handelte es sich hier größtenteils nicht um Familien von Ingenieuren oder leitenden Angestellten, sondern von Facharbeitern, angelernten Kräften und Büroangestellten, die die Schmutzarbeit in den Werkhallen und den Papierkram in den unteren Büroetagen der Großunternehmen erledigten.

Der wachsende Wohlstand und Umfang der Mittelklasse war einer der größten Triumphe des amerikanischen Kapitalismus, und er war in nicht geringem Maße den amerikanischen Kernunternehmen zu verdanken. 1929 flossen 34 Prozent der gesamten Privateinkommen Amerikas auf die Konten der höchstbezahlten fünf Prozent der Bevölkerung, 1946 betrug ihr Anteil nur noch 18 Prozent. (»Mehr als der halbe Weg zur vollkommenen Gleichheit ist zurückgelegt«, jubelte das Amt für Wirtschaftsforschung – National Bureau of Economic Research[12]). Das eine Prozent der Top-Verdiener tat sogar einen noch tieferen Fall, von 19 Prozent des Gesamteinkommens 1929 auf nur noch 7,7 Prozent im Jahre 1946.[13]

In den 20er Jahren sah es noch so aus, als würde der amerikanische Kapitalismus zu einer Spaltung zwischen den Klassen führen, was Karl Marx sicher nicht überrascht hätte. Das Soziologen-Ehepaar Robert S. und Helen Merrell Lynd entdeckte, nachdem es das Leben in Muncie (einer Kleinstadt in Indiana mit 35 000 Einwohnern, von den Lynds, die sie für repräsentativ für Amerika hielten, »Middletown« genannt) erforscht hatte, eine andere Teilung: »Auf den ersten Blick ist es schwierig, auch nur den Anschein irgendeines Musters im Alltagsleben eines Gemeinwesens zu erkennen, das fast vierhundert verschiedene Weisen kennt, sich seinen Lebensunterhalt zu verdienen. ... Bei näherem Hinsehen jedoch lassen sich in diesem Durcheinander zwei Arten von Tätigkeiten unterscheiden. Die Menschen, die diesen Tätigkeiten nachgehen, werden im folgenden als die Arbeiterklasse *(Working Class)* und die kaufmännische Klasse *(Business Class)* bezeichnet. Die Tätigkeiten, mit denen sich die erste Gruppe beschäftigt, um ihren Lebensunterhalt zu verdienen, richten sich im großen und ganzen auf Dinge, ... während es die Mitglieder der zweiten Gruppe bei ihrer Tätigkeit vorwiegend mit Menschen zu tun haben, denen sie Dinge, Dienstleistungen und Ideen verkaufen ... Die Arbeiterklasse ist zweieinhalbmal so stark wie die kaufmännische Klasse. ... Diese Unterteilung in Arbeiterklasse und kaufmännische Klasse ist es, die die auffallendste Spaltung in Middletown darstellt. Allein die Tatsache, daß man auf der einen oder der anderen Seite der Trennungslinie zwischen diesen beiden Gruppen geboren ist, ist der signifikanteste kulturelle Einzelfaktor, der tendenziell darüber entscheidet, womit man während seines ganzen Lebens den lieben langen Tag verbringt.«[14]

Ein Soziologie-Lehrbuch von 1956 mit dem Titel *The American Class Structure* hielt fest, wie weit sich Amerika inzwischen von der Klassentrennung im Middletown der 20er Jahre entfernt hatte, und schrieb diese Änderung vor allem der neuerdings vorherrschenden Organisation des Produktionsprozesses zu. Amerikas Kernunternehmen hatten die Unterschiede zwischen Hand- und Kopfarbeitern verwischt, indem sie eine breite Mittelschicht aus Facharbeitern, Vorarbeitern und Werksleitern, Managern der mittleren Ebene und Technikern schufen. »Alle sind Angestellte, keine Eigner. Ihre Stellung im System hängt von den Regeln bürokratischer Einordnung und Beförderung ab; der privatwirtschaftliche Sektor gleicht sich mehr und mehr dem öffentlichen Dienst an. Man entscheidet sich für das Ausgangsniveau, auf dem man tätig werden will, durch die Länge und Art der schulischen Ausbildung; der Rest hängt vom bürokratischen Wettbewerb ab.« Im weiteren führte der Autor des Lehrbuchs die nivellierende Wirkung der Unternehmensbürokratien auf die Einkommensentwicklung an, da aufgrund der dem öffentlichen Dienst vergleichbaren Arbeitsplatzkategorien die unteren Lohngruppen eher angehoben und die höheren Einkommensgruppen gebremst würden. »Das Einkommen bestimmt sich nach sachlichen bürokratischen Gesichtspunkten. Der Trend der Einkommensverteilung geht in Richtung einer Verminderung der Ungleichheit. Der Unternehmer erhält einen im Verhältnis zu den Beschäftigten kleineren Anteil; das Fach- und Büropersonal hat gegenüber dem Arbeiter in der Fabrikhalle einiges an Vorsprung eingebüßt.«[15]

Die Unternehmensbürokratie hatte eine neue, wachsende Mittelklasse geschaffen, deren Einkommen nicht auf dem Besitz von Vermögenswerten, sondern auf dem bürokratischen Rang beruhte. »Die meisten von uns sind Angestellte«, schrieb der Chef-Leitartikler des *Life*-Magazins im Jahr 1952. »Als Einzelpersonen mögen wir jede Menge Vermögen besitzen, aber in den meisten Fällen nicht die Art Vermögen, die uns als Existenzgrundlage dienen könnte. Andererseits ist auch das materielle Eigentum des Unternehmens nicht ... der einzige Grund, weswegen wir für es arbeiten. Wir arbeiten für es, weil die Organisation selbst ... zur Produktionseinheit geworden ist.«[16]

Natürlich gab es im Amerika der 50er Jahre noch weitreichende Ungleichheiten. Die ganz Armen blieben fast unsichtbar. Schwarze wurden ganz unverhüllt zu Bürgern zweiter Klasse relegiert. Nur wenige Frauen wagten sich in andere Berufe als die der Kindergärtnerin, Lehrerin oder Krankenschwester. (1957 verkündete United Airlines stolz, ihre »Executive Class« zwischen New York und Chicago biete bequeme Pantoffeln, Steaks und »keine Frauen an Bord außer zwei Stewardessen«.[17]) Es sollte noch Jahrzehnte dauern, bis derartige Barrieren allmählich fielen, während mehr und mehr Bürger in die großen, stabilen, standardisierten Bürokratien der amerikanischen Unternehmenswelt eintraten.

Um die vorgefassten Pläne effizient in die Tat umsetzen zu können, waren Amerikas Unternehmensbürokratien wie Militärbürokratien organisiert. Nicht von ungefähr konnten sich die zahlreichen Kriegsveteranen, die in den 50er Jahren Amerikas Kernunternehmen bevölkerten, so reibungslos in deren militärartige Hierarchien einfügen, und auch die Terminologien ähnelten sich: Kommandokette, Kontrollbefugnis, *division* (Division/Abteilung), *division head* (Divisionskommandeur/Abteilungsleiter) und *standard operating procedure* (Standardverfahren). Im Zweifelsfall halte dich an die Vorschriften! Jeder Arbeitsplatz hatte seine genaue Beschreibung, mit vorher festgelegten Prozeduren und Verantwortlichkeiten. Auf Organisationsdiagrammen wurden die internen hierarchischen Strukturen dargestellt, mit einem großen Kasten an der Spitze für den Vorstand und darunterliegenden Ebenen, in denen die Kästchen immer kleiner und immer zahlreicher wurden. Wie beim Militär wurde allergrößter Wert auf den Erhalt der Kontrollstrukturen gelegt – auf die Fähigkeit der Vorgesetzten, den Untergebenen Loyalität, Disziplin und unbedingten Gehorsam einzuflößen, und auf die Fähigkeit der Untergebenen, sich in dieser Weise konditionieren zu lassen.

Absolute Kontrolle war unerläßlich, wenn Pläne in genau der vorgesehenen Weise durchgeführt werden sollten. Und Genauigkeit war notwendig, um auf allen Stufen der Massenproduktion größtmögliche Effizienz und zudem eine wirkungsvolle Kontrolle über Preise und Märkte zu erreichen. Auch hier war die Ähnlichkeit mit militärischen Kommandostrukturen unverkennbar. Wie im Krieg erforderte die strategische Planung, daß man erst einmal entschied, wohin man gelangen wollte, und dann einen Plan entwarf, in welcher Weise Kampfmittel und Truppen einzusetzen waren, um dieses Ziel zu erreichen. Das Kernunternehmen wollte bei voller Auslastung ein möglichst hohes Produktionsvolumen erreichen und seine Erzeugnisse zu kostendeckenden Preisen verkaufen, die außerdem einen anständigen Profit ermöglichten. Die Produktion richtete sich nach festgelegten Produktionszielen und der Verkauf nach vorherbestimmten Quoten.

Das System ließ auch Raum für Innovationen. Doch neue Erfindungen kamen eher in großen Sprüngen als in kleinen Schritten. Verbesserungen geringen Grades entzogen sich einer effizienten Planung und Kontrolle. Größere Änderungen hingegen ließen sich gründlich vorbereiten. Neue Produkte kamen fertig gestaltet aus dem Laboratorium oder der Forschungsabteilung. Wenn dann die Finanz- und Marktstrategen das neue Produkt für gut befunden hatten, wurde das gesamte Herstellungsverfahren geändert und neu abgestimmt. Neue Maschinen wurden installiert, Montagebänder neu eingerichtet, neue Zulieferer beauftragt, neue Werbe- und Marketingkampagnen geplant. Äußerst differenzierte Vorbereitungen waren für die Massenfertigung erforderlich, weil die einzelnen Produktionsphasen genauestens synchronisiert werden mußten. Und weil das amerikanische Großunternehmen der Jahrhundertmitte die Hälfte seiner Gewinne in neue Fabrik- und Maschinenanlagen, in Forschung und Entwicklung investierte, konnte es sich keine verschlossenen Märkte leisten. RCA verbrachte fast zehn Jahre damit, den ersten marktfähigen Fernseher zu entwickeln. Du Pont arbeitete zwölf Jahre daran, Nylon produktionsreif zu machen. Union Carbide benötigte über siebzehn Jahre, um ein Verfahren zur Kohlehydrierung zu entwickeln. Gelegentliche Mißgriffe, wie das Modell »Edsel« von Ford, bildeten die berühmte Ausnahme von der Regel der gründlichen und erfolgreichen Vorbereitung.

An der Spitze der grossen Bürokratien standen die *corporate statesmen*, die »Staatsmänner« in den Vorständen, die keine Gelegenheit versäumten, der Nation zu erklären, daß sie die Belange aller im Umkreis des Unternehmens auszubalancieren trachteten, einschließlich derjenigen der breiten Öffentlichkeit. »Die Aufgabe des Managements«, verkündete Frank Abrams, Vorstandsvorsitzender von Standard Oil of New Jersey, 1951 in einer für die Zeit typischen Ansprache, »besteht darin, einen gerechten und vernünftigen Ausgleich zwischen den Ansprüchen der verschiedenen direkt betroffenen Gruppen zu schaffen . . . der Aktionäre, der Beschäftigten, der Kunden und der Öffentlichkeit insgesamt. Die Führungskräfte der Wirtschaft gewinnen unter anderem auch deshalb an beruflichem Status, weil sie in ihrer Tätigkeit die grundlegenden Verantwortlichkeiten [gegenüber der Öffentlichkeit] sehen, die andere Berufsstände für ihre Tätigkeit längst erkannt haben.«[18] *Fortune* nahm seine Leser – die Führungskräfte – in die Pflicht, sich als staatsmännisch denkende Wirtschaftsführer einer umfassenden nationalen Perspektive zu befleißigen: »Um es vom professionellen Standpunkt aus zu sagen: Der Wirtschaftsführer muß eine unvoreingenommene, distanzierte Haltung zu den Möglichkeiten und Taktiken des Augenblicks einnehmen. Er muß zum industriellen Staatsmann werden.«[19]

Dies war keine Pose. Die Rolle des industriellen Staatsmanns war diesen Männern auf den Leib geschrieben. Viele von ihnen hatten während des Zweiten Weltkriegs hohe Regierungsposten innegehabt und dienten auch noch während der 50er Jahre in Beratungsgremien, Kommissionen, Sonderausschüssen und Arbeitsgruppen der Regierung. Als »Engine Charlie« Wilson eine ganze Truppe von GM-Managern mit ins Pentagon brachte, witzelte Adlai Stevenson, unterlegener Gegenkandidat Eisenhowers bei den Präsidentschaftswahlen 1952 und 1956, Amerika habe das Ruder den *New Dealers* aus der Hand genommen und es den *car dealers* (Autohändlern) übergeben. Diese selbsternannten *corporate statesmen* wurden häufig vor den Kongreß geladen und gaben dabei großzügig ihre Meinung zum besten, was gut für das Land sei. Ihre Ansichten weckten Aufmerksamkeit, wenn vielleicht auch nur deshalb, weil sie eine nicht unbeträchtliche Macht über die Wirtschaft ausübten. Ihre Entscheidungen über das Ob und Wieviel von Preiserhöhungen, über Neubau oder Schließung von Fabriken, über Neueinstellungen oder Entlassungen waren oft lebenswichtig für ganze Regionen und sogar für das gesamte Land.

Ihr persönlicher Einfluß wurde noch durch die Neigung gesteigert, in aktuellen Fragen fast immer einer Meinung zu sein. Das war jedoch keine Verschwörung oder Intrige, sondern lag einfach daran, daß sie oftmals die gleichen persönlichkeitsbildenden Erfahrungen gemacht hatten und daher vieles mit den gleichen Augen sahen. Sie hatten die gleichen Privatschulen, die gleichen Elite-Universitäten und Wirtschaftshochschulen besucht. Sie lasen die gleichen Zeitungen, gehörten den gleichen Clubs an, verbrachten ihren Urlaub in den gleichen Erholungsgebieten. Sie saßen gegenseitig in den Aufsichtsräten ihrer Unternehmen. (Als er 1957 aus dem Verteidigungsministerium ins Privatleben zurückkehrte, erklärte Engine Charlie mit entlarvender Offenheit der Presse, er freue sich darauf, in verschiedene Aufsichtsräte einzuziehen, »nur um den Kontakt mit ein paar alten Freunden aufrechtzuerhalten«.[20])

Der Manager der mittleren Ebene im Kernunternehmen der 50er Jahre war, von Ausnahmen abgesehen, kein ausgesprochener Individualist. Im Gegenteil: Seine Neigung zum Konformismus war damals ein vieldiskutiertes Thema. David Riesmans Bestseller *The Lonely Crowd* zufolge war er ein anonymes, »fremdbestimmtes« Wesen[21], in einem anderen Bestseller wurde er als gesichtsloser »Organisationsmensch« bezeichnet.[22] Konformität und Lenkbarkeit waren jedoch genau die richtigen Voraussetzungen, die erforderlich waren, um in dem standardisierten Massenproduktionssystem, das er zu beaufsichtigen hatte, zu bestehen; weder erforderte noch belohnte das System ein besonderes Maß an eigenständigem Denken. Bei einer in der Mitte der 50er Jahre veranstalteten Umfrage unter Personalchefs privatwirtschaftlicher Unternehmen, die mit der Einstellung und Beförderung von Führungskräften der mittleren Ebene befaßt waren, stimmten siebzig Prozent mit der Aussage überein: »Weil die turbulenten Wachstumszeiten des Unternehmens vorüber sind, benötigt dieses vor allem den anpassungsfähigen, in Führungsaufgaben geschulten Verwalter, der hauptsächlich um ein gutes Betriebsklima und um Verfahren bemüht ist, aus dem Unternehmen ein reibungslos funktionierendes Team zu machen.«[23]

Der »Organisationsmensch« trat unmittelbar nach dem College-Abschluß in das Unternehmen ein und blieb dort oft bis zur Pensionierung. Von 800 höheren Führungskräften in 300 Großunternehmen, die 1952 befragt wurden, hatten drei Viertel über zwanzig Jahre in derselben Firma verbracht.[24] Wie der »Gehaltsempfänger« im Japan der letzten Jahrzehnte des 20. Jahrhunderts, der zeit seines Lebens im selben Unternehmen beschäftigt ist und für seine Treue entsprechend belohnt wird, so war auch Amerikas Unternehmens-Manager zur Jahrhundertmitte ein loyaler Bürokrat.

NACH DEM MANAGER DER MITTLEREN EBENE kam der »Fußsoldat« des amerikanischen Kapitalismus, der Fabrikarbeiter im blauen Overall, die Lunchbox unterm Arm, der Stunde für Stunde, Tag für Tag die gleiche Arbeit verrichtete. In den 50er Jahren waren fünfzehn Millionen von ihnen – stolze siebzig Prozent aller Fabrikarbeiter, Bergleute und Eisenbahner – gewerkschaftlich organisiert. Sowohl vor wie unmittelbar nach dem Krieg waren sie in erbitterte Kämpfe mit den Arbeitgebern verwickelt, doch in den 50er Jahren war der Spuk vorbei. Dies war teilweise dem Taft-Hartley-Gesetz zu verdanken, das 1947 vom Kongreß verabschiedet wurde, der sich bereits auf die neue Macht des Unternehmertums eingestellt hatte. Das Gesetz verbot »closed shops« (Vereinbarungen zwischen Arbeitgeber und Gewerkschaft, daß nur Gewerkschaftsmitglieder eingestellt werden dürfen) sowie Boykottaufrufe und verlieh dem Präsidenten die Macht, Streiks zu untersagen, wenn sie das Wohl und die Sicherheit der Nation gefährdeten, und eine dreimonatige »Abkühlfrist« zu verlangen, bevor ein Streik ausgerufen wurde.

Der Friede zwischen Arbeitgeber- und Arbeitnehmerseite spielte eine wichtige Rolle bei der wachsenden Bürokratisierung der amerikanischen Wirtschaft. Nun fanden die Auseinandersetzungen immer häufiger nicht mehr auf der Straße statt, in Form von Aussperrungen und Streikposten, sondern in Konferenzräumen, zwischen Anwälten und Sachbearbeitern. »Big Labor« hatte seine eigene Bürokratie entwickelt, das Gegenstück von »Big Business«. Walter Reuther und John L. Lewis waren ebenso bekannt und fast so mächtig wie Engine Charlie. Und fast ebenso respektabel: »Der neue Gewerkschaftsführer ist ein Mitglied der neuen Klasse«, meinte *Fortune.* »Er bezieht ein hohes Gehalt. Er ist eine Persönlichkeit des öffentlichen Lebens. Er genießt eine Machtstellung in der Gesellschaft.«[25] »Big Labor« war gesellschaftsfähig geworden. »Gewerkschaftsführer [sind] heiß begehrt in Bürgerkomitees, Wohlfahrtsfonds und patriotischen Organisationen. ... Eine wachsende Zahl von ihnen trägt, mit akademischem Pomp, stolz die Ehrendoktorrobe mit dem scharlachroten Überwurf zur Schau.«[26]

Jede Gewerkschaft verfügte über ihr nationales Verwaltungsgebäude, das Top-Manager, deren Stäbe und allerlei Fachleute beherbergte. Ihnen nachgeordnet waren wiederum die Regionalmanager und deren Mitarbeiterstäbe, und so weiter bis hinunter zum Betriebsobmann. Während sich Gewerkschafts- und Wirtschaftsführer auf dem Weg über die Presse gegenseitig anknurrten, setzten sich Bürokraten und Fachleute beider Seiten hinter verschlossenen Türen zusammen, verglichen Zahlen und Finanzdaten und kamen schließlich zu einer Einigung.

Diese Einigungen waren möglich, weil die Gewerkschaften nach Industriezweigen organisiert waren, so daß die ausgehandelten Lohnerhöhungen und Nebenleistungen automatisch für alle Unternehmen einer Branche galten. Weil die Kernunternehmen innerhalb eines Industriezweiges bereits begonnen hatten, ihre Preise zu koordinieren, war es relativ leicht für die Verhandlungsführer der Unternehmerseite, großzügigen Erhöhungen der Löhne und Nebenleistungen zuzustimmen und sie dann in Gestalt von höheren Preisen an die Verbraucher weiterzugeben. Die Unternehmensvorstände zogen diese freundliche Regelung Arbeitsniederlegungen vor, die den reibungslosen Ablauf der Massenproduktion in Gefahr gebracht hätten. Ihrerseits lernten die Gewerkschaftsführer, wie weit sie mit ihren Forderungen gehen konnten, ohne übermäßige Beunruhigung bei den Politikern auszulösen, die sich wegen der Inflation Sorgen machten. »Wo es eine eingespielte Industrie und eine eingespielte Gewerkschaft gibt, kommt man irgendwann zu dem Punkt, daß ein Streik keinen Sinn mehr macht«, befand George Meany, Präsident der AFL-CIO*.[27]

Der gewerkschaftlich organisierte Anteil an der amerikanischen Arbeiterschaft sank in den 50er und 60er Jahren etwas ab, doch großzügige Tarifabkommen sorgten weiterhin für ein ständig steigendes Lohnniveau auf dem Industriesektor. Über ein Vierteljahrhundert lang, vom Ende des Zweiten Weltkriegs bis 1973, wuchsen die Reallöhne der amerikanischen Industriearbeiter im Durchschnitt jährlich um 2,5 bis 3 Prozent. Entsprechend wuchsen auch die Nebenleistungen. Im Jahre 1950 sahen erst 10 Prozent der Tarifabschlüsse Altersruhegeld und nur 30 Prozent Beiträge zur Krankenversicherung vor; schon fünf Jahre später boten 45 Prozent der Abschlüsse Altersruhegeld und 70 Prozent Lebens-, Unfall- und Krankenversicherung inklusive stationärer Behandlung und Mutterschaftsvorsorge. Bezahlter Urlaub wurde zur Norm, ebenso eine zusätzliche Arbeitslosenunterstützung (neben der gesetzlichen) im Fall von rezessionsbedingten Entlassungen. Innerhalb von zehn Jahren wurden die Löhne an jede inflationsbedingte Erhöhung der Lebenshaltungskosten angepaßt.

Symbolisch für diesen Wandel war die Art und Weise, wie sich das Bild der organisierten Arbeiterschaft innerhalb der amerikanischen Kultur gewandelt hat. Die Gewerkschaft war nun keine soziale Bewegung mehr, sondern eine etablierte politische und wirtschaftliche Organisation, die sich mit dem Big Business das Verdienst und die Verantwortung teilte, den ständig steigenden Wohlstand den Landes zu sichern. Die 30er Jahre waren die Ära des proletarischen Dramas gewesen, wie in Clifford Odets bissigem Einakter *Waiting for Lefty* vorgeführt, in dem die Arbeiter von ihren Arbeitgebern ausgebeutet werden. »Wir sind die Sturmschwalben

* American Federation of Labor – Congress of Industrial Organizations, Dachorganisation der US-Gewerkschaften, 1955 aus dem Zusammenschluß von AF of L (gegr. 1886) und CIO (gegr. 1935) entstanden.

der Arbeiterklasse«, proklamiert einer von ihnen in der Schlußszene, nachdem Lefty, der eine Gewerkschaft auf die Beine zu stellen versuchte, von den Bossen ermordet worden war, »und wenn wir sterben, wird man wissen, was wir taten, um eine neue Welt zu schaffen.« Dann fällt der Vorhang unter dem zornigen Sprechgesang der Arbeiter: »Streik, Streik, Streik!«

In den 50er Jahren war an die Stelle des Arbeiterdramas die musikalische Komödie getreten, wie 1954 der Broadway-Hit *Pajama Game*. Auch hier wird mit Streik gedroht, diesmal ist die Sleep Tite Pajama Company (»Schlaf fest« Pyjama Co.) dran. Doch der Knoten wird auf eine andere, für die neue Zeit symbolische Weise gelöst: Nach einer Reihe von Slapstick-Konfrontationen kommt der reaktionäre junge Präsident der Firma schließlich der Forderung der Beschäftigten nach einer Lohnerhöhung von siebeneinhalb Cent pro Stunde nach, und im Finale erscheint er auf der Pyjama-Party der Angestellten.

Der nationale Pakt

Genau wie ein einzelner Betrieb besser zu laufen schien, wenn man einen Teil des Gewinns in Verbesserungen investierte, so schien auch das Wirtschaftssystem als Ganzes besser zu laufen, wenn man einen Teil des Volkseinkommens in Einkommens- und Statusverbesserungen der unteren Einkommensgruppen investierte, womit man es diesen ermöglichte, sich mehr Waren zu kaufen, und so den Markt für alle vergrößerte.

FREDERICK LEWIS ALLEN,
The Big Change (1952)

ALS GEGENLEISTUNG für den erhaltenen Wohlstand fand sich die amerikanische Gesellschaft mit der Legitimität und Dauerhaftigkeit des Kernunternehmens ab. Die Regierung mischte sich nicht mehr in Management-Vorrechte ein. Zwar wurden – mit mehr oder minder großer Begeisterung – gelegentlich Maßnahmen zum Schutz der öffentlichen Gesundheit und Sicherheit, der Umwelt und der Bürgerrechte getroffen, doch eine Rückkehr zu den Lenkungsmaßnahmen der Kriegsjahre oder zur industriellen Planung der Depressionsjahre gab es nicht mehr, auch keine Liebäugelei mit Verstaatlichungen wie in einigen europäischen und asiatischen Ländern. Auch die Antitrust-Gesetze wandte die Regierung nicht mehr mit der Strenge und Leidenschaft an, wie sie in vergangenen Jahrzehnten periodisch von Reformern an den Tag gelegt worden war. Die stille Absprache unter den größten Unternehmen einer Branche (oder, in der weniger alarmierenden Fachsprache der Wirtschaft: »oligopolistische Koordination«) wurde zum akzeptierten Standard der privatwirtschaftlichen Planung der Massenproduktion.

Statt dessen machten es sich die Regierenden zur vornehmsten Pflicht, für die ungebremste Rentabilität des amerikanischen Kernunternehmens Sorge zu tragen. Die Regierung stellte Darlehen zu niedrigen Zinsen zum Erwerb von Eigenheimen zur Verfügung, ein bedeutender Anreiz zum Massenkonsum. Sie traf konjunkturstabilisierende Maßnahmen, damit das Kernunternehmen seine Massenproduktion leichter planen konnte, ohne sich um eine plötzlich fallende oder unversehens ansteigende Nachfrage sorgen zu müssen. Die Planer beim Federal Reserve Board – der amerikanischen »Bundesbank« – und im Finanzministerium regulierten den Geldumlauf beziehungsweise die Ausgaben der öffentlichen Hand in dem Bemühen, dem Auf und Ab der Wirtschaft entgegenzuwirken. Manchmal unternahm es ein Präsident, die Spitzenmanager der Industrie und die Gewerkschaftsführer durch »eindringliche Appelle« dazu zu überreden, auf allzu großzügige Preis- und Lohnerhöhungen zu verzichten, doch versuchte die Regierung nur im äußersten Notfall, direkten Einfluß auf die Preisgestaltung zu nehmen.

Wieviel Inflation zu verantworten war, blieb jedoch umstritten. Konservative Republikaner, zu deren Wählerschaft ein großer Teil der amerikanischen Geschäftswelt gehörte, neigten dazu, jede Inflationsgefahr so weit wie möglich zu bannen, selbst auf das Risiko beträchtlicher Arbeitslosenzahlen hin. Diese Neigung war durchaus verständlich, waren ihre Wähler doch oftmals Kreditgeber, deren Außenstände durch Inflation an Wert verloren, und kaum jemals Lohnarbeiter, die im Fall einer wirtschaftlichen Flaute mit Entlassung zu rechnen hatten. Dagegen neigten Demokraten eher zu einer möglichst hohen Beschäftigungsrate, auch wenn diese mit einem gewissen Inflationsrisiko verbunden war. Auch diese Neigung war verständlich angesichts des Hangs der demokratischen Wählerschaft zur Schuldenaufnahme und zu weniger gesicherten Arbeitsplätzen. Als dieser Parteienstreit im Kongreß ausgetragen wurde, kam ein Kompromiß dabei heraus – das Beschäftigungsgesetz *(Employment Act)* von 1946 – in dem an die Stelle von »Vollbeschäftigung« (in der ursprünglichen Fassung) »Höchstbeschäftigung« trat, ein recht vages Mandat, das als Richtlinie nur wenig hergab.

Amerikas Kinder auf das Erwerbsleben vorzubereiten bildete einen weiteren Bereich öffentlicher Verantwortlichkeit. In Anbetracht des amerikanischen Systems der standardisierten Massenproduktion war das allerdings keine allzu starke Belastung. Die einzige Vorbedingung für die meisten Tätigkeiten waren die Fähigkeit, einfache mündliche und schriftliche Anweisungen zu verstehen, und genügend Selbstkontrolle, sie in die Tat umzusetzen.

So spiegelten denn zur Jahrhundertmitte auch Amerikas Grund- und Oberschulen das System der Massenproduktion wider: Klasse für Klasse absolvierten die Schüler wie am Fließband eine vorausgeplante Folge von Fächern. Auf jeder Stufe wurden ihnen bestimmte Lernstoffe eingetrichtert. Die Kinder mit der größten Lernfähigkeit und der angepaßtesten Haltung wurden schneller, die mit der geringsten Lernfähigkeit und Selbstdisziplin langsamer durch das System geschleust. Routinemäßig wurden an bestimmten Kontrollpunkten standardisierte Test verabreicht, um festzustellen, wieviel Lernstoff in den kleinen Köpfen hängengeblieben war, »mangelhafte Produkte« wurden vom Band genommen und zur »Nachbearbeitung« zurückgeschickt. Wie in der Massenproduktion wurden Ordnung und Disziplin über alles gestellt.

Auch hier führte die Standardisierung zur »Wirtschaftlichkeit«. Wie Fabrikarbeiter hatten auch Lehrer kaum die Möglichkeit, darüber zu bestimmen, was sie in einer bestimmten Phase ihrer Fließbandtätigkeit tun wollten. Sie hatten Lehrplänen zu folgen, die von Spezialisten auf höchster Ebene der pädagogischen Hierarchie entworfen und durch Schichten von Schulamtsleitern, Schulräten, Schulinspektoren, Schuldirektoren und Fachgebietsleitern an sie herabgereicht wurden. Und wie bei der industriellen Fertigung galt das Prinzip: je größer, desto besser. Kleinere Schuldistrikte wurden zu immer größeren Einheiten zusammengeschlossen, wobei unter der Bezeichnung »Regionalschulen« riesige zentralisierte Fabriken entstanden, durch die reibungslos und ohne Unterlaß immer größere Kinderscharen hindurchgeschleust werden konnten.

Es war die ideale Vorbereitung auf die Welt der Massenproduktion. In den frühen 30er Jahren hatte der Erziehungsexperte Elwood P. Cubberly die ideale amerikanische Schule vorweggenommen: »Unsere Schulen sind in gewissem Sinne Fabriken, in denen die

Rohmaterialien zu Produkten geformt und angepaßt werden sollen, um den verschiedenen Anforderungen des Lebens zu genügen. Die Konstruktionsanweisungen sind den Anforderungen der Zivilisation des 20. Jahrhunderts entnommen, und es ist Aufgabe der Schule, ihre Schüler nach den Konstruktionsplänen zu bauen. Dies erfordert gutes Werkzeug, Spezialmaschinen, fortlaufende Messungen, um zu überprüfen, ob die Erzeugnisse den Anforderungen entsprechen, [und] das Aussondern des Produktionsausschusses.«[1] Nicht einmal der erfolgreiche *Sputnik*-Start durch die Sowjets im Jahr 1957, der das Land vorübergehend an der Qualität des amerikanischen Bildungssystems zweifeln ließ, änderte diese Sichtweise grundlegend. Amerikas Antwort bestand nicht etwa darin, daß man das Organisationsschema des amerikanischen Schulwesens neu überdachte, sondern vielmehr darin, daß man zusätzliche Finanzmittel bewilligte, um den Lehrern wirksamere Methoden der Massenproduktion beizubringen – besonders in den Fächern Mathematik und Naturwissenschaften.

Die besten fünfzehn Prozent der Oberschüler – diejenigen, die am zügigsten, gewissermaßen auf der Überholspur, durch die Produktion geschleust worden waren – gingen anschließend für vier Jahre aufs College oder auf die Universität, nach deren Abschluß sie unmittelbar in die Managerlaufbahn einschwenkten, die bis an die Spitze der Unternehmensbürokratien führte. Etwas mehr als die Hälfte der übrigen Oberschüler beendete die High-School nicht, doch war mit dieser Verweigerung keineswegs eine finanzielle Einbuße verbunden: Gutbezahlte Fabrikjobs erwarteten High-School-Absolventen und -Nichtabsolventen gleichermaßen, womit das amerikanische Kernunternehmen seinen Teil des nationalen Paktes erfüllte.

Die nationale Verteidigung war die dritte Domäne, die der staatlichen Verantwortung unterlag. Die Fixierung des Landes auf die Sowjetunion verlieh der unterstellten Übereinstimmung von Volkswirtschaft, Kernunternehmen und Wohlstand der Amerikaner einen neuen Inhalt. Der Wettstreit zwischen Kapitalismus und Kommunismus sollte nicht nur an den Grenzen des Sowjetreichs, sondern auch auf dem Schlachtfeld der Weltwirtschaft ausgetragen werden. So wurde Amerikas wirtschaftliche Tüchtigkeit zur Jahrhundertmitte als ein Aspekt seiner Verteidigungsbereitschaft gesehen, und durch nichts wurde diese Tüchtigkeit besser repräsentiert als durch das amerikanische Kernunternehmen.

Der Verteidigungsauftrag des Kalten Krieges diente als willkommene Rechtfertigung für Investitionen der öffentlichen Hand. Der indirekte Beitrag des *Sputnik* zum amerikanischen Bildungswesen erhielt passenderweise die Bezeichnung *National Defense Education Act.* Erklärtes Ziel dieses Gesetzes war es, mehr Wissenschaftler und Ingenieure heranzubilden, um zu verhindern, daß die Russen Amerika im Weltraum überholten. In ähnlicher Weise erhielt das Gesetz zum Bau eines neuen landesweiten Schnellstraßennetzes – 65 000 Kilometer vierspuriger, schnurgerader Autobahnen, welche die alten zweispurigen Bundesstraßen ersetzen sollten – den Namen *National Defense Highway Act* und wurde vor dem Kongreß dadurch gerechtfertigt, daß im Kriegsfall Munition rasch von Ort zu Ort befördert werden müsse. Die offenkundig reale Möglichkeit weiterreichender, sowohl vorteilhafter wie nachteiliger Folgen – etwa daß mit dem Bau von Autobahnen auch ausgedehnte Vorstädte und Einkaufszentren entstehen könnten, daß innerstädtische Einzelhändler geschädigt würden, daß die Bauindustrie einen Boom erleben würde, daß sich der Absatz der Autoindustrie vervielfachen und eine eigene Lastwagenindustrie entstehen würde, die Eisenbahn und Flußschiffahrt verdrängen und die Kosten für Transport und Verteilung von Waren und Gütern in Amerika drastisch verringern würde –, wurde nicht offen diskutiert.

Ebensowenig wies man ausdrücklich darauf hin, daß die Milliarden Dollar, die in die Forschung, Planung und Konstruktion komplizierter Waffensysteme gesteckt wurden, auch Technologien mit kommerziellen Anwendungsmöglichkeiten erzeugen würden. Rüstungsbetriebe entwickelten Minitransistoren, die sich allmählich überall – vom Fernseher bis zur Armbanduhr – einnisten sollten. Auch waren dem »militärisch-industriellen Komplex«, wie Eisenhower zu sagen pflegte, Hartplastik, Fiberglas, die Lasertechnik, Computer, Düsenmotoren und Flugzeugkonstruktionen, Präzisionsmeßgeräte, Sensoren und eine ganze Reihe elektronischer Geräte zu verdanken, von denen viele auch den amerikanischen Kernindustrien Vorteile brachten. (Aus den vom Pentagon angeregten Technologien gingen viele der unentbehrlichen Dinge des modernen Lebens hervor wie solargespeiste Taschenrechner, Tennisschläger aus Graphit und Fernbedienungen für Fernsehgeräte.)

Die Freigebigkeit auf dem Militärsektor kam einer ausgewählten und bemerkenswert konstanten Gruppe von zumeist mit Telekommunikation und Raumfahrttechnik befaßten Kernindustrien zugute. Die ganzen 50er und 60er Jahre hindurch erhielten hundert Kernunternehmen wertmäßig zwei Drittel aller Rüstungsaufträge, zehn Firmen teilten sich ein Drittel. Von den hundert größten Rüstungskonzernen des Jahres 1957 waren zehn Jahre später immer noch sechsundneunzig dabei.[2] Ihre Ausdauer ist einesteils dem Umstand zuzuschreiben, daß ihre Top-Manager oftmals den Reihen ehemaliger Angehöriger des Verteidigungsministeriums entstammten, deren Großzügigkeit im Umgang mit Steuergeldern ihnen nun, nach dem Ausscheiden aus dem Staatsdienst, auf diese Weise vergolten wurde. Zum anderen läßt sie sich aber auch durch die nicht unbedeutende Zahl hochdotierter Arbeitsplätze, die landesweit durch die Rüstungsunternehmen geschaffen wurden, erklären. 1959 zum Beispiel arbeiteten in Kalifornien zwanzig Prozent der nicht in der Landwirtschaft Beschäftigten direkt oder indirekt für größere Rüstungsunternehmen; im Staat Washington betrug diese Ziffer 22 Prozent, in Arizona 17 Prozent und in Maryland 16 Prozent.[3]

DIE VEREINIGTEN STAATEN waren um die Jahrhundertmitte keine bedeutende Handelsnation. Die kriegsbedingt daniederliegenden Volkswirtschaften Europas und Japans hatten Amerika kaum etwas anzubieten (jedenfalls nichts, was die Amerikaner zu Hause nicht besser und billiger einkaufen konnten), noch konnten sie es sich leisten, das zu kaufen, was Amerika anzubieten hatte. Noch 1960 stammten erst vier Prozent der von Amerikanern gekauften Autos aus dem Ausland, bei Stahl lag der Anteil etwas über vier, bei Fernseh-, Rundfunk- und anderen elektrischen Haushaltsgeräten unter sechs und bei Werkzeugmaschinen um drei Prozent. Dennoch versuchte Amerika, die Wunder des Kapitalismus in alle Welt hinauszutragen, als Bollwerk gegen die Ausbreitung des Sowjetkommunismus. »Heutzutage ist der freie Markt der Vereinigten Staaten das Weltwunder«, predigte *Fortune* im Sommer 1955. »Seine Ausdehnung im internationalen Maßstab würde den Sowjets mit einer unschlagbaren Kombination der Stärke begegnen und dabei die freiheitlichen Grundprinzipien von neuem bestätigen, die dieses Land erst groß gemacht haben.«[4]

Amerika wies den Weg zu einem weltweiten Kapitalismus, der dem amerikanischen Modell folgte. In den ersten Nachkriegsjahren machten sich die USA für ein System fester Wechselkurse stark, um Valutaschwankungen zu minimalisieren, für einen Internationalen Währungsfonds, um die Liquidität der Welt zu erhalten, für eine Weltbank, die Mittel für Wiederaufbau und Entwicklung in Form von langfristigen Krediten vergeben sollte, und für ein Allgemeines Zoll- und Handelsabkommen (*General Agreement on Tariffs and Trade* – GATT), um ein offenes Handelssystem zu gewährleisten. Amerika schleuste Milliarden Dollar an Wirtschaftshilfe nach Westeuropa und Japan, um Fabriken, Straßen, Eisenbahnen und Schulen wiederaufzubauen, und traf Vorkehrungen zur finanziellen und technologischen Unterstützung der Entwicklungsländer. Und es senkte laufend seine Importzölle für ausländische Waren. »Der überkommene Imperialismus – Ausbeutung durch fremde Mächte – hat keinen Platz in unseren Plänen«, sagte Harry Truman, als er 1949 sein Vierpunkteprogramm zur technologischen Hilfe für Entwicklungsländer verkündete. »Was uns vorschwebt, ist ein Entwicklungsprogramm, das auf der Idee demokratischer Fairneß beruht.« Er hätte noch hinzufügen können: ». . . und auf der Eindämmung der sowjetischen Gefahr.«

Die Mühe machte sich für alle Beteiligten auf wundersame Weise bezahlt. Die Jahre 1945 bis 1970 erlebten das dramatischste und am weitesten verbreitete Wirtschaftswachstum der Menschheitsgeschichte. Das Weltbruttosozialprodukt wuchs in dieser Zeit von 300 Milliarden auf zwei Billionen Dollar. Inflationsbereinigt verdreifachten sich die Realeinkommen, vervierfachte sich der Welthandel. Auch hier trafen die Sicherheitsbelange des Landes und die Interessen der amerikanischen Kernunternehmen in idealer Weise zusammen. Indem es dazu beitrug, die führenden Wirtschaftsnationen der Welt wiederaufzurichten und somit auch den Kommunismus in Schach zu halten, gab das neue globale Wirtschaftssystem den amerikanischen Kernunternehmen – die bereits viel größer, reicher und technologisch fortgeschrittener waren als sonst ein Unternehmen auf der Welt – neue Möglichkeiten an die Hand, weiter zu wachsen und zu gedeihen. Da der Dollar die Währung war, auf der die festen Wechselkurse beruhen sollten, konnten amerikanische Banken und Kernunternehmen ihre Einflußsphäre bei minimalem Risiko ausdehnen. Unter einer von Amerikanern kontrollierten Weltbank konnte Entwicklungshilfe genau da angesetzt werden, wo Amerikas Kernunternehmen die besten Möglichkeiten für sich selbst sahen. Und solange die Empfänger amerikanischer Auslandshilfe diese dazu benutzten, amerikanische Exporte zu kaufen, konnten sich auch die Kernunternehmen in der berechtigten Hoffnung auf den globalen Handel einlassen, offene Märkte für ihre Produkte zu finden. So war schließlich das Spielfeld des Welthandels so weitgehend auf Amerika ausgerichtet, daß selbst die National Association of Manufacturers – der amerikanische Industriellenverband – dazu überredet werden konnte, einer Senkung der Einfuhrzölle zuzustimmen.

Auch war es kein bloßer Zufall, daß die Central Intelligence Agency (CIA) gerade da kommunistische Verschwörungen aufzudecken pflegte, wo Amerikas Kernunternehmen größere Vorkommen an natürlichen Ressourcen besaßen oder besitzen wollten. Als 1953 eine antikoloniale iranische Nationalistenbewegung unter Führung von Ministerpräsident Mohammed Mossadegh die Anglo-Iranian Oil Company verstaatlichte und die Rechte des Schahs einzuschränken versuchte, schleuste die CIA heimlich Millionen Dollar für Armeeoffiziere ins Land, die die Macht des Schahs wiederherstellen wollten. Nachdem ihr Ziel erreicht war, erhielten Gulf, Texaco, Socony Mobil und Standard Oil of New Jersey großzügigen Zugang zu iranischem Öl. Im gleichen Jahr setzte Guatemalas demokratisch gewählter Präsident Jacobo Arbenz Guzmán eine Landreform in Kraft, welche auch die Konfiszierung der Plantagen der amerikanischen United Fruit Company (UFCO) beinhaltete. Wiederum griff die CIA ein und finanzierte rechte Putschisten, denen es 1954 mit Unterstützung von CIA-Piloten und Flugzeugen, die von dem nikaraguanischen Diktator Anastasio Somoza zur Verfügung gestellt wurden, letztlich gelang, der UFCO ein so trauriges Schicksal zu ersparen.

Ebenfalls 1954 begannen sich die Vereinigten Staaten in aller Stille in Indochina zu engagieren, auch dies eine an Bodenschätzen reiche Weltgegend. Zu den Schlachten, die Frankreichs Kolonialarmee gegen die Vietminh führte, steuerte Amerika sogenannte »technische Berater«, CIA-Piloten sowie siebzig Prozent des französischen Militärbudgets bei. Nach der entscheidenden Niederlage Frankreichs bei Dien Bien Phu befürchtete Eisenhower, der populäre Ho Chi Minh, der jetzt den Norden Vietnams in der Hand hielt, könnte durch allgemeine Wahlen die Macht über das ganze Land gewinnen, und weigerte sich, die Genfer Verträge zu unterzeichnen. Statt dessen sorgte er dafür, daß Ngo Dinh Diem, ein strammer Antikommunist, der in den Vereinigten Staaten im Exil lebte, nach Saigon zurückkehrte und Ministerpräsident von Südvietnam wurde. Und als 1965 ein Bürgerkrieg in der Dominikanischen Republik die amerikanischen Zuckerrohrplantagen bedrohte, setzte Präsident Lyndon Johnson 30 000 Ledernacken in Marsch.

Daß die Beziehungen der USA zum Iran, zu Vietnam und Zentralamerika in den darauffolgenden Jahrzehnten nicht gerade herzlich waren, mag mit Amerikas unerschütterlichem Eifer in jener Zeit zusammenhängen, seine Außenpolitik in den Dienst der amerikanischen Kernunternehmen zu stellen.

Durch ihre Grösse und technologische Überlegenheit trugen die amerikanischen Kernunternehmen viel wirksamer zur Ausbreitung des Kapitalismus amerikanischer Prägung bei als das Pentagon oder die Central Intelligence Agency. Coca-Cola, Ford, General Motors, Heinz (Suppen und Gewürze), National Cash Register (Registrierkassen), Sears, IBM und Dutzende anderer Kernunternehmen exportierten nicht nur ihre Erzeugnisse, sondern, was noch wichtiger war, ihr Marketing und ihr Know-how – in Form eines weltumspannenden Netzes von Fertigungsanlagen, Vertriebsstellen und Werbeaktionen. Und in dem Maße, wie der Rest der Welt sowohl Geschmack an vor Ort produzierten amerikanischen Erzeugnissen bekam, als auch in die Lage versetzt wurde, sie sich leisten zu können, erfreute sich Amerika eines stetig wachsenden Stroms an Dividenden und Lizenzgebühren aus aller Herren Ländern.

Das multinationale amerikanische Unternehmen verhielt sich seinen ausländischen Gastgebern gegenüber keineswegs knauserig, hielt jedoch ein straffes Regiment über seine Dependancen aufrecht. Ausländer, die dort im mittleren Management tätig waren, verfügten normalerweise über noch weniger Spielraum bei der Ausübung ihrer Tätigkeit als ihre amerikanischen Kollegen. (General Motors zum Beispiel stattete seine ausländischen Manager routinemäßig mit einem 300seitigen Handbuch aus, in dem ihr Tätigkeitsfeld detailliert beschrieben war.) Ausländischen Staatsbürgern wurde nur selten Gelegenheit geboten, an den geschäftlichen Erfolgen der amerikanischen Muttergesellschaft teilzuhaben. IBM zog sich lieber ganz aus Indien zurück, als indischen Partnern eine Minderheitsbeteiligung an ihren dortigen Geschäften zu gewähren.

Allein der Begriff *subsidiary* (eigentlich: »untergeordnet«, als Hauptwort im Sinne von »Tochtergesellschaft«, »Filiale« gebraucht), mit dem die Auslandsaktivitäten des amerikanischen Kernunternehmens bezeichnet wurden, ist schon ein Hinweis darauf, warum man im Ausland über die Art der Beziehungen nicht recht glücklich war. Man fühlte sich »untergeordnet«, und zwar nicht nur Amerikas Wirtschaftsinteressen, sondern auch – angesichts der wiederholten Mahnungen Washingtons, die Auslandstöchter amerikanischer Firmen sollten keinen Handel mit dem Sowjetblock treiben – Amerikas Strategien des Kalten Krieges. In eindringlichen Worten faßte der französische Politiker Jean-Jacques Servan-Schreiber in *Le Défi Américain (Die amerikanische Herausforderung)* die in Europa und anderen zunehmend vom amerikanischen Kapitalismus dominierten Weltgegenden vorherrschende Stimmung zusammen. Europa, so warnte er (in fast den gleichen Worten, die einige amerikanische Kommentatoren zwanzig Jahre später gebrauchen sollten, um die japanische Herausforderung zu beschreiben), drohe von der wirtschaftlichen Macht der Vereinigten Staaten erdrückt zu werden, deren Motor vor allem der amerikanische Industriekonzern sei. Sie leite sich her von Amerikas perfekt durchorganisiertem Wirtschaftssystem, das auf großen Wirtschaftseinheiten beruhe, die von staatlicher Seite subventioniert und dirigiert würden. »Frappierend«, so Servan-Schreiber, »ist der geradezu strategische Charakter der Infiltration der amerikanischen Industrie. Sie sucht sich nacheinander gerade jene Sektoren der Wirtschaft aus, die [. . .] eine starke Wachstumsquote aufweisen.«[5]

Die Alternativen lagen auf der Hand: ». . . Europa entweder zum Mittelpunkt einer autonomen Zivilisation zu machen oder es ein Anhängsel der Vereinigten Staaten werden zu lassen«.[6] Servan-Schreiber und die meisten anderen Europäer fanden die erste Alternative attraktiver. Und der Weg zu einem unabhängigen Europa schien über die Bildung nationaler Konzernriesen zu führen, die in europäischer Hand lagen. In den 60er Jahren machte sich Großbritannien daran, seine Autohersteller zu British Leyland, seine Stahlproduzenten zu British Steel und seine gerade flügge gewordene Computerindustrie zu ICL zusammenzufassen; Frankreichs Automobil-Champion wurde Renault, sein Computer-Champion Bull, und seine Stahl-Champions wurden Unisor und Sacilor; Italiens Chemieindustrie wurde zu Montedison zusammengefaßt, seine Stahlindustrie zu IRI; und so weiter. Einige dieser »nationalen Champions« befanden sich zu hundert Prozent in Staatsbesitz, andere wurden kräftig subventioniert. Aber wie auch immer sie organisiert waren – Tatsache ist, daß der Pakt zwischen den europäischen Staaten und ihren Kernunternehmen viel klarer definiert war als zwischen der US-Regierung und den US-Konzernen.

Lassen Sie mich die Bedingungen des nationalen Paktes zur Jahrhundertmitte zusammenfassen: Zuerst plante und implementierte das amerikanische Kernunternehmen die Produktion einer großen Menge von Waren. Aufgrund der großen Menge kam es zu einer bedeutenden Reduzierung der Herstellungskosten pro Einheit. Durch Absprachen mit anderen Kernunternehmen konnten die Verkaufspreise jedoch so hoch angesetzt werden, daß ein anständiger Gewinn heraussprang. Ein großer Teil dieses Gewinns wurde in neue Fabrik- und Maschinenanlagen investiert, aber ein nicht unbeträchtlicher Anteil kam auch den mittleren Angestellten und Arbeitern zugute. Die Gewerkschaften ihrerseits vermieden Streiks, die die Massenproduktion gestört hätten. Beide Seiten verzichteten auf inflationstreibende Preise beziehungsweise Löhne.

Die Regierung enthielt sich jeglicher Art zentralistischer Wirtschaftsplanung und gestattete den Kernunternehmen statt dessen, ihre Preise und Produktionsmengen zu koordinieren. Um den Kernunternehmen bei ihrem Streben nach reibungsloser Massenproduktion behilflich zu sein, traf die Regierung Maßnahmen zum Ausgleich des Konjunkturzyklus und sorgte für ein Schulsystem, das die Jugend angemessen auf ihre zukünftige berufliche Rolle in diesem industriellen System vorbereitete. Des weiteren subventionierte sie den Kauf neuer Eigenheime und legte ein landesweites Autobahnnetz an, beides Maßnahmen, die den Massenkonsum weiter ankurbelten; sie verteilte Rüstungsaufträge unter den amerikanischen Kernunternehmen, womit sie ihnen indirekt Mittel für Forschung und Entwicklung neuer kommerzieller Technologien zur Verfügung stellte; und sie ermunterte amerikanische Firmen, im Ausland zu investieren, und wenn sie das taten, wahrte sie deren dortige Interessen.

Das System folgte seiner eigenen inneren Logik. »Big Business«, »Big Labor« und die allgemeine Öffentlichkeit unterstützten die Massenproduktion, um in den Genuß der sich daraus ergebenden Kostenvorteile zu kommen, die Massenproduktion wiederum brachte eine stetig wachsende Mittelklasse hervor, die sich den vermehrten Ausstoß an Waren leisten konnte. Es war in der Tat ein nationaler Pakt. Die Gleichung hing nicht von der Beherrschung ausländischer Märkte ab wie die älteren Formen des Merkantilismus und Imperialismus. Von amerikanischen Multis getätigte Auslandsinvestitionen wurden vielmehr als eine Methode betrachtet, diesen »circulus virtuosus« zu beschleunigen.

Der Pakt beruhte somit auf einer stillschweigenden Übereinkunft aller Beteiligten – der Führungskräfte in der Wirtschaft und der Investoren, der Gewerkschaften und der durch die Regierung repräsentierten Öffentlichkeit –, Zurückhaltung zu üben, auf kurzfristige Gewinne zugunsten langfristiger Vorteile, die zu einem späteren Zeitpunkt allen Beteiligten zugute kommen würden, zu verzichten. Es war eine fast perfekte Illustration dessen, was Alexis de Tocqueville die »Lehre vom wohlverstandenen Eigennutz« nannte, mit der »die Amerikaner den Individualismus [. . .] bekämpfen« und durch die sie bewogen wurden, nicht aus Altruismus oder Patriotismus für das Allgemeinwohl Opfer zu bringen, sondern wegen der Aussicht auf den Nutzen, der sich aus dem gemeinsamen Handeln für sie ergeben würde. Der nationale Pakt kam in der Öffentlichkeit natürlich nur selten zur Sprache. Seine Bedingungen kamen erst dann ans Tageslicht, wenn er Gefahr lief zu zerbrechen, so zum Beispiel als John F. Kennedy 1962 Roger Blough, dem Vorstandsvorsitzenden von U.S. Steel, öffentlich vorwarf, die Stahlpreise zu erhöhen und damit gegen das Lohn-Preis-Abkommen zu verstoßen, das mit der Stahlarbeitergewerkschaft und anderen Stahlproduzenten getroffen worden war. Auch war es kein perfekter Pakt. Wie bereits festgestellt, nahm er weder Rücksicht auf Schwarze noch auf Frauen, noch auf ärmere Länder, die Amerikas Kernindustrien mit Rohstoffen versorgten. Doch er hielt ein, was er versprochen hatte: Fast ein Vierteljahrhundert lang wuchs und blühte Amerikas Mittelklasse. Europa und Japan hatten ihren Anteil an dem Boom. Deren eigene nationale Pakte beruhten ebenfalls auf der Logik der standardisierten Massenproduktion.

Das vermeintliche Problem

Der Verlust der Wettbewerbsfähigkeit der US-Industrie
während des vergangenen Jahrzehnts kommt einer
wirtschaftlichen Katastrophe gleich.

BUSINESS WEEK (30. Juni 1980)

ES WAR NUR EINE FRAGE DER ZEIT, wann das amerikanische Know-how, das nach dem Krieg die Welt erobert hatte, den Kreis schließen und wie ein gigantischer Bumerang dorthin zurückfallen würde, wo es seinen Ausgang genommen hatte. Bereits früh gab es Warnzeichen. 1953, nachdem RCA, Westinghouse, Du Pont, Armco Steel und General Electric Patente an die Japaner verkauft und geholfen hatten, japanische Fabriken zu errichten, fragte *Fortune*, noch in aller Unschuld: »Liegt dies im langfristigen Interesse der Vereinigten Staaten? Werden sich die wiederbelebten japanischen Industrien nicht auf die amerikanischen Märkte im Ausland stürzen und auch zunehmend auf unseren heimischen Markt einfallen?«[1] Doch während dieser Blütejahre der Massenproduktion schienen derartige Sorgen denen, die in den höchsten Sphären von Wirtschaft, Gewerkschaft und Regierung Amerikas angesiedelt waren, ganz und gar abwegig.

Doch innerhalb von kaum zwei Jahrzehnten mußte Amerika erkennen, daß auch andere Länder zur Massenproduktion von Standardgütern – Autos, Fernsehgeräten, Haushaltsartikeln, Stahlblöcken, Textilien – fähig waren und diese in den Vereinigten Staaten sogar billiger (bei zum Teil besserer Qualität) verkaufen konnten als selbst Amerikas Kernunternehmen. Dies lag nicht nur daran, daß sich die Arbeiter in anderen Ländern oft mit einem Bruchteil der in den Himmel schießenden amerikanischen Löhne begnügten oder daß man dort billiger an gewisse Rohstoffe kam. (Viele Tochtergesellschaften der amerikanischen Kernunternehmen machten sich diese Vorteile ebenfalls zunutze.) Nein, die eigentlich demütigende Entdeckung war die, daß das Ausland ebenso moderne und leistungsfähige Fabriken bauen und betreiben konnte wie die »Champions« der amerikanischen Wirtschaft. Dank globaler Neuerungen bei Transport und Kommunikation – Frachtschiffe und -flugzeuge, versiegelte Container, die jederzeit vom Güterzug aufs Schiff, vom Schiff ins Flugzeug, vom Flugzeug auf die Straße verladen werden konnten, Überseekabel und schließlich Satelliten – konnten die standardisierten Güter zu bemerkenswert niedrigen Kosten in die Vereinigten Staaten transportiert werden. Und je kleiner und leichter die Geräte durch neue Technologien wurden (Transistorradios und -fernseher, Halbleiterchips), desto niedriger wurden nochmals die Transportkosten. Zwischen 1970 und 1988 zum Beispiel sank das Verhältnis des Gewichtes zum Wert der auf dem See- oder Luftweg in die USA importierten Waren jährlich um vier Prozent.[2]

Daß fast jeder die standardisierte Massenproduktion unter Benutzung modernster Technologien einführen und seine Produkte zu niedrigen Kosten an fast jeden Ort der Welt verschiffen konnte, hatte eine unabwendbare Folge: Ende der 60er Jahre entglitt den amerikanischen Kernunternehmen die Kontrolle über ihre Preise. Sie waren jetzt einem scharfen internationalen Wettbewerb ausgesetzt, nicht unähnlich demjenigen, den sie ein Jahrhundert zuvor, zu Beginn des Zeitalters der Massenproduktion, schon einmal erlebt hatten.

WAS WAR ZU TUN?[3] Eine Strategie bestand darin, genau das zu tun, was die Vereinigten Staaten hundert Jahre zuvor getan hatten: zu versuchen, die billigen ausländischen Produkte vom amerikanischen Markt fernzuhalten. So machte man sich, fast ein Jahrhundert nachdem Amerika seine erste große protektionistische Mauer errichtet hatte, ernsthaft daran, eine neue Mauer zu errichten. Es war keine von Grund auf neue Mauer; Amerikas Textil- und Bekleidungsbranche hatte bereits in den Nachkriegsjahren auf strikten Quoten gegen ausländische Konkurrenz bestanden. Die Stahlkocher holten dies 1969 nach, und in schneller Folge schlossen sich in den 70er und 80er Jahren Amerikas Hersteller von Fernsehgeräten und anderen elektronischen Konsumgütern, Autos, Werkzeugmaschinen, Halbleitern usw. an. Ende der 80er Jahre war wertmäßig fast ein Drittel der in den Vereinigten Staaten hergestellten Standarderzeugnisse gegen internationalen Wettbewerb geschützt.[4]

Amerikas Kernunternehmen beteuerten, sie wollten sich lediglich vor den »unlauteren Praktiken« ausländischer Händler schützen. Worin diese unlauteren Praktiken bestehen sollten, wurde freilich nur selten genauer erläutert. Wie es hieß, boten die Ausländer ihre Waren in die Vereinigten Staaten zu »Dumpingpreisen« an – ein Ausdruck (engl. *to dump*: abladen, auskippen), der Assoziationen heraufbeschwor von riesigen Bergen minderwertiger Konsumgüter und billiger Modeartikel, die Amerikas Strände verschandelten. Doch »Dumping« bedeutete eigentlich nichts weiter, als daß ausländische Unternehmer genau das taten, was jeder im Konkurrenzkampf tut, um den Verkauf großer Mengen seines Produktes anzukurbeln: es von Anfang an zu einem »Kampfpreis« anzubieten, sogar Verluste hinzunehmen in der Erwartung, später, nach Erreichen des optimalen Produktionsniveaus und der damit verbundenen Kostensenkung, richtiges Geld zu machen.[5] In anderen Fällen wurde argumentiert, ausländische Hersteller würden von ihren Regierungen subventioniert, was angesichts der hemmungslosen Großzügigkeit, mit der die US-Regierung amerikanische Unternehmen in Form von Forschungszuschüssen, Rüstungsverträgen und Vollbürgschaften verwöhnte, kaum eine stichhaltige Anklage war.

Selten führte solche angebliche »Unlauterkeit« dazu, daß die Vereinigten Staaten einseitige Quoten oder Zölle einführten, denn dies hätte gegen das Allgemeine Zoll- und Handelsabkommen (GATT) verstoßen. Weit üblicher war es, daß sich die ausländischen Übeltäter »freiwillig« bereit erklärten, ihre Exporte in die Vereinigten Staaten einzuschränken – freiwillig allerdings in dem engen Sinn, daß sie nur in dem Bewußtsein einwilligten, andernfalls ein noch schlimmeres Schicksal zu erleiden, nämlich eine noch strengere und nur auf sie allein gemünzte Einfuhrquote.

Die protektionistische Strategie brachte einigen amerikanischen Kernunternehmen zeitweilig Erleichterung, doch sie war nur ein

Notbehelf und brachte der Wirtschaft nicht die hohen und stetig wachsenden Gewinne von vor zwanzig Jahren zurück. Zum einen geriet jedesmal, wenn ein Industriezweig Protektion erlangte, ein anderer, der von dem ersten abhängig war, weil er ihm Material oder Zubehör lieferte, in die Klemme. Nachdem die Stahlindustrie mit Erfolg billigeren ausländischen Stahl abgewehrt hatte, entdeckten »The Big Three«, die drei großen amerikanischen Autohersteller General Motors, Ford und Chrysler, daß sie vierzig Prozent mehr für Stahl bezahlen mußten als ihre globale Konkurrenz, wodurch die amerikanische Autoindustrie einen gewichtigen Wettbewerbsnachteil erfuhr und paradoxerweise nur noch mehr auf Protektion angewiesen war. Das gleiche geschah mit der Bekleidungsindustrie, als Textilien zum erstenmal unter die Protektion fielen, und mit den Computerherstellern, als ausländische Halbleiter vom amerikanischen Markt verbannt wurden.

Es gab eine weitere Schwierigkeit: Freiwillig limitierte ausländische Exporte kamen auf sonderbare Weise dennoch ins Land, auch wenn sie nicht in anderen Produkten versteckt waren. Manchmal schlichen sie sich über Drittländer herein, die sich noch nicht »freiwillig« verpflichtet hatten, sich mit ihren Exporten zurückzuhalten; manchmal etablierte sich die ausländische Firma innerhalb der Vereinigten Staaten und montierte dort den der Beschränkung unterliegenden Artikel aus Komponenten zusammen, die aus der Heimat herübergeschickt wurden. Auf diese Weise stieg trotz der wuchernden »freiwilligen« Selbstbeschränkungen zwischen 1969 und 1979 der Wert der importierten Industrieprodukte im Verhältnis zur heimischen Produktion in den Vereinigten Staaten von 14 auf stolze 38 Prozent rapide an, und 1986 entfielen von 100 Dollar, die Amerikaner für industrielle Produkte ausgaben, bereits 45 Dollar auf importierte Fertigerzeugnisse.[6]

Aufgrund der die Vereinigten Staaten umgebenden protektionistischen Mauer wichen ausländische Hersteller auf den übrigen Weltmarkt aus und brachten es zu gewaltigen Steigerungsraten, indem sie ihre Produkte überall außer in den Vereinigten Staaten verkauften. Im Schutz ihrer Grenzen gewannen Amerikas Kernunternehmen so gut wie nichts dabei; auf dem relativ glanzlosen amerikanischen Markt verlangsamte sich die Nachfrage nach standardisierten Erzeugnissen in dem Maße, wie das Bevölkerungswachstum nachließ. Währenddessen standen viele ausländische Märkte in den 70er Jahren in voller Blüte, als deren Bevölkerungen es sich endlich leisten konnten, ihren Appetit auf Standardprodukte zu befriedigen.

Schließlich trug der Protektionismus auch keineswegs dazu bei, den allgemeinen Lebensstandard zu verbessern. Im Gegenteil, seinetwegen mußten die Amerikaner ihre Anschaffungen teurer bezahlen. Die »freiwilligen« Exportbeschränkungen auf japanische Autos, die den »Großen Drei« vorübergehend halfen, ihren Profit (aber nicht ihren Personalstand) während der 80er Jahre zu erhalten, kosteten die amerikanischen Verbraucher etwa eine Milliarde Dollar pro Jahr mehr, als sie für ihre Autos hätten bezahlen müssen, wenn der amerikanische Markt offen gewesen wäre.[7]

ALSO WURDE EINE ZWEITE STRATEGIE ENTWICKELT: Wenn Ausländer es billiger machen konnten, mußten das auch die amerikanischen Kernunternehmen fertigbringen, und so begannen die Industriebosse von ihren Arbeitnehmern beträchtliche Lohnkürzungen zu verlangen. Mit populären Metaphern aus der Metzgerbranche um sich werfend – »bis zum nackten Knochen« , »schlank und rank«, »runter mit dem Fett« –, suchten sie die Fertigung zu »rationalisieren«, indem sie ineffiziente Fabriken schlossen und Arbeiter entließen. Wenn sie mit keiner dieser Maßnahmen Erfolg hatten, errichteten sie im Ausland neue Fertigungsanlagen, und zwar in genau den Ländern, deren billige Produktionsquellen die Ursache ihrer Gewinneinbußen waren. Der Gesamtwert der Importe aus Auslandsniederlassungen amerikanischer Firmen wuchs, inflationsbereinigt, von 1,8 Milliarden Dollar im Jahr 1969 auf fast 22 Milliarden Dollar im Jahr 1983.[8] Da die amerikanischen Kernunternehmen die Billighersteller nicht besiegen konnten, versuchten sie mit ihnen gemeinsame Sache zu machen.

Doch auch diese Strategie brachte den meisten Firmen, die sich daran versuchten, nicht die Rückkehr zu ihren gewohnten Gewinnspannen. Selbst wenn es ihnen gelang, mit den ausländischen Herstellungskosten gleichzuziehen, konnten sie noch immer keine satten Profite einstreichen. Wie immer sie ihre Preise gestalteten, die ausländischen Hersteller brachten es fertig, ihnen die Kunden mit noch tieferen Preisen und noch geringeren Gewinnspannen wegzuschnappen. Diese schmerzliche Lektion haben viele noch immer nicht gelernt: Der vollkommene Wettbewerb führt am Ende zum Wegfall jeglichen Gewinns und zwingt auch die besten Unternehmen zur Aufgabe.

EINE DRITTE STRATEGIE entstand, ebenso unergiebig wie die anderen beiden: Außerstande, ausländische Produkte vom Markt zu verbannen oder dem Wettbewerb auf preislicher Basis standzuhalten, versuchten einige amerikanische Kernunternehmen, ihre Profite durch finanzielles Geschick zu erhalten. Diese Strategie begann Ende der 60er Jahre und kam in den beiden darauffolgenden Jahrzehnten richtig in Schwung. Amerikas Kernunternehmen verwandelten sich in finanzielle Holdinggesellschaften, um das Firmenvermögen möglichst gewinnbringend anzulegen. Anfangs bildeten sie Firmenzusammenschlüsse aus völlig unterschiedlichen Branchen, und als das nichts einbrachte, verkauften sie die einzelnen Firmen wieder. Dies war das Schicksal der Hälfte aller Firmen, die zwischen 1965 und 1975 von den Konzernen zusammengekauft wurden.[9] Harold Geneen von ITT (International Telephone and Telegraph Corporation) erwarb in den späten 60er und den 70er Jahren über zweihundert Firmen und veräußerte die meisten in den 80er Jahren wieder, aber den Wert der ITT-Aktien, um die Inflationsrate bereinigt, erhöhte er dadurch um keinen Deut. Peter Grace, unbeugsames Haupt von W. R. Grace, der unaufhörlich gegen Verschwendung und Ineffizienz in der Regierung wetterte, ließ sich in den 60er und 70er Jahren auf Hunderte von Übernahmen ein, mit dem Ergebnis, daß ein bei Antritt seiner Herrschaft in das Unternehmen investierter Dollar Ende der 80er Jahre weniger wert war, als wenn er wahllos in eine der fünfhundert Firmen des »Standard & Poor's«-Indexes investiert worden wäre.[10]

Als in den späten 70er Jahren die Fusion mit branchenfremden Firmen ihren Reiz verloren hatte, versuchten sich amerikanische Unternehmen an »unfreundlichen Übernahmen« oder *leveraged buyouts**, beides Kniffe, bei denen Kapital durch Schulden ersetzt und somit die zu entrichtende Körperschaftsteuer verringert wurde (Schuldzinsen sind absetzbar, Dividendenzahlungen an Aktionäre dagegen nicht). Die mit solchen Transaktionen verbundenen Steuervorteile lagen auf der Hand; zweifelhafter hingegen waren die behaupteten Nutzeffekte, Synergien und anderen Anreize. Was vor allem dabei herauskam, war eine Zirkulation der Besitzverhältnisse wie beim Gesellschaftsspiel »Reise nach Jerusalem«. Bei einer der schnellsten und voluminösesten Eskapaden dieser Art kaufte R. J. Reynolds 1985 den Nahrungsmittelkonzern Nabisco und verkaufte ihn drei Jahre später wieder nach einem *leveraged buyout* in der Gesamthöhe von 28 Milliarden Dollar. Manchmal war es schwierig, dem Kommen und Gehen zu folgen, von Fusion zu Übernahme zu *leveraged buyout*. In den 60er Jahren gehörte Avis Rent-A-Car zum Großkonzern ITT. In den 70ern verkaufte ITT Avis an Norton Simon, das seinerseits von Esmark übernommen wurde. Ein Jahr später erlag Esmark den Schmeicheleien von Beatrice Foods. 1986 wurde Beatrice wiederum von einer Investorengruppe übernommen, der mehrere ehemalige Esmark-Bosse angehörten, die Beatrice prompt zerlegten und Avis an seine eigenen Manager verkauften. Nur vierzehn Monate später veräußerten die Avis-Manager die einstige Firma an ihre Angestellten. Wer kontrolliert Avis jetzt? Das wissen nur Gott und ein paar Investment-Banker.

Das Problem bei alldem war natürlich, daß durch diese Transaktionen nicht das eigentliche Produktionssystem geändert wurde. Und es war schon recht seltsam, daß sich jetzt die Unternehmenszentralen als Börsenspekulanten betätigten. Der hektische An- und Verkauf von Aktienpaketen durch die Unternehmensvorstände kostete die Aktionäre am Ende etwa dreimal mehr, als ein typi-

* Übernahmeofferte, bei der eine kleine Firma ihre eigenen beschränkten Mittel und die des gewöhnlich größeren Übernahmeobjekts dazu benutzt, die zur Finanzierung der Übernahme notwendigen Kredite aufzunehmen.

scher Investmentmanager für die Verwaltung eines Aktienportefeuilles in Rechnung gestellt hätte.[11]

So schmolzen die Gewinne der amerikanischen Kernunternehmen dahin. Welche Meßlatte man auch anlegte – den Anteil der von Aktionären und anderen Unternehmenseignern ausgewiesenen Gewinne am Volkseinkommen oder die Kapitalinvestitionsrendite –, seit Mitte der 60er Jahre sanken oder stagnierten die Gewinne. Von einem Spitzenwert von zehn Prozent im Jahr 1965 fiel die durchschnittliche Netto-Gewinnrate der amerikanischen Unternehmen (außer Banken und Versicherungen) bis 1980 um über ein Drittel auf weniger als sieben Prozent. Dabei sollte man nicht vergessen, daß dies eine Zeit war, da ein schwacher US-Dollar amerikanische Exporte vergleichsweise attraktiv für den Rest der Welt machte. Zwischen 1982 und 1985 stiegen die Gewinne zwar noch einmal an, was Ronald Reagans gewaltigem militärischem Kraftakt zu verdanken war, doch sanken sie danach wieder.[12] Der »Dow Jones Industrial Average«-Index* nahm seinen Spurt im August 1982 auf, doch der neue Höhepunkt vom August 1987 lag, inflationsbereinigt, unter dem vorherigen Meilenstein vom Januar 1966. (Im Oktober 1987 kam es dann zum größten Crash seit der Weltwirtschaftskrise von 1929, von Wall-Street-Börsianern vornehm als »Korrektur« bezeichnet.) Die Industriestaaten Westeuropas erlebten einen ähnlichen Abstieg, während die dortigen Großkonzerne gleichfalls versuchten, sich den globalen Veränderungen anzupassen.[13]

Auf das vermeintliche Problem der »sinkenden Wettbewerbsfähigkeit« der US-Wirtschaft wurde vieles zurückgeführt, woran Amerika zu kränkeln schien, darunter die wachsende Auslandsverschuldung, die zunehmende Tendenz, daß Ausländer amerikanisches Industrievermögen zusammenkauften, und die Stagnation der amerikanischen Durchschnittseinkommen. »Gewisse amerikanische Industrien, die einst den Welthandel beherrschten, haben so-

* Der Dow-Jones-»Industrial Average«-Index setzt sich aus 30 ausgewählten Industriewerten zusammen.

wohl im In- wie im Ausland Marktanteile verloren; in einigen Branchen . . . ist die amerikanische Marktpräsenz so gut wie verschwunden«, warnte die MIT*-Kommission »Industrielle Produktivität« in ihrem Bericht von 1989[14] und spiegelte damit die in zahllosen auch von anderen Ausschüssen, Arbeitsgruppen und -gemeinschaften, Beratungskomitees, Parteikongressen, Verwaltungsbehörden, Delegationen und hochkarätigen Gremien herausgegebenen Berichten, Statements und Weißbüchern geäußerten Sorgen wider.

Diese Sicht des Problems war zwar nicht grundlegend falsch, ist aber, soweit es die letzte Dekade des Jahrhunderts betrifft, eine schwerwiegende Irreführung. Sie ging von der Existenz von Organisationen aus – amerikanischen Unternehmen, amerikanischen Industrien, sogar der amerikanischen Wirtschaft als Ganzem –, denen nur zu neuer Vitalität verholfen werden müßte, um Amerikas Lebensstandard zu heben. Diese Organisationen, so nahm man an, spielten immer noch die Vermittlerrolle zwischen dem amerikanischen Bürger und der Weltwirtschaft, so daß ihr Erfolg der Garant für eine Zunahme des persönlichen Reichtums sei. Das war natürlich das Bild der amerikanischen Wirtschaft der 50er Jahre, als die wirtschaftlichen Schicksale der meisten Amerikaner untrennbar miteinander verwoben waren, innerhalb und im Umkreis der amerikanischen Kernunternehmen und -industrien.

Dieses Bild jedoch stimmt nicht mehr. »Amerikanische« Unternehmen und »amerikanische« Industrien haben aufgehört, in irgendeiner Form zu existieren, die sich in wesentlichen Punkten vom Rest der Globalwirtschaft unterschiede, noch hat sich die amerikanische Wirtschaft als Ganzes eine charakteristische Identität erhalten, innerhalb deren die Bürger gemeinsam Erfolg oder Mißerfolg ernten. Bei der Annahme, daß sich eine Wiederbelebung dieser abstrakten Gebilde segensreich für den Bürger auswirken würde, handelt es sich also um eine überholte Denkweise. Der Lebensstandard der Amerikaner wird, ebenso wie der der Angehörigen

* Massachusetts Institute of Technology, naturwissenschaftlich-technisch orientierte Elite-Hochschule in Cambridge, Massachusetts, gegründet 1861.

anderer Länder, weniger vom Erfolg der Kernunternehmen und -industrien des jeweiligen Landes abhängen, oder sogar von dem einer sogenannten »Volkswirtschaft«, als von der weltweiten Nachfrage nach ihren Spezialkenntnissen und -fähigkeiten. Mit dieser neuen Entwicklung will ich mich im folgenden Teil beschäftigen.

TEIL II
Das globale Netz

Von der Masse zur Qualität

Das moderne Unternehmen des ausgehenden 20. Jahrhunderts hat nur noch eine oberflächliche Ähnlichkeit mit dem, was es zur Mitte des Jahrhunderts war. Die Namen und Firmenlogos der amerikanischen Kernunternehmen versinnbildlichen zwar weiterhin die amerikanische Wirtschaft – General Electric, AT&T, General Motors, Ford, IBM, Kodak, American Can, Sears, Caterpillar Tractor, TWA und so weiter, darunter sogar einige neuere Giganten, die zur Jahrhundertmitte noch weithin unbekannt waren oder die es damals noch gar nicht gab, wie Texas Instruments, McDonald's, Xerox und American Express. Sie beschwören immer noch Bilder von unerhörtem Reichtum und von Macht über Handel und Wandel herauf. Ihre Hauptverwaltungen sitzen immer noch in eindrucksvollen Gebäuden aus Glas und Stahl, und ihre Vorstände stecken die Köpfe weiterhin mit Politikern und anderen Zelebritäten zusammen und verfassen Autobiographien, in denen sie ihre Weisheit und ihren Wagemut beweihräuchern.

Doch hinter dieser glänzenden Fassade ist alles im Wandel begriffen. Amerikas Kernunternehmen plant und realisiert nicht mehr die Massenproduktion von Waren und Dienstleistungen; weder besitzt noch investiert es wie früher in jede Menge Fabrik- und Maschinenanlagen, Laboratorien, Warenhäuser und andere greifbare Vermögenswerte; es beschäftigt keine Armeen von Fabrikarbeitern und Verwaltungsangestellten mehr; es dient nicht mehr als Tor zur amerikanischen Mittelklasse. In der Tat ist das amerikanische Kernunternehmen gar nicht mehr amerikanisch. Es ist in wachsendem Maße nur noch Fassade, hinter der sich ein Heer dezentralisierter Gruppen und Untergruppen tummelt, die ihrerseits wieder fortlaufend mit ähnlich diffusen Arbeitseinheiten in aller Welt Geschäfte machen.

Der Übergang verlief nicht reibungslos. Außerstande, aus der Massenproduktion von Standardgütern weiterhin hohe Gewinne zu erzielen – und außerstande, die Profite durch protektionistische Maßnahmen, Preisnachlässe oder Umschichtung des Anlagevermögens wiederherzustellen –, gehen Amerikas Kernunternehmen allmählich, oftmals unter Schmerzen, dazu über, die besonderen Bedürfnisse bestimmter Kunden zu befriedigen. Unter vielem Hin und Her, oftmals unter großer Anspannung und ohne genau zu wissen, was sie da eigentlich tun oder warum, wechseln die überlebenden und erfolgreichen Firmen von der Masse zur Qualität. Ein ähnlicher Wandel spielt sich auch in anderen Volkswirtschaften ab, die traditionell auf Massenproduktion ausgelegt waren.

Einige Illustrationen sollen helfen, die Vorgänge zu verdeutlichen.[1] In den Vereinigten Staaten, wie in anderen weltwirtschaftlich führenden Ländern, besteht der Sektor der Stahlproduktion mit der schnellsten Wachstumsrate nicht mehr in riesigen integrierten Walzwerken mit 5000 Mann Belegschaft, die lange Bahnen von Stahlblöcken auswerfen, sondern in der Produktion von Stählen für ganz bestimmte Anwendungen: im Schmelztauchverfahren oder durch Elektrogalvanisierung korrosionsbeständig gemachten Stählen für bestimmte Automobile, Lastkraftwagen und Zubehör; Eisenpulver, das in genau auszuwuchtende Leichtmetallteile von Kurbelwellen und anderen hochbelasteten Motorteilen eingepreßt und -geschmiedet werden kann; Silizium-Stahl-, Nickel-Stahl- oder Kobalt-Stahl-Legierungen für Turbinen- oder Kompressorlamellen, Abstandscheiben, Dichtungsringe und andere hitzebeständige Flugzeugteile (McDonnell Douglas kauft jetzt Rotorblätter für Hubschrauber aus einem Verbundmaterial, das aus siebzehn verschiedenen Werkstoffen besteht, zum Preis von 50 000 Dollar pro Stück). Ein ähnlicher Wandel vollzieht sich in der Kunststoffindustrie, wo die hohen Gewinnspannen nicht mehr mit der Herstellung großer Mengen von Basispolymeren wie Polystyrol gemacht werden, sondern mit Spezialpolymeren, die aus einzigartigen Molekülverbindungen geschaffen werden, die verschiedenen Belastungs- und Hitzegraden widerstehen und in komplizierte Formen gegossen werden können (wie man sie zum Beispiel in Mobiltelefonen oder Computern findet). Auch in der Chemie finden sich die höchsten Gewinnspannen in besonderen Chemikalien für industrielle Spezialanwendungen.

Ob es sich um eine alte oder neue, eine ausgereifte oder *High-Tech*-Industrie handelt, das Schema ist in jedem Fall ähnlich. Führende Werkzeug- und Formteilgießereien stellen Präzisionsgußstücke aus Aluminium und Zink für Computerrahmen, -einsätze, -gehäuse und -laufwerksteile her. Die profitabelsten Textilfirmen fertigen speziell imprägnierte und bearbeitete Stoffe für Automobile, Büromöbel, Regenbekleidung und Wandüberzüge. Die Halbleiterhersteller mit den höchsten Zuwachsraten und Gewinnen produzieren spezialisierte Mikroprozessoren und nach Maß gefertigte Chips nach den jeweiligen Wünschen der Kunden. Seitdem Computer mit Standard-Betriebssystemen immer mehr zum gängigen Gebrauchsartikel werden, liegen die größten Profite in der Herstellung von Software, mittels deren die Computer den jeweiligen Anwenderbedürfnissen angepaßt werden. (1984 betrug der Anteil der Hardware an den Computerkosten noch 80 Prozent, der der Software 20 Prozent; bis 1990 hatte sich das Verhältnis umgekehrt.)

Traditionelle Dienstleistungsunternehmen unterliegen den gleichen Veränderungen. Die höchsten Profite in der Telekommunikation lassen sich erzielen mit auf den individuellen Kundenbedarf abgestimmten Diensten wie der Sprach-, Bild- und Datenverarbeitung im telefonischen Fernverkehr; mit *»smart buildings«*, in denen Bürotelefone, Computer und Faxgeräte miteinander vernetzt sind; und mit speziellen Fernsprechnetzen, die verschiedene Niederlassungen einer Firma miteinander verbinden. Die am schnellsten wachsenden Transportunternehmen auf Straße, Schiene und in der Luft bieten ihren Kunden spezielle Abhol- und Auslieferungsdienste, außergewöhnliche Transportbehälter und ein weltweit integriertes System verschiedener Transportmethoden an. Auf dem Finanzsektor sind diejenigen Firmen am gewinnbringendsten, die ihrer Privat- und Geschäftsklientel ein möglichst breitgefächertes (Bankgeschäft, Versicherung, Investment) und auf spezielle Bedürfnisse zugeschnittenes Angebot unterbreiten. Und während die vierundzwanzigstündige Berichterstattung im Fernsehen immer mehr zum Bestandteil des täglichen Lebens wird, schnüren die erfolgreichsten unter den kommerziellen Nachrichtendiensten und -agenturen auf den individuellen Bedarf ihrer Abonnenten zugeschnittene Informationspakete zusammen (maßgeschneiderte Nachrichtenblätter, Videoaufzeichnungen, irgendwann wohl auch »Videotext«-Zeitungen). Auch hier geht der Trend von der Masse zur Qualität.

Diese Firmen sind profitabel, weil einerseits die Kunden bereit sind, einen Bonus für Waren oder Dienstleistungen zu entrichten, die genau ihren Bedürfnissen entsprechen, und weil andererseits diese Qualitätsprodukte und -dienstleistungen von den konkurrierenden Massenproduzenten in aller Welt nur schwerlich nachgeahmt werden können. Während der Wettbewerb unter den Massenproduzenten weiterhin bei allen uniform, routine- und standardmäßig hergestellten Produkten auf die Gewinne drückt, begeben sich erfolgreiche Unternehmen in fortschrittlichen Ländern durch die Bereitstellung maßgeschneiderter Waren und Dienstleistungen auf ein neues Niveau. Der Zugang zu dieser neuen Klasse führt nicht über Masse oder Preis; er führt über das Geschick, bestimmte Technologien und bestimmte Märkte zusammenzubringen. Kernunternehmen konzentrieren sich nicht mehr nur auf Produkte schlechthin; ihre Geschäftsstrategien richten sich vielmehr zunehmend auf spezialisiertes Wissen.

SIEHT MAN SICH DIESE QUALITÄTSFIRMEN genauer an, so erkennt man drei unterschiedliche, aber untereinander in Beziehung stehende Fertigkeiten, die ihren Erfolg ausmachen, und genau hier kommt die Qualität ins Spiel. Zunächst ist da die Fertigkeit der Problemlösung, die erforderlich ist, um Dinge auf einzigartige Weise miteinander zu kombinieren (seien dies Legierungen, Moleküle, Halbleiterchips, Softwarecodes, Filmdrehbücher, Pensionsfonds oder Nachrichten und Informationen). Problemlöser müssen über ein intimes Wissen verfügen, was die Dinge bewirken könnten, wenn sie neu zusammengesetzt und kombiniert werden, und müssen dieses Wissen dann in entsprechende Entwürfe und Anweisungen umsetzen. Anders als die Forscher und Designer, deren Prototypen voll ausgereift und bereit zur Massenproduktion aus dem Laboratorium oder vom Reißbrett kamen, sind diese Leute fortwährend auf der Suche nach neuen Anwendungen, Kombinationen und Raffinessen, mit deren Hilfe sämtliche auftauchenden Probleme gelöst werden können.

Die zweite Fertigkeit besteht darin, den potentiellen Kunden klarzumachen, welcher Art ihre Bedürfnisse sind und wie diesen Bedürfnissen am besten durch maßgeschneiderte Produkte entsprochen werden kann. Im Gegensatz zu Verkauf und Vermarktung standardisierter Produkte – wo es darauf ankommt, eine Vielzahl von Kunden von den Vorteilen eines einzelnen Produkts zu überzeugen – erfordern Verkauf und Vermarktung maßgeschneiderter Erzeugnisse intime Kenntnis vom Geschäft des Kunden, der genau wissen will, welcher Wettbewerbsvorteil ihm erwachsen könnte und wie er zu erreichen ist. Neue Problemstellungen und Möglichkeiten sind aufzudecken, auf die das maßgeschneiderte Produkt anwendbar sein könnte. Die Kunst der Überzeugung wird ersetzt durch die Identifikation der sich bietenden Gelegenheit.

Drittens geht es um die Fertigkeit, Problem-Löser und Problem-Identifizierer zusammenzubringen. Dazu muß man genügend von spezifischen Technologien und Märkten verstehen, um neue Produktpotentiale zu erkennen, man muß das zur Durchführung des Projekts benötigte Geld aufbringen und die zur Durchführung *geeignetsten* Problemlöser und Problemidentifizierer zueinanderbringen. In der alten Wirtschaft wurden Leute, die solche Positionen innehatten, *»executives«* (Geschäftsführer) oder *»entrepreneurs«* (Unternehmer) genannt, doch trifft keiner dieser Begriffe genau die Rolle, die sie im Qualitätsunternehmen der neuen Wirtschaft zu spielen haben. Statt Organisationen zu beaufsichtigen, Unternehmen zu gründen oder Dinge zu erfinden, sind sie fortwährend damit beschäftigt, Ideen zu managen. Sie spielen die Rolle des strategischen Mittelsmanns.

Im Qualitätsunternehmen entstehen die Gewinne nicht durch Größe und Menge, sondern durch die ständige Entdeckung neuer

Verbindungen zwischen Lösungen und Bedürfnissen. Die bisherige Unterscheidung zwischen »Waren« und »Dienstleistungen« ist bedeutungslos geworden, weil ein großer Teil des vom erfolgreichen Unternehmen geschaffenen Wertes – überhaupt der einzige Wertanteil, der weltweit nur schwer nachgeahmt werden kann – aus Dienstleistungen besteht: den zur Lösung von Problemen erforderlichen spezialisierten Dienstleistungen auf dem Gebiet der Forschung, Konstruktion und Gestaltung; den zur Identifizierung von Problemen erforderlichen spezialisierten Dienstleistungen auf dem Gebiet von Verkauf, Marketing und Beratung; und den spezialisierten strategischen, finanziellen und unternehmerischen Dienstleistungen, um die beiden vorherigen zu vermitteln. Jedes Qualitätsunternehmen stellt diese Dienstleistungen zur Verfügung.

So wird zum Beispiel die Stahlherstellung immer mehr zur reinen Dienstleistung. Wenn eine neue Legierung nach spezifischen Gewichts- und Toleranzvorgaben gegossen wird, stellen Dienstleistungen einen hohen Anteil am Wert des neuen Produktes dar. Kundendienstzentren der Stahlindustrie beraten den Kunden bei der Auswahl der Stähle und Legierungen, die sie für ihre Zwecke benötigen, dann inspizieren, schneiden, beschichten, lagern und liefern sie das Material. Gleicherweise sind Computer-Hersteller Dienstleistungsanbieter, da ein immer größerer Anteil an jedem Verbraucher-Dollar zunächst in die Anpassung der Software geht, um die herum dann integrierte Systeme installiert werden. IBM ist ein Dienstleistungsunternehmen, obwohl es jährlich auf der Liste der größten Industriekonzerne des Landes erscheint. 1990 stammten mehr als ein Drittel seiner Gewinne aus der Software-Produktion (Mitte der 80er Jahre betrug dieser Anteil erst 18 Prozent) und über 20 Prozent aus der Integration von Computersystemen. Der Rest der Gewinne wurde von IBM größtenteils dem Bereich *»sales and support«* (Verkauf und Kundendienst) zugeordnet, darunter der Hilfestellung für Kunden bei der Definition ihrer Datenverarbeitungsbedürfnisse, bei der Auswahl der passenden Hard- und Software, bei deren Installation, Inbetriebnahme sowie der Beseitigung etwaiger Fehler. Weniger als 20 000 der 400 000 IBM-Beschäftigten wurden als mit herkömmlicher Montage beschäftigte Arbeitskräfte ausgewiesen. Der überaus erfolgreiche IBM-Personalcomputer ist das Produkt einer ganzen Reihe von Dienstleistungen – Forschung, Konstruktion, Verkauf, Kundendienst; nur zehn Prozent seines Kaufpreises leiten sich von der fabrikmäßigen Herstellung des Gerätes ab.[2]

Amerikas geheimnisvolles System der volkswirtschaftlichen Gesamtrechnung führt immer noch unterschiedliche Kategorien für fabrikmäßige Herstellung und Dienstleistungen auf – wobei es zum Beispiel Computer-Software als Dienstleistung klassifiziert (obwohl sie maschinell vervielfältigt wird) und den Computer selbst als fabrikmäßig hergestellte Ware (obwohl ein immer größerer Anteil an den Kosten des Computers aus Dienstleistungen besteht). Die Pharmaindustrie wird ebenfalls als »verarbeitendes Gewerbe« geführt, obwohl die fabrikmäßige Herstellung eines Medikaments nur einen winzigen Bruchteil an den Gesamtkosten ausmacht, die sich größtenteils aus Dienstleistungen wie Forschung und Entwicklung, klinischen Versuchen, Patent- und Zulassungsanträgen, der Erstellung der Gebrauchsinformationen und dem Vertrieb zusammensetzen. Immer wieder wird uns gesagt, daß fast achtzig Prozent der in den 80er Jahren neu geschaffenen Arbeitsplätze dem Dienstleistungsbereich angehörten und daß nunmehr nahezu siebzig Prozent der privatwirtschaftlichen Arbeitnehmer in Dienstleistungsbetrieben beschäftigt sind. Da jedoch die Grenzen zwischen Waren und Dienstleistungen zunehmend verschwimmen, ist es ein müßiges Unterfangen, sich im Hinblick auf das, was tatsächlich in der Wirtschaft abläuft und wo die tatsächliche Wertschöpfung stattfindet, mit solchen Zahlen zu beschäftigen.

Die neue Unternehmensvernetzung

> Es gab ... einen mysteriösen Initiationsritus, den auf die eine oder andere Weise fast jedes Mitglied des Teams durchmachen mußte. Der Ausdruck, mit dem die alten Hasen ... diesen Ritus belegten, lautete »sich einschreiben«. Indem man sich für das Projekt einschrieb, erklärte man sich einverstanden, alles zu tun, was für den Erfolg nötig war. Man willigte ein, falls nötig, seiner Familie, seinen Hobbys und seinen Freunden zu entsagen – wenn man überhaupt noch welche hatte ... Die Arbeitskräfte wurden nicht mehr zur Arbeit herangezogen. Sie meldeten sich freiwillig.
>
> TRACY KIDDER, *The Soul of a New Machine* (1981)

DAS QUALITÄTSUNTERNEHMEN hat es nicht nötig, über mächtige Ressourcen zu verfügen, Heeren von Fabrikarbeitern Disziplin beizubringen oder sämtliche Arbeitsvorgänge zu reglementieren. Also braucht es auch nicht wie die alten hierarchischen Pyramiden organisiert zu werden, die für die standardisierte Produktion typisch waren, mit einem Überbau von starken Führungskräften, darunter immer breiter werdenden Schichten von Managern und Verwaltungspersonal, und als Unterbau eine noch größere Masse von Stundenlohnempfängern, die sämtlich standardisierten Arbeitsprozessen folgen.

In der Tat *kann* das Qualitätsunternehmen gar nicht in dieser Weise organisiert werden. Die drei Gruppen, die dem neuartigen Unternehmen überhaupt erst die Qualität verleihen – Problem-Löser, Problem-Identifizierer und strategische Mittelsmänner – müssen untereinander in direktem Kontakt stehen, um fortwährend neue Produkt- und Marktmöglichkeiten zu entdecken. Die Kommunikation muß schnell und reibungslos vonstatten gehen, wenn die richtigen Lösungen rechtzeitig das richtige Problem erreichen sollen. Da ist kein Platz für Bürokratie.

Wer jemals als Kind »Stille Post« gespielt hat, der weiß, was alles passieren kann, wenn selbst die simpelsten Mitteilungen über Dritte weitergegeben werden: Aus »Kinder, laßt uns fröhlich sein« wird »Rindermast kann tödlich sein«. Wenn Problem-Identifizierer alles, was sie über die Bedürfnisse ihrer Kunden erfahren, durch Schichten über Schichten von mittleren Angestellten hindurch zum Top-Management melden müßten, und wenn Problem-Löser das gleiche mit dem tun müßten, was *sie* über neue Technologien herausgefunden haben, und dann beide Gruppen so lange warten müßten, bis das Top-Management seine Entscheidungen getroffen hat – die dann nochmals durch den gesamten bürokratischen Apparat geschleust werden müßten –, dann kämen die Ergebnisse, um es gelinde auszudrücken, verspätet, wären irrelevant und wahrscheinlich verzerrt.

So besteht eine der Aufgaben des strategischen Mittelsmanns darin, eine Arbeitsumgebung zu schaffen, in der Problem-Löser und Problem-Identifizierer ohne unnötige Beeinträchtigung zusammenarbeiten können. Der strategische Mittelsmann ist ein Förderer und Trainer – er hat aus beiden Lagern diejenigen Leute herauszupicken, die voneinander am meisten lernen können, hat ihnen alle notwendigen Mittel an die Hand zu geben, muß ihnen genügend lange Leine lassen, damit sie neue Verbindungen zwischen vorhandenen Technologien und Kundenbedürfnissen aufdecken können, ihnen aber auch soviel Orientierung geben, daß sie weltliche Ziele wie das Erzielen von Profit nicht aus den Augen verlieren.

Kreative Teams lösen und identifizieren Probleme zumeist in sehr ähnlicher Weise, ob sie nun neue Software entwickeln, sich eine Marketing-Strategie einfallen lassen, einer wissenschaftlichen Entdeckung auf der Spur sind oder ein Finanzgeschäft aushecken. Koordination findet eher horizontal als vertikal statt. Weil Probleme und ihre Lösungen nicht im voraus definiert werden können, treten sie auf formellen Konferenzen und in Tagesordnungen nicht zutage, sie ergeben sich vielmehr im Laufe der häufigen informellen Kommunikation der Gruppenmitglieder untereinander. Innerhalb des Teams lernt man voneinander, indem man Einsichten, Erfahrungen, Fragen und Lösungen miteinander teilt – oftmals ganz nebenbei.

Eine Lösung läßt sich manchmal auf ein völlig anderes Problem anwenden; der Fehlschlag eines Kollegen wendet sich zur erfolgreichen Strategie auf einem völlig anderen Gebiet. Das ist so, als würden die Mitglieder der Gruppe gleichzeitig an mehreren Puzzles arbeiten und sich dabei von demselben Haufen von Puzzleteilen bedienen, die sich zu vielen verschiedenen Bildern zusammensetzen lassen. (Solche intellektuellen Synergien lassen sich in ganz seltenen Fällen auch in Fachbereichen von Universitäten beobachten.)

Alles in allem ähnelt das Qualitätsunternehmen also mehr einem Spinnennetz denn einer Pyramide. In der Mitte sitzen die strategischen Mittelsmänner, aber es gibt auch alle möglichen Querverbindungen, die nicht über sie laufen, und ständig werden neue gewoben. An jedem Verbindungspunkt sitzt eine relativ kleine Anzahl von Leuten – je nach Aufgabenstellung von einem Dutzend bis zu mehreren hundert. Wäre die Gruppe größer, so wäre ein schneller, informeller, interaktiver Lernprozeß nicht mehr möglich.[1] Hier sind die individuellen Fähigkeiten so kombiniert, daß das Innovationsvermögen der Gruppe mehr ist als die Summe ihrer Teile. Während die Gruppenmitglieder gemeinsam verschiedene Probleme und Lösungsmöglichkeiten durcharbeiten, lernt jeder mit der Zeit die Fähigkeiten der anderen kennen. Sie lernen, wie sie einander zu besseren Leistungen verhelfen können, wer zu einem bestimmten Projekt was beitragen kann, wie sie am besten gemeinsam mehr Erfahrungen sammeln können. Jeder Teilnehmer hält nach Ideen Ausschau, die die Gruppe weiterbringen können. Dieser kumulative Erfahrungs- und Verständnisprozeß kann nicht in standardisierte Arbeitsabläufe umgesetzt werden, die sich leicht auf andere Arbeiter und andere Organisationen übertragen lassen. Jeder Punkt im »Unternehmensnetz« repräsentiert eine einzigartige Kombination von Fähigkeiten.

SCHNELLIGKEIT UND WENDIGKEIT sind so wichtig für das Qualitätsunternehmen, daß es sich nicht durch hohe Fixkosten, wie sie durch Bürogebäude, Werksanlagen, Maschinenausrüstungen und Lohnkosten entstehen, belasten darf. Es muß in der Lage sein, rasch die

Richtung zu ändern, sich bietende Alternativen zu verfolgen, neue Querverbindungen zwischen Problemen und Lösungen zu entdecken, wo immer sie liegen mögen.

In den Massenproduktionsbetrieben alten Stils waren hohe Fixkosten für Fabriken, Ausrüstung, Lager sowie Löhne und Gehälter notwendig, um Kontrolle und Kalkulierbarkeit zu garantieren. Im Qualitätsunternehmen stellen sie eine unnötige Belastung dar. Das einzige, was hier wirklich zählt, ist die rasche Problem-Identifizierung und Problem-Lösung – die enge Verbindung von technischem Wissen und Marketing-Know-how, ergänzt durch strategischen und finanziellen Scharfblick. Alles andere – alle eher standardisierten Bestandteile – kann man sich je nach Bedarf besorgen. Büroräume, Fabriken und Lager können angemietet werden, Standardmaschinen geleast, Standardkomponenten im Großeinkauf von (zumeist ausländischen) Billigherstellern erworben werden. Sekretärinnen, EDV-Personal für routinemäßige Aufgaben, Buchhalter und Arbeitskräfte für die Routineproduktion können auf Zeit eingestellt werden.

In der Tat arbeiten in den Qualitätsunternehmen relativ wenige im traditionellen Sinn Festangestellte mit festem Gehalt. Die Belegschaften der Unternehmenszentralen, die einen Großteil ihrer Zeit damit verbringen, nach der richtigen Kombination von Lösungen, Problemen, Strategien und Geld zu suchen, neigen eher dazu, Risiken wie Erträge ihrer Jagd zu teilen. Wenn eine erfolgversprechende Kombination gefunden wird, können auch die Teilnehmer an dem sich daraus ergebenden Projekt (manche in der Mitte des Netzes, andere an den peripheren Verbindungspunkten) am Gewinn beteiligt werden, anstatt feste Gehälter zu kassieren.

Wenn Risiko und Gewinn weitgehend geteilt werden und die Unkosten auf ein Minimum reduziert sind, kann das Unternehmensnetz experimentieren. In der Massenproduktion war Experimentieren gefährlich, weil Fehlschläge (wie Fords berüchtigter »Edsel«) bedeuteten, daß die gesamte Organisation – Maschinen, Ausbildung, Verkauf und Marketing – unter hohen Kosten umgestellt werden mußte. Doch Experimentieren ist das Lebenselixier des Qualitätsunternehmens, weil die kundenorientierte Problemlösung ständiges Probieren erforderlich macht.

Die Beteiligung an Risiko und Gewinn hat einen weiteren Vorteil. Sie ist ein mächtiger Anreiz zu kreativem Schaffen. Um neue Chancen hinsichtlich Technologien und Märkten aufzudecken, müssen Problem-Löser, -Identifizierer und Mittelsmänner hochmotiviert sein, und es gibt wohl kaum einen wirkungsvolleren Anreiz, als Mitglied in einem kleinen Team zu sein, das sich einer gemeinsamen Aufgabe widmet und sich die Risiken der Niederlage ebenso wie die Chance auf Belohnung im Erfolgsfall teilt. Die Belohnung muß nicht nur finanzieller Art sein. Oftmals verbindet die Gruppe eine gemeinsame Vision; sie will der Welt ihren Stempel aufdrücken.

Am äußeren Rand des Netzes stehen Lieferanten von Standard-Inputs (Fabriken, maschinellen Anlagen, Büroräumen, Routinekomponenten, Buchhaltung, Gebäudeverwaltung, Datenverarbeitung und so weiter) unter Vertrag, um für gewisse Zeit und zu einem festgelegten Preis bestimmte Dinge zu liefern oder zu tun. Derartige Regelungen funktionieren oft besser und sind wirtschaftlicher als ein direktes Arbeitgeber-Arbeitnehmer-Verhältnis.[2] Lieferanten, die abhängig von ihrer Tüchtigkeit und Sorgfalt bezahlt werden, haben jeden Grund, zunehmend effizientere Wege zu finden, um ihrer Aufgabe gerecht zu werden. Man denke nur an den McDonald's-Lizenznehmer, der fünfzehn Stunden am Tag schuftet und seinen Laden blitzsauber hält; oder an den Eigentümer einer Maschine, der sich als Subunternehmer verdingt (wodurch er den Gewinn selbst einstreichen kann) und daher sein Gerät in einwandfreiem Zustand erhält.[3]

UNTERNEHMENSNETZE gibt es in verschiedenen Formen, und die Formen entwickeln sich weiter. Am häufigsten anzutreffen sind:

Unabhängige »profit centers«: In diesem Netz ist das mittlere Management eliminiert, die Verantwortung für Produktentwicklung und Vertrieb ist an Gruppen von Ingenieuren und Verkaufsfachleuten (Problem-Lösern und -Identifizierern) delegiert, deren Vergütung an den Ertrag der Gruppe gekoppelt ist. Strategische Mittelsmänner in der Unternehmenszentrale leisten finanzielle und logistische Hilfestellung, doch die Gruppe kann bis zu einer bestimmten Höhe selbst über die Verwendung der Gelder bestimmen. Im Jahre 1990 bestand Johnson & Johnson aus 166 Einzelfirmen, Hewlett-Packard aus über fünfzig unabhängigen Betriebseinheiten. General Electric, IBM, AT&T und Eastman Kodak, um nur einige zu nennen, schlossen sich diesem Modell an. Aus ganz ähnlichen Gründen waren große Verlagshäuser eifrig dabei, *»imprints«* zu gründen – kleine halbautonome Verlage innerhalb der Muttergesellschaft, jeder aus etwa einem Dutzend Mitarbeitern bestehend, die in weitgehender Eigenverantwortung Bücher akquirieren und herausbringen.

Ableger-Partnerschaften: In diesem Netz betätigen sich strategische Mittelsmänner in der Unternehmenszentrale als Risikokapitalisten und Geburtshelfer, indem sie gute Ideen aufgreifen, die ihnen von den Gruppen der Problem-Löser und -Identifizierer zugespielt werden, und dann (wenn die Ideen im Markt Fuß gefaßt haben) die Gruppen als unabhängige Firmen abtrennen, an denen die strategischen Mittelsmänner in der Zentrale einen Anteil behalten. Xerox und 3M waren Vorreiter dieser Form in den Vereinigten Staaten, während sie in Japan keineswegs etwas Neues war. Hitachi zum Beispiel besteht aus über sechzig Einzelfirmen, von denen 27 an der Börse gehandelt werden. Einige Risikounternehmen und *leveraged-buyout**-Partnerschaften nähern sich dieser Form des Netzes an, in denen Risiko und Erfolg zwischen der Zentrale und den Managern des abgetrennten Geschäftsbetriebes aufgeteilt werden.

Einsteiger-Partnerschaften: In diesem Netz kommen die guten Ideen von unabhängigen Gruppen von Problem-Lösern und -Identifizierern außerhalb der Firma. Strategische Mittelsmänner in der Unternehmenszentrale kaufen die besten Ideen oder gehen Partnerschaften mit den Unabhängigen ein, anschließend produzieren, vertreiben und vermarkten sie die Ideen unter dem eingeführten Mar-

---

* Siehe Fußnote auf Seite 87.

kennamen des Unternehmens. Dieses Verfahren ist üblich bei Computersoftware-Firmen. 1990 zum Beispiel wurden über 400 winzige Software-Entwicklungsfirmen von großen Software-Unternehmen wie Microsoft, Lotus und Ashton-Tate aufgekauft. Auf diese Weise erhalten die Software-Entwickler eine hübsche Belohnung für ihre Mühe, während sich die größeren Unternehmen auf einen kontinuierlichen Zustrom neuer Ideen verlassen können.

Lizenzvergabe: In diesem Netz schließt die Zentrale mit unabhängigen Firmen Verträge ab, die es diesen erlauben, den Markennamen des zentralen Unternehmens sowie seine Spezialrezepte zu benutzen oder auf sonstige Weise seine Technologien zu vermarkten (das heißt Anwendungsmöglichkeiten für diese Technologien aufzuspüren). Strategische Mittelsmänner im Zentrum des Netzes stellen sicher, daß kein Lizenznehmer den Markenruf schädigt, indem er mindere Qualität liefert, und stellen den Lizenznehmern spezielle Servicepakete zur Verfügung wie computerisierte Lagerverwaltung oder Werbung. Eigentum und Kontrolle bleiben jedoch weitgehend in den Händen der Lizenznehmer. Ein Beispiel hierfür sind Konzessionsvergaben, die sich in jeder modernen Volkswirtschaft auf dem Vormarsch befinden und heute alles mögliche anbieten, von Steuerberatungs- und Buchhaltungsdiensten bis zur Hotelzimmervermittlung, Lebensmitteln, Druck- und Copyshops, Gesundheitsfürsorge und Bodybuilding. 1988 verfügten Amerikas Konzessionsnehmer bereits über 509 000 Einzelgeschäfte mit einem Gesamtumsatz von 640 Milliarden Dollar, womit diese Branche allein über zehn Prozent des gesamten Sozialprodukts aufbrachte.[4]

Reine Vermittlung: In der dezentralisiertesten Form des Netzes nehmen strategische Vermittler unabhängige Firmen sowohl zur Problemlösung und -identifizierung als auch für die Produktion unter Vertrag. Dieses Netz ist ideal für Unternehmen, die sich rasch umstellen müssen. 1990 zum Beispiel kauften Compaq Computers aus Houston (Texas), die 1982 noch gar nicht existierten, acht Jahre später aber bereits drei Milliarden Dollar Umsatz machten, viele ihrer wertvollsten Komponenten von außerhalb (Mikroprozessoren von Intel, Betriebssysteme von Softwarefirmen wie Microsoft,

LCD-Bildschirme von Citizen) und verkauften die hieraus zusammengesetzten Geräte über unabhängige Händler, denen Compaq exklusive Verkaufsgebiete garantierte. Der Apple-II-Computer kostete unter 500 Dollar in der Herstellung, wovon Komponenten im Wert von 350 Dollar von außerhalb gekauft wurden.[5] Die Lewis Galoob Toy Company, eine Spielzeugfirma, verkaufte Kleinartikel im Wert von über fünfzig Millionen Dollar, die von unabhängigen Erfindern und Geschenkartikelfirmen ersonnen, von unabhängigen Ingenieuren konstruiert, von Zulieferfirmen in Hongkong (die ihrerseits die arbeitsintensivsten Vorgänge nach Thailand und China vergaben) hergestellt und verpackt und in Amerika von unabhängigen Spielzeugfirmen vermarktet wurden. Filmstudios, die einst über eigene Filmgelände, Aufnahmeteams, Schauspieler, Regisseure und Drehbuchautoren verfügten, nahmen nun auf Projektbasis unabhängige Produzenten, Regisseure, Schauspieler, Drehbuchschreiber und Kameraleute unter Vertrag, mieteten Aufnahmestudios und -gerät und verließen sich auf unabhängige Verleihe, um die Filme in die richtigen Theater zu bringen. Buchverlage nahmen nicht nur Autoren unter Vertrag, sondern ließen auch Druck, Grafik, künstlerische Gestaltung, Marketing und alle anderen Facetten der Buchproduktion in Auftragsarbeit erledigen. Sogar Autohersteller lagerten zunehmend Teilbereiche der Produktion aus. (1990 produzierte Chrysler direkt nur 30 Prozent des Wagenwertes selbst, Ford etwa 50 Prozent. General Motors kaufte die Hälfte seiner Konstruktions- und Design-Dienste von 800 verschiedenen Firmen.)

AMERIKANER LIEBEN ES, überkommene Begriffe zu diskutieren. Hat die industrielle Fertigung noch eine Zukunft, oder sind wir dabei, eine Dienstleistungsgesellschaft zu werden? Sind Großkonzerne dazu verurteilt, wie prähistorische Saurier auszusterben, von Kleinbetrieben verdrängt zu werden, oder sind sie für unsere wirtschaftliche Zukunft lebenswichtig? Derlei Fragen führen zu endlosen Debatten, nicht unähnlich den Erörterungen der Scholastiker des Mittelalters darüber, wieviel Engel bequem auf einen Stecknadelkopf passen. Solche Debatten sind gesellschaftlich insoweit nützlich, als sie Vorwände für Geschäftsseminare, Konferenzen und Zeitschriftenartikel liefern und somit zahlreiche Arbeitsplätze sichern helfen. Doch sind sie alles andere als erbauend. Die Wortführer können gewöhnlich Belege für alles anführen, unabhängig davon, welche Meinung sie gerade vertreten. Ob die industrielle Fertigung durch eine Dienstleistungswirtschaft ersetzt wird, hängt davon ab, wie man »industrielle Fertigung« und »Dienstleistung« definiert; ebenso kommt es bei der Frage, ob Kleinbetriebe die Großen verdrängen, darauf an, was man unter »klein« und »groß« versteht. Tatsache ist, daß sich in sämtlichen Industriebetrieben zunehmend Dienstleistungsbereiche entwickeln und daß alle Großbetriebe im Begriff sind, sich zu Netzwerken aus kleineren Betrieben umzubilden.

Das »Standard Industrial Classification«-System der US-Regierung ist hierbei so nutzlos und anachronistisch wie eh und je. Es bezeichnet mit *»establishment«* jede Art von Betrieb, selbst wenn es sich um den Ableger eines größeren Unternehmens handelt.[6] So überrascht es nicht, wenn sich die Zahl der kleinen *»establishments«*, der offiziellen Statistik zufolge, zwischen 1975 und 1990 fast verdoppelte und Millionen neuer Arbeitsplätze geschaffen wurden – im gleichen Zeitraum, als sich das hierarchisch aufgebaute Massenproduktionsunternehmen in ein dezentralisiertes Netz von Qualitätsunternehmen verwandelte. Doch auch ohne diesen statistischen Taschenspielertrick entstand durch die Verlagerung von der hierarchischen Massen- zur vernetzten Qualitätsproduktion der Anschein schwindender Kernunternehmen einfach deshalb, weil diese nicht mehr so viele Arbeitnehmer direkt anstellen und sich die Netze indirekter Beschäftigung einer oberflächlichen Erfassung nicht so leicht erschließen.

Wie bereits festgestellt, schufen Amerikas 500 größte Industrieunternehmen, den meisten offiziellen Zählungen zufolge, zwischen 1975 und 1990 unter dem Strich keinen einzigen neuen Arbeitsplatz, und ihr Anteil an der Gesamtzahl der Beschäftigten fiel von 17 auf weniger als 10 Prozent. Gleichzeitig begann die Zahl derjenigen, die sich als »selbständig« bezeichnen, nach Jahrzehnten des Rückgangs zu steigen.[7] Und es kam zu einer wahren Explosion der Betriebsneugründungen (1950 wurden in den Vereinigten Staaten 93 000 Unternehmen gegründet, Ende der 80er Jahre waren es jährlich 1,3 Millionen).[8] Die meisten neugeschaffenen Arbeitsplätze in der Wirtschaft scheinen demnach den Klein- und Mittelbetrieben zuzuordnen zu sein[9], ebenso der größte Teil des Wachstums der Ausgaben für Forschung und Entwicklung.[10] Eine ähnliche Verlagerung hat auch in anderen Ländern stattgefunden.[11]

Aus diesen Daten jedoch den logischen Schluß zu ziehen, daß Großunternehmen durch Millionen kleiner Unternehmen *ersetzt* werden, hieße, in die gleiche Falle rudimentären Denkens zu tappen wie bei der Debatte über »industrielle Fertigung« und »Dienstleistung«: In beiden Fällen werden die netzartigen Verbindungen übersehen, die dieser neuen Wirtschaftsform zugrunde liegen. Hierin ist das Kernunternehmen nicht länger ein »Groß«-Unternehmen, aber ebensowenig ist es lediglich eine Ansammlung von kleineren Betrieben. Es ist vielmehr ein Unternehmens-*Netz*. Der Mittelpunkt des Netzes bewahrt den strategischen Überblick und hält die Fäden zusammen. Doch einzelne Knotenpunkte im Netz verfügen oftmals über genügend Autonomie, um gewinnbringende Kontakte zu anderen Netzen herzustellen. Es gibt kein »innerhalb« und »außerhalb« des Unternehmens, sondern nur verschiedene Entfernungen von seinem strategischen Mittelpunkt.

Die daraus resultierenden Zwischenverbindungen können recht komplex sein und sich über viele *»profit centers«*, Unternehmenseinheiten, Geschäftsableger, Lizenz- und Konzessionsnehmer, Lieferanten und Händler und weiter zu anderen strategischen Zentren erstrecken, die ihrerseits mit noch anderen Gruppen verknüpft sind. Im Laufe der 80er Jahre zum Beispiel tat sich IBM mit Dutzenden amerikanischer – Intel, Merrill Lynch, Aetna Life and Casualty, MCI, Comsat – sowie mehr als achtzig ausländischen Firmen zusammen, um mit ihnen die Aufgaben der Problemlösung, Problemidentifizierung und strategischen Mittlerrolle zu teilen. In ähnlicher Weise fand sich AT&T (das sich siebzig Jahre lang zugute gehalten hatte, die totale Kontrolle über seine Produkte und seine telefonischen und telegrafischen Betriebssysteme zu haben) plötzlich in einer deregulierten, schwer voraussagbaren Welt der Telekommunikation wieder, welche Hunderte von geschäftlichen Bündnissen und Beteiligungen und Tausende von Vertragsabschlüssen mit Subunternehmern erforderte.[12] Kernunternehmen in anderen vollentwickelten Volkswirtschaften machen eine ähnliche Umgestaltung durch; und in der Tat sind ihre zunehmend dezentralisierten Unternehmensnetze sogar im Begriff, sich zu undifferenzierbaren Erweiterungen unserer eigenen Unternehmensnetze zu entwickeln.[13]

Der Trend sollte jedoch nicht überbewertet werden. Auch in den 90er Jahren gibt es noch Großunternehmen von bürokratischem Aufbau und Arbeitsstil, die Tausende von Arbeitskräften direkt beschäftigen und über beträchtliche Sachanlagewerte verfügen. Doch diese Unternehmen werden zur Ausnahme. Sie überleben und prosperieren nicht wegen, sondern trotz ihrer Organisationsform. Die gewinnbringendsten Unternehmen hingegen verwandeln sich in Unternehmensnetze. Von außen mögen sie wie die alten Organisationsformen aussehen, aber innen ist alles anders. Die berühmten Markennamen bezeichnen Produkte und Dienstleistungen, zu deren Entstehung viele verschiedene Quellen außerhalb der formalen Grenzen der Firma beigetragen haben. Ihre würdevollen Unternehmenszentralen, ausgedehnten Fabrikanlagen, Lagerhäuser, Laboratorien, Lastwagenflotten und Firmenjets sind geleast. Ihre Fabrikarbeiter, Hausmeister und Buchhalter haben Zeitverträge; ihre führenden Forscher, Designer und Marketing-Experten sind am Gewinn beteiligt. Und ihre distinguierten Vorstände üben nicht mehr Macht, Autorität und Kontrolle über ein Imperium aus, sondern dirigieren allenfalls noch Ideen durch das neue Unternehmensnetz.

Die Streuung von Besitz und Kontrolle

Bei der Unterscheidung zwischen Besitzinteressen und Kontrollbefugnissen muß man die Tatsache im Auge behalten, daß es ebenso, wie es viele Individuen gibt, die Anteile an dem Unternehmen besitzen, aber üblicherweise nicht als Besitzer betrachtet werden, auch viele Individuen geben mag, die zwar ein gewisses Maß an Kontrolle ausüben, aber nicht als die eigentlichen Inhaber der Macht angesehen werden sollten.

Adolf A. Berle und Gardiner C. Means,
The Modern Corporation and Private Property (1932)

Das Bild des Kernunternehmens als Eigentümer und Beherrscher grenzenloser Ressourcen gerät zunehmend zu einem Phantasiebild, das uns daran erinnert, was das Kernunternehmen einmal war, aber den Blick darauf verstellt, was es inzwischen geworden ist. Die entscheidenden Vorzüge des Qualitätsunternehmens bestehen nicht in greifbaren Dingen, sondern in der Fähigkeit, Lösungen für bestimmte Probleme zu finden, und in dem Ruf, dies in der Vergangenheit mit Erfolg getan zu haben. Keine Gruppe, kein Teilhaber »kontrolliert« dieses Unternehmen in der Art, wie das Unternehmen der Massenproduktion kontrolliert wurde. Auch »besitzt« es niemand im traditionellen Sinn. Führungskräfte koordinieren und vermitteln; Investoren steuern einen Teil des zur Finanzierung seiner Aktivitäten benötigten Geldes bei, wofür sie, wie viele andere Teilhaber auch, mit einem Anteil am Gewinn belohnt werden. Die geschicktesten und talentiertesten Problem-Löser und -Identifizierer, von denen der Erfolg größtenteils abhängt, werden wahrscheinlich ebenfalls einen Anteil am Gewinn einstreichen. Sie werden in hohem Maße selbst darüber entscheiden, was sie tun und auf welche Weise sie es tun. Routinefunktionen werden zunehmend ausgelagert. Auf diese Weise kommt es zu einer Streuung der Macht.

Das formelle Organisationsschema hat nur noch wenig Bezug zu den wahren Quellen der Macht im Qualitätsunternehmen. Diese hängt nicht von formeller Machtbefugnis oder Stellung ab (wie im Unternehmen der Massenproduktion), sondern von der Fähigkeit, dem Unternehmensnetz einen Wertzuwachs zu bescheren. Problem-Löser, -Identifizierer oder Mittelsmänner üben Führerschaft aus, indem sie Möglichkeiten schaffen, durch die auch andere zur Wertschöpfung beitragen können. Auf diese Weise bilden sich Führungskräfte heraus.

Überall läßt sich dieser Prozeß verfolgen: in den High-Tech-Firmen von Silicon Valley, den Unternehmenssuiten im Zentrum von Manhattan, den Filmstudios von Hollywood, den Werbeateliers in der Madison Avenue, in Anwaltskanzleien, Beratungsfirmen, Investmentbanken, Verlagshäusern, Ingenieurbüros, Rundfunksendern, Public-Relations-Agenturen, Lobbying-Firmen und so weiter. In dem Maße, wie ihr Ruf für professionelles Lösen und Identifizieren von Problemen oder erfolgreiche Mittlertätigkeit wächst, gewinnen informelle Führer mehr Glaubwürdigkeit und Gefolgschaft. Schließlich erhalten sie und ihr Gefolge einen höheren Anteil am Gesamtgewinn, oder sie steigen aus und machen ihre eigene Firma auf. Auf diese Weise werden mit dem Aufstieg neuer Führer Unternehmensnetze neu geknüpft. An der Peripherie, wo sich früher nur wenige Fäden schnitten, entwickeln sich neue Netze um Gruppen herum, die am meisten Wert schaffen und die talentiertesten Mitarbeiter an sich ziehen. Führerschaft ist da, wo der meiste Wert geschaffen und fortentwickelt wird.

Die wichtigsten strategischen Entscheidungen darüber, mit wem und wofür Verträge einzugehen sind, finden zunehmend auf unterer Ebene statt. Strategische Mittelsmänner mit der täglichen Verantwortung für das Ausspinnen der Unternehmensnetze tragen oft wenig einnehmende Titel wie »Einkaufsdirektor« oder »Leiter der Beschaffungsabteilung«. Sie treffen Tausende kleiner Vertragsentscheidungen, die – zusammengenommen – einen großen Einfluß darauf haben, was das Unternehmen verkauft. Der Einkaufsdirektor der Polaroid Corporation zum Beispiel gibt die Hälfte der Jahreseinnahmen des Unternehmens für alles mögliche von High-Tech-Teilen bis zu Hausmeisterdiensten aus, wozu er 95 000 Kontrakte mit 8000 Lieferanten abschließt. Obwohl er im Jahresbericht der Firma nicht unter den zwanzig Top-Angestellten geführt wird, gehört er zu den wichtigsten Strategen des Unternehmens. Von seinen Entscheidungen hängt viel von dem ab, was die Firma ihren Kunden zu welchem Preis und in welcher Qualität anzubieten hat. Innerhalb der informellen Organisation verfügt er über große Macht.

DIE WIRTSCHAFTSPRESSE, die unser Bild vom modernen Unternehmen so maßgeblich beeinflußt, hält unsere rudimentäre Vorstellung von zentralisierten Besitz- und Kontrollverhältnissen weiter aufrecht. Auf den Seiten von *Fortune, Forbes, Business Week* und *The Wall Street Journal* sowie in den endlosen Wirtschaftsprogrammen des Kabelfernsehens läßt man sich über die Kernunternehmen aus, als handelte es sich bei ihnen immer noch um die großen, hierarchischen Gebilde, die von oben nach unten dirigiert werden und als Ganzes handeln. Dies ist, gelinde gesagt, irreführend.

Eine bizarre, aber keineswegs weit hergeholte Illustration: Die »Great American Corporation« verkündet, und die Wirtschaftspresse berichtet pflichtschuldig, daß das Unternehmen ein neues Sortiment nach Maß gefertigter *beanbags** auf den Markt bringt – in diversen Gewichten, Größen, Formen und Konsistenzen. Die Nachricht hat natürlich Bedeutung für die obersten strategischen Mittelsmänner und die Aktionäre der »Great American«, deren Aktien steigen oder fallen werden, je nachdem, wie viele Möchtegern-Bodybuilder in die Sportartikelläden, Aerobic-Center und Bodybuilding-Studios strömen, um den neuen *beanbag* zu kaufen. Doch die Ankündigung schafft den falschen Eindruck, daß ein einziges immenses Gebilde namens »Great American Corporation« existiert, das allein oder auch nur größtenteils für den *beanbag* verantwort-

* Mit getrockneten Bohnen oder ähnlichem gefüllte Stoffbeutel, von Bodybuildern usw. benutzt.

lich ist, und daß der Markterfolg oder -mißerfolg des *beanbag* in erster Linie auf die Aktionäre der »Great American« zurückfallen wird.

In Wirklichkeit ist es jedoch wahrscheinlicher, daß der maßgefertigte *beanbag* das vereinte Produkt eines komplexen Unternehmensnetzes ist. Im klassischen Fall wurde der *beanbag* von einer Gruppe ersonnen – nennen wir sie Firma A, die formell eine Unterabteilung der »Great American« ist, aber ziemlich unabhängig agiert. Der *beanbag* wurde sodann von einer weiteren Gruppe entworfen, die darauf spezialisiert ist, Ideen in Produkte umzusetzen, die sich billig und effizient herstellen lassen – nennen wir sie Firma B, die zwar rechtlich nicht zur »Great American Corporation« gehört, aber eng mit ihr verbunden ist, da ihre Entwürfe größtenteils von der »Great American« aufgekauft werden. Angefertigt und zusammengenäht wurde der *beanbag* von Firma C, die in Taiwan und Hongkong über modernste Fertigungsanlagen verfügt. Von Firma D wurde er verpackt, die Firma E sorgte für den Vertrieb, und Firma F kümmerte sich um die Vermarktung. Die Firmen G und H haben Geld in das Projekt investiert, ihre Schuldtitel jedoch bereits an mehrere andere Firmen veräußert. Die Firmen I und J verkaufen die *beanbags* über ihre konzessionierten Gesundheitssalons und Fitneß-Center. Firma K kümmert sich um alle juristischen Belange, während Firma L die Werbung besorgt. Der Firma M gehört die Fabrik, in der der *beanbag* zusammengenäht wird, die Maschinen wiederum sind Eigentum der Firma N. Die Firmen O und P haben Exklusivverträge für die Vermarktung der *beanbags* in ihren jeweiligen Gebieten, während Firma Q die Lizenz für Herstellung und Verkauf des *beanbag* in Europa erworben hat, Vermarktung und Vertrieb jedoch den Firmen R, S, T, U und V überläßt. Währenddessen kümmert sich Firma W um Buchführung und Finanzen, während die Firmen X, Y und Z für Reisen, Kommunikation und Logistik zuständig sind. In einigen Gruppen erhalten die Mitarbeiter ihr Gehalt direkt von der »Great American Corporation«, andere bekommen einen Anteil am Gewinn, den der *beanbag* einbringt (wenn er ein Fehlschlag wird, gehen sie leer aus); wieder andere haben langfristige Verträge mit der Firma und erhalten ein Pauschalhonorar für ihre Dienste.

Aber was ist dann die »Great American Corporation« überhaupt? Sie ist ein netzartiges Konglomerat aller dieser Gruppen, wozu noch einige außenstehende Investoren hinzuzurechnen sind – die Aktionäre der »Great American« –, die ebenfalls einen Teil des Gewinns einstreichen werden, sowie die strategischen Mittelsmänner in der Unternehmenszentrale, die alle diese Verträge aushandelten und den ganzen Deal auf die Beine stellten (ein nicht unbeträchtlicher Kraftakt, für den sie eine hübsche Belohnung erhalten werden, sollte der maßgeschneiderte *beanbag* nächstes Jahr im Fitneß-Gewerbe ein Renner werden).

Schreibt man den *beanbag* der »Great American Corporation« zu, so verschleiert man, wo innerhalb dieses Netzes die tatsächliche Wertschöpfung stattfindet. Der Profit, der den Aktionären der »Great American« zufließt, ist denn auch entsprechend gering, verglichen mit den Vergütungen, die anderen an dem Projekt Beteiligten ausgezahlt werden, die viel Wertvolleres als nur Geld beigesteuert und einen Großteil des Risikos getragen haben. Nehmen wir an, Firma A besteht aus zwei Dutzend Mitarbeitern, die darauf spezialisiert sind, Ideen für neue Bodybuilding-Produkte zu entwickeln. Erst kürzlich wurden sie von den strategischen Mittelsmännern der »Great American« von einem Konkurrenten weggelockt. Das Lockmittel bestand in hohen Festgehältern plus einem Anteil an allen von ihren Ideen herrührenden Gewinnen. So ist eine wichtige (wenn auch im allgemeinen im Hintergrund bleibende) Story innerhalb der Story vom neuen maßgeschneiderten *beanbag* der Firma »Great American« diejenige von der talentierten Gruppe in Firma A, die die Idee dazu hatte, und von dem Profit, den sie mit Sicherheit machen wird, falls das Produkt ein Schlager wird. Des weiteren wird bei dieser Zuordnung verschleiert, wo in diesem Netz das wirkliche Machtzentrum liegt. Die Ideenverkäufer der Firma A üben mindestens soviel Einfluß aus und haben wenigstens ebensoviel Anteil am fertigen Produkt wie die Manager in der Konzernzentrale.

Die zur Beschreibung des geschäftlichen Vorgangs herangezogenen Phrasen – wie zum Beispiel: »Die ›Great American Corporation‹ stellt ein neues Produkt vor« oder »›Great American's‹ maßgeschneiderter *beanbag*« – unterstellen die gleiche Eigentums- und Kontrollstruktur wie beim Unternehmen der Massenproduktion. Doch im Falle des Qualitätsunternehmens mit seinen breit gestreuten Eigentums- und Kontrollverhältnissen handelt es sich bei diesen Aussagen um eine subtile, wenn auch allgemein vorherrschende Täuschung der Öffentlichkeit.

EINE GANZ ÄHNLICHE ILLUSION wird erzeugt in Berichten über Firmenaufkäufe oder Verkäufe von Tochtergesellschaften durch die Kernunternehmen, etwa nach dem Muster: »›Great American Corporation‹ verkauft ihre Firma A an ›Big General Corporation‹«. Unwillkürlich hat man dabei die Vorstellung von Fabriken, Maschinenparks und Arbeitskräften, die von einem Besitzer und Aufsichtführenden an einen anderen weitergereicht werden. Im traditionellen Unternehmen der Massenproduktion, wo die Aufsicht von oben erfolgte und fast jeder andere nur die Pläne der Unternehmensspitze ausführte, ähnelten derartige Vermögensübertragungen tatsächlich einer Eigentumsveräußerung. Im Qualitätsunternehmen jedoch bedeutet der Transfer lediglich einen Wechsel in der Kombination von Problemlösung und -identifizierung einerseits und der strategischen Mittlertätigkeit und Finanzierung andererseits.

Im vorliegenden Fall erlangen die strategischen Mittelsmänner und Investoren der »Big General« nicht eigentlich das »Eigentum« an oder die »Kontrolle« über irgend etwas Konkretes. Man erinnere sich, daß der eigentliche Aktivposten der Firma A weniger in dinglichen Vermögensgegenständen als vielmehr in talentierten Mitarbeitern bestand. Zwar könnten aus deren vergangenen Erfolgen handelbare Vermögenswerte wie Patente, Copyrights und eingetragene Warenzeichen hervorgegangen sein, auf deren Verwertung die »Big General« nunmehr einen Rechtsanspruch geltend machen kann, doch auf ihre *zukünftigen* Ideen gibt es weder ein Besitzrecht, noch können sie gehandelt werden. Was immer den potentiellen Wert dieses *konzeptionellen* Aktivpostens ausmachen mag – seine eigentlichen Besitzer werden doch die Leute bleiben, in deren Köpfen er steckt, und er kann ihren Köpfen nicht ohne ihr Einverständnis entrissen werden, noch kann man ihnen befehlen, sich für den neuen »Besitzer« zu engagieren. Selbst wenn Sklaverei und Zwangsarbeit nicht durch den 13. Zusatzartikel zur amerikanischen Verfassung verboten wären, könnte man doch niemanden zu kreativer Tätigkeit zwingen. Zukünftige Ideen und Engagements können gekauft werden, aber wenn die betreffenden Leute über den Handel unglücklich sind, ist es nicht gerade wahrscheinlich, daß sie vor Ideen und Kreativität sprühen werden. Letztlich werden sie ihre Zuflucht in freundlichere und lukrativere Gefilde nehmen.

Unabhängig davon, für welches Unternehmen sie arbeiten, werden sie also eine Vergütung für ihren Beitrag einfordern (zuweilen in Form eines Anteils an etwaigen späteren Erlösen), der den wirklichen Wert reflektiert, den sie dem Unternehmen hinzuzufügen imstande sind. Anstatt von der genannten Transaktion zu sagen: »›Great American Corporation‹ verkauft *ihre* Firma A an ›Big General Corporation‹«, sollte es richtiger heißen: »Die talentierten Problem-Löser und -Identifizierer der Firma A tauschen die strategischen Mittelsmänner der ›Great American‹ gegen die von ›Big General‹ aus.« Wenn letztere ihre Sache besser machen als erstere, werden die Problem-Löser und -Identifizierer der Firma A, ebenso wie die Investoren der »Big General«, mehr Geld verdienen. Wenn sie ihre Sache jedoch schlechter machen, werden sich die talentierten Leute, aus denen Firma A besteht, einen anderen Partner suchen (oder gleich ganz aus der Firma A aussteigen).

Qualitätsunternehmen können nicht mehr »akquiriert« werden, als die geschickten und talentierten Individuen akquiriert werden können, aus denen sie bestehen. Mehr als einmal hat diese Tatsache Investoren und strategische Mittelsmänner überrascht, die glaubten, einen guten Kauf gemacht zu haben, nur um ihn vergehen zu sehen wie Schnee in der Sonne. (Hätten sie gewußt, daß es sich um ein Unternehmensnetz – gewissermaßen um ein »Gespinst« – handelte und nicht um eine handfeste Sachanlage, so hätten sie vielleicht nicht versucht, es zu »schlucken«.) 1986 glaubte General Electric, es hätte die Finanzierungsfirma Kidder, Peabody »akquiriert«. Doch als GE versuchte, Kontrolle über seine Neuerwerbung auszuüben – indem es strengere Berichtsauflagen und eine straffere Rechnungsführung durchzusetzen versuchte – sahen sich viele der fähigsten Mitarbeiter woanders nach einer freundlicheren Arbeitsumgebung um, und GE blieb nicht viel mehr als Kidder, Peabodys guter, aber dahinschwindender Ruf.[1]

DIE INDUSTRIELLEN SCHLÜSSELKÄMPFE in der Wirtschaft der Massenproduktion im ausgehenden 19. und in der ersten Hälfte des 20. Jahrhunderts – die unter anderen auch Karl Marx beschäftigten – fanden zwischen denen statt, die die Maschinen besaßen, und denen, die sie bedienten. Beide Seiten wollten einen größeren Anteil am Gewinn. Zu einer gewissen Einigung kam es in den 50er Jahren, als das Management den Forderungen der Arbeiterschaft nach immer höheren Löhnen im Austausch für die Kooperation der Arbeiterschaft bei der Produktion immer größerer Warenmengen nachgab – wodurch die Stückkosten dieser Waren gesenkt werden konnten. Bei dieser Einigung spielte die Regierung eine tragende Rolle. Der Sozialpakt blieb bestehen, bis die Weltwirtschaft dazwischenkam.

Im Qualitätsunternehmen hingegen bleiben die Ansprüche der mechanischen Arbeiter wie die des Finanzkapitals zunehmend hinter den Ansprüchen jener zurück, die neue Probleme lösen, identifizieren und zwischen beidem vermitteln. Folglich gelangte ein sich ständig verringernder Anteil von jedem in einer fortschrittlichen Volkswirtschaft ausgegebenen Dollar (oder Pfund, D-Mark, Yen) in die Taschen der in der Produktion beschäftigten Arbeiter. In ähnlicher Weise gingen auch die Gewinne der Kapitaleigner zurück. Diejenigen hingegen, die Probleme erkannten und bewältigten, verlangten immer höhere Gehälter und Honorare. 1920 wurden über 85 Prozent der Automobilkosten dafür aufgewandt, die Arbeiter zu entlohnen und die Investoren auszuzahlen. 1990 erhielten diese beiden Gruppen weniger als 60 Prozent, der Rest ging an Designer,

Ingenieure, Stylisten, Planer, Strategen, Finanzexperten, Manager, Anwälte, Werbe- und Absatzfachleute und so weiter. Heutzutage gehen nicht mehr als drei Prozent vom Preis eines Halbleiterchips an die Besitzer von Rohstoff und Energie, fünf Prozent an die Eigentümer der Maschinen und Werksanlagen und sechs Prozent an die mechanischen Arbeitskräfte. Über 85 Prozent werden für Entwurf und Konstruktion sowie für Patente und Copyrights aufgewendet.

Das gleiche Muster läßt sich im gesamten Wirtschaftsleben beobachten. Seit der Nachkriegszeit sank die Gesamtsumme der Arbeiterlöhne im Verhältnis zum Bruttosozialprodukt (BSP) stetig von 11,6 Prozent im Jahr 1949 auf 4,6 Prozent im Jahr 1990.[2] Im gleichen Zeitraum sanken auch die Unternehmensgewinne im Verhältnis zum BSP. In den Mittsechzigern erreichten sie (inflationsbereinigt) 11,7 Prozent des BSP und fielen dann während der Rezession von 1969/70 auf 6,9 Prozent. In den darauffolgenden Jahren lagen die Prozentsätze sowohl in Expansions- wie in Rezessionsphasen jeweils niedriger. Ende der 80er Jahre betrugen die Gewinne nur noch 5,3 Prozent des BSP.[3] Im gleichen Maß, wie die Anteile der Arbeiterschaft und der Investoren am Bruttosozialprodukt schrumpften, stieg der Anteil, der an die Problem-Löser, Problem-Identifizierer und strategischen Mittelsmänner ging.

Die sinkende Bedeutung des manuellen Arbeiters hat Folgen gezeitigt, auf die ich in späteren Kapiteln eingehen werde. Die sinkende Bedeutung des Kapitals indessen hat, um es gelinde auszudrücken, Verwirrung unter den Investoren ausgelöst. Eine Firma zu »besitzen« hat nicht mehr die gleiche Bedeutung wie früher. Angehörige des Buchhalterstandes, sonst nicht gerade berühmt für öffentliche Gefühlsäußerungen, haben ihrer Ratlosigkeit darüber lautstark Luft gemacht, wie sie potentielle Investoren vom Verkehrswert eines Unternehmens überzeugen sollen, dessen Werte in den Köpfen seiner Angestellten ruhen, und sie verfielen darauf, die Grauzone in der Unternehmensbilanz zwischen dem Substanzwert der Firma und ihrem Ertragswert, in welcher der Wert ihrer talentierten Angestellten zum Ausdruck kommt, als »Goodwill« – im

Sinne von »Geschäftswert« – zu bezeichnen. Wenn jedoch das intellektuelle Kapital das Sachkapital als größter Aktivposten des Unternehmens überholt, dann kommt es unter den Aktionären zu wachsender Verunsicherung, denn mit dem Ausscheiden der geschätzten Angestellten aus der Firma kann viel »Goodwill« verlorengehen.

Natürlich werden auch nach dem Ausscheiden talentierter Mitarbeiter noch intellektuelle Werte übrigbleiben, wie etwa Patente und Copyrights. Doch in der Qualitätswirtschaft verliert solch geistiges Eigentum oft schnell an Wert. Schließlich schützen Patente und Copyrights nur Erfindungen, die zu einem bestimmten Zeitpunkt gemacht wurden. Sie schützen nicht das ursprüngliche Auffinden eines Problems, das der Verbraucher so schnell wie möglich gelöst haben will (zum Beispiel wie man Fernsehprogramme aufzeichnen kann, um sie zu einem späteren Zeitpunkt zu betrachten); noch schützen sie die vielen nachträglichen Erkenntnisse, wie man eine bereits vorhandene Lösung noch verbessern kann (zum Beispiel einen leichtgewichtigen Camcorder, der sich auch als Videorecorder verwenden läßt). Doch sind diese Art von Entdeckungen – daß ein Markt existiert und es verschiedene Möglichkeiten gibt, ihn zu bedienen – oft noch wertvoller als die ursprünglich patentierte oder durch Copyright geschützte Erfindung. Problem-Löser, Problem-Identifizierer und Mittelsmänner, die vielleicht an dem Originalprodukt gar nicht mitgewirkt hatten, stürzen sich sofort mit Begeisterung auf die neu entdeckten und daher neu stimulierten Märkte. So geschieht es dann häufig, daß die schnellsten und cleversten Epigonen oft noch größeren finanziellen Erfolg herausholen als die brillanten und originellen Erfinder. Alte Lösungen zu alten Problemen sind zwar gesetzlich geschützt, geraten aber rasch aus der Mode und werden durch neue Lösungen ersetzt.

Eine andere Form des immateriellen »Goodwill«, wie er in der Unternehmensbilanz erscheint*, ist ein bekannter Markenname.

---

* Das deutsche Wirtschaftsrecht unterscheidet zwischen einem nicht bilanzierungsfähigen *originären* Firmenwert (»Goodwill«) vor der Veräußerung und dem bei der Veräußerung im Kaufpreis enthaltenen *derivativen* Firmenwert.

General Electric, RCA, Westinghouse, Kodak, Sears, BankAmerica, General Motors, Procter & Gamble, Ford, Walt Disney, IBM, American Express – die Namen wirken beruhigend, sie erwecken Assoziationen der Solidität und Verläßlichkeit. Daß derlei Institutionen zunehmend zu dezentralisierten Netzen von Unternehmern, Subunternehmern, Lizenznehmern, Konzessionären, Partnerschaften und anderen temporären Formen der Zusammenarbeit werden, hat die Markentreue der Verbraucher keineswegs beeinträchtigt, weil ihnen dieser Verwandlungsprozeß weitgehend unbewußt ist. Es handelt sich hier um eine weitere wirtschaftliche Folge rudimentären Denkens – diesmal unter den Verbrauchern. Bei einem Produkt, das den Markennamen GE trägt, geht man davon aus, daß es im traditionellen Sinn von General Electric »hergestellt« worden ist, nämlich von GE-Angestellten in GE-Werken unter Aufsicht von GE-Managern. Dieser beruhigende Einfluß des Markennamens stellt für sich selbst schon eine Handelsware dar.

In der Tat gehören Firmen- und Warenzeichen vieler Kernunternehmen inzwischen zu deren wertvollsten Aktivposten. Sie können selbständig vermarktet werden. Sie leuchten über den Skylines der Innenstädte. Sie erscheinen dezent zu Beginn und am Ende von Fernsehsendungen, wo eine wohlklingende Stimme den Zuschauer auf die Wohltätigkeit des Unternehmens hinweist. Man findet sie in ganzseitigen Zeitschriftenanzeigen, vor freundlichen Landschaften oder klassischen Gemälden, oftmals ohne Bezug auf ein bestimmtes Produkt. Es ist die perfekte Tautologie: Das Emblem steht für das Unternehmen, und das Unternehmen steht für das Emblem. In den Köpfen der Öffentlichkeit ist IBM ein abstrakter Begriff, der mit Computern, Charlie Chaplin und einem konservativen blau-weißen Logo zu tun hat, das Macht und Autorität suggeriert.[4]

Wenn ein Firmenname in zu große Nähe zu einer niedergehenden Industrie oder einem in Verruf geratenen Erzeugnis gerät, so kann eine Namensänderung den schwindenden Wert wiederherstellen. Die alte, sich dahinschleppende U.S. Steel tauft sich um in eine flotte, zeitgemäße USX. Oder vielleicht ist eine Aufbesserung des Image angesagt, wobei Werbe- und Marketing-Fachleute nicht das

Produkt ändern, sondern die Umgebung, in der es präsentiert wird. So zahlte Philip Morris dem Nationalarchiv 600 000 Dollar für das Privileg, die Bill of Rights neben dem Markennamen abzudrucken, in der Hoffnung, daß die amerikanische Öffentlichkeit ihre Zigaretten irgendwie mit den Gründungsvätern der Vereinigten Staaten von Amerika in Zusammenhang bringen wird.

Ironischerweise kann sich eine Investition in das Firmenimage sogar dann bezahlt machen, wenn das Kernunternehmen gar keine direkte Beziehung zu dem zu vermarktenden Produkt hat. So erfährt der von Samsung in Südkorea entworfene, hergestellte und montierte Mikrowellenherd durch das GE-Emblem eine Wertsteigerung, obwohl kaum ein GE-Angestellter jemals seinen Fuß in das nordostasiatische Werk gesetzt hat. Gleiches gilt für den erhebenden Walt-Disney-Schriftzug und die lustige Mickymaus auf Feuerzeugen und T-Shirts aus Thailand oder für das beruhigende American-Express-Logo auf Landkarten, Reiseführern, in Reisebüros und Unterkünften, die von Leuten zur Verfügung gestellt werden, deren einzige Beziehung zu American Express in einem Vertrag besteht, der ihnen die Nutzung des Namens gestattet, oder für Fotokopierer von Canon und Videokassetten von Matsushita, die den Namen Kodak benutzen dürfen.[5]

Aber auch die anregendste Marke kann ihren Wert nicht immer und ewig behalten. Die Erinnerung läßt nach. Neue Produkte mit neuen Namen gewinnen Anhänger. Zuweilen erscheint der alte Markenname auf Produkten minderer Qualität, die den Ruf der Marke schädigen. Oder die Verbraucher entdecken, daß sie die Beruhigung nicht mehr brauchen und das gleiche Produkt billiger kaufen können, ohne das Kernunternehmen und seine Werbeagenturen zu alimentieren. Matsushitas Videoband ist so gut wie das von Kodak. So verlieren Patente und Warenzeichen mit zunehmendem Alter an Wert. Sogar diese Art des »Goodwill« ist der Wertminderung ausgesetzt.

Im Qualitätsunternehmen steigt nur ein Anlagegut durch den Gebrauch im Wert: das Problemlösungs-, -identifizierungs- und

Vermittlungspotential seiner Schlüsselleute. Anders als Maschinen, die sich abnutzen, Rohstoffe, die sich erschöpfen, Patente und Copyrights, die veralten, und Warenzeichen, die ihre Fähigkeit zu beruhigen einbüßen, wachsen die durch das Aufspüren neuer Verbindungen zwischen Technologien und Bedürfnissen erworbenen Kenntnisse und Einsichten sogar mit der Praxis. Je komplexer eine Aufgabe, desto besser bereitet sie auf noch komplexere Aufgaben vor. Strategische Mittelsmänner, die genau die richtige Kombination aus technischen und Marktkenntnissen finden, um Software für Maschinenbauingenieure zu entwickeln, gewinnen Einblick in das, was zur Entwicklung noch komplexerer Programme für Raumfahrtingenieure benötigt wird. Durch die Produktion von Musikaufnahmen, die die Zuhörer zu Begeisterungsstürmen hinreißen, wird der Grundstein zur späteren Produktion noch perfekterer Aufnahmen gelegt. Die Entwicklung und Vermarktung neuartiger Chemikalien ist Voraussetzung für die Entwicklung von Hochleistungskeramik und Einkristall-Silizium. Und so weiter.

Das alte Massenproduktionsunternehmen profitierte natürlich auch von erfahrenen Mitarbeitern, die Maschinen und Materialien so gut kannten, daß sie Schwierigkeiten förmlich riechen konnten, bevor sie eintraten. Dort jedoch hing das Wachstum hauptsächlich von immer größerer Rationalisierung und Optimierung ab. Wer in die Fabriken und Maschinen investierte, die eine solche Massenproduktion ermöglichten, konnte somit über einen immer größeren Anteil an den daraus resultierenden Gewinnen verfügen. Im Qualitätsunternehmen jedoch hängt das Wachstum von der gesammelten Erfahrung der Schlüsselleute ab. Entsprechend verschiebt sich der Wert des Unternehmens – und damit auch die Verfügungsgewalt und Vergütungen – immer mehr in Richtung jener, die ihre Problemlösungs-, -identifizierungs- und Vermittlungskünste zu steigern und zu verfeinern wissen.

Die konventionelle Wirtschaftstheorie geht von der Annahme sinkender Erträge aus. Wenn ein Rohstoff zur Neige geht, steigt sein Preis; der Preisanstieg wiederum veranlaßt die Verbraucher, sparsam mit dem Rohstoff umzugehen und nach billigeren Ersatzstoffen zu suchen, die den Preis letztlich wieder drücken. Die hohen Ölpreise der 70er Jahre zum Beispiel motivierten Verbraucher, Energie zu sparen, und veranlaßten Ölfirmen, mehr Ölquellen ausfindig zu machen – beides führte in den 80er Jahren zu einem abermaligen Sinken des Ölpreises. Einer der größten Vorteile eines Preissystems besteht darin, wie alle Wirtschaftsfachleute bestätigen werden, daß es dazu neigt, sich automatisch auszubalancieren.

Menschliches Kapital jedoch funktioniert nach einem anderen Prinzip. Da Menschen durch Übung dazulernen, wächst normalerweise der Wert ihrer Arbeit mit der gesammelten Erfahrung. Dieses System kennt keinen automatischen Ausgleich in dem Sinne, daß diejenigen, die als erste die Erfahrung sammeln, irgendwann der Sonderprämie, die der Markt für sie hergibt, verlustig gehen, wenn andere mit ihnen gleichziehen. Im Gegenteil: Wer das Glück hatte, eine ausgezeichnete Ausbildung zu genießen, gefolgt von einer mit schwierigen Aufgaben erfüllten praktischen Berufserfahrung, kann im Laufe der Zeit immer wertvoller werden, bis hin zu dem Grad, daß es anderen schwerfällt, den Vorsprung jemals aufzuholen.[6] Der wachsende Vorteil mag sich sogar über mehr als eine Generation erstrecken, wenn man nämlich seinen Extraverdienst in die Schul- und Berufsbildung seiner Kinder investiert. Solche fortschreitenden Divergenzen können einer Globalwirtschaft innewohnen, die weniger auf mechanischer Arbeit oder Kapital als auf hochwertigen Fertigkeiten beruht. Ich werde in späteren Kapiteln auf dieses Thema zurückkommen.

Die globale Vernetzung

DIE NEUEN ORGANISATIONSNETZE der Qualitätsunternehmen, welche die alten hierarchischen Pyramiden der Massenproduktionsunternehmen ersetzen, umspannen den ganzen Erdball. So wird es denn keine »amerikanischen« (beziehungsweise britischen, französischen, japanischen oder deutschen) Unternehmen mehr geben, noch irgendein Fertigprodukt, das sich »amerikanisch« (beziehungsweise britisch, französisch, japanisch oder deutsch) nennen kann.

Die alten multinationalen amerikanischen Unternehmen wurden von ihren amerikanischen Hauptquartieren aus dirigiert. Die ausländischen Tochtergesellschaften waren in der Tat nichts weiter als »Filialen« – woran die ausländischen Beschäftigten und Kunden immer wieder erinnert wurden. Ob sie Rohstoffe gewannen und sie zur Verarbeitung in die Vereinigten Staaten schickten, ob sie in Amerika hergestellte Erzeugnisse auf ihren eigenen Märkten vertrieben und den Erlös nach Amerika schickten – immer war klar, daß die Filialen den Interessen ihrer amerikanischen Muttergesellschaft dienten. Besitz und Kontrolle lagen unbestreitbar in amerikanischer Hand. Es gab keinen Zweifel darüber, welcher Nationalität die Spitze der Pyramide war. Und egal, wieviel vom Endprodukt im Ausland hergestellt wurde, die maßgebliche Arbeit – Design und Herstellung der kompliziertesten Teile, strategische Planung, Finanzierung und Marketing – wurde in den Vereinigten Staaten von Amerikanern verrichtet. Soviel finanzielle und technologische Dominanz wollten sich viele Europäer und später auch Ostasiaten nicht gefallen lassen, weshalb sie ihre eigenen nationalen »Champions« schufen.

Diese Form der Kontrolle von oben und des zentralisierten Besitzes gibt es in den netzartigen Organisationen des Qualitätsunternehmens nicht. Hier fließen Macht und Reichtum den Gruppen zu, die im Lösen und Identifizieren von Problemen und in der strategischen Mittlertätigkeit die wertvollsten Fertigkeiten entwickelt haben. Solche Gruppen sind in zunehmendem Maße an vielen Orten der Welt außerhalb der Vereinigten Staaten zu finden. Dadurch, daß die Welt durch Fortschritte in der Telekommunikation ständig schrumpft, wird es möglich, daß Gruppen eines Landes ihre Talente mit denen von Gruppen anderer Länder zusammentun, um Kunden weltweit den größtmöglichen Wert zu vermitteln. Computer, Faxgeräte, Satelliten, hochauflösende Monitore und Modeme* zur Datenfernübertragung bilden die Fäden dieses globalen Netzes – durch sie sind Designer, Ingenieure, Auftraggeber, Lizenznehmer und Händler weltweit miteinander verbunden.[1]

Natürlich versuchen einige Staaten immer noch, den freien Fluß von Wissen und Geld über ihre Grenzen zu behindern. Doch solche Behinderungen erweisen sich zunehmend als wirkungslos, zum Teil deshalb, weil die modernen Technologien es den staatlichen Organen so schwierig machen, diese Ströme zu kontrollieren. Im letzten Jahrzehnt des 20. Jahrhunderts können Regierungen an ihren Landesgrenzen allenfalls noch Objekte einer gewissen Größen- oder Gewichtsordnung erfolgreich blockieren. Wissen und Geld, Waren und Dienstleistungen, die die Angehörigen verschiedener Staaten untereinander austauschen wollen, lassen sich heute in den meisten Fällen ohne Schwierigkeit in elektronische Impulse verwandeln, die mit Lichtgeschwindigkeit die Atmosphäre durchqueren. Im Jahr 1988 übertrugen etwa 17 000 geleaste internationale telefonische Standleitungen Konstruktionsentwürfe, Videobilder und Daten zwischen Problem-Lösern, -Identifizierern und Mittelsmännern, die auf verschiedenen Kontinenten zusammenarbeiteten, in Sekundenschnelle hin und her. Die Fäden dieses in der Entstehung begriffenen Netzes sind fast unsichtbar und deshalb schwer zu erfassen.

IN DER ALTEN MASSENPRODUKTIONSWIRTSCHAFT besaßen die meisten Erzeugnisse – wie die Unternehmen, aus denen sie hervorgingen – eine eindeutige nationale Zuordnung. Mochten sie auch noch so

* *Mo*dulator-*Dem*odulator – Computerbauteil zur Datenfernübertragung über das öffentliche Fernsprechnetz.

viele Grenzen überschreiten, ihr Ursprungsland, das üblicherweise auf sie aufgedruckt war, stand niemals in Zweifel. Die in diese Produkte investierte Arbeit fand größtenteils an einem einzigen Ort statt, und zwar einfach deshalb, weil wirtschaftliche Erwägungen eine zentrale Produktionsstätte erforderlich machten. In die große, zentralisierte Fabrik gingen Rohstoffe wie Kohle oder Baumwolle beziehungsweise Zwischenprodukte wie Stahl oder Baumwollstoffe hinein, und heraus kamen Standarderzeugnisse wie Autos oder Kleider.

In der sich entwickelnden Qualitätswirtschaft jedoch, die nicht von der Massenproduktion abhängt, gibt es weniger Erzeugnisse, die bestimmten Nationalitäten zugeordnet werden können. Beliebige Mengen lassen sich in vielen verschiedenen Produktionsstätten effizient herstellen und auf alle mögliche Weise kombinieren, um den Kundenbedürfnissen an den verschiedensten Orten gerecht zu werden. Intellektuelles wie finanzielles Kapital kann von überallher kommen und augenblicklich eingesetzt werden.

Einige Beispiele: Professionelle Eishockeyausrüstungen, in Schweden entworfen, in Kanada finanziert und in Cleveland (Ohio) und Dänemark zum Vertrieb in Nordamerika beziehungsweise Europa montiert, werden aus Kunststoffen gefertigt, deren molekulare Struktur im US-Staat Delaware erforscht und patentiert wurde und die in Japan erzeugt werden. Eine Werbekampagne wird in Großbritannien erdacht, Filmaufnahmen dazu werden in Kanada gedreht, in Großbritannien synchronisiert und in New York geschnitten. Ein Sportwagen wird von Japan finanziert, in Italien entworfen, im US-Staat Indiana, in Mexiko und Frankreich montiert, wobei moderne elektronische Komponenten Verwendung finden, die im US-Staat New Jersey erfunden und in Japan hergestellt wurden. Ein Mikroprozessor wird in Kalifornien entworfen und in Amerika und Deutschland finanziert; er enthält dynamische RAMs*, die in Korea produziert wurden. Ein Strahlflugzeug wird im US-Staat Washing-

* RAM = *R*andom *A*ccess *M*emory, Schreib-und-Lese-Speicher (Computer).

ton und in Japan entworfen und in Seattle montiert, das konische Heckteil zur Aufnahme des Leitwerks kommt aus Kanada, weitere Heckteile aus China und Italien und die Düsenaggregate aus Großbritannien. Ein in Kalifornien entworfener, in Frankreich gebauter und von Australiern finanzierter Weltraumsatellit wird mit einer in Rußland konstruierten Rakete in die Erdumlaufbahn geschossen.[2] Was ist hier ein amerikanisches Produkt? Was ein ausländisches? Nach welchen Kriterien soll man das entscheiden? Spielt es überhaupt eine Rolle?

In solchen globalen Netzen sind Produkte das Ergebnis internationaler Zusammenarbeit. Was zwischen den Staaten gehandelt wird, sind weniger Fertigprodukte als spezielle Dienstleistungen auf den Gebieten der Problemlösung (Forschung, Produktgestaltung, Fabrikation), Problemidentifizierung (Marketing, Werbung, Kundenberatung) und Vermittlung (Finanzierung, Suche nach Vertragspartnern, Vertragsabschlüsse) sowie gewisse Routinekomponenten und -dienstleistungen, die allesamt zwecks Wertschaffung kombiniert werden.

Wenn zum Beispiel ein Amerikaner einen Pontiac Le Mans von General Motors kauft, beteiligt er sich unbewußt an einer internationalen Transaktion. Von den 10 000 Dollar, die er an GM zahlt, gehen etwa 3000 Dollar für Montagearbeiten nach Südkorea, 1750 Dollar für hochtechnologische Komponenten (Motor, Getriebe und Elektronik) nach Japan, 750 Dollar für Styling und Konstruktion nach Deutschland, 400 Dollar für verschiedene kleinere Komponenten nach Taiwan, Singapur und Japan, 250 Dollar für Werbung und Marketing nach Großbritannien und etwa 50 Dollar für Datenverarbeitung nach Irland und Barbados. Der Rest – weniger als 4000 Dollar – geht an Marktstrategen in Detroit, Anwälte und Banker in New York, Lobbyisten in Washington, Renten- und Krankenversicherungsangestellte im ganzen Land sowie an GM-Aktionäre, von denen die meisten in den Vereinigten Staaten leben, eine wachsende Zahl aber auch im Ausland.

Der stolze Pontiac-Besitzer ist sich natürlich nicht im klaren darüber, daß er so viel in Übersee gekauft hat. Den Handel hat General Motors innerhalb seines globalen Netzes getrieben, und das ist typisch: In den 1990er Jahren findet »Handel« nicht mehr zwischen Käufern in einem und Verkäufern im anderen Land statt, sondern innerhalb ein und desselben Netzes zwischen Leuten, die aller Wahrscheinlichkeit nach wiederholt über die Grenzen hinweg miteinander zu tun haben werden. Vielleicht gehören sie demselben multinationalen Unternehmen an und beziehen ihr Gehalt aus der gleichen Quelle, oder sie arbeiten in verschiedenen Firmen, die sich den Gewinn aus dem Joint venture teilen, oder sie haben einfach untereinander einen Vertrag abgeschlossen, um zu einem vorher festgesetzten Honorar eine bestimmte Leistung zu erbringen. Die deutschen Ingenieure, die den Pontiac Le Mans entwarfen, könnten ihr Gehalt von GM oder im Rahmen eines Joint venture zwischen GM und Siemens von der Siemens AG in Deutschland beziehen; oder die Siemens AG könnte GM einfach die Lizenz erteilt haben, von ihren Ingenieuren entwickelte Automobilkonstruktionen zu verwerten. Egal, welche juristische Form die Abmachung hat, die wirtschaftlichen Funktionen ähneln sich: Deutsche Konstrukteure haben einem globalen Netz Wert hinzugefügt und werden dafür entlohnt. Der genaue Betrag der Entlohnung mag variieren, er wird sich jedoch dem jeweiligen Wert annähern, den die deutschen Konstrukteure zu dem globalen Unternehmensnetz beigesteuert haben.

Von derartigen grenzüberschreitenden Verbindungen sind heute die meisten internationalen Handelsgeschäfte der entwickelten Volkswirtschaften geprägt. In den 80er Jahren bestand weniger als die Hälfte der sich ständig verschlechternden amerikanischen Handelsbilanz aus Importen von Fertigprodukten wie Autos, Videorecordern, Faxgeräten oder sonstigen technischen Spielereien, nach denen der amerikanische Verbraucher verlangt. Die meisten Importe bestanden vielmehr aus Teilen dieser Geräte sowie aus Dienstleistungen wie Konstruktion, Design, Beratung, Werbung, Finanzierung und Management, die an ihrer Entstehung beteiligt waren. Im Jahr 1990 bestand wertmäßig bereits mehr als die Hälfte der amerikanischen Exporte und Importe im Transfer solcher

Waren und darauf bezogener Dienstleistungen *innerhalb* globaler Unternehmen.[3]

Solcherart Handel ist statistisch schwer zu erfassen. Wenn Kaufleute, wie es heute geschieht, mehrfach grenzüberschreitend Geschäfte abschließen und Dienstleistungen austauschen – wobei deren Preise nicht den Gesetzen des freien Marktes unterliegen, sondern auf internen Abreden zwischen Abteilungen ein und desselben globalen Unternehmens oder auf komplizierten Anstellungsverträgen, Gewinnbeteiligungsvereinbarungen und langfristigen Lieferabkommen beruhen –, dann kann es sich bei der Ermittlung dessen, was ein »Land« einem anderen »Land« bezahlt hat, nur um ungefähre Schätzungen handeln. Deshalb sind Handelsstatistiken notorisch ungenau, unterliegen heftigen Schwankungen und scheinbar unerklärlichen Korrekturen. Die Wahrheit ist, daß heutzutage niemand mehr genau weiß, ob Amerikas Handelsbilanz (oder die irgendeines anderen Landes) zu einem beliebigen Zeitpunkt im oder aus dem Gleichgewicht ist oder was ein etwaiges Ungleichgewicht für eine Bedeutung haben könnte.

Aus dem gleichen Grund wird es zunehmend unmöglich, mit einiger Genauigkeit festzustellen, welcher Anteil von einem bestimmten Erzeugnis wo hergestellt wird. Regierungen, die Teile von globalen Netzen zur Körperschaftsteuer zu veranlagen suchen, stehen oft vor einem Rätsel. Wieviel Geld wurde mit innerhalb des Landes geleisteter Arbeit verdient? Ganze Heere internationaler Steueranwälte sind seit Jahren mit dieser Frage befaßt, die Autoren von Besteuerungsvorschriften machen Überstunden, Finanzminister aus aller Welt halten endlose Konferenzen ab, ohne daß ein konkretes Ergebnis in Sichtweite wäre. Da mehr und mehr Firmen zu Teilen globaler Netze werden, deren interne Buchführungssysteme die Transfers von Halbwaren und damit zusammenhängenden Dienstleistungen verzeichnen, können Einnahmen und Gewinne an allen möglichen Orten auftauchen (oftmals, wohl nicht zufällig, gerade da, wo die Steuern am niedrigsten sind). Wer genau was und wo verdient, das ist eine Frage, auf die es anscheinend keine direkte Antwort gibt.

GLOBALE NETZE KLEIDEN SICH OFTMALS in das nationale Gewand, das ihnen am passendsten erscheint. Wenn sie innerhalb eines Landes operieren, dessen Markt ansonsten vor ausländischer Konkurrenz geschützt ist, bezeichnen sie sich als loyale Bürger und verlangen manchmal sogar nach noch weitergehender Protektion. 1987 zum Beispiel beschuldigte die Hyster Company, ein amerikanischer Hersteller von Gabelstaplern mit Sitz in Portland (Oregon), mehrere japanische Firmen, ihre Gabelstapler in Amerika billiger anzubieten als in Japan, was das Handelsministerium veranlaßte, die Importe von Gabelstaplern mit einer besonderen Steuer zu belasten. Als daraufhin die Japaner Gabelstapler in den Vereinigten Staaten zu bauen begannen, begehrte Hyster wiederum auf – diesmal mit der Begründung, die Gabelstapler seien immer noch »japanisch«, weil viele ihrer Teile aus Japan stammten. Dabei vergaß Hyster jedoch zu erwähnen, daß seine eigenen »amerikanischen« Gabelstapler noch mehr ausländische Teile enthielten als jene, die er als »japanisch« brandmarkte. Was auf den ersten Blick wie »Dumping« durch eine ausländische Firma in den Vereinigten Staaten aussah, war in Wirklichkeit nichts anderes, als daß ein globales Netz in den Vereinigten Staaten für seine in weltweiter Zusammenarbeit hergestellten Gabelstapler weniger Geld verlangte als ein anderes globales Netz für seine ebenfalls global produzierten Gabelstapler.[4]

Das Nationalkostüm zu wechseln ist relativ leicht. Denken Sie zum Beispiel daran, wie mühelos Globalnetze mit der internen Pentagon-Bestimmung umspringen, daß die Behörde nur »amerikanisches« Versorgungsmaterial kaufen solle, es sei denn, ausländische Waren seien erheblich billiger. Solche Vorschriften sind natürlich gerechtfertigt, da für die Verteidigung notwendig und im Interesse der amerikanischen Arbeiter (die, wie man wohl meint, des Privilegs, in Munitionsfabriken und ähnlich gefährlichen Anlagen arbeiten zu dürfen, würdiger sind als ausländische Arbeitnehmer). Doch da die meisten Waffensysteme Komponenten enthalten, die in allen möglichen Ländern der Welt konstruiert und hergestellt werden, lief diese Bestimmung praktisch darauf hinaus, daß amerikanische Firmen sich bemüßigt sahen, als Strohmann für ausländische Konstrukteure und Fabrikanten zu fungieren. Die US-Regierung betrachtet eine Firma als »amerikanisch«, wenn sie in den Vereinigten Staaten amtlich eingetragen ist; so ist es relativ leicht für eine »amerikanische« Firma, die Arbeit irgendwo in ihrem weitgespannten Globalnetz erledigen zu lassen, und das Pentagon hat keine blasse Ahnung, wer was wo macht.[5] Bull HN, ein Amalgam aus der französischen Firma Bull, der amerikanischen Firma Honeywell und der japanischen Firma NEC, versichert dem Pentagon immer wieder, daß es noch eine amerikanische Firma sei und damit alle Voraussetzungen für die pekuniären Vorteile erfülle, die mit der amerikanischen Staatsangehörigkeit verbunden sind, obwohl es militärisches Gerät für das Pentagon in der ganzen Welt plant und produziert.

Wenn es dagegen von größerem Vorteil ist, als »Ausländer« angesehen zu werden, verwandeln sich plötzlich die heimischsten Güter und Dienstleistungen auf magische Weise in Fremdprodukte. Betreibt eine gewisse amerikanische Firma noch eine Firma in Südafrika? Nicht mehr, beschwichtigt der Direktor der Public-Relations-Abteilung des Unternehmens. Die Firma hat sich von dort zurückgezogen. Bei näherer Betrachtung ergibt sich jedoch eine etwas weniger herzergreifende Realität. Das Unternehmen hat lediglich die rechtliche Form seines Netzes verändert, das weiterhin tief in das Land am Kap hineinreicht. Anstatt die südafrikanische Tochtergesellschaft in unmittelbarem Besitz zu behalten, erteilt es ihr die Lizenz, die gleichen Produkte wie vorher herzustellen und zu verkaufen. Die Gewinne, die von Südafrika zu den amerikanischen Strategen und Investoren fließen, sind die gleichen wie zuvor.[6]

Derartige »Kostümwechsel« können in atemberaubender Geschwindigkeit vonstatten gehen. Man erinnere sich nur an die rasche Umstellung der Ford Motor Company im Lichte der neuen Bestimmungen der amerikanischen Umweltbehörde EPA (Environmental Protection Agency) im Jahre 1990. Diese hatte verlangt, daß der Durchschnitts-Kraftstoffverbrauch der Gesamtflotte eines jeden Herstellers »amerikanischer« Autos auf einen bestimmten Wert gedrosselt werde. Die Verbrauchswerte der in den Vereinigten Staaten gebauten oder importierten ausländischen Automodelle wurden dabei getrennt berechnet, mußten aber insgesamt dem gleichen Standard entsprechen. Dadurch, daß die EPA es nicht gestattete, die kleinen, wirtschaftlichen Importmodelle gegen die weit gewinnträchtigeren *»gas guzzlers«* (Benzinschlucker) aufzurechnen, wollte sie die Eigenproduktion von Kleinwagen in Amerika fördern. 1989 jedoch hatte Ford einen brillanten Einfall, wobei der Konzern ein beträchtliches Talent in der Umgehung von Gesetzesvorschriften an den Tag legte: Indem man den Anteil im Ausland hergestellter Bauteile in den amerikanischen Benzinschluckern lediglich um ein Weniges erhöhte, konnten die Straßenkreuzer als »ausländische Fabrikate« deklariert und so in eine Reihe mit all den sparsamen Importmodellen gestellt werden. Na, bitte! Über Nacht konnte Ford seine überaus unwirtschaftlichen »Importmodelle« Mercury Marquise und LTD Crown Victoria in Amerika verkaufen, ohne daß zum Ausgleich die sparsameren (und viel weniger gewinnträchtigen) Kleinwagen in den Vereinigten Staaten gebaut werden mußten. Dieser Kostümwechsel war nicht gerade der Schonung von Rohstoffen dienlich, sparte dem Konzern jedoch einen Haufen Geld.

Die offizielle Entscheidung darüber, ein wie großer Anteil eines Produkts im eigenen Land hergestellt sein muß, um als »heimisch« qualifiziert zu werden, hat in Amerika wie auch in anderen Ländern Millionen Dollar an juristischem Arbeitsaufwand und herkulische Anstrengungen auf seiten der Behörden gekostet. Müssen fünfzig Prozent des wertmäßigen Anteils aus dem Inland stammen, damit das Fertigprodukt als inländisch eingestuft wird? Oder sechzig Prozent? Sollen die Kosten für Werbung und Marketing in die Gesamtrechnung einbezogen werden? Was ist mit Zinszahlungen an inländische Banken? Und so weiter. Mit jedem neuen Tag werden die Ordner mit den Durchführungsbestimmungen dicker, werden die Vorschriften pingeliger, wird die Führung der Revisions- und Hauptbücher komplizierter.

Auch delikate Verhandlungen auf diplomatischer Ebene wurden erforderlich. In den 80er Jahren begrenzten französische Bürokraten die Importe japanischer Automobile auf drei Prozent des heimischen Marktes, mußten sich dann aber der undankbaren Aufgabe stellen, Margaret Thatcher zu erklären, wieso auch der Nissan Bluebird, der in Großbritannien montiert wurde und dessen Teile zu achtzig Prozent aus Europa stammten, unter diese Quote fiel (die französischen Bürokraten unterlagen). Als Taiwan im Jahre 1989 versuchte, seine Einfuhrsperre für japanische Autos auch auf in den Vereinigten Staaten gebaute Toyotas auszudehnen, war die Bush-Regierung an der Reihe, Zeter und Mordio zu rufen, worauf Taiwan einen Rückzieher machte. Weniger schroff, aber auch weniger erfolgreich war die amerikanische Regierung bei dem Versuch, gegen eine Entscheidung der Europäischen Gemeinschaft zu protestieren, daß in Kalifornien montierte Kopierer der Marke Ricoh in Wirklichkeit japanischen Ursprungs seien und deshalb einer Sonderimportabgabe unterlägen.

Die Vorstellung, daß jedes Erzeugnis mit einer nationalen Identität verbunden sei, ist so tief verwurzelt, daß es den Regierungen – ebenso wie den Nationen, die sie repräsentieren – schwerfällt, den veränderten Realitäten ins Auge zu sehen. In ihre rudimentären Belange verbohrt, konzentrieren sie sich weiterhin auf die falsche Fragestellung: Ist dies ein »ausländisches« oder ein »einheimisches« Erzeugnis? Die Antwort, die sie darauf finden, ist verwirrend und ausweichend, sie beruht auf ausgefeilten Berechnungen, subtilen Unterscheidungen sowie bürokratischen und juristischen Manipulationen. Leider wird durch all diese Verrenkungen nichts weiter erreicht, als die Aufmerksamkeit von einer viel erheblicheren Frage abzulenken: Welche Erfahrung haben die Arbeiter welcher Nation bei der Herstellung eines beliebigen Produkts gesammelt, die sie befähigt, in der Zukunft was zu produzieren? Ich werde in späteren Kapiteln auf diese fundamentale Frage zurückkommen.

Das Ende des nationalen Champions

Als ich neulich nach der Wettbewerbsfähigkeit der Vereinigten Staaten gefragt wurde, entgegnete ich, darüber machte ich mir niemals Gedanken. Wir von NCR halten uns für ein weltweit wettbewerbsfähiges Unternehmen, das seinen Sitz zufällig in den Vereinigten Staaten hat.

GILBERT WILLIAMSON,
Präsident der NCR Corporation (1989)

DAS AMERIKANISCHE UNTERNEHMEN wurde bisher immer als das Vehikel zur Verbesserung der Wettbewerbsfähigkeit des Landes angesehen. Schließlich war es das amerikanische Kernunternehmen, welches das Heer der amerikanischen Arbeiterschaft mobilisierte und zu immer höherer Produktivität führte, die amerikanische Mittelklasse ausbaute und dem Rest der Welt die ungestüme Wirtschaftskraft des Landes vorführte. »Engine Charlie« Wilson hatte die vorherrschende Meinung in Worte gekleidet, als er 1952 zwischen dem Wohl von General Motors und dem der Vereinigten Staaten keinen wesentlichen Unterschied sah.

Ebenso wie die amerikanischen Erzeugnisse löst sich jedoch auch das »amerikanische« Unternehmen zusehends von Amerika. Wir sprechen immer noch von »amerikanischen« Unternehmen, weil sich die meisten Aktien in der Hand amerikanischer Bürger befinden, ihre führenden strategischen Mittelsmänner Amerikaner sind und sich die Verwaltungszentralen in Amerika befinden. Sie werden jedoch immer schneller zu Bestandteilen globaler Netzwerke, und ein großer Teil des Wertes dessen, was sie zum Verkauf bringen, wurde in anderen Ländern rund um den Erdball erzeugt – einschließlich hochwertiger Problemlösungen und -identifizierungen. Andererseits kommt ein immer größerer Anteil der Werte, welche die Unternehmenschampions anderer Länder rund um die Welt verkaufen, aus den Vereinigten Staaten.

Während amerikanische Firmen ins Ausland gehen und ausländische Firmen nach Amerika kommen, beginnen sich beide Arten von Unternehmensnetzen hinsichtlich der Herkunft des größten Teils der in ihren Waren und Dienstleistungen enthaltenen Werte in der Tat sehr zu ähneln: Die Nationalität der überwiegenden Zahl der Aktionäre sowie der führenden Manager einer Firma hat immer weniger damit zu tun, in welchen Ländern die Firma investiert und mit wem in aller Welt sie vertragliche Verbindungen eingeht.

EIN DIREKTER BEWEIS für diesen Wandel sind die Heere ausländischer Arbeitnehmer, die heutzutage von sogenannten amerikanischen Unternehmen beschäftigt werden. 1990 zum Beispiel waren vierzig Prozent der von IBM in aller Welt beschäftigten Arbeitskräfte Nichtamerikaner, und die Zahl stieg weiter. Mehr als 18 000 japanische Arbeitnehmer und ein Jahresumsatz von über sechs Milliarden Dollar machten IBM Japan zu einem der größten Computer-Exporteure des Landes. Oder Whirlpool: Nachdem die Firma ihre amerikanische Belegschaft um zehn Prozent gekürzt, einen Großteil ihrer Produktion nach Mexiko verlegt und dem niederländischen Unternehmen Philips den Unternehmenszweig Elektrische Haushaltsgeräte abgekauft hatte, beschäftigte Whirlpool 43 500 Menschen in 45 Staaten – die meisten davon Nichtamerikaner. Oder Seagate Technology, ein in Kalifornien ansässiger führender Hersteller von Festplatten-Laufwerken für Computer: 1990 hatte das Unternehmen 40 000 Beschäftigte, von denen 27 000 in Südostasien arbeiteten.

Alles in allem wurden zwanzig Prozent der Erzeugnisse amerikanischer Firmen von ausländischen Arbeitnehmern außerhalb der Vereinigten Staaten hergestellt – und der Prozentsatz stieg rasch. Seit Anfang der 80er Jahre beschleunigten sich die Auslandsinvestitionen amerikanischer Unternehmen, allein 1988 betrug der Zuwachs 24 Prozent. 1989 lagen sie nochmals 13 Prozent über dem Rekordniveau von 1988, und 1990 noch einmal 16 Prozent höher als im Jahr zuvor (während die Investitionen in Amerika selbst um schlappe 6,7 Prozent stiegen). Fest entschlossen, nach der Wirtschaftsunion Europas dort stark präsent zu sein, waren es vor allem amerikanische Unternehmen, die gierig europäische Firmen zusammenkauften – im zweiten Halbjahr 1989 allein investierten sie 5,2 Milliarden Dollar.[1] Auch die großen Dienstleistungsunternehmen Amerikas nahmen an dem globalen Wettrennen teil. Bis 1990 hatte Bell South, die größte Telefongesellschaft der Vereinigten Staaten, ihre Aktivitäten auf zwanzig Länder ausgedehnt, entwickelte Mobilfunknetze in Argentinien und Frankreich, Kabelsysteme in Frankreich, Betriebssoftware in Indien, Designs von Fernsprech- und Datenübertragungsgeräten in China und leistete technischen Beistand bei der Einrichtung eines digitalen Nachrichtennetzes in Guatemala. Und Bell Atlantic kaufte für 1,5 Milliarden Dollar die neuseeländische Telefongesellschaft Telecom Corporation auf.[2]

Dieses Vorgehen beschränkte sich nicht allein auf die traditionellen amerikanischen Kernunternehmen. Man sehe sich nur die Molex Corporation mit Sitz in einer Vorstadt von Chicago an, die 1989 einen Umsatz von gerade mal 572 Millionen Dollar mit Steckverbindern für Stromkabel in Autos und Computern auswies; die meisten dieser Steckverbinder werden in 46 Fabriken, verteilt über zwanzig Staaten, von über 6000 ausländischen Arbeitnehmern hergestellt. Oder die Loctite Company mit Sitz in Newington (Connecticut) und einem Jahresumsatz von etwa 457 Millionen Dollar mit Klebstoffen und Dichtungsmitteln, die 1989 etwa 3500 Arbeitnehmer beschäftigte, von denen weniger als ein Drittel Amerikaner waren.[3] Das Familienunternehmen Swan Optical Corporation aus Long Island City (New York) wird als eines von nur noch sechs überlebenden Herstellern von Brillenrahmen angepriesen. Die Swan-Fabriken jedoch liegen in Hongkong, der Volksrepublik China und Italien. Alan Glassman, der Präsident von Swan, beschreibt die Strategie des Unternehmens mit den Worten: »Wir springen und hüpfen von Ort zu Ort, bis wir einen wettbewerbsfähigen Arbeitsmarkt gefunden haben.«[4] Und Swan ist bei weitem nicht die einzige Firma, die diese Philosophie vertritt: Während der 80er Jahre steigerten die profitabelsten Klein- und Mittelbetriebe (nach Klassifizierung des Handelsministeriums) ihre Auslandsinvestitionen um jährlich durchschnittlich zwanzig Prozent.[5]

Natürlich handelt es sich bei manchen dieser weltweiten Aktivitäten lediglich um die Verlagerung der standardisierten Massenproduktion ins Ausland, mit der Absicht, der billigen Auslandskonkurrenz die Stirn zu bieten. Und wie bereits festgestellt wurde, sind die Profite aus dieser »If you can't beat them, join them«-Strategie nicht gerade üppig, da der Weg über die Billiglohnländer natürlich aller Welt offensteht. Dennoch waren Ende der 80er Jahre elf Prozent der industriellen Arbeiterschaft Nordirlands direkt bei amerikanischen Unternehmen beschäftigt und stellten dort in Massenproduktion alles mögliche her, von Zigaretten bis zur Computersoftware – Waren, die letztlich zum überwiegenden Teil in den Regalen amerikanischer Geschäfte landen würden.[6] In Singapur beschäftigten 200 amerikanische Unternehmen 100 000 einheimische Arbeitskräfte, um elektronische Komponenten zum Export in die Vereinigten Staaten herzustellen und zusammenzusetzen. Das US-Unternehmen General Electric war sogar der größte private Arbeitgeber des Stadtstaates und hatte damit auch einen bedeutenden Anteil an dessen wachsenden Exporten. Taiwan seinerseits zählte AT&T, RCA und Texas Instruments zu seinen größten Exporteuren. Und mit der Öffnung Osteuropas stehen amerikanischen Unternehmen plötzlich Arbeitskräfte zur Verfügung, die sich glücklich schätzen, für Löhne zu arbeiten, die mit denen auf den Philippinen vergleichbar sind, nur mit dem wichtigen Unterschied, daß die Osteuropäer nur wenige hundert Kilometer von den größten und lukrativsten Märkten der Welt entfernt leben. 1989 legte GE 150 Millionen Dollar für eine ungarische Glühlampenfabrik auf den Tisch, mit dem Ergebnis, daß Hunderte von Ungarn nun in der gleichen Firma arbeiten, für die einst Ronald Reagan (als Vortragsreisender) tätig war. Im Gegensatz zu anderen Ideologien schert sich der Kapitalismus nicht um Glauben und Rasse seiner Anhänger, solange sie nur ihren Beitrag zum Betriebserfolg leisten.

In wachsendem Masse kommt bei diesen neuen weltweiten Aktivitäten amerikanischer Unternehmen jedoch auch hochwertige Problemlösung und -identifizierung außerhalb der Vereinigten Staaten ins Spiel.[7] Aus diesen Leistungen zieht das globale Netz den größten Gewinn, weil Spezialwissen und -können nicht leicht replizierbar sind. Italienische Stylisten helfen GM beim Entwurf eines schnittigen Sportwagens, deutsche Konstrukteure sorgen dafür, daß der Motor zuverlässig ist, und japanische Fertigungsplaner liefern die Bestätigung, daß das Fahrzeug zuverlässig und zu niedrigen Kosten produziert werden kann. Wissenschaftler in vielen Ländern helfen amerikanischen Unternehmen, neue Produkte, Einsatzgebiete und Verfeinerungen zu entdecken. Der National Science Foundation zufolge steigerten amerikanische Unternehmen ihre Ausgaben für Forschung und Entwicklung im Ausland von 1986 auf 1987 um 33 Prozent, verglichen mit einer nur sechsprozentigen Steigerung dieser Ausgaben innerhalb der USA.[8] Seit 1987 haben Eastman Kodak, W. R. Grace, Du Pont, Merck, Procter & Gamble und Upjohn allesamt Forschungs- und Entwicklungseinrichtungen in Japan eröffnet. In den Laboratorien von Du Pont in Yokohama sind 180 japanische Wissenschaftler und Techniker damit beschäftigt, neue Werkstofftechnologien zu entwickeln. Das Tokyo Research Lab von IBM, an der Rückseite des Kaiserpalastes in Tokios Innenstadt versteckt, beherbergt ein kleines Heer japanischer Ingenieure, die sich mit der Perfektionierung von Technologien zur elektronischen Bildverarbeitung befassen. Im Kanagawa-Laboratorium von IBM in Yamato entwickeln 1500 japanische Forscher modernste Hard- und Software.

Amerikanische Firmen beschränken ihre wissenschaftliche Pionierarbeit nicht allein auf Japan. Ende der 80er Jahre meldeten zwei europäische Wissenschaftler aus den Züricher Laboratorien von IBM bedeutende Durchbrüche auf den Gebieten der Supraleitfähigkeit und der Mikroskopie – womit sie sich beide den Nobelpreis verdienten. Eines der bedeutenderen neuen Produkte von Procter & Gamble – *Liquid Tide* – war das Werk europäischer Forscher des Unternehmens. 1990 machten die deutschen Forscher von Hewlett-

Packard auf dem Gebiet der Glasfaseroptik, die australischen auf dem Gebiet der Software für computergestützte Konstruktion und die HP-Forscher in Singapur auf dem Gebiet der Laserdrucker wichtige Fortschritte. In Hongkong entwickelten die Ingenieure von Motorola besondere Halbleiterchips. An der Universität Oxford bauten die Wissenschaftler von Monsanto neue Kohlenwasserstoffmoleküle zusammen. Apple Computer machte Singapur zum Sitz seines Forschungszentrums zur Entwicklung von Computerbildschirmen der Zukunft.[9]

Sogar in Osteuropa und im ehemaligen Sowjetreich suchten amerikanische Firmen nach hochwertigen Problemlösungen. Du Ponts strategische Mittelsmänner im Hauptquartier des Chemieunternehmens in Wilmington (Delaware) finanzierten Virusforschungen im Institut für organische Chemie und Biologie in der Tschechoslowakei. Mittelsmänner von Monsanto zahlten 500 000 Dollar an ein Team sowjetischer Biologen vom Schemjakin-Institut in Moskau für das Recht, ihre Entdeckungen im Westen vermarkten zu dürfen. »Das gibt uns die Möglichkeit, unsere biotechnischen Forschungen durch einige der brillantesten Köpfe zu ergänzen«, erklärte ein Monsanto-Sprecher der *New York Times*.[10]

Das amerikanische Unternehmen von heute kennt keine nationalen Grenzen mehr und keinerlei geographische Hemmnisse. 1989, innerhalb der ersten sechs Monate ihrer kosmopolitischen Existenz, hatte die Momenta Corporation, mit Sitz in Mountain View (Kalifornien), fast 13 Millionen Dollar bei amerikanischen und taiwanesischen Investoren beschafft. Eine kleine Gruppe amerikanischer Ingenieure entwarf Momentas fortschrittlichen Computer, dessen Komponenten sämtlich in Japan konstruiert und hergestellt und anschließend in Taiwan und Singapur zusammengesetzt werden sollten. Die globale Finanzierung war »fast die einzige Möglichkeit, die vierzig Millionen Dollar auch wirklich aufzubringen, die wir benötigten«, sagte der aus dem Iran stammende strategische Mittelsmann, der die Firma organisierte. Und globale Produktion war der beste Weg, »von der besten Technologie Gebrauch [zu] machen, die der Firma zur Verfügung steht«.[11]

Natürlich haben die von den amerikanischen Unternehmen im Ausland direkt beschäftigten Arbeitnehmer nur einen geringen Anteil an dem diesen Produkten hinzugefügten »ausländischen« Gesamtwert. Der Löwenanteil wird durch Lieferverträge, Lizenzabkommen und Joint ventures mit ausländischen Firmen beigesteuert, wobei ein kleinerer Teil der Vermittlertätigkeit sowie ein recht großer Teil der Problemlösung und -identifizierung außerhalb der Vereinigten Staaten von Leuten geleistet wird, die im Sold ausländischer Firmen stehen.[12] Während der 80er Jahre gab Corning Glass seine nationale pyramidenartige Organisationsform zugunsten eines globalen Netzwerks auf – indem es zum Beispiel Glasfaserkabel durch seinen europäischen Partner Siemens und medizinische Geräte zusammen mit Ciba-Geigy herstellte. Durch solche überseeischen Bündnisse machte Corning 1990 fast die Hälfte seines Umsatzes.[13] Auch AT&T hat sich zu einem globalen Netzwerk gemausert: Die japanische Firma NEC hilft AT&T bei der Lieferung und Vermarktung von Speicherchips; die niederländische Firma Philips hilft AT&T bei der Herstellung und Vermarktung von telefonischen Schaltanlagen und anwendungsspezifischen integrierten Schaltkreisen; Mitsui, ein weiteres japanisches Unternehmen, hilft mit Wertschöpfungs-Netzwerken aus. Währenddessen hat sich IBM mit Mitsubishi für Wertschöpfungs-Netzwerke, mit Siemens für Diskettenlaufwerke sowie mit Siemens und Italtel für Schaltsysteme zusammengetan. Die neuen Qualitätsnetzwerke erstreckten sich bis in die (ehemalige) Sowjetunion. 1989 verlautbarte Chryslers Unternehmenstochter Gulfstream Aerospace Pläne, einen neuen Überschall-Firmenjet mit Hilfe ihres sowjetischen Partners Suchoi Aerospace zu bauen, der aus den Gulfstream-Entwürfen den Prototyp entwickeln und die Fertigungsplanung besorgen sollte; Rolls-Royce (Großbritannien) sollte das Triebwerk konstruieren, dessen Bau von der sowjetischen Firma Lyulka besorgt werden sollte.

Natürlich ziehen die Vorstände der amerikanischen Unternehmen weiterhin gegen die angeblich unfaire ausländische Konkurrenz vom Leder. Das ist eine notwendige Übung, die ihren Patriotismus untermauert und die amerikanische Öffentlichkeit in dem Glauben wiegt, daß die Kapitäne der amerikanischen Industrie nach wie vor am Ruder sind. Selbstherrliches Grollen über die schwere Bürde, die die amerikanischen Unternehmen gegenüber ihrer ausländischen Konkurrenz zu tragen hätten, mag sogar bisweilen die US-Regierung zu einem mitleidigen Steuernachlaß oder der Gewährung von Subventionen bewegen. Doch das meiste davon ist für die Kameras bestimmt. Abseits von Politik und Öffentlichkeit, in der Abgeschiedenheit seiner Vorstandsetage, spannt der amerikanische Topmanager weltweit seine Netze, ohne sich um Landesgrenzen zu kümmern. Lee Iacocca zum Beispiel, der unzähmbare Vorsitzende der Chrysler Corporation, hat es auf die japanischen Automobilimporte abgesehen. (Vielleicht erinnert man sich, daß Mr. Iacocca 1979 eine entscheidende Rolle dabei spielte, den Kongreß zu überreden, für 1,2 Milliarden Dollar an neuen Krediten zu bürgen, damit Chrysler zahlungsfähig blieb und so in den USA weiter Autos produzieren konnte.) Er trug dazu bei, Japan bei seinen Autoexporten in die Vereinigten Staaten ein »freiwilliges Selbstbeschränkungsabkommen« aufzuzwingen, und in Fernsehspots mahnte er die Amerikaner, ihren »Minderwertigkeitskomplex« gegenüber den Japanern zu überwinden. Anfang der 90er Jahre indes enthielten die Automodelle von Chrysler unter den »Big Three« den höchsten Anteil an im Ausland hergestellten Teilen – einschließlich so komplexer Komponenten wie Motor und Getriebe. Außerdem hielt Chrysler zwölf Prozent von Mitsubishi Motors und, durch Mitsubishi, auch einen Anteil an der südkoreanischen Automarke Hyundai – und beide belieferten Chryslers Kunden mit Dodge Colts, Chrysler Conquests, Dodge Vistas, Eagle Summits und anderen phantasievoll getauften Vehikeln. Es ging sogar das Gerücht um, Chrysler befände sich abermals in finanziellen Schwierigkeiten und werde mit Mitsubishi oder möglicherweise Fiat fusionieren.

Andere »amerikanische« Autohersteller vollzogen eine ähnliche Loslösung von Amerika. 1990 besaß Ford 25 Prozent von Mazda, und beide zusammen besaßen Anteile an Kia Motors (Südkorea); Mazda und Kia versorgten Ford mit Kleinwagen und Autoteilen. Daneben kaufte Ford auch Autoteile von Japans Yamaha Motor Company (der Fernsehspot, in dem Ford die »heiße Maschine« seines Ford Taurus anpries, vergaß allerdings, deren japanische Herkunft zu erwähnen). In Europa hatte Ford seine Kapitalinvestitionen seit Beginn der 80er Jahre um 37 Prozent erhöht, während es seine Inlandsinvestitionen im gleichen Zeitraum um 17 Prozent zurückgeschraubt hatte. Zu seinen Erwerbungen in dieser Zeit gehörte auch das Symbol hochgestochener britischer Eleganz – der Jaguar. Fords Ziel war es, in Europa Kleinwagen für den Export in alle Welt zu entwerfen, zu konstruieren und zu montieren. Um nicht hinter Ford zurückzustehen, kaufte General Motors über vierzig Prozent der japanischen Firma Isuzu, die daraufhin über 300 000 Kleinwagen jährlich nach Amerika lieferte; ferner die Hälfte der südkoreanischen Firma Daewoo Motors, die weitere 80 000 Fahrzeuge beisteuerte; sowie 62 Prozent der britischen Group Lotus und fünfzig Prozent von Schwedens Saab. Zusammen mit der japanischen Firma Fanuc verlegte sich GM auf den Bau von Robotern. Auch zu Beginn der 90er Jahre kaufte sich die Konzernmutter von Opel (Deutschland), Vauxhall (Großbritannien) und Holden (Australien) weiterhin mit Riesenschritten auf dem europäischen Markt ein, während in den Vereinigten Staaten zahlreiche GM-Werke geschlossen wurden.[14]

Werden sie einmal bedrängt, diese Auslandsverbindungen zu rechtfertigen, verteidigen sich die Topmanager üblicherweise damit, daß sie notwendig seien, um so schnell wie möglich an neue Fertigungstechniken und Technologien heranzukommen, sobald sie irgendwo auf dem Erdball auftauchen. Diese Begründung ist jedoch irreführend, weil sie sich so anhört, als würde das erwünschte Know-how irgendwie auf die amerikanischen Arbeitnehmer in den amerikanischen Firmen abfärben, die es dann in der Zukunft nutzen könnten. Doch die Tatsache, daß ausländisches Know-how den Weg in Erzeugnisse findet, die dann unter einem amerikanischen Markennamen verkauft werden, gibt keinen Grund zu der Annahme, daß irgendein Amerikaner wesentlich zur Entstehung dieses Produktes beigetragen hat. Es liegt in der Natur der globalen Netzwerke, daß sie neue Kenntnisse und Erfahrungen einsetzen können, ohne daß irgendein Amerikaner (oder Engländer, oder Franzose, oder Deutscher) das geringste davon mitbekommt.

EINE NOCH DRAMATISCHERE ENTWICKLUNG stellte, in immer schnellerer Folge, das Erscheinen ausländischer Unternehmen in den Vereinigten Staaten dar. 1977 betrugen die Investitionen des Auslands etwa zwei Prozent des gesamten Netto-Buchwertes aller Unternehmen der Vereinigten Staaten (Banken und Versicherungen ausgenommen). 1988 war der Prozentsatz bereits auf neun Prozent gestiegen, für 1995 rechnet man mit 15 Prozent.[15] Noch 1977 waren ausländische Unternehmen nur zu fünf Prozent am »verarbeitenden Gewerbe« (»manufacturing«) beteiligt – jedenfalls an dem, was die offizielle Statistik darunter versteht – und zu drei Prozent am diesbezüglichen amerikanischen Arbeitsmarkt; 1990 besaßen Ausländer bereits 13 Prozent der amerikanischen Industriewerte (einschließlich der Hälfte aller in den Vereinigten Staaten ansässigen Hersteller von Konsumgüterelektronik), und sie beschäftigten über acht Prozent der in der industriellen Fertigung tätigen Arbeitnehmer – über drei Millionen Amerikaner.[16] Allein Mitsubishi beschäftigte mehr als 3000 Arbeiter, um in Santa Ana (Kalifornien) Fernsehgeräte, in Durham (North Carolina) Halbleiter, in Cincinnati (Ohio) Autoteile und in Braselton (Georgia) Fernsehgeräte und Mobilfunkgeräte zu montieren. Und als die »Großen Drei« Amerika den Rücken kehrten, waren japanische Autohersteller geschwind zur Stelle. Allein zwischen 1987 und 1990 entließen die »Big Three« 9063 Arbeiter, während die Japaner im gleichen Zeitraum 11050 einstellten.[17] Und es ging hier nicht um reine Montage; bis 1992 planten die Japaner, zumindest 75 Prozent der Bestandteile ihrer amerikanischen Autos in den Vereinigten Staaten herzustellen oder zu kaufen – mehr als die amerikanischen Autohersteller selbst.[18]

Viele dieser in ausländischer Hand befindlichen Firmen produzieren nicht nur für den amerikanischen Markt, sondern exportieren sogar kräftig wieder. Sony exportierte 1990 in Dothan (Alabama) hergestellte Musik- und Videokassetten nach Europa und verschiffte Kassettenrecorder aus dem Sony-Werk in Fort Lauderdale (Florida) nach Übersee. Sharp exportierte jährlich 100 000 Mikrowellenherde, die in Memphis (Tennessee) hergestellt waren. Die niederländische Philips Consumer Electronics Company lieferte 30 000 Fernsehgeräte von Greeneville (Tennessee), Toshiba America Projektionsfernseher aus Wayne (New Jersey) und Matsushita Kathodenstrahlenröhren aus Ohio nach Japan; und auch Honda plante, 50 000 Autos von Ohio aus nach Japan zu verschiffen. Alles in allem trug 1990 über ein Viertel aller amerikanischen Exporte das Markenzeichen einer ausländischen Firma; allein japanische Firmen hatten einen Anteil von zehn Prozent am gesamten Export der Vereinigten Staaten. (Diese Zahlen sagen natürlich nichts darüber aus, wieviel von der in das Produkt investierten Arbeit tatsächlich in den Vereinigten Staaten geleistet wurde.)[19]

Beachtlicherweise haben ausländische Firmen einen immer größeren Anteil an ihren hochwertigen Forschungs- und Entwicklungsvorhaben in den Vereinigten Staaten verwirklicht. In den 80er Jahren investierten sie in den Vereinigten Staaten pro Arbeitnehmer mehr Geld in Forschung und Entwicklung als amerikanische Unternehmen.[20] 1990 arbeiteten über 500 amerikanische Wissenschaftler und Ingenieure für Honda Motors in Torrance (Kalifornien), weitere 200 in Ohio. In Mazdas neuem Forschungs- und Entwicklungszentrum in Irvine (Kalifornien) treiben Hunderte amerikanischer Konstrukteure und Techniker langfristig angelegte Forschungen auf dem Automobilsektor. Nissan stellte in seinem Konstruktionszentrum in Plymouth (Michigan) 400 amerikanische Ingenieure ein, Toyota 140 in seinem technischen Forschungszentrum in Ann Arbor (Michigan). Im Forschungszentrum von Philips in Sunnyvale (Kalifornien) konstruierten amerikanische Computeringenieure den schnellsten Computerchip der Welt.

Zusätzlich finanzierten ausländische Unternehmen Forschungsprojekte amerikanischer Universitäten und Laboratorien. Im Jahr 1988 gaben einer Studie des amerikanischen Bundesrechnungshofes zufolge 496 ausländische Firmen Geld für akademische Forschungsvorhaben in Amerika, wofür die betreffenden Firmen als erste einen Blick auf die unveröffentlichten Untersuchungsergebnisse werfen durften und die Chance erhielten, Patente von den Universitäten zu erwerben.[21] Für den Forschungsfonds des Massachusetts Institute of Technology (MIT) zum Beispiel stellten 130 ausländische neben 161 amerikanischen Firmen jährlich vier Millionen Dollar bereit.[22] In führenden amerikanischen Forschungslaboratorien wie dem Battelle Memorial Institute und SRI International wurden die meisten Forschungen von ausländischen, vorwiegend japanischen Firmen finanziert.

Währenddessen verlagern ausländische ebenso wie amerikanische Unternehmen die standardisierte Massenproduktion in zunehmendem Maße in die Entwicklungsländer. Dies trifft sogar auf japanische Firmen zu, die es in der Organisation der Massenproduktion zur Meisterschaft gebracht haben. Die starke und weiterhin wachsende Konkurrenz aus Südkorea und den südostasiatischen Staaten hat die Gewinnmargen bei der Standardproduktion in Japan zusammenschrumpfen lassen und japanische Firmen gezwungen, sich Niedriglohnländern zuzuwenden. So kommen etwa japanische Mikrowellenherde und Farbfernseher seit 1990 aus Fabriken in Thailand, Malaysia und der Volksrepublik China. Die meisten dieser Erzeugnisse wurden dann zu japanischen Verbrauchern zurückexportiert (was größtenteils den steilen Anstieg japanischer Importe von Fertigprodukten in den späten 80er Jahren erklärt)[23], doch ein wachsender Anteil fand auch den Weg in die Vereinigten Staaten. Viele Autos der Firma Mitsubishi, von denen einige in den Vereinigten Staaten auch unter dem Markennamen Chrysler verkauft wurden, waren in Wirklichkeit von Arbeitern in Thailand zusammengebaut worden.

Worin besteht der Unterschied zwischen einem »amerikanischen« Unternehmen, das einen Großteil dessen, was es rund um die Welt verkauft, im Ausland herstellt oder erwirbt, und einem »ausländischen« Unternehmen, das seine Verkaufsartikel größtenteils in den Vereinigten Staaten erzeugt beziehungsweise einkauft? Und worin unterscheiden sich die beiden einzelnen Unternehmen von einem Joint venture, in dem sie gemeinsam hier wie dort herstellen und einkaufen? Manchmal hat man Mühe, den Spielern zu folgen. 1990 kaufte die japanische Telefongesellschaft NTT Digitalschalter, die in der Fabrik der kanadischen Firma Northern Telecom in North Carolina (USA) gefertigt worden waren. 1990 nahm der japanische Autobauer Mazda in der Mazda-Fabrik von Flat Rock (Michigan) die Produktion des Fordmodells »Probe« auf. Zum Teil wurde dieses Modell nach Japan exportiert und dort unter dem Markennamen von Ford verkauft. Ein von Mazda entworfener Kleintransporter wurde bei Ford in Louisville (Kentucky) gebaut und über das Mazda-Vertriebsnetz in den Vereinigten Staaten verkauft. Nissan indessen entwarf einen neuen Lieferwagen in seinem Konstruktionszentrum in San Diego (Kalifornien). Dieser sollte im Ford-Lastwagenwerk in Ohio unter Verwendung von Karosserieteilen montiert werden, die im Nissan-Werk in Tennessee hergestellt waren, und dann von Ford und Nissan gemeinsam in den Vereinigten Staaten und Japan vermarktet werden. Welche Bedeutung hat da noch der Name Ford oder Nissan oder Mazda?

Dies ist ein weltweiter Trend. Die »Champions« aller modernen Industriestaaten verwandeln sich in globale Netze, ohne feste Bindung an ein bestimmtes Land. Das amerikanische Unternehmen, das zunehmend im Ausland produziert oder kauft, und das ausländische Unternehmen, das zunehmend in den Vereinigten Staaten produziert oder kauft – beide globalen Netze werden sich immer ähnlicher, ungeachtet ihrer nominellen Nationalität. Der gleiche Trend laßt sich bei den globalen Netzwerken anderer Länder beobachten: 1990 kündigte Daimler-Benz, Deutschlands größter Industriekonzern, an, es werde seine geschäftlichen Verbindungen mit Mitsubishi, einem von Japans größten Unternehmen, ausweiten, und Volvo in Schweden enthüllte Pläne, sich mit Frankreichs Renault zur viertgrößten Industriegruppe Europas zusammenzutun.[24] Sogar das winzige Singapur stellte seine eigenen globalen Unternehmen auf die Beine. Weng Kok Siew, Präsident von Singapore Technologies, beschrieb die weltweite Strategie des Unternehmens in Worten, die gleichermaßen auf jedes andere globale Netzwerk angewandt werden könnten: »Wir haben vor, in jedes beliebige Land der Welt zu gehen, wo sich gerade ein Vorteil ergibt – nach Thailand, wo die Arbeitskosten niedrig sind, nach Deutschland wegen des großen Marktes, nach Boston, um Forschung und Entwicklung zu treiben.«[25]

Bei all diesen Varianten handelt es sich um verschiedene Rechtsformen des gleichen globalen Netzes. Sieht man sie sich aus der Nähe an, erkennt man, wie sehr sie sich ähneln: Die standardisierte Massenproduktion findet hauptsächlich in Billiglohnländern statt (abgesehen von den Produkten, die in den Hochlohnländern montiert werden, in denen sie auch verkauft werden sollen, weil entweder die Montage dort billiger kommt oder protektionistische Barrieren den Import erschweren); hochwertige Problemlösung, -identifizierung und strategische Vermittlung findet überall da auf der Welt statt, wo nützliche Erkenntnisse zu finden sind. So entwickelt sich das globale Qualitätsunternehmen zu einer internationalen Partnerschaft zwischen Fachleuten, die ihre Kenntnisse miteinander kombinieren und die für alles, was in standardisierten Massen produziert werden muß, ungelernte Arbeiter in aller Welt beschäftigen.

In ihrer reinsten und fortschrittlichsten Form bietet die globale Partnerschaft ihre Erkenntnisse auf dem offenen Markt feil. Man denke nur an McKinsey, die distinguierte Beratungsfirma, die im Jahre 1990 weltweit 2500 Problem-Löser, -Identifizierer und Mittelsmänner beschäftigte, die meisten davon Nichtamerikaner. (Vor Jahren, als McKinseys ausländische Klientel die Geheimnisse des wirtschaftlichen Erfolgs der Vereinigten Staaten zu ergründen suchte, verkaufte ihr das Unternehmen Fachkenntnisse des amerikanischen Managements; heute verkauft es ihr statt dessen seine eigenen Fachkenntnisse.) Andere globale »Know-how-Partnerschaften« verkaufen zum Beispiel Expertisen über Informationstechnologie wie Arthur Andersen mit weltweit über 46 000 Angestellten (von denen nur 18 000 Amerikaner sind); weltweite Werbe- und Marketing-Strategien wie die WPP-Group (zu der die ehemaligen amerikanischen Agenturen J. Walter Thompson und Ogilvy & Mather gehören) mit 21 500 Angestellten in fünfzig Ländern; Finanzierungsdienste (Morgan Stanley mit 6000 Angestellten in 18 Ländern); Rechtsberatung (Baker & McKenzie mit 3500 Angestellten und 1500 Anwälten in fünfzig Städten rund um die Welt, von denen weniger als ein Drittel Amerikaner sind). Wieder andere betätigen sich auf den Gebieten der angewandten Forschung, der Public Relations, des Landmaschinenbaus, der Software-Entwicklung, der Architektur und nicht zuletzt des Anlagegeschäfts (während sie diesen Absatz gelesen haben, sind die globalen Partnerschaften auf dem zuletzt genannten Gebiet schon wieder um fünf Prozent größer und profitabler geworden).

Viele dieser Know-how-Partnerschaften haben nicht weniger Angestellte und verdienen nicht weniger Geld als traditionelle Unternehmen, die greifbarere Dinge herstellen. In der Tat entsprechen die Arbeitsplätze in diesen Partnerschaften denjenigen von Problem-Lösern, -Identifizierern und Mittelsmännern in den zuvor erwähnten Unternehmensnetzen, nur daß sie ihre Erkenntnisse nicht an Subunternehmer, Lizenz- beziehungsweise Konzessionsnehmer oder Joint-venture-Partner weitergeben, sondern weltweit an sogenannte »Kunden« verkaufen. Der Unterschied ist hauptsächlich semantischer Art. Globale Know-how-Partnerschaften, die sich auf bestimmte Problemlösungen, -identifizierungen und Vermittlungstätigkeiten spezialisiert haben, werden zu wichtigen Schnittpunkten innerhalb der sich rasch ausdehnenden globalen Netze.

Man muss sich vor Augen halten, was dieser Wandel für Konsequenzen hat. So fließen die Ersparnisse eines Landes zunehmend dahin, wo jemand etwas am besten oder am billigsten machen kann, an welchem Ort der Welt auch immer. Die Wettbewerbsfähigkeit eines Landes hängt also weniger von der Menge des Geldes ab, das seine Bürger sparen und investieren, als von den Kenntnissen und Fertigkeiten, die sie potentiell zur Weltwirtschaft beitragen können. Selbst wenn die Vereinigten Staaten genügend Geld sparten, um jede gewünschte Investition selbst zu finanzieren, und es deshalb keinen Grund gäbe, im Ausland Kredit aufzunehmen, würde sich gleichwohl ein mächtiger Kapitalstrom ins Land ergießen und wahrscheinlich noch anschwellen, da andere Länder einen wachsenden Teil ihrer Ersparnisse in globale Netze investieren, die sich in die Vereinigten Staaten erstrecken, ebenso wie Amerikaner weiterhin einen Großteil ihrer Ersparnisse in globale Netze investieren, die hinaus in alle Welt reichen. Mehr dazu später.

Im Zusammenhang hiermit läßt sich der Schluß ziehen, daß ein großer Teil des hartnäckigen Handelsdefizits der Vereinigten Staaten während der 80er Jahre nicht auf das räuberische Verhalten fremder Länder und ausländischer Unternehmen zurückzuführen ist, die es darauf abgesehen haben, uns mehr zu verkaufen, als sie von uns kaufen, sondern darauf, daß amerikanische Unternehmen im Ausland produzieren (oder, genauer gesagt, ausländische Firmen beauftragen, sie mit bestimmten Waren und Dienstleistungen zu beliefern, und diese dann in den Vereinigten Staaten verkaufen). Auf diese kosmopolitische Praxis sind zum Beispiel über ein Drittel des notorischen Handelsüberschusses Taiwans gegenüber den Vereinigten Staaten in den 80er Jahren sowie über zwanzig Prozent der amerikanischen Handelsdefizite gegenüber Mexiko, Singapur, Südkorea und sogar Japan zurückzuführen.[26] In der Tat haben sich amerikanische Firmen so sehr im Ausland und ausländische Firmen so sehr in Amerika engagiert, daß im Jahr 1990 amerikanische Verbraucher, die daran interessiert waren, die Handelsbilanz der Vereinigten Staaten aufzubessern, besser daran taten, einen Honda als einen Pontiac Le Mans zu kaufen.

Es gibt eigentlich keinen Grund, den Topmanagern der amerikanischen Unternehmen die Schuld an diesen verwirrenden Zuständen in die Schuhe zu schieben. All jenen Büchern zum Trotz, in denen Manager zu höheren Leistungen gemahnt werden, haben doch viele der strategischen Mittelsmänner in den amerikanischen Hauptverwaltungen die Stellung ihrer Unternehmen auf dem Weltmarkt mit Erfolg verteidigt. Nachdem sie die Widrigkeiten der 70er Jahre dadurch gemeistert hatten, daß sie auf Qualität statt Masse setzten, war ihr Gesamtanteil am Weltexport in den 80er Jahren fast identisch mit demjenigen von 1966 – nämlich etwa 17 Prozent, in mancher Hinsicht sogar höher. Sie hielten diesen Exportanteil, indem sie einen Großteil ihrer Aktivitäten ins Ausland verlegten, dort Wert hinzufügten und dann von dort aus exportierten. Im gleichen Zeitraum sank der Anteil des Exports aus den Vereinigten Staaten (im Gegensatz zu dem der amerikanischen Unternehmen) stetig.[27] Mit anderen Worten, die Topmanager der amerikanischen Unternehmen haben das, wofür sie bezahlt werden, recht gut getan, auch wenn der amerikanische Arbeiter nicht viel davon gehabt hat.

Das Bild, das sich hierbei herauskristallisiert, steht in scharfem Kontrast zu der immer noch herrschenden Vorstellung von dem amerikanischen Unternehmen als »nationalem Champion«. Während die Finanzierung noch größtenteils aus den Vereinigten Staaten kommt, spielt sich der Rest – hochwertige Problemlösung und -identifizierung sowie die noch verbliebene Massenproduktion – zunehmend außerhalb des Landes ab. Natürlich fließt ein Teil des Profits nach Amerika zurück, doch wird dieser Fluß im Verhältnis zu dem immer stärker anschwellenden Strom der Gewinne, der den Problem-Lösern, -Identifizierern und Mittelsmännern in aller Welt zufließt, immer schmaler. Bei der Aussage, die Stärke der amerikanischen Wirtschaft sei synonym mit der Einträglichkeit und Leistungsfähigkeit amerikanischer Unternehmen, handelt es sich also um eine Binsenweisheit am Rande des Anachronismus.

Die künftige Irrelevanz der Unternehmens-Nationalität

Zwei identische Fahrzeuge rollen in Amerika vom selben Fließband. Das eine bekommt einen japanischen Namen, das andere einen amerikanischen. Und die Leute kaufen lieber das Fahrzeug mit dem japanischen Namen! Damit muß Schluß sein.

LEE IACOCCA, Chrysler-Werbung (1990)

Kaufleute sind vaterlandslose Gesellen. Nicht einmal der Platz, auf dem sie stehen, bindet sie so sehr wie der Ort, an dem sie ihren Gewinn machen.

THOMAS JEFFERSON (1806)

ZU BEGINN DER 90ER JAHRE waren bereits zahlreiche amerikanische Kernunternehmen in ausländischen Besitz übergegangen: RCA, CBS Records, American Can, Columbia Pictures, Doubleday, Mack Truck, Allis-Chalmers, Firestone, Goodyear, Giant Food, Grand Union, A&P, Bloomingdale's, Pillsbury, National Steel. Die Liste scheint Tag für Tag länger zu werden. Und je länger sie wird, desto größer wird auch die Sorge vieler Amerikaner.

Die Sorge ist verständlich. Unsere Gewohnheit, den Erfolg der amerikanischen Wirtschaft am Erfolg der amerikanischen Unternehmen und den Erfolg anderer Volkswirtschaften am Erfolg der Unternehmen der betreffenden Länder zu messen, erweckt Befürchtungen, sobald wir sehen, daß Ausländer ihre Hand auf unsere Vermögenswerte legen – wobei wir unberücksichtigt lassen, wieviel ausländische Werte sich bereits in amerikanischer Hand befinden. (In der Tat lag im Jahr 1991 der Gesamtbetrag der in ausländischem Besitz befindlichen amerikanischen Vermögenswerte noch unter dem Marktwert der in amerikanischer Hand befindlichen ausländischen Vermögenswerte.[1]) Und unsere Annahme, daß der Reichtum des Landes von den im Besitz seiner Bürger befindlichen

Vermögenswerten abhänge, läßt uns nun um die Zukunft unseres Landes bangen.

Diese Befürchtungen sind etwas relativ Neues in den Vereinigten Staaten (jedenfalls im 20. Jahrhundert), in anderen Staaten jedoch keineswegs. In Kanada hat man sich lange Zeit über die Vormachtstellung von Unternehmen erregt, die Ausländern gehörten und von ihnen kontrolliert wurden – insbesondere Bürgern der Vereinigten Staaten. In ganz ähnlicher Weise hat man sich in Westeuropa über die Vormacht der amerikanischen Multis empört. Und nun, da Japaner, Deutsche und so weiter Amerika »aufzukaufen« scheinen, bekommen wir es mit der Angst zu tun.[2]

Derartige Sorgen jedoch sind das Produkt einer überholten Denkweise. Sie beruhen auf einer Vorstellung von nationalen Unternehmen und Industrien, die so nicht mehr zutreffend ist. Da sich die Unternehmen aller Länder zunehmend global vernetzen, darf die Frage, auf die es – hinsichtlich des Reichtums eines Volkes – ankommt, nicht lauten, was die Bürger einer Nation *besitzen*, sondern was sie *lernen können*, um der Weltwirtschaft Wert hinzuzufügen und somit ihren eigenen potentiellen Wert zu erhöhen. *Darum* sollte man sich Sorgen machen; ich werde darauf zurückkommen. Zuerst will ich die Sorgen hinsichtlich des ausländischen Besitzes von inländischen Unternehmen zerstreuen.

DENKEN SIE ZUNÄCHST DARAN, wer die Unternehmensgewinne kassiert. Natürlich spielt es eine Rolle, in welchem Land die Leute leben, die als Aktionäre eines Unternehmens Anspruch auf dessen Gewinne haben. Bei ansonsten gleichen Voraussetzungen ist ein Unternehmen in amerikanischem Besitz besser für die Vereinigten Staaten als ein Unternehmen in ausländischer Hand, weil ja dann die Gewinne logischerweise Amerikanern zufließen. Nur gleichen sich die Voraussetzungen in den seltensten Fällen. Zunehmend besitzen auch amerikanische Bürger Anteile an Unternehmen, deren Hauptaktionäre Ausländer sind, und in gleicher Weise besitzen immer mehr Ausländer Anteile an Unternehmen, deren Hauptaktionäre Amerikaner sind. So mag der typische amerikanische

Investor zum Beispiel höhere Dividenden erzielen, wenn er je ein Drittel der Anteile an zwei erfolgreichen japanischen Unternehmen besitzt, als wenn er zwei Drittel eines etwas weniger erfolgreichen amerikanischen Unternehmens in Händen hält.

Dieser Logik folgend, hatten Amerikaner im Jahr 1989 etwa zehn Prozent ihrer Portefeuilles in ausländische Werte investiert, bei stark ansteigender Tendenz. Im gleichen Jahr erhöhten sich die grenzüberschreitenden Kapitalbeteiligungen von Amerikanern, Briten, Japanern und Deutschen um zwanzig Prozent gegenüber 1988.[3] Statt solchen Investitionen Hemmnisse in den Weg zu legen, begannen Regierungen sie sogar zu fördern. Japan und Großbritannien hatten bereits Anfang der 80er Jahre dem internationalen Kapitalfluß fast völlig freien Lauf gelassen, Frankreich und Italien folgten 1986. Manche Regierungen ließen weiterhin nicht zu, daß Ausländer eine Aktienmehrheit an im Inland ansässigen Unternehmen erwarben. Dennoch hatten Nicht-Staatsangehörige mittels einer verwirrenden Vielfalt von Investmentfonds die Möglichkeit, sich auch hier zu beteiligen.[4] Währenddessen haben sich bereits Netzwerke elektronischen Börsenhandels zwischen New York, London, Tokio und Frankfurt etabliert, die täglich 24 Stunden in Betrieb sind und den Begriff der »nationalen« Börse nahezu außer Kraft gesetzt haben. Schon sind Wall-Street-Makler wie Morgan Stanley, Merrill Lynch und Goldman Sachs an der Tokioter Börse zugelassen. Und es wird nicht lange dauern, dann wird eine einzige globale Abrechnungsstelle für den internationalen Wertpapierhandel das grenzüberschreitende Beteiligungsgeschäft noch weiter anschwellen lassen. Für immer vorbei sind die Tage, da ein amerikanischer Präsident eine Börsenpanik einfach dadurch verhindern konnte, daß er mit unangenehmen Botschaften an die Nation so lange hinter dem Berg hielt, bis die New Yorker Börse Feierabend gemacht hatte. Heutzutage erreichen gute wie schlechte Nachrichten die Finanzmärkte der Welt ohne Verzögerung und lösen unmittelbare Reaktionen aus.

Grenzüberschreitende Investitionen finden in aller Stille statt, ohne Fanfarenhall. Der amerikanische Durchschnittsanleger, der sein Geld in einem Investment-, Versicherungs- oder Pensionsfonds anlegt, ist sich gar nicht bewußt, daß er kleine Anteile an Firmen mit fremd klingenden Namen besitzt, die an exotischen Orten ansässig sind. Doch die Leute, die die Fonds verwalten – und die sich alle Mühe geben, unter Beweis zu stellen, daß sie erfolgreicher sind als andere Fondsmanager –, suchen in zunehmendem Maße den ganzen Globus nach guten Anlagemöglichkeiten für ihre Kunden ab. Zwischen 1985 und 1990 stieg der haussetendenziöse US-Aktienmarkt um 147 Prozent, hinkte damit aber immer noch hinter vierzehn anderen internationalen Börsenmärkten her, gemessen am Gesamtumsatz in US-Dollar.[5] Folglich schossen die Nettokäufe ausländischer Aktien durch amerikanische Investoren von 4,2 Milliarden Dollar in 1985 auf 13,7 Milliarden Dollar in 1989 steil nach oben.[6] Aus einer 1989 unter Pensionsfonds-Managern durchgeführten Umfrage ging hervor, daß die meisten von ihnen planten, in den 90er Jahren jeweils ein Viertel ihres Anlagekapitals in ausländischen Sicherheiten anzulegen.[7]

Alles in allem hängt die Gesamtsumme der Gewinne amerikanischer Investoren aus ihren Aktienanlagen nicht mehr vom Erfolg von Firmen ab, deren Hauptaktionäre zufällig Amerikaner sind. Vielmehr hängt sie von zwei anderen Faktoren ab: erstens natürlich von dem Gesamtbetrag, den Amerikaner investieren (und zwar unabhängig davon, wo die Firmen, in die sie investieren, ansässig sind und wer sie größtenteils besitzt), und zweitens von der Sorgfalt und Klugheit, mit der solche weltweiten Wertpapierdepots zusammengestellt worden sind.

GANZ ABGESEHEN DAVON, wer die Gewinne kassiert, gab es auch Besorgnisse, was die Leitung der Unternehmen betrifft. Selbst wenn ausländische Manager Amerikaner einstellen und ihnen gutbezahlte Jobs geben – können wir sicher sein, daß sie es weiterhin tun werden? Sie könnten plötzlich ihre Investitionen aus den Vereinigten Staaten zurückziehen und uns im Regen stehenlassen – darauf jedenfalls laufen derartige Argumente zumeist hinaus.

Hierbei ist jedoch die seltsame Annahme im Spiel, daß ein amerikanisches Unternehmen – im Gegensatz zu einem ausländischen – die Interessen seiner Aktionäre dem Wohl der Vereinigten Staaten hintanstellen würde. Ein amerikanisches Unternehmen würde demzufolge eher als ein ausländisches davor zurückscheuen, seine Produktion ins Ausland zu verlegen, um sein Betriebsergebnis zu optimieren. Dies ist jedoch frommes Wunschdenken, das auf die Zustände um die Jahrhundertmitte zurückgreift, als das amerikanische Kernunternehmen noch die unausgesprochene Verpflichtung hatte (untermauert einerseits von drohenden Streiks und andererseits von möglichen Interventionen der Regierung), die Bedürfnisse der amerikanischen Öffentlichkeit gegen die nur schwach zu vernehmenden Forderungen der Aktionäre auszubalancieren, und als diese Interessen auch noch zumeist in schönem Einklang standen.

Im letzten Jahrzehnt des 20. Jahrhunderts jedoch haben sich die unausgesprochenen Regeln des amerikanischen Kapitalismus durch den globalen Wettbewerb gründlich geändert. Die amerikanischen Unternehmen können nicht länger auf die stille Kooperation anderer amerikanischer Produzenten des gleichen Industriezweiges zählen, um die Preise hoch zu halten und somit saftige Gewinne zu garantieren. Auch begnügen sich die Aktionäre nicht mehr damit, die Manager nach Belieben schalten und walten zu lassen. An die Stelle der breit gestreuten Einzelaktionäre von vormals sind professionelle Investmentmanager getreten, immer bereit, ihre Kapitalien rasch von einem Unternehmen zum anderen zu bewegen, je nachdem, wo die Aktienkurse gerade steigen oder fallen. Den »staatsmännischen Unternehmer« hat das gleiche Schicksal wie den »Edsel« von Ford ereilt. Der amerikanische Kapitalismus baut heute gnadenlos auf Profit, nicht mehr auf Patriotismus. Wenn das Gesetz der Rentabilität es erfordert, daß die Produktion von einer amerikanischen in eine ausländische Fabrik verlegt wird, zögert der amerikanische Manager keinen Augenblick.

In der Tat gehören Amerikas Manager international zu denjenigen, die am lautesten verkünden, daß es nicht ihre Aufgabe sei, öffentliche Anliegen zu fördern, sondern den Gewinn der Aktionäre zu maximieren. »Die Vereinigten Staaten haben keinen automatischen Zugriff auf unsere Ressourcen«, bemerkte ein leitender Angestellter von Colgate-Palmolive im Jahr 1989. »Einen unveräußerlichen Grundsatz, der das Land an die erste Stelle stellte, gibt es nicht.«[8] Amerikas Top-Managern liegt zwar die Wirtschaftskraft des Landes auch am Herzen, jedoch nur insofern, als der amerikanische Markt eine Einnahmequelle des Unternehmens darstellt – und in dieser Beziehung unterscheiden sie sich in nichts von den Managern ausländischer Firmen, die ebenfalls ihre Produkte auf dem amerikanischen Markt verkaufe. So äußerte zum Beispiel ein IBM-Manager: »IBM muß sich die Konkurrenzfähigkeit und das Wohlergehen eines jeden Landes angelegen sein lassen, das in nennenswertem Maß zum Ertrag des Unternehmens beisteuert.«[9]

Ich will damit nicht sagen, daß es den Top-Managern amerikanischer Unternehmen an Patriotismus ermangelte. Die Umwandlung ihrer Unternehmen in globale Netze mag sie sogar verstören. »Soweit eine Firma ihre besten Teile im Lande behalten kann, wird sie das tun«, behauptete Motorolas Vizepräsident für internationale Strategien im Brustton der Überzeugung.[10] Daß sich die Firma Halbleiter, Funkrufempfänger (»Piepser«) und viele der modernen Elektroniksysteme, die Eingang in die Produkte finden, die Motorola in den Vereinigten Staaten und rund um die Welt verkauft, im Ausland besorgt, mag diesem achtbaren Herrn Sorge bereiten; doch sollten die Führungskräfte von Motorola oder sonst einer amerikanischen Firma um des nationalen Interesses willen auf mögliche Gewinne verzichten, indem sie Dinge in Amerika herstellen oder kaufen, die sie besser und billiger woanders herstellen oder kaufen könnten, so liefen diese Manager Gefahr, von Finanzierungskünstlern mit weniger patriotischen Skrupeln abgelöst zu werden, die dann den Aktionären entsprechend höhere Renditen in Aussicht stellen könnten. Darüber hinaus könnten sich solche gemeinsinnigen Manager sogar wegen Treuebruchs gegenüber den Aktionären strafbar machen.

In jedem Fall ist es völlig unklar, wie in diesem neuen globalwirtschaftlichen System die Führungskräfte amerikanischer Unternehmen zur Übernahme solcher nationalen Verantwortung in die

Pflicht genommen werden sollten. Vorschriften über den Betrieb von Wirtschaftsunternehmen in den Vereinigten Staaten gelten für *alle* im Land operierenden Firmen, unabhängig von der Nationalität ihrer Aktionäre. Im System der Vereinigten Staaten gibt es kein besonderes Instrumentarium dafür, das Bewußtsein der Führungskräfte von »amerikanischen« (das heißt, in amerikanischem Besitz befindlichen) Unternehmen auf öffentliche Interessen zu lenken oder ihnen deren Wahrnehmung zur Pflicht zu machen. Wären amerikanische Firmen überdies mit besonderen Bürden und Pflichten belastet, so entstünde für sie ein deutlicher Wettbewerbsnachteil gegenüber den in Amerika operierenden ausländischen Unternehmen, die sich weiterhin auf die Maximierung ihrer Gewinne konzentrieren könnten – darauf haben Führungskräfte amerikanischer Unternehmen vor Kongreß und Regierungsbehörden wiederholt mit Nachdruck hingewiesen.[11]

Die rasche Globalisierung des amerikanischen Unternehmens hindert seine Führungskräfte nicht daran, innerhalb der Vereinigten Staaten in prestigeträchtiger Weise unternehmerischen Bürgersinn an den Tag zu legen oder ein tiefes und bleibendes Engagement für öffentliche Belange zu proklamieren. Kluge Manager sind sich des Wertes von publikumswirksamen Schenkungen an örtliche Schulen und Krankenhäuser, Beiträgen zur Erforschung von Heilmitteln für menschheitsbedrohende Krankheiten oder Patenschaften für TV-Produktionen im nichtkommerziellen Bildungsfernsehen bewußt. All dies erhöht das öffentliche Ansehen des Unternehmens und trägt somit auch zum Verkauf seiner Produkte bei. (Daß die Lobbyisten derselben Unternehmen in Washington und den Hauptstädten der Bundesstaaten gleichzeitig um Steuererleichterungen von weit größerem Ausmaß buhlen – wodurch die Finanzierung öffentlicher Schulen und Krankenhäuser, der medizinischen Forschung, des öffentlichen Fernsehens und vieler anderer Dinge gefährdet wird –, spielt dabei keine Rolle. Die Freigebigkeit der Unternehmen steht im Rampenlicht der Öffentlichkeit, Lobbyismus für niedrigere Unternehmenssteuern angenehmerweise kaum.)

Natürlich möchten ausländische Firmen, die sich in den Vereinigten Staaten geschäftlich betätigen, dort ein ebenso gutes öffentliches Ansehen kultivieren. Sie mögen sogar noch stärker motiviert sein, denkt man an die weitverbreitete Annahme, daß es ihnen aufgrund ihrer Nationalität an gutem amerikanischem Bürgersinn mangele. In letzter Zeit haben japanische Firmen deshalb ganze Scharen amerikanischer Public-Relations-Spezialisten engagiert, um sich von ihnen beraten zu lassen, welche amerikanischen Wohlfahrtseinrichtungen sie unterstützen sollen.[12] Naturkatastrophen zum Beispiel bieten beste Möglichkeiten für öffentlich zur Schau gestellte Großzügigkeit. 1989 kauften japanische Firmen im Anschluß an Hurrikan Hugo und das Erdbeben in der Bucht von San Francisco ganze Anzeigenseiten in amerikanischen Zeitungen, in denen sie verkündeten, wieviel sie den Opfern gespendet hatten. Der »Corporate Philanthropy Report« rechnete damals hoch, daß bei gleichbleibenden Zuwachsraten das Spendenaufkommen japanischer Firmen für amerikanische Wohlfahrtseinrichtungen im Jahr 1994 eine Milliarde Dollar erreicht haben werde.[13]

In ähnlicher Weise fühlen auch amerikanische Firmen, die im Ausland operieren, einen unwiderstehlichen Drang, sich als gute Bürger der gastgebenden Länder aufzuführen. Was immer die wahren Beweggründe ihrer amerikanischen Manager sein mögen, die Firma kann es sich jedenfalls nicht leisten, als einseitige Parteigängerin amerikanischer Interessen angesehen zu werden; einen solchen Eindruck entstehen zu lassen würde das Verhältnis des Unternehmens zu Arbeitnehmern, Verbrauchern und Regierungen des Gastgeberlandes unnötiger Gefahr aussetzen. Amerikanische Topmanager haben sich auch zu diesem Punkt freimütig geäußert. »IBM muß überall, wo es sich geschäftlich betätigt, vorbildlichen Bürgersinn an den Tag legen«, sagte IBM-Präsident Jack Kueler.[14] Und Robert H. Galvin, Vorstandsvorsitzender von Motorola, drückte es noch unverhüllter aus: Sollte sich für Motorola die Notwendigkeit ergeben, einige Werke zu schließen, so würde es eher die amerikanischen als diejenigen in Südostasien treffen. »Wir sind auf unsere fernöstliche Kundschaft angewiesen«, sagte Galvin in einem Anfall von Kosmopolitismus, »und wir können die Malaysier nicht vor den Kopf stoßen. Wir müssen unsere Arbeitnehmer überall auf der Welt gleich behandeln.«[15]

Erpicht darauf, den Anschein nationaler Begünstigung zu vermeiden, und auf ein vertrauenerweckendes und verläßliches Image aus, wo immer auf der Welt es seinen Geschäften nachgeht, übernimmt das kosmopolitische Unternehmen auch Angehörige anderer Nationen in leitende Stellungen. Der unumkehrbare Trend geht zu multinationalen und mehrsprachigen strategischen Vermittlerteams – rekrutiert aus Europa, Nordamerika, dem Fernen Osten und anderen wichtigen Märkten –, die im jeweiligen Zentrum der globalen Netzwerke sitzen. IBM hält sich zugute, daß in seinen höchsten Führungsetagen elf und selbst in seinem Verwaltungsrat drei Nationalitäten vertreten sind. Und Sony steht darin nicht weit hinter IBM zurück. Unternehmen, die sich scheuen, Ausländer in leitender Position zu beschäftigen, haben Schwierigkeiten, die besten Talente der Welt für ihre Unternehmensnetze zu rekrutieren, und zwar aus dem einfachen Grund, daß talentierte Leute nur ungern einer Organisation beitreten, die für sie keine Möglichkeit der Beförderung bereithält.[16]

Unbegründet ist auch die Sorge, ausländische Firmen könnten die Vereinigten Staaten im Regen stehenlassen, indem sie plötzlich den Betrieb in Amerika einstellten. Das übliche Argument dabei lautet, daß sie dies aus Rentabilitäts- oder auch außenpolitischen Erwägungen tun könnten. In beiden Fällen jedoch würden nicht nur Immobilien und Maschinen, sondern würde auch das von den inländischen Beschäftigten im Laufe der Zeit gesammelte Know-how im Lande verbleiben, und Kapital von anderer Seite wäre gewiß rasch zur Stelle, um diese attraktiven Ressourcen zu übernehmen. Eine amerikanische (oder eine andere ausländische) Firma würde die Anlage einfach kaufen, und was am wichtigsten ist: Die amerikanische Belegschaft mit ihren Kenntnissen und Fähigkeiten wäre intakt und an Ort und Stelle einsatzbereit.

Schließlich behält die amerikanische Regierung ja die hoheitliche Zuständigkeit für Betriebsanlagen, die auf dem Gebiet der Vereinigten Staaten angesiedelt sind. Anders als von amerikanischen Unternehmen gehaltene, jedoch im Ausland gelegene Anlagen, die ausländischer Kontrolle unterliegen und gelegentlich auch einmal von staatlicher Enteignung heimgesucht werden können, sind Betriebsanlagen ausländischer Firmen auf amerikanischem Boden sicher vor politischen Wetterstürzen in anderen Ländern. Im Zweiten Weltkrieg produzierte der deutsche Ford-Ableger pflichtschuldig Lastwagen für die Nazis.[17] Was sich auf dem Gebiet der Vereinigten Staaten befindet, unterliegt zweifelsfrei der politischen Kontrolle der amerikanischen Regierung; was sich außerhalb befindet, unterliegt ihr zweifelsfrei nicht.

Warum also kommen Ausländer zu uns? Wenn mit Besitz und Kontrolle immer weniger Einfluß verbunden ist, warum kaufen sie dennoch amerikanische Betriebsanlagen? Weil sie glauben, sie könnten amerikanische Betriebsanlagen – einschließlich der amerikanischen Arbeiter – besser nutzen als amerikanische Firmen.

Zwar stimmt es auch, daß der Dollar Ende der 80er Jahre gegenüber anderen Währungen an Wert verlor und amerikanische Betriebe dadurch plötzlich spottbillig zu haben waren; doch ist dies keine Erklärung für den anschwellenden Strom ausländischer Investoren. Durch den billigen Dollar verringerte sich zugleich der Gegenwert der aus den neuerworbenen Betriebsanlagen zu erwartenden Gewinne, wodurch jedweder anfängliche Vorteil wieder aufgehoben worden wäre. Tatsache ist, daß ausländische Investitionen in Amerika die ganzen 70er und 80er Jahre hindurch stetig anstiegen, unabhängig davon, ob der Dollar gerade hoch oder niedrig stand, ob Amerika Gläubiger oder Schuldner war. Die beiden führenden ausländischen Investoren während der 70er und 80er Jahre waren Briten und Niederländer – nicht Japaner und Deutsche, deren Handelsüberschüsse den amerikanischen Handelsdefiziten entsprachen. Noch 1990 betrug das gesamte britische Investitionsvolumen in den Vereinigten Staaten das Doppelte des japanischen.

Auch kommen ausländische Firmen nicht hauptsächlich deshalb nach Amerika, weil sie befürchten, daß sich die Vereinigten Staaten ihren Exporten verschließen könnten. Die meisten ausländischen Investitionen in den USA haben überhaupt nichts mit Produkten zu tun, die in der Vergangenheit protektioniert waren oder denen das in Zukunft blühen könnte. Und selbst wenn, scheinen sie eher aus wirtschaftlichen denn aus politischen Erwägungen erfolgt zu sein. Als zum Beispiel 1988 Nissans Verkaufszahlen in den Vereinigten Staaten drastisch zurückgingen, hätte die Firma ihre Produktion in Amerika einstellen und den gesamten US-Markt mit seiner Einfuhrquote für in Japan hergestellte Fahrzeuge abdecken können. Doch Nissan entschied sich anders und tat genau das Gegenteil – indem es seine Importe um 50 000, seine amerikanische Produktion jedoch lediglich um 7000 Einheiten zusammenstrich. Sogar als es die Möglichkeit hatte, den amerikanischen Markt von Japan aus zu beliefern, zog es Nissan vor, weiterhin Automobile in den Vereinigten Staaten zu bauen.[18]

Ungeachtet des Dollarkurses oder der Möglichkeit protektionistischer Barrieren rund um die USA werden ausländische Firmen nur dann in die Vereinigten Staaten kommen, wenn sie dort Profit machen können – das heißt, wenn sie einen Vorteil gegenüber bereits in den Vereinigten Staaten operierenden amerikanischen Firmen haben, der die Extrakosten, die ein Betrieb fern der Heimat verursacht, mehr als kompensiert. Deshalb ist der Hauptgrund, warum Ausländer ihr Geld und ihre strategischen Vermittlerkünste in die Vereinigten Staaten bringen, der gleiche, der Amerikaner veranlaßt, ihr Geld und ihre strategischen Vermittlerkünste im Ausland zu investieren: weil sie nämlich glauben, sie könnten die Betriebsanlagen und die Beschäftigten des jeweils anderen Landes besser nutzen, das heißt mehr aus ihnen herausholen als dessen eigene Investoren und Manager.[19]

Soweit es amerikanische Betriebsanlagen und Arbeiter betrifft, haben viele Ausländer allem Anschein nach richtig kalkuliert. Zum Beispiel ist die wachsende Dominanz japanischer Autohersteller in den Vereinigten Staaten weitgehend darauf zurückzuführen, daß es ihnen gelungen ist, amerikanische Arbeiter dazu zu bringen, höherwertige Fahrzeuge in kürzerer Zeit zu bauen, als dies amerikanischen Autobauern vergönnt ist. Einerseits wurden 1990 in der Verbraucherzeitschrift *Consumer Reports* die meisten japanischen Autos qualitätsmäßig höher eingestuft als die amerikanischen, andererseits wurde kein qualitätsmäßiger Unterschied zwischen in Amerika und in Japan hergestellten Fahrzeugen festgestellt.[20] Außerdem sind japanische Automobilfabriken in Amerika fast ebenso produktiv wie in Japan und bei weitem produktiver als amerikanische Automobilwerke. John Krafcik vom International Motor Vehicles Program des Massachusetts Institute of Technology (MIT) stellte fest, daß ein amerikanischer Arbeiter in einer japanischen Fabrik in den USA ein Auto in etwa 19,5 Stunden montiert – nur wenig mehr als die 19,1 Stunden, die ein japanischer Arbeiter in Japan, jedoch erheblich weniger als die 26,5 Stunden, die ein amerikanischer Arbeiter in einer amerikanischen Fabrik dafür braucht.[21] Nachdem Toyota 1984 das Management des GM-Werks in Fremont (Kalifornien) übernommen hatte, stieg dort die Produktivität um ganze fünfzig Prozent! Unter der Leitung von General Motors hatte es einen Krankenstand von 25 Prozent gegeben; unter Toyota fiel er auf drei bis vier Prozent.[22] Eine ähnliche Wandlung fand statt, als Bridgestone (Japan) die kränkelnden Reifenwerke der Firma Firestone in den USA übernahm.[23] Wohlgemerkt, in beiden Fällen blieb die Belegschaft die gleiche; der einzige relevante Unterschied war der Austausch amerikanischen Kapitals und Managements gegen japanisches.

Der amerikanische Arbeiter hat von alldem beträchtlich profitiert, das amerikanische Unternehmertum dagegen nicht. Ausländische Firmen zahlen ihren amerikanischen Arbeitern höhere Löhne als amerikanische Firmen desselben Industriezweiges.[24] Auch wenden die Japaner etwa tausend Dollar mehr für die Ausbildung jedes einzelnen Arbeiters auf als amerikanische Firmen in der gleichen Industriebranche.[25] Könnten Amerikas Arbeiter sich unter beiden Arbeitgebern die zuverlässigeren Strategen und Investoren aussuchen, von denen ihr zukünftiger Wohlstand abhängen soll – amerikanische Manager und Wall-Street-Financiers auf der einen, ein japanisches Management und Tokioter Banken auf der anderen

Seite –, wäre es gewiß nicht unklug von ihnen, sich für letztere zu entscheiden.

Ausländer, die hinsichtlich ihrer Fähigkeiten der strategischen Vermittlung Amerikanern überlegen sind, brauchten nicht unbedingt amerikanische Firmen aufzukaufen oder ihre eigenen Fabriken in Amerika zu eröffnen, um in den Vereinigten Staaten satte Profite zu machen, sondern könnten ihre Kenntnisse auf dem Gebiet des Managements zum Beispiel auch direkt zum Verkauf anbieten. In Zukunft können wir damit rechnen, daß amerikanische Unternehmen des öfteren japanische Firmen beauftragen werden, amerikanische Fabriken und Laboratorien zu leiten, wofür die Japaner einen Anteil am resultierenden Gewinn erhalten. (Genau so lautete das Abkommen zwischen General Motors und Toyota für die Leitung des GM-Werkes in Fremont.) Ein Vorteil solcher Regelungen liegt vielleicht darin, daß sie das Unbehagen zerstreuen helfen, das viele überholten Vorstellungen von der Wirtschaft anhängende Amerikaner empfinden. Die Ausländer werden dann nicht mehr als diejenigen gesehen, die amerikanische Betriebe »übernehmen«, sondern zutreffender als diejenigen, die Amerikanern zu größerer Produktivität verhelfen. Natürlich laufen beide Formen der Transaktion im Grunde auf dasselbe hinaus: Ob die Japaner die Fabrik tatsächlich besitzen oder gegen einen Anteil am Endgewinn nur leiten – einen Anteil, der in einem proportionalen Verhältnis zu dem Wert steht, den sie durch ihre Tätigkeit dem Unternehmen hinzugefügt haben –, in beiden Fällen werden sie im großen und ganzen dasselbe verdienen.

DER ÜBERGANG VON DER MASSE ZUR QUALITÄT steht in unmittelbarem Zusammenhang mit der Frage nach Besitz und Kontrolle durch Ausländer und der weiteren Frage, ob dadurch öffentliche Belange berührt werden. Wie wir bereits festgestellt haben, hat sich die im Unternehmen der Massenproduktion in mehr oder minder hohem Maße in Besitz und Kontrolle verkörperte Macht im Qualitätsunternehmen beträchtlich vermindert. Weil das Qualitätsunternehmen auf Kenntnissen und Fertigkeiten beruht, sind es innerhalb des Netzwerks (einschließlich Lizenznehmern, Partnern und Subunternehmern) eher die Fachleute, die die höchsten Gewinne und den größten Einfluß geltend machen können, als die Aktionäre oder Manager, die rein formell bestimmte leitende Posten innehaben. Top-Manager mögen natürlich eine wichtige Rolle bei der Organisation des Gesamtnetzes spielen, doch die meisten Schlüsselentscheidungen werden auf einer niedrigeren Stufe, an dezentralisierten Punkten getroffen. Solange die Schlüsselpositionen bei der Problemlösung, -identifizierung und strategischen Vermittlung mit Amerikanern besetzt sind, spielt es keine Rolle, welcher Nation die Leute angehören, die das Unternehmen formell besitzen oder leiten. Wenn im umgekehrten Fall die Schlüsselleute keine Amerikaner sind, hilft es dem Land auch wenig, wenn Amerikaner das Unternehmen formell besitzen und leiten. Wer immer im Netzwerk über die wertvollsten Kenntnisse und Fähigkeiten verfügt, wird auch die höchste Entlohnung ernten, sei es in Form von Gehältern, Zulagen, Lizenzgebühren oder Gesellschafteranteilen.

Um diesen Punkt zu illustrieren, denke man nur an die Übernahme von CBS Records und Columbia Pictures durch Sony 1988 beziehungsweise 1989 – was praktisch einem Generalangriff auf die amerikanische Volkskultur gleichzukommen schien. Aber was hat Sony eigentlich gekauft? Sehr wenig, abgesehen von dem Recht, alte Schallplattenaufnahmen und Filme nochmals zu vermarkten, und Besitztiteln auf einige Grundstücke und Anlagen. Der zukünftige Ertrag von CBS Records und Columbia Pictures – ihr potentieller Wert im Rahmen der Weltwirtschaft – hängt viel eher ab von den Talenten und Kenntnissen amerikanischer Sänger, Toningenieure, Regisseure, Produzenten, Schauspieler, Kameraleute, Designer, Song- und Drehbuchautoren, Werbe- und Marketingfachleute sowie Hunderter anderer kreativer Menschen.

Die talentierten Amerikaner, die vorher für CBS Records gearbeitet hatten, verloren nicht plötzlich ihre Fertigkeiten und Kenntnisse, als Sony die beiden Firmen aufkaufte; auch waren ihre Talente nach der Transaktion nicht weniger wert als zuvor. Durch den Verkauf geriet Bruce Springsteen – einer der Stars von CBS

(»Born in the USA«) – weder in den Besitz noch unter die Kontrolle der Japaner. Springsteen war nach der Transaktion ebenso autonom und mindestens ebenso wertvoll wie vorher. Die einzige Veränderung in seinem Leben bestand darin, daß jetzt ein größerer Teil des Finanzkapitals und der strategischen Vermittlung, die für ihn die Verbindung zum Weltmarkt herstellt, aus Japan kam. Praktisch war an die Stelle von Laurence Tisch (dem Finanzmakler, der CBS mehrere Jahre zuvor übernommen hatte) Akio Morita (der Vorstandsvorsitzende von Sony) getreten. Wenn Morita und andere strategische Vermittler aus Japan bessere Arbeit als Tisch & Co. dabei leisten, Springsteen auf dem Weltmarkt anzubieten, würde sein weltweites Publikum größer und empfänglicher für seine Musik als zuvor, und sein Einkommen würde entsprechend wachsen. In der Tat ist CBS Records seit 1990 in vollem Aufschwung, da die japanischen Strategen viel mehr Geduld für Promotions, MTV-Videos und andere Koppelungsgeschäfte aufwandten als ihre knickerigen Vorgänger. Man könnte mit Recht fragen: Hat Sony Springsteen gekauft, oder hat sich Springsteen bei Sony eingekauft?

Als Sony im folgenden Jahr den amerikanischen Aktionären von Columbia Pictures 3,4 Milliarden Dollar für das Privileg zahlte, die glanzlos gewordenen Filmstudios vor der wirtschaftlichen Flaute zu retten, erwarb es natürlich auch das Recht, »The Wizard of Oz« und viele andere Hollywood-Klassiker neu zu vermarkten. Doch der größte Wert von Columbia Pictures lag in seinen Beziehungen zu zahlreichen talentierten Leuten, darunter Peter Guber und Jon Peters, die, nachdem sie »Batman« und »Rain Man« produziert hatten, als das heißeste Team von Filmemachern in Hollywood gehandelt wurden. Guber und Peters waren jedoch weder leicht noch billig zu haben. Offenbar hatte sich das Produzentenpaar mit Columbia überworfen und war zum Konkurrenzunternehmen Warner Bros. gewechselt. Um also dieses dynamische Duo zurückzugewinnen, mußte sie Sony zunächst einmal aus dem Vertrag mit Warner Bros. freikaufen, sodann mit Guber und Peters einen Bombenhandel abschließen: ihre Produktionsgesellschaft für 55 Millionen Dollar kaufen, sich einverstanden erklären, ihnen und ihren Partnern über die nächsten fünf Jahre 2,75 Millionen Dollar jährlich zusätzlich zu zahlen, plus einen Anteil an den Studiogewinnen, plus Anteile an einem einmaligen 50-Millionen-Dollar-Bonus, plus einen Anteil an jedwedem Zuwachs im Veranlagungswert der Columbia Pictures. Angesichts von Sony und seinen kostspieligen amerikanischen Talenten erhebt sich von neuem die Frage: Wer hat nun wen gekauft? Der wertvollste Besitz von Columbia Pictures, das »menschliche Kapital«, ist weiterhin fest in amerikanischer Hand.

Kaufen Ausländer Amerikas Technologie auf? Müssen wir uns deswegen Sorgen machen? Wiederum gilt hier die gleiche Logik. Wenn sich ausländisches Geld und ausländische Strategie mit amerikanischer Problemlösung und -identifizierung verbinden, kommt für Amerika vielleicht etwas Besseres heraus als zuvor. Betrachten wir drei kleine amerikanische High-Tech-Firmen, die 1989 von Ausländern aufgekauft wurden: Nach zwölfjährigen Bemühungen erwarb die deutsche Siemens AG für 200 Millionen Dollar Arco Solar (eine Unternehmenstochter von Atlantic Richfield, der großen amerikanischen Ölgesellschaft), um zum weltweiten Marktführer in der Technologie der Photovoltaik zu werden; ohne die Garantie baldiger hoher Profite wollte Atlantic Richfield nicht noch mehr Geld in Arco Solar investieren. Ein Teil der Aktien der International Fuel Cells Corporation aus South Windsor (Connecticut), Weltführer in der Brennstoffzell-Technologie, wurde von den japanischen Firmen Toshiba und Tokyo Electric übernommen, nachdem die Muttergesellschaft, United Technologies, sich geweigert hatte, weiter Geld zuzuschießen. Und Materials Research, ein Halbleitergerätewerk aus Orangeburg (Bundesstaat New York), ging an Sony, nachdem das beste Angebot, das an der Wall Street zu bekommen war, immer noch weit unter dem Buchwert der Firma lag. Den Deutschen und den Japanern kann kein Vorwurf daraus gemacht werden, daß sie diese Käufe tätigten, da die amerikanischen Besitzer wild entschlossen waren zu verkaufen. Sollten uns diese Transaktionen also Sorge bereiten? Während sie uns gewiß als gute Beispiele für die Kurzsichtigkeit der finanziellen und strategischen amerikanischen Vermittler dienen können, sollten wir uns auch klarmachen, wer bei der Sache gewinnt und wer verliert.

Bei oberflächlicher Betrachtung scheint es, als kauften Ausländer führende amerikanische Technologien auf, und Amerika ginge dabei leer aus. Aber das stimmt nicht. Die Technologien gehen Amerika nicht verloren. Sehen wir uns Arco Solar, International Fuel Cells und Materials Research aus der Nähe an – was finden wir? Gruppen amerikanischer Problem-Löser und -Identifizierer – Wissenschaftler, Erfinder, Ingenieure, Absatzfachleute –, die potentiell wertvolle Kenntnisse darüber gesammelt haben, wie hochwirksame Solar- beziehungsweise Brennstoffzellen und Halbleitergeräte herzustellen sind. Durch den »Erwerb« haben die ausländischen Eigner dieses gesammelte Wissen nicht zerstört, noch haben die ausländischen Firmen diese Amerikaner versklavt und nach Deutschland oder Japan verschifft oder ihre Aufzeichnungen beschlagnahmt und in das jeweilige Mutterland geschickt. Diese Problem-Löser und -Identifizierer dachten nicht daran, die Vereinigten Staaten zu verlassen, und der potentielle Wert ihres Wissens steckt weiterhin in ihren Köpfen und nicht in Notizen. Diese Leute bleiben in den Vereinigten Staaten und arbeiten *dort* weiter an der Verbesserung ihrer Erfindungen.

Als einziges hat sich geändert, daß das meiste Geld, das sie für Laboratorien und Ausrüstung, für die Herstellung und Erprobung ihrer Erfindungen und für ihre Gehälter benötigen, aus Deutschland und Japan statt aus den Vereinigten Staaten kommt. Und vor allem kommt es ohne dauerndes Drängen auf kurzfristigen Profit. Nachdem zum Beispiel Materials Research von Sony übernommen worden war, fühlte sich der amerikanische Präsident der Firma endlich frei, langfristige Forschungen zu betreiben. »Ich brauche mich nicht mehr mit Vierteljahresgewinnen abzugeben«, sagte er erleichtert. »Ich kann Projekte ins Auge fassen, die zwei Jahre in Anspruch nehmen. Das ist das wahre Leben.«[26]

Natürlich werden es nun deutsche und japanische Investoren sein, die an den Gewinnen teilhaben, die die betreffenden Produkte eines Tages in aller Welt abwerfen werden, und nicht mehr die Aktionäre von Atlantic Richfield, United Technologies oder die Anleger in diversen Risikofonds. Weiterhin werden es einige wenige deutsche und japanische Strategen im Zentrum dieser Netzwerke und nicht mehr Amerikaner in den Unternehmenszentralen von Atlantic Richfield oder United Technologies sein, die das ihre tun werden, um in aller Welt geeignetes Personal für Herstellung, Vermarktung und Vertrieb der Erfindungen aufzuspüren.

Diese Transaktionen jedoch als Verlust amerikanischer Technologie zu betrachten hieße wieder einmal, in rudimentäres Denken zu verfallen. Der Hauptwert all dieser Technologien liegt in den Kenntnissen und Fertigkeiten, die nötig sind, um sie zu schaffen und zu verfeinern. Es sind weiterhin Amerikaner, die über diese Kenntnisse und Fertigkeiten verfügen, die Technologien weiterentwickeln und gut dafür bezahlt werden. Daß ein Teil des Profits jetzt an Aktionäre und Strategen außerhalb der Vereinigten Staaten geht, sollte Amerikaner nicht weiter beunruhigen. Amerikas Investoren und Strategen durchkämmen ebenfalls mit Eifer den Rest der Welt nach guten Investitionsmöglichkeiten und schließen Verträge mit Angehörigen aller Nationen, um neue Probleme zu identifizieren und zu lösen sowie standardisierte Massenproduktion zu betreiben.

Was bedeutet es dann also, amerikanische Technologie zu »verlieren«? Nicht, was man gemeinhin annimmt. Ständig gehen, in Form von Blaupausen, Codes, Spezifikationen und Anleitungen, Neuerfindungen von amerikanischen Laboratorien hinaus in alle Welt. Sie erreichen Konstruktionsbüros in Rom, Fertigungsstätten in Kuala Lumpur, Montagewerke in Hongkong und den Einzelhandel in London ebenso schnell, wie sie nach St. Louis gelangen. Dabei spielt es keine Rolle, wer – ob Japaner, Deutsche oder Amerikaner – die Firma »besitzt«. Die strategischen Vermittler von Arco Solar, International Fuel Cells und Materials Research schicken die Erfindungen dahin, wo sie jeweils am billigsten und besten hergestellt und vermarktet werden können. Neues Wissen wird schnell zum Bestandteil weltweiter Netzwerke.

Was zurückbleibt, sind die Kenntnisse und Fertigkeiten, die nötig sind, um *weiter* zu erfinden. Dies sind die wahren technologischen

Aktivposten einer Nation, die nur dann verloren sind, wenn sie unzureichend gefördert und entwickelt werden. Wären in den drei genannten Fällen nicht Ausländer zur Finanzierung und strategischen Vermittlung eingesprungen, hätte das gesammelte Wissen leicht vergeudet werden können.

Wenn ich behaupte, daß die Nationalität eines Unternehmens mit der Zeit keine Rolle mehr spielt, soll das ganz entschieden nicht heißen, daß in der Globalwirtschaft, auf die wir mit Windeseile zusteuern, nationale Wirtschaftsinteressen nicht mehr vorhanden oder nicht mehr von Belang wären. Beides ist strikt auseinanderzuhalten. Japaner, Südkoreaner, Taiwaner, Deutsche, Niederländer und viele andere sind sich ihrer nationalen Wirtschaftsinteressen durchaus bewußt, und wenn sie weiterhin jenseits ihrer Landesgrenzen investieren, so tun sie dies in dem Bestreben, Wohlstand und Sicherheit ihrer Bürger zu erhöhen. Entsprechend versucht auch jedes Land, den potentiellen Wert dessen zu erhöhen, was seine Bürger zu den weltweiten Unternehmensnetzen beitragen können.

Ein solches Bestreben sollte nicht als Bedrohung von Wohlstand und Sicherheit der Bürger Amerikas betrachtet werden. Im Gegenteil, diese Bemühungen tragen zum Gesamtreichtum der Welt bei, und Amerika sollte das gleiche lohnende Ziel verfolgen. Nur ist eben das amerikanische Unternehmen nicht mehr das zeitgemäße Mittel, dieses Ziel zu erreichen. Nationen können den Reichtum ihrer Bürger nicht mehr wesentlich dadurch vergrößern, daß sie »ihre« Unternehmen subventionieren, protegieren und sonstige profiterhöhende Maßnahmen ergreifen; der Zusammenhang von Unternehmensgewinnen und dem Lebensstandard eines Volkes wird immer brüchiger. Das folgende Kapitel soll helfen, den Unterschied zu verdeutlichen.

Die Gefahren des rudimentären Denkens

Wenn ich irgend etwas brauche, um meine Dividenden
auf gleicher Höhe zu halten, werdet ihr entdecken,
daß mein Wunsch eine nationale Notwendigkeit sei.

ANDREW UNDERSHAFT, in *Major Barbara*
von George Bernard Shaw (1905)

ZWEI PUNKTE MÖCHTE ICH NOCHMALS BETONEN. Erstens: Der Lebensstandard eines Volkes hängt immer mehr davon ab, was es zur Weltwirtschaft beiträgt – das heißt vom Wert seiner Kenntnisse und Fähigkeiten –, und immer weniger davon, was es besitzt – das heißt von der Rentabilität der Unternehmen, an denen es beteiligt ist. Zweitens: Die zur Problemlösung, Problemidentifizierung und strategischen Vermittlertätigkeit benötigten Fähigkeiten wachsen mit der Erfahrung. Die Praxis ist auch hier der beste Lehrmeister. Zusammengenommen ergeben beide Punkte eine schlichte Tatsache: Eine ausländische Firma (oder genauer gesagt eine Gruppe ausländischer Investoren und strategischer Vermittler), die zur Lösung und Identifizierung komplexer Probleme eine vertragliche Abmachung mit Amerikanern trifft, ist dem amerikanischen Volk viel nützlicher als eine amerikanische Firma, die zum gleichen Zweck mit Ausländern eine Vereinbarung trifft.

Dies mag eine schlichte Tatsache sein, doch weder die politischen Entscheidungsträger noch die Öffentlichkeit Amerikas scheinen sie bisher zur Kenntnis genommen zu haben. Nirgendwo ist die Macht der rudimentären Denkweise dermaßen offenkundig geworden wie im Washingtoner Beamtenapparat, der entschlossen scheint, ausländischen Besitz an amerikanischen Vermögenswerten zu beschränken und nur Unternehmen unter amerikanischer Flagge in den Genuß staatlicher Mittel kommen zu lassen. 1986 zum Beispiel verkündete Fujitsu, das große japanische Elektronikunternehmen, es wolle die Fairchild Semiconductor Corporation kaufen, eine der herausragenden High-Tech-Firmen von Silicon Valley. Weil Fairchild Geld brauchte, um konkurrenzfähig zu bleiben, hatten sich seine Manager an Fujitsu gewandt. Doch der geplante Kauf löste in Washington Entsetzen aus. Fairchilds Konstrukteure und Ingenieure stellten elektronische Hochgeschwindigkeits-Schaltkreise auf winzigen Silikonplättchen her, die zur Steuerung aller möglichen Waffensysteme eingesetzt wurden. Zwischen einem Drittel und der Hälfte der Fairchild-Produktion ging an amerikanische Rüstungsbetriebe. Deshalb sorgte man sich im Pentagon, daß durch den geplanten Verkauf kritische Technologien in die Hände der Japaner gelangen würden. Im Handelsministerium wiederum hatte man Bedenken, daß Fujitsu durch den Handel Zugriff auf analoge Chip-Technologien erhalten würde, die in vielen amerikanischen Erzeugnissen Verwendung finden, vom Auto bis zu Fernmeldegeräten, und dies zu einer Zeit, da das Land sowieso schon um seine internationale Konkurrenzfähigkeit bangte. So besorgt waren die Beamten der Reagan-Administration, daß sie – aller Marktöffnungsrhetorik zum Trotz – Fujitsu nahelegten, sich den Kauf noch einmal zu überlegen. Und Fujitsu war so höflich, sein Angebot zurückzuziehen.

Doch Höflichkeit hin – Höflichkeit her, diese Entscheidung war ein Fehler. Nicht nur hätte Fujitsu eine ergiebige Kapitalquelle für Fairchild abgegeben, sondern seine japanischen Ingenieure hatten denjenigen Fairchilds auch einiges Wissen in der Herstellung komplexer Speicherchips voraus – gerade die Herstellung leistungsfähiger Speicherchips war eine Fertigkeit, die bei den Fairchild-Ingenieuren noch entwicklungsbedürftig war. Die Übernahme hätte das gesammelte Wissen der Fairchild-Ingenieure nicht zerstört, sondern auf ideale Weise ergänzt. Die Nationalität der Besitzer hätte hier keine Rolle spielen dürfen. Ironischerweise war Fairchild damals gar keine »amerikanische« Firma mehr. Sie war bereits 1979 von Schlumberger, der französischen Ölfeld-Versorgungsfirma, gekauft worden.

Der Hauptgrund des Händeringens in Washington war die Besorgnis, Amerika könnte bei der Herstellung mikroelektronischer Vorrichtungen – die heutzutage nicht nur zentrale Bestandteile von

Waffensystemen, sondern auch von Kraftfahrzeugen, Fernsehgeräten und fast jedem sonstigen komplizierteren Gerät sind – von japanischen Firmen abhängig werden. Die gesamten 80er Jahre hindurch gingen von Hunderten von Ausschüssen und Gremien Warnungen vor Japans wachsender Stärke auf dem Gebiet der Mikroelektronik aus. Typisch dafür war ein Bericht des Nationalen Sicherheitsrats (National Security Council, NSC) vom April 1987, in dem vor der zunehmenden Abhängigkeit des amerikanischen Militärs von japanischen Firmen gewarnt und düstere Prognosen über die wirtschaftliche Zukunft Amerikas im allgemeinen getroffen wurden. »Zur Jahrhundertwende wird die Mikroelektronik mit Sicherheit größere direkte Auswirkungen auf die Produktionsleistung von Industrien haben, die unmittelbar zu etwa einem Viertel des Bruttosozialprodukts beitragen, und enorme Auswirkungen auf die militärischen Fähigkeiten, das gesamtwirtschaftliche Leistungsvermögen und den Lebensstandard des Landes. Hierzu gehören Kraftfahrzeuge, die industrielle Automation, Computersysteme, Rüstungs- und Raumfahrterzeugnisse, Fernmeldeeinrichtungen und zahlreiche Konsumgüter. ... Wenn die Vereinigten Staaten in diesen Industrien ihren Wettbewerbsvorteil verlieren, werden ihre Produktivität, ihr Lebensstandard und ihr Wachstum ernsthaften Schaden leiden.« Dem NSC-Report zufolge bestand die unmittelbare Gefahr darin, daß japanische High-Tech-Firmen neueste Chips und damit zusammenhängende Technologien amerikanischen Firmen, die von ihnen abhängig waren, vorenthalten und so »die Konkurrenzfähigkeit der Vereinigten Staaten auf fast jedem Gebiet der industriellen Fertigung behindern« könnten.[1]

Man beachte die verschwommene Logik. Als der Nationale Sicherheitsrat von »Japans« wachsender Stärke und dem Verlust der Konkurrenzfähigkeit der »Vereinigten Staaten« sprach, meinte er wahrscheinlich japanische und amerikanische Firmen. Wir erinnern uns jedoch, daß amerikanische Firmen mitunter die höchsten ihrer Hochtechnologien in Japan erforschen, entwickeln und fertigen, während japanische Firmen einen immer größeren Teil ihrer komplexen Tätigkeit in den Vereinigten Staaten erledigen. Folglich werden die Unterschiede zwischen beiden Ländern, was die Lokalisierung ihrer Arbeitskräfte in den verschiedensten Teilen der Welt und was die Art ihrer Tätigkeit betrifft, immer geringer. Gewiß ist es für Amerika »sicherer« – was den Zugriff auf kritische Technologien im Kriegsfall betrifft –, wenn Amerikaner lernen, komplexe Dinge auf amerikanischem Boden zustande zu bringen (selbst wenn die Firma, für die sie zufällig arbeiten, Japanern gehört), als wenn Ausländer lernen, komplexe Dinge auf ausländischem Boden zu tun (selbst wenn die Firma, für die sie arbeiten, Amerikanern gehört). Wenn die Vereinigten Staaten aus Gründen der nationalen Sicherheit eine kritische Technologie auf amerikanischem Boden haben wollen, so müßte der logische Schritt darin bestehen, daß man globale Unternehmensnetze dazu bringt, in den Vereinigten Staaten zu konstruieren und zu entwickeln – und nicht darin, ausländische Firmen oder Investoren von Amerika fernzuhalten.

Sollten sich die Vereinigten Staaten dennoch über die Möglichkeit den Kopf zerbrechen, daß eine in Amerika tätige ausländische Firma eine kritische Technologie zurückhalten könnte, wenn ihr die Regierung des Heimatlandes entsprechende Weisungen gibt? Die Regierungen in Europa wurden sich dieser Möglichkeit auf dramatische Weise bewußt, als die Reagan-Regierung 1982 in Reaktion auf die Ausrufung des Kriegsrechts in Polen den europäischen Tochtergesellschaften amerikanischer Firmen verbot, Verträge zum Bau einer Gas-Pipeline von der Sowjetunion nach Europa zu erfüllen. Das Risiko ist also da, wird aber beträchtlich eingeschränkt durch die Tatsache, daß sich kein globales Unternehmen einen Ruf der Unzuverlässigkeit wünscht. Die amerikanischen Tochtergesellschaften, die Washingtons Weisung damals folgten, mußten erleben, daß ihr Europageschäft in der Folgezeit erheblich absackte, da sich die Europäer anderen Lieferanten zuwandten, auf die sie sich auch in Notzeiten verlassen konnten. Auch andere amerikanische Unternehmensfilialen, die nicht von dem Verbot betroffen waren, wurden in Mitleidenschaft gezogen, denn die Möglichkeit, daß Washingtons Bann eines Tages auch sie treffen könnte, machte sie in den Augen der Europäer ebenso unzuverlässig. So erlitten denn amerikanische Unternehmen in Europa erhebliche Verluste, und der Reagan-Regierung war ein Großteil der Verantwortung dafür anzulasten. Derartige Folgen sind also eher ein Abschreckungsmittel für Regierungen, die ansonsten versucht sein könnten, die Kontrolle über weltweite Operationen der in ihren jeweiligen Ländern ansässigen Unternehmen an sich zu ziehen. Dadurch, daß sich die global operierenden Unternehmen immer mehr in dezentralisierte Netzwerke umwandeln, wird es darüber hinaus immer schwieriger für Regierungen, sich eine derartige Kontrolle zu sichern. Bei einem Filialunternehmen, das vermarktet und vertreibt, was seine Muttergesellschaft herstellt, ist das Abhängigkeitsverhältnis zur Unternehmenszentrale offensichtlich und die Anfälligkeit für ausländische Einflußnahme entsprechend groß; bei einer unabhängigeren Firma, die innerhalb eines Unternehmensnetzes tätig ist und Aufträge von strategischen Vermittlern im Zentrum des Netzes entgegennimmt, ist dies sehr viel weniger der Fall.[2]

Trotz alledem veranlaßten der zitierte NSC-Report und mehrere andere, die darauf folgten, den Kongreß im Jahr 1989, zur offiziellen Politik zu erheben, was bis dato nur ein informeller Widerstand gegen ausländischen Besitz an inländischen Betriebsmitteln gewesen war. Der »Omnibus Trade Act«, ein Mantelgesetz über den Außenhandel, das im selben Jahr in Kraft trat, erlaubte es der US-Regierung, den Erwerb von Mehrheitsbeteiligungen an amerikanischen Unternehmen durch ausländische Investoren zu blockieren. Ein hochrangiger Ausschuß zur Frage der ausländischen Investitionen in den Vereinigten Staaten, bestehend aus den Leitern von acht Bundesbehörden unter Vorsitz des Finanzministers, durfte von nun an befinden, daß ein geplanter Unternehmenskauf »die nationale Sicherheit zu beeinträchtigen« drohte.

Oberflächlich betrachtet, erscheint dieser Investitionshemmschuh nicht unvernünftig. Warum sollten hohe Regierungsbeamte keine Käufe abblocken, die die nationale Sicherheit gefährden? Geht man der Sache jedoch auf den Grund, sieht es schon wieder anders aus. Was bedeutet überhaupt »nationale Sicherheit«? Dazu schweigt sich der Kongreß aus. Im Prinzip opfert ein Land jedesmal ein wenig »Sicherheit«, wenn es sich in irgendeine Art Abhängigkeit von Ausländern begibt. Albanien, das sich gegen jeden Handel mit dem Westen sperrte und Geld, Technologie und alles andere, was die Welt zu bieten hat, grimmig verschmähte, war auf seine eigene Weise durchaus »sicher«. Andererseits jedoch transportierten die Bürger des Landes ihre Waren auf Ochsenkarren und lebten in Baracken. Völlige Sicherheit ist gleichbedeutend mit Autarkie. Doch eine solche Unabhängigkeit beraubt die Bürger einer Nation aller Vorteile einer wirtschaftlichen Interdependenz mit der Außenwelt. Beides zusammen kann man nicht haben.

Und auf welche Art von Beweismaterial soll der Ausschuß seine Entscheidung stützen? Darauf, wieviel Geld die Ausländer in eine riskante amerikanische Unternehmung zu stecken bereit sind, die amerikanische Financiers vermutlich bereits verschmäht haben? Oder darauf, wie erpicht Amerikaner auf diese Hilfe aus dem Ausland sind? Oder vielleicht darauf, wieviel reicher die Ausländer in dem Fall sein werden, daß das Unternehmen ein Erfolg wird? Wenn die ausländischen Investoren nicht bereits durch die Unwägbarkeit und Komplexität eines solchen Verfahrens abgeschreckt werden, dann bestimmt durch die Honorare, die sie Washingtoner Anwälten zahlen müssen, um dieses Spießrutenlaufen durchzustehen.[3]

Andere Nationen haben natürlich ebenfalls Barrieren gegen ausländische Investitionen errichtet, die auf ähnlich mißgeleiteten Auffassungen von nationaler Sicherheit und Unternehmens-»Besitz« in der Globalwirtschaft beruhen. Viele dieser Barrieren sind jedoch im Fallen begriffen. Anfang der 90er Jahre bewarben sich so verschiedene Länder wie Mexiko und China, die direkte Investitionen aus dem Ausland lange Zeit eingeschränkt hatten, regelrecht darum. Sogar Japans Mißtrauen gegenüber ausländischen Investoren begann – wenn auch langsam – aufzuweichen. Daß andere Länder sich selbst im Wege stehen, indem sie ausländische Investoren abschrecken, sollte jedenfalls kein Grund sein, ihrem Beispiel zu folgen.

DIE GLEICHE VERWIRRUNG haftet den Bemühungen der Regierung an, Amerika in den »Technologien der Zukunft« wie der Halbleitertechnologie und dem hochauflösenden Fernsehen (HDTV) voranzubringen. Die ganze Zeit nach dem Zweiten Weltkrieg war es das Pentagon, das amerikanischen Unternehmen bei der Entwicklung von neuen Technologien wie Düsentriebwerken, Flugwerken, Transistoren, integrierten Schaltkreisen, neuen Werkstoffen, Lasern und Glasfasern auf die Sprünge half. Diese stillschweigende, aber vorteilhafte Industriepolitik beschleunigte sich noch mit der machtvollen Aufrüstung Amerikas unter Reagan. Auch als wieder Tauwetter in den Ost-West-Beziehungen eintrat, blieb die Förderung von Spitzentechnologien durch das Pentagon eine der Haupteinnahmequellen der Industrie. Damit kommen das Pentagon und die 600 staatlichen Laboratorien, die mit ihm und dem Industrieministerium zusammenarbeiten, Japans wohlbekanntem Ministerium für internationalen Handel und Industrie sehr nahe.[4]

Dieses System funktionierte so lange ganz gut, wie Amerikas Unternehmen die amerikanische Wirtschaft repräsentierten. In den 50er, 60er, ja, noch in den 70er Jahren konnte man mit voller Berechtigung die technologischen Fortschritte amerikanischer Firmen mit der wirtschaftlichen Tüchtigkeit Amerikas gleichsetzen. Doch in den 80er Jahren brach die Gleichung zusammen, mit dem Ergebnis, daß die Subventionen, die jetzt amerikanischen Unternehmen für die Entwicklung neuer Technologien gewährt werden, immer weniger Einfluß darauf haben, welche Kenntnisse und Fertigkeiten sich Amerikaner aneignen.

Nehmen wir zum Beispiel die fingernagelgroßen Chips, auf die immer winzigere elektronische Schaltkreise geätzt werden. Ende der 80er Jahre stellten japanische Firmen weltweit die meisten Speicherchips her, was in amerikanischen Regierungsbehörden tiefste Beunruhigung auslöste.[5] Um Amerikas Fähigkeiten auf dem Gebiet der Chip-Herstellung zu stärken, beschlossen sie deshalb, Sematech, einem Konsortium amerikanischer Halbleiterfirmen, zusätzlich zu deren eigenen Ressourcen hundert Millionen Dollar jährlich zur Verfügung zu stellen, um dem neuesten Stand der Technik entsprechendes Gerät zur Herstellung der nächsten Chip-Generation zu entwerfen. Zu Sematech gehörten Texas Instruments, Motorola, IBM, AT&T und acht weitere Firmen; ausländische Unternehmen waren in diesem Kreis nicht erlaubt. »Wir müssen unsere technologische Führungsrolle wiedergewinnen«, erklärte ein Regierungsbeamter. Und der Präsident eines der an Sematech beteiligten Unternehmen verkündete: »Dies ist unsere letzte Chance. Wenn wir die Fähigkeit verlieren, in Amerika solches Gerät zu bauen, können wir einpacken.«[6]

Führt man sich diese Art der nationalen Politik vor Augen, so fällt einem unwillkürlich ein, was der Indianer Tonto seinem Freund, dem Lone Ranger, entgegnete, als dieser ausrief: »Wir sind [von Indianern] umzingelt!«, nämlich: »Was heißt hier ›wir‹?« Wenn Politiker oder Wirtschaftsbosse in Amerika das Pronomen »wir« benutzen, meinen sie damit gewöhnlich die amerikanischen Unternehmen. Wie wir jedoch bereits gesehen haben, verkörpern diese »uns« Amerikaner nur am Rande.

Noch während Sematech langsam in Fahrt kam, waren seine Mitglieder bereits dabei, an globalen Netzwerken zu stricken. Texas Instruments (oder, genauer gesagt, die Strategen in der TI-Weltzentrale) hatten beschlossen, für 250 Millionen Dollar ein neues Halbleiterwerk in Taiwan zu bauen, in dem 1991 bereits Vier-Megabit-Speicherchips und andere integrierte Schaltkreise hergestellt werden sollten. (Mit dem TI-Werk in Kywhyu gehörte Texas Instruments bereits zu den größten Halbleiterchip-Produzenten in Japan.) Außerdem hatte Texas Instruments sich mit Hitachi zwecks Entwicklung und Herstellung von »Superchips« zusammengetan, die in der Lage sein sollten, 16 Millionen Datenbits zu speichern. Währenddessen hatten sich die Strategen in der Hauptzentrale von Motorola entschlossen, Hilfe bei den Forschern und Konstrukteuren von Toshiba zu suchen, um eine zukünftige Generation von Chips zu entwickeln. Auch andere amerikanische Chiphersteller knüpften solche globalen Halbleiter-Verbindungen: AT&T mit NEC und Mitsubishi, Intel mit der NMB Semiconductor Company und der Matsushita Group, alle in Japan, und IBM mit Siemens in Deutschland.

Mit anderen Worten, Sematechs noblen nationalen Intentionen zum Trotz war das Konsortium in Wirklichkeit kaum mehr als eine lose Partnerschaft unter mehreren sich entwickelnden globalen Netzwerken, deren Zukunft nur wenig damit zu tun hatte, ob bei den Amerikanern zukunftsorientierte Fertigkeiten entwickelt würden. Selbst wenn Sematech ein glänzender Erfolg beschieden wäre, würden nur wenige Amerikaner in den Vereinigten Staaten moderne Chips herstellen.

Ironischerweise wurde gerade in der Warmlaufphase von Sematech die größte Fabrik für hochentwickelte Chips in den Vereinigten Staaten von einer japanischen Firma gebaut, der der Zutritt zu Sematech verwehrt worden war. Im Juni 1989 verkündete NEC, es werde für 400 Millionen Dollar eine Fertigungsanlage in Rosevale (Kalifornien) errichten, um dort Vier-Megabit-Speicherchips und andere hochtechnologische Komponenten herzustellen, die bisher nirgendwo produziert wurden.

Oder man denke an das hochauflösende Fernsehen (HDTV). Seit 1970 versuchen Hunderte japanischer Ingenieure, weit schärfere Fernsehbilder zu senden und zu empfangen, als es mit der bisherigen Technologie möglich war; Amerika hat sich die meiste Zeit nicht dafür interessiert. Erst seit 1988 reifte bei einigen Kongreßmitgliedern und hohen Regierungsbeamten der Entschluß, Amerika müsse sich kopfüber in das Projekt HDTV stürzen. Also begann das Pentagon, rund dreißig Millionen Dollar jährlich an Firmen zu verteilen, die sich an der Entwicklung beteiligen wollten. Sony (Japan), Philips (Holland) und Thompson (Frankreich) wären alle gern mit dabeigewesen, aber die Bush-Regierung weigerte sich, eine entsprechende Einladung auszusprechen. Handelsminister Robert Mosbacher bemerkte dazu, die Subventionen seien ausschließlich für amerikanische Firmen bestimmt. »Es ist eine Existenzfrage, daß *wir* bei dieser neuen Technologie an vorderster Front stehen«, erklärte er.[7]

Doch wiederum erhebt sich die Frage: Wen meinte Mosbacher mit »wir«? Selbst wenn eine amerikanische Version des hochauflösenden Fernsehens erfolgreich entwickelt würde, besteht kein

Grund zu der Annahme, daß viele der neuen Geräte auch in den Vereinigten Staaten konstruiert und gefertigt würden. 1989 war Zenith als einziger amerikanischer Fernsehgerätehersteller übriggeblieben. Zwar beschäftigte die Firma 2500 Amerikaner, doch wurden viele Geräte auch in Mexiko montiert.

Die amerikanischen Arbeitnehmer von Zenith waren freilich nicht die einzigen Amerikaner, die mit der Konstruktion und Montage von Fernsehgeräten befaßt waren. Tatsächlich waren es damals insgesamt 15 000. Nur, daß diese eben nicht bei einer amerikanischen Firma, sondern bei Sony, Matsushita, Philips und Thompson in Lohn und Brot standen. Philips zum Beispiel hatte ein 100-Millionen-Dollar-Werk in den Vereinigten Staaten errichtet, um HDTV-Komponenten zu bauen, und sich mit dem amerikanischen Fernsehsender NBC und dem französischen Fernsehgerätehersteller Thompson zusammengetan, um ein HDTV-System für Amerika zu entwickeln. Auch Matsushita hatte in den USA ein Forschungsinstitut für HDTV eingerichtet, und Sony entwickelte einen Prototyp in San Jose (Kalifornien). Gleichzeitig entwickelten mehrere tausend weitere Amerikaner modernste Computerchips für das japanische und das europäische HDTV-System; auch sie verkauften ihre Kenntnisse und Fertigkeiten direkt an Japaner und Europäer.

Die Pointe der Geschichte ist, daß viele Amerikaner zwar wertvolle Erfahrungen auf dem Gebiet der HDTV-Technologien sammelten, die sehr wohl als Grundlage einer zukünftigen HDTV-Technologie in Amerika dienen könnten – bei Lichte besehen, *bestand* Amerikas HDTV-Industrie aus ihren Kenntnissen und Fertigkeiten. Paradoxerweise jedoch konnte keiner dieser Amerikaner an dem Regierungsprogramm teilhaben, weil sie eben nicht für amerikanische Firmen arbeiteten.

POLITIKER SEHEN TECHNOLOGIE OFFENBAR als etwas an, was die Bürger eines Landes »besitzen« können wie Goldminen, Maschinen oder andere Sachwerte. »Unsere« Technologien zu fördern schien somit gleichbedeutend mit einer Vermehrung der Vermögenswerte amerikanischer Unternehmen, an welchem Ort der Welt sie auch immer ihre neuen Produkte entwickeln, konstruieren und vermarkten oder mit wem in aller Welt sie sich verbinden mochten, um sich derartige Dienstleistungen erbringen zu lassen. Die Politiker haben nicht verstanden, daß die wahren technologischen Aktiva eines Landes in der Fähigkeit seiner Bürger liegen, komplexe Zukunftsprobleme zu lösen – und diese Fähigkeit wiederum ergibt sich aus der beim Lösen der heutigen und gestrigen Probleme gesammelten Erfahrung. Deshalb hat das Land, auf Dauer gesehen, mehr davon, wenn NEC seine Produktion von Vier-Megabit-Chips nach Kalifornien verlegt, als wenn Texas Instruments, Motorola oder AT&T Betriebe in irgendeinem anderen Land eröffnen. Durch die Investition von NEC wird die technologische Erfahrung amerikanischer Ingenieure, Techniker und Fabrikarbeiter gefördert, durch die Eröffnung eines AT&T-Werkes in Spanien kaum. Gleiches gilt für das HDTV-Komponenten-Werk von Philips oder das HDTV-Forschungszentrum von Matsushita in Amerika.

Geld und Fabriken, Informationen, Maschinen und Firmensymbole sind örtlich ungebunden, die Besitzer von Wissen und Erfahrung international weit weniger. Den Politikern sollte nicht daran gelegen sein, amerikanischen Firmen zu helfen, aus neuen Technologien satte Gewinne zu erwirtschaften, sondern amerikanischen Bürgern, sich zu Technologie-Experten zu entwickeln. Es wäre demnach durchaus kein Fehler, Sony, Philips, Thompson, NEC oder sonst ein globales Unternehmen zu ermuntern, Amerikaner in der Entwicklung und Konstruktion von modernen Halbleitern, hochauflösenden Fernsehern, komplexen Flugzeugteilen und anderen futuristischen Exotika auszubilden. Sollen sie doch kommen – wir können die Ausbildung gebrauchen. Im gleichen Sinne sollten staatliche Subventionen für technologische Entwicklungen allen Unternehmen zugänglich gemacht werden, ungeachtet der Nationalität ihrer Aktionäre, solange die jeweilige Firma sich bereit erklärt, Forschung, Entwicklung und Herstellung in den Vereinigten Staaten zu betreiben und amerikanische Wissenschaftler, Ingenieure und Techniker dafür einzusetzen. Um den Zusammenhang noch deutlicher zu machen, könnte die Höhe der Subventionen von der Zahl der in Forschung, Entwicklung und Konstruktion eingesetzten Amerikaner abhängig gemacht werden.

Bei der immer wieder gehörten Forderung, andere Länder sollten ihre Märkte für amerikanische Firmen öffnen, herrscht der gleiche Wirrwarr. Periodisch droht der Handelsbevollmächtigte der USA mit Repressalien gegen eine Regierung, die sich weigert, ein »amerikanisches« Produkt ins Land zu lassen. Auf den ersten Blick erscheinen solche Drohungen plausibel. Warum sollen wir uns von irgend jemandem die Tür weisen lassen? Aber auch hier erhebt sich wieder die Frage: Wer ist »wir«? Handelsbevollmächtigte der amerikanischen Regierung sehen ihre Aufgabe darin, die Interessen von Firmen zu vertreten, die zufällig unter amerikanischer Flagge segeln – ohne Rücksicht darauf, wo sie tatsächlich produzieren. In Wirklichkeit aber kommt es weniger darauf an, ausländische Märkte für amerikanische Firmen zu öffnen, die ihre Waren werweißwo herstellen lassen, als darauf, sie für Firmen zu öffnen, die amerikanische Arbeitnehmer beschäftigen – selbst wenn diese Unternehmen in ausländischem Besitz sind.

Um nur ein Beispiel herauszugreifen: Anfang 1989 warf Carla Hills, US-Handelsrepräsentantin unter Präsident Bush, der japanischen Regierung vor, Motorola von dem lukrativen Tokioter Markt für Funktelefone und Funkrufempfänger (»Piepser«) auszusperren. Daraufhin lockerte Japan pflichtschuldig seine Handelsbeschränkungen. Das Kuriosum dabei war jedoch, daß von Mrs. Hills' harten Worten vor allem Ingenieure und Fabrikarbeiter in Kuala Lumpur (Malaysia) profitierten, wo Motorola viele seiner Piepser entwickeln und herstellen ließ und mehrere Komponenten für seine Funktelefone erwarb. Weitere Nutznießer waren die Aktionäre von Motorola, in den USA wie in anderen Ländern. Zwar waren auch diese Leute nicht unwert, von Mrs. Hills' Aufmerksamkeit bedacht zu werden; ihr ungewollter Einsatz für *deren* Wohl war gewiß löblich. Aber Mrs. Hills hätte besser daran getan, ihr knappes politisches Kapital für Firmen einzusetzen, die ihre Waren und Dienstleistungen auch wirklich in den Vereinigten

Staaten produzieren und dadurch Amerikanern praktisches Können vermitteln.

Während Mrs. Hills ihre Klagen vorbrachte, stellten in den Vereinigten Staaten Tausende von Amerikanern für den Export bestimmte Funktelefonkomponenten her. Einige der Komponenten, die sie entwickelten oder produzierten, fanden ihren Weg in Telefone, die schließlich auf dem Tokioter Markt verkauft wurden. Doch die Unternehmen, für die diese Amerikaner arbeiteten, interessierten Mrs. Hills nicht, weil sie japanische Namen trugen und größtenteils von Japan aus finanziert (und teilweise auch strategisch gelenkt) wurden – auch wenn durch sie mehr amerikanische Arbeitsleistung nach Japan exportiert wurde, als dies jemals durch Motorola geschehen würde, selbst wenn eines Tages alle Handelsschranken fielen.[8]

Wichtiger, als ausländische Exportschranken für amerikanische Unternehmen zu beseitigen, wäre es, Regierungen anderer Länder davon abzubringen, ausschließlich binnenwirtschaftlich fixierte Vorschriften gegen Arbeitsleistungen von Amerikanern zu erlassen. Solche Vorschriften veranlassen globale Unternehmen (solche in amerikanischem und in nichtamerikanischem Besitz gleichermaßen), mehr Arbeitsleistungen in diesen Ländern zu erbringen als, sagen wir, in den Vereinigten Staaten. Amerikanischen Firmen, die bereits im Ausland operieren, macht das wenig aus, aber viele Amerikaner verlieren dadurch die Chance auf einen Arbeitsplatz, der ihnen wertvolle Kenntnisse, Fertigkeiten und Erfahrungen vermitteln könnte. Eine EG-Richtlinie zum Beispiel, die es europäischen Fernsehsendern vorschriebe, die Ausstrahlung von nichteuropäischen Programmen einzuschränken, würde globale amerikanische Medienunternehmen nicht allzusehr treffen, die größtenteils bereits fest auf dem europäischen Markt verankert sind und eine ganze Reihe von kreativen Aufgaben an europäische Mitarbeiter delegiert haben. (1990 zum Beispiel baute Walt Disney ein Studio in der Nähe von London, und MTV leitete ein Gemeinschaftsunternehmen mit dem britischen Pressemagnaten Robert Maxwell in die Wege.) Doch würde eine derartige Richtlinie gewiß den Umfang amerikanischer Inputs in die Fernsehprogramme verringern, die von solchen in amerikanischem (oder japanischem oder europäischem) Besitz befindlichen globalen Medienunternehmen in Europa verkauft würden, das heißt die Möglichkeit, daß Amerikaner dem Welt-Entertainment-Markt Wert hinzufügen, wäre blockiert.

Natürlich stellt es ein Problem dar, wenn amerikanische Firmen keinen Zugang zu ausländischen Märkten haben. Für den amerikanischen Bürger ist es jedoch nur insofern ein existenzbedrohendes Problem, als sowohl amerikanische wie ausländische Firmen dazu gezwungen werden, innerhalb der ausländischen Märkte Produkte herzustellen, die sonst in den Vereinigten Staaten hergestellt worden wären. Wenn amerikanische Handelsbevollmächtigte Prioritäten aufstellen, wie sie ihren beschränkten politischen Einfluß am besten einsetzen sollen, um Außenhandelsbeschränkungen zu verringern, täten sie gut daran, weniger Aufmerksamkeit auf die Nationalität der Unternehmen und mehr Aufmerksamkeit auf die Arbeit zu verwenden, die in den betroffenen Unternehmen tatsächlich von Amerikanern verrichtet wird. Dieser Logik zufolge wäre eine Außenhandelsbarriere für in den Vereinigten Staaten hergestellte Ricoh-Kopierer den amerikanischen Interessen schädlicher als ein Einfuhrverbot für in Korea und Japan hergestellte Kodak-Kopierer.[9]

IM LETZTEN JAHRZEHNT DES 20. JAHRHUNDERTS hat der angebliche Zusammenhang zwischen der Rentabilität amerikanischer Unternehmen und der Konkurrenzfähigkeit Amerikas US-Regierungsbehörden zu einigen bemerkenswerten Ansichten verführt. Eine dieser Ansichten bestand darin, daß Amerika konkurrenzfähiger würde, wenn amerikanische Globalunternehmen desselben Industriezweiges sich zu gemeinsamer Produktion zusammenschlössen. So setzten sich Kongreß und Regierung 1990 für eine Lockerung der Antitrust-Gesetzgebung ein, um entsprechende Absprachen zwischen den Unternehmen zu ermöglichen. Dem Wirtschaftspolitischen Rat (Economic Policy Council) der Regierung zufolge sollte dieser Umschwung »den festen Willen der Regierung zum Ausdruck bringen, die Leistungs- und Konkurrenzfähigkeit Amerikas zu unterstützen«.[10] Auf den angeblichen logischen Zusammenhang zwischen gigantischen Zusammenschlüssen amerikanischer Firmen und der Leistungs- und Konkurrenzfähigkeit des Landes wurde jedoch nicht näher eingegangen. Nicht einmal die wortgewandten Direktoren der beiden größten Medienimperien des Landes konnten den Zusammenhang genau definieren, als sie dem Kongreß versicherten, daß der Zusammenschluß von Time Inc. und Warner Bros. vorteilhaft für Amerika sein werde. »Unsere Vereinigung wird Amerika besser in die Lage versetzen, mit ausländischen Medienunternehmen in Konkurrenz zu treten«, sagte der Direktor von Time Inc. zu den Kongreßabgeordneten, die dazu feierlich mit dem Kopf nickten.[11] Warum den Vereinigten Staaten gerade dieser Zusammenschluß nützlich sein sollte, im Vergleich zu dem Gewinn, den das Land aus der News Corporation des Briten Rupert Murdoch (bestehend aus 20th Century Fox, Fox Broadcasting, *TV Guide* und Harper & Row) oder dem deutschen Mediengiganten Bertelsmann (RCA Records und Bantam, Doubleday und Dell), oder Frankreichs Hachette (*Woman's Day* und Grolier's Encyclopedia), oder Sony (CBS Records und Columbia Pictures) gezogen hatte, bleibt ein Geheimnis. Amerikanische Schriftsteller, Redakteure, Dirigenten, Musiker und Kameraleute waren für alle diese Unternehmen ebenso tätig wie ihre ausländischen Kollegen.

Währenddessen brachten ansonsten vernünftige Leute ihre Empörung darüber zum Ausdruck, daß ausländische Firmen die Kühnheit besaßen, waschechte Amerikaner – darunter ehemalige Angehörige der US-Regierung – zu engagieren, um für sie in Washington zu antichambrieren. Als besonders verderblich wurden die diesbezüglichen Bemühungen japanischer Firmen empfunden. »An erster Stelle müssen Amerikaner darüber entscheiden, was in ihrem nationalen Interesse liegt. Aber die japanische Interessenkampagne macht [diese] Debatte unmöglich«, beklagte ein Leitartikler in *The New Republic*.[12] Der unausgesprochene Gedanke hinter dieser Empörung war, daß amerikanische Unternehmen die einzigen vertrauenswürdigen Teilnehmer an den politischen Debatten in

Washington seien – wohl weil deren Lobbyisten und Ex-Regierungsangehörige die Interessen von »uns« Amerikanern verträten.

Natürlich entfalten amerikanische Firmen im Ausland genau die gleichen lobbyistischen Aktivitäten. Der Vizepräsident für die Asien-Pazifik-Region des in Cleveland (Ohio) ansässigen Konzerns TRW (vormals Thompson Ramo Woolridge, Inc.) vermeldete stolz, das Unternehmen entwickele »ein ausgedehntes Netzwerk mit [japanischen] Politikern, politischen Beratern, politischen Korrespondenten und anderen mit der Regierung in Beziehung stehenden Persönlichkeiten, [mittels dessen die Firma] an der Erarbeitung von Gesetzesinitiativen und anderen politischen Maßnahmen im Interesse von TRW teilhaben [könnte]«.[13] Auf gut Deutsch gesagt: TRW nahm Einfluß auf die japanische Regierung. Andere amerikanische Firmen hatten sich sogar noch mehr bei der japanischen Regierung lieb Kind gemacht. 1990 saß der Präsident von IBM Japan im japanischen Industry Structural Council, der Japans Außenhandelsministerium in industriepolitischen Fragen berät.

Ironischerweise ließen sich die US-Behörden gerade dadurch, daß die politische Debatte in Washington so oft von amerikanischen Unternehmen beherrscht wurde, auf solch zweifelhafte Praktiken ein wie die Behinderung ausländischen Eigentumserwerbs in den Vereinigten Staaten, die auf »amerikanische« Firmen beschränkte Gewährung von Fördermitteln für Forschung und Entwicklung, die Aufforderung an andere Länder, ihre Märkte für von amerikanischen Firmen (nicht etwa von amerikanischen Arbeitnehmern) hergestellte Produkte zu öffnen, und die Genehmigung, daß amerikanische Firmen zu mächtigen globalen Konzernen fusionierten. Ein Heilmittel gegen all diese Possen bestünde darin, genau das Gegenteil dessen zu tun, was in diesem Zusammenhang empfohlen wurde: Statt die Stimmen ausländischer Unternehmen zum Schweigen zu bringen, sollten ihre Ansichten noch unüberhörbarer in die öffentliche Debatte geworfen werden. Eine noch wirkungsvollere Lösung wäre es, früheren Angehörigen der US-Regierung zu untersagen, bei ihren ehemaligen Behörden für ihre Klientel zu intervenieren, und zwar unabhängig von deren vermeintlicher Nationalität.

Die vorstehenden kritischen Äusserungen sind nicht als Trost für die Vertreter eines orthodoxen Laissez-faire gedacht, die da der Meinung sind, daß die Regierung überhaupt keine konstruktive Rolle bei der Verbesserung der wirtschaftlichen Zukunftsaussichten der Bürger spielen dürfe. Vielmehr ging es hier darum, aufzuzeigen, daß Bemühungen, die Rentabilität amerikanischer Unternehmen zu erhöhen, die falsche Strategie zur Erreichung dieses Zieles sind. Gewöhnt an frühere wirtschaftliche Gegebenheiten, als die Nationalität der Unternehmen tatsächlich noch eine Rolle spielte, hat die Politik bisher mehr darauf geachtet, wem was gehört, als darauf, welche Fertigkeiten sich die Arbeitskräfte welcher Nationalität aneignen. Um unsere Prioritäten wieder in die Reihe zu bringen, muß ein grundlegender Umdenkprozeß stattfinden. Das Problem liegt nicht darin, daß amerikanische Unternehmen unzureichend rentabel wären; es liegt vielmehr darin, daß viele Amerikaner nicht genügend Wert zur Weltwirtschaft beisteuern, um ihren Lebensstandard aufrechtzuerhalten oder zu verbessern. Diesem entscheidenden Punkt will ich mich nunmehr zuwenden.

TEIL III
Der Aufstieg des Symbol-Analytikers

Die drei Jobs der Zukunft

DIE ÜBLICHE DISKUSSION ÜBER DIE ZUKUNFT der amerikanischen Wirtschaft kreist um Themen wie die Konkurrenzfähigkeit von General Motors oder die der amerikanischen Kraftfahrzeugindustrie oder der amerikanischen Industrie allgemein oder, noch allgemeiner, der amerikanischen Wirtschaft überhaupt. Wie wir jedoch gesehen haben, werden diese Kategorien zunehmend irrelevant. Sie gehen von der fortdauernden Existenz einer amerikanischen Wirtschaft aus, in der Arbeitsplätze, die im Zusammenhang mit einem bestimmten Unternehmen, Industriesektor oder Wirtschaftszweig stehen, irgendwie innerhalb des Staates miteinander verknüpft sind und die amerikanische Arbeitnehmerschaft somit ein gemeinsames Schicksal teilt – und einen gemeinsamen Feind: Auf dem Schlachtfeld der Weltwirtschaft stehen unsere Unternehmen und unsere Arbeiter denen der anderen Länder unzweideutig gegenüber.

Doch diese Zeiten sind vorbei. In der im Entstehen begriffenen internationalen Wirtschaft stehen kaum noch amerikanische Unternehmen und Industrien im Konkurrenzkampf mit ausländischen Unternehmen und Industrien – wenn wir unter *amerikanisch* verstehen, wo Arbeit und Wertschöpfung stattfinden. Statt dessen bilden sich globale Netzwerke, die zwar vielleicht ihren Hauptsitz in den Vereinigten Staaten haben und sich dort auch überwiegend finanzieren, deren Forschungs-, Konstruktions- und Produktionseinrichtungen jedoch über Japan, Europa und Nordamerika verstreut sind, die in Südostasien und Lateinamerika weitere Produktionsstätten sowie auf allen Kontinenten Marketing- und Vertriebseinrichtungen unterhalten und deren Kreditgeber und Investoren außer in den Vereinigten Staaten auch in Taiwan, Japan und Deutschland sitzen. Dieses ökumenische Unternehmen konkurriert mit ähnlich ökumenischen Unternehmen, die ihren Hauptsitz in anderen Ländern haben. Dabei verlaufen die Fronten naturgemäß nicht mehr entlang den Staatsgrenzen.

Wenn also ein »amerikanisches« Unternehmen wie General Motors eine gesunde Rendite aufweist, ist das eine gute Nachricht für die Unternehmensstrategen in Detroit und die Aktionäre im ganzen Land. Es ist ebenfalls eine gute Nachricht für GM-Direktoren, -Beschäftigte, -Subunternehmer und -Investoren in aller Welt. Aber es ist nicht unbedingt eine gute Nachricht für eine ganze Reihe von Fließbandarbeitern in Detroit, denn von ihnen bleiben aller Wahrscheinlichkeit nach nicht mehr viele übrig, weder in Detroit noch sonstwo in Amerika. Auch ist es nicht unbedingt eine gute Nachricht für die wenigen Amerikaner, die in den Vereinigten Staaten noch am Fließband arbeiten, die ihre Lohntüten aber zunehmend von Unternehmen erhalten, die ihren Sitz in Tokio oder Frankfurt haben.

Ich will damit sagen, daß Amerika Teil eines internationalen Arbeitsmarktes wird, der Asien, Afrika, Lateinamerika, West- und zunehmend auch Osteuropa und die ehemalige Sowjetunion umfaßt. Die Konkurrenzfähigkeit der Amerikaner auf diesem weltumspannenden Arbeitsmarkt wird nicht vom Wohlergehen irgendeines amerikanischen Unternehmens oder von der amerikanischen Industrie abhängen, sondern von den Funktionen, die Amerikaner innerhalb des globalen Netzes erfüllen, das heißt, von dem Wert, den sie der Weltwirtschaft hinzufügen. In anderen Ländern vollzieht sich genau der gleiche Wandel, in einigen schneller, in anderen langsamer als in den Vereinigten Staaten, aber alle nehmen teil an dem grundlegend gleichen transnationalen Trend. Barrieren fallen; in jedem Land gibt es Personengruppen, die sich in globale Netzwerke einklinken. In wenigen Jahren wird sich praktisch keine Volkswirtschaft mehr von der anderen unterscheiden außer durch den Wechselkurs ihrer jeweiligen Währung – und selbst dieser Unterschied mag über kurz oder lang verschwinden.

Ohne die Vermittlung staatlicher Institutionen sind Amerikas Bürger dem internationalen Konkurrenzkampf noch stärker ausgesetzt als die Bürger anderer Länder. Lassen wir einmal die rudimentären Vorstellungen von der Wettbewerbsfähigkeit amerikanischer Unternehmen, der amerikanischen Industrie und der amerikanischen Wirtschaft beiseite und reden wir von der Konkurrenzfähigkeit des amerikanischen Arbeitskräftepotentials, so wird offenbar, daß Erfolg und Mißerfolg nicht von allen Bürgern im gleichen Maß geteilt werden können.

Manche Amerikaner, die auf den Weltmärkten höher bewertete Beiträge zur Weltwirtschaft leisten, werden erfolgreich sein, während andere, deren Beiträge als wesentlich geringer eingeschätzt werden, scheitern. Die amerikanischen GM-Manager könnten zum Beispiel an Konkurrenzfähigkeit noch zulegen, während die amerikanischen GM-Arbeiter an Konkurrenzfähigkeit verlieren, weil die Funktionen der Manager auf dem Weltmarkt höher bewertet werden als die der Arbeiter. Wenn wir also von der »Konkurrenzfähigkeit« der Amerikaner im allgemeinen sprechen, so kann die Rede nur davon sein, wieviel die Welt *im Durchschnitt* für von Amerikanern geleistete Dienste zu zahlen bereit ist. Einige Amerikaner mögen sehr viel höhere Vergütungen erzielen, andere sehr viel geringere. Amerikaner steigen und fallen nicht mehr gemeinsam, als säßen sie zusammen in einem großen nationalen Boot. Zunehmend sitzen wir in vielen verschiedenen kleineren Booten.

UM GENAUER ZU ERKENNEN, was mit amerikanischen Jobs geschieht, und um zu verstehen, warum die wirtschaftlichen Schicksale der Amerikaner auseinanderzustreben beginnen, müssen wir die Tätigkeiten, die sie verrichten, zunächst einmal in Kategorien einteilen, die ihren wahren wettbewerbsmäßigen Rang in der Weltwirtschaft widerspiegeln.

Die offiziellen Arbeitsplatzdaten der USA bewegen sich in Kategorien, die für unsere Zwecke nicht sehr hilfreich sind. Das US-Bundesamt für Statistik nahm seine Untersuchungen über Arbeitsplätze in Amerika im Jahre 1820 auf und entwickelte 1870 eine systematische Kategorisierung. 1943 wurde eine Unterteilung dieser Kategorien in verschiedene Ebenen eines »sozio-ökonomischen Status« eingeführt, unter anderem in Abhängigkeit von Prestige und Einkommen, die mit dem jeweiligen Arbeitsplatz verbunden sind. Zur besseren Abgrenzung teilte das Bundesamt alle

Arbeitsplätze zunächst einmal in »Business Class« und »Working Class« ein – die gleichen übergeordneten Kategorien, die die Lynchs für ihre Middletown-Studie verwendet hatten – und teilten diese dann in verschiedene Unterkategorien auf.[1] 1950 fügte das Bundesamt noch die Kategorie »Dienstleistungstätigkeiten« hinzu und nannte das so entstandene Schema Amerikas »Hauptberufsgruppen«, wobei es bis heute geblieben ist. Sämtliche nachfolgenden Untersuchungen basierten auf diesen einmal aufgestellten Kategorien, und sogar noch 1990 war man entweder »unternehmerisch oder freiberuflich tätig«, arbeitete in »Produktion, Verkauf oder Verwaltung«, übte einen »Dienstleistungsberuf« aus, war als »ungelernte Arbeitskraft« beschäftigt oder mit »Transport und Materialbewegung« befaßt.

Diese Einteilung war sinnvoll, solange sich die Gesamtwirtschaft an der standardisierten Massenproduktion orientierte, in der jeder Arbeitsplatz mehr oder minder dem Bereich des amerikanischen Kernunternehmens zuzuordnen war, und solange gesellschaftliche Stellung und Einkommen von der Einstufung in der Standard-Unternehmensbürokratie abhingen. Doch haben diese Kategorien nicht mehr viel mit der Stellung des Amerikaners im internationalen Wettbewerb zu tun, seitdem sich die amerikanischen Kernunternehmen zusehends in feingesponnene globale Netzwerke verwandeln. Jemand, dessen Job offiziell in eine Unterkategorie von »Produktion oder Verkauf« fällt, mag in Wirklichkeit einer der bestbezahlten und einflußreichsten Leute in solch einem Netzwerk sein. Um die wahre Stellung der Amerikaner im globalen Wettbewerb deutlich zu machen, müßten deshalb erst einmal völlig neue Kategorien geschaffen werden.[2]

Im wesentlichen kristallisieren sich drei Hauptkategorien heraus, entsprechend drei verschiedenen Wettbewerbssituationen, in denen sich amerikanische Arbeitnehmer befinden können. Die gleichen Kategorien bilden sich auch in anderen Ländern heran. Nennen wir sie »routinemäßige Produktionsdienste«, »kundenbezogene Dienste« und »symbolanalytische Dienste«.

Routinemäßige Produktionsdienste umfassen die monotonen Tätigkeiten, die im Unternehmen der Massenproduktion von den »Fußsoldaten« des amerikanischen Kapitalismus erledigt wurden. Sie bestehen aus sich ständig wiederholenden Handlangungen und bilden die Stufen auf dem Weg zum Fertigerzeugnis, mit dem sich auf dem Weltmarkt Handel treiben läßt. Zwar werden sie häufig mit den traditionellen »Blue Collar«-Jobs gleichgesetzt, doch fallen hierunter auch die routinemäßigen Aufsichtstätigkeiten, wie sie von Managern der unteren und mittleren Ebene – Vorarbeitern, Produktmanagern, Bürovorstehern und Abteilungsleitern – ausgeübt werden, die die Arbeit der Untergebenen routinemäßig kontrollieren und die Einhaltung standardmäßiger Fertigungsvorgaben überwachen.

Routinemäßige Produktionsdienste finden sich vielerorts in einer modernen Wirtschaft, ganz abgesehen von den »alten« Schwerindustrien (die, wie auch ältere Herrschaften, mit dem feineren und weniger endgültigen Beiwort »reif« belegt werden). Sie finden sich sogar im Glitter und Glanz der Hochtechnologie. Es gibt zum Beispiel kaum eine langweiligere Tätigkeit, als Computer-Boards zu bestücken oder Routinecodierungen für Software-Programme zu erstellen.

Tatsächlich lautet – im Widerspruch zu den Propheten des »Informationszeitalters«, die einen Überfluß an hochbezahlten Jobs sogar für Leute mit einfachsten Ausbildungsvoraussetzungen voraussagten – die ernüchternde Wahrheit, daß selbst zahlreiche Arbeitsplätze bei der Datenverarbeitung mit Leichtigkeit in diese Kategorie fallen. Die Fußsoldaten der Informationswirtschaft sind Horden von Datenverarbeitern, die in »Hinterzimmern« an weltweit mit Datenbanken verbundenen Computer-Terminals sitzen, Daten eingeben und sich ausgeben lassen: Listen von Kreditkartenkäufen und -zahlungen, Kreditauskünfte, Scheckabrechnungen, Kundenkonten und -korrespondenz, Lohnabrechnungen, Fakturierung von Krankenhauskosten, Krankenblätter, ärztliche Honorarforderungen, Gerichtsurteile, Abonnentenlisten, Personalunterlagen, Büchereikataloge und so weiter. Die »Revolution der Information« mag einige von uns vielleicht produktiver gemacht haben, sie hat aber auch Berge von Rohdaten geschaffen, die größtenteils auf die gleiche monotone Weise verarbeitet werden müssen, wie Fließbandarbeiter und vor ihnen Textilarbeiter Berge von anderen Rohmaterialien bearbeiteten.

In der Routineproduktion verrichten üblicherweise viele Menschen in einem großen geschlossenen Raum gemeinsam die gleiche Tätigkeit. Dabei haben sie vorgegebenen Standardprozeduren und systematischen Richtlinien zu folgen, und bis hin zu den Vorarbeitern werden sie von Leuten beaufsichtigt, die routinemäßig überwachen – oftmals mit Hilfe von Computern –, wieviel sie schaffen und wie genau sie ihre Arbeit verrichten. Ihr Lohn richtet sich entweder nach der eingesetzten Zeit oder nach der geleisteten Arbeit. Routinearbeiter müssen gewöhnlich in der Lage sein, zu lesen und einfache Berechnungen durchzuführen. Ihre Kardinaltugenden sind jedoch Zuverlässigkeit, Loyalität und die Fähigkeit, Anleitungen entgegenzunehmen. Für diese Zwecke reicht normalerweise eine auf den traditionellen Prämissen des amerikanischen Schulwesens beruhende Standard-Schulbildung.

Im Jahre 1990 bestand etwa ein Viertel der von Amerikanern besetzten Arbeitsplätze aus Routinetätigkeiten in der Produktion, bei fallender Tendenz. Die in der Metallindustrie Beschäftigten waren zumeist weiß und männlich; wer mit Textilien, Leiterplatten oder Information zu tun hatte, war zumeist schwarz oder hispanisch und weiblich, seine Vorgesetzten waren weiß und männlich.[3]

Kundenbezogene Dienste, die zweite Arbeitskategorie, bestehen ebenfalls aus einfachen, stereotypen Tätigkeiten. Wie in der Routineproduktion errechnet sich auch hier der Arbeitslohn entweder aus der Zahl der Arbeitsstunden oder aus der Menge der geleisteten Arbeit; wer dieser Tätigkeit nachgeht – nennen wir sie der Kürze halber die »Dienstleistenden« –, wird ebenfalls streng beaufsichtigt (auch die Aufsichtführenden stehen unter Aufsicht) und braucht keine besondere Schulbildung genossen zu haben (ein High-School-Abschluß oder etwas Gleichwertiges sowie eine praktische Berufsausbildung genügen).

Der große Unterschied zwischen Dienstleistenden und Routinearbeitern besteht darin, daß die Leistungen ersterer von Person zu Person erbracht und deshalb nicht weltweit vermarktet werden. (Dienstleistende können natürlich für Globalunternehmen tätig sein. Zwei Beispiele: 1988 erwarb die britische Firma Blue Arrow PLC die Manpower Inc., die in den gesamten Vereinigten Staaten Wachdienste vermittelt. Zu dieser Zeit beschäftigte die dänische Firma ISS-AS in den meisten amerikanischen Großstädten bereits 16 000 Amerikaner in der Gebäudereinigung.) Dienstleistende stehen in direktem Kontakt zu den letztlichen Nutznießern ihrer Tätigkeit; anstelle von Metall-, Textilien- oder Zahlenströmen sind die unmittelbaren Objekte ihrer Tätigkeit bestimmte Kundenkreise. Dienstleistende arbeiten allein oder in kleinen Gruppen. Zu dieser Kategorie gehören Einzelhandelsverkäufer(innen), Kellner(innen), Hotelangestellte, Hauswarte, Kassierer(innen), Krankenschwestern und -pfleger, Säuglings- und Altenpfleger(innen), Kindergärtner(innen), Hauspflegekräfte, Hausangestellte, Taxifahrer, Sekretärinnen, Friseure und Friseusen, Automechaniker, Verkäufer von Wohngrundstücken, Stewards und Stewardessen, Heilgymnastiker(innen) und – ein Beruf mit enormen Zuwachsraten – Wachpersonal.

Dienstleistende haben ebenso pünktlich, zuverlässig und folgsam zu sein wie Routinearbeiter. Doch vielen Dienstleistenden ist eine weitere Voraussetzung gemeinsam: Von ihnen wird eine gepflegte äußere Erscheinung verlangt. Sie müssen lächeln und Zuversicht und gute Laune ausstrahlen, auch wenn ihnen selbst nicht danach zumute ist. Sie müssen höflich und hilfsbereit sein, selbst den unangenehmsten Kunden gegenüber. Vor allem aber müssen sie es verstehen, andere in einen Zustand der Zufriedenheit und Entspannung zu versetzen. Da dürfte es niemanden mehr überraschen, daß traditionell die meisten Dienstleistungsstellen mit Frauen besetzt sind. Das kulturbedingte Klischee von der Frau als Nährerin und Mutter hat ihr viele Berufe auf dem Dienstleistungssektor geöffnet.[4]

1990 gehörten etwa dreißig Prozent der von Amerikanern ausgeübten Berufe dem Dienstleistungssektor an, bei stark steigender

Tendenz. Beverley Enterprises zum Beispiel, eine in den gesamten Vereinigten Staaten tätige private Pflegeheimkette, beschäftigte in etwa die gleiche Anzahl von Amerikanern wie die gesamte Chrysler Corporation (nämlich 115 174 gegenüber 116 250) – wenn sich auch die amerikanische Öffentlichkeit bei letzterer weit besser auskennt, bis hin zur Privatmeinung des Vorstandsvorsitzenden. In den Vereinigten Staaten wurden während der 80er Jahre weit mehr als drei Millionen *neue* Kundendienstarbeitsplätze durch Imbißstuben, Bars und Restaurants geschaffen. Das war mehr als die am Ende des Jahrzehnts in Amerika noch verbliebenen Arbeitsplätze in der Automobil-, Stahl- und Textilindustrie zusammengenommen.[5]

Symbolanalytische Dienste, die dritte Kategorie, schließen all jene Aktivitäten der Problemlösung, -identifizierung und strategischen Vermittlung ein, die wir in den vorhergehenden Kapiteln untersucht haben. Wie die »routinemäßigen Produktionsdienste«, jedoch anders als die »Dienstleistungen« können symbolanalytische Dienste weltweit gehandelt werden und müssen sich deshalb auch auf dem amerikanischen Markt dem Wettbewerb mit ausländischen Anbietern stellen. Doch sie fließen nicht als standardisierte Produkte in den Welthandel ein. Es werden vielmehr manipulierte Symbole gehandelt: Daten, Wörter, akustische und visuelle Darstellungen.

In diese Kategorie fallen die Problemlösungs-, -identifizierungs- und strategischen Vermittlungstätigkeiten vieler Leute, die sich Forschungswissenschaftler, Design-, Software- und Bauingenieure, Biotechnologen, Toningenieure, PR-Manager, Investment-Banker, Anwälte, Baulanderschließer nennen; auch ein paar kreative Bilanzbuchhalter befinden sich darunter. Des weiteren gehört ein Großteil der Tätigkeiten dazu, die von Management-, Finanz-, Steuer-, Energie-, Landwirtschafts-, Rüstungs- und Architekturberatern, Spezialisten auf den Gebieten Information von Führungskräften und betriebliche Entwicklung, von strategischen Planern, Personalvermittlern und Kostenanalytikern ausgeübt werden. Ferner: Werbemanager und Marketing-Strategen, Chefgrafiker, Architekten, Kameraleute, Cutter, Produktionsdesigner, Verleger, Schriftsteller und

Lektoren, Journalisten und Redakteure, Musiker, Fernseh- und Filmproduzenten und sogar Universitätsprofessoren.

Symbol-Analytiker lösen, identifizieren und vermitteln Probleme, indem sie Symbole manipulieren. Sie reduzieren die Wirklichkeit auf abstrakte Bilder, die sie umarrangieren, mit denen sie jonglieren und experimentieren, die sie an andere Spezialisten weiterreichen und die sie schließlich zurück in die Wirklichkeit verwandeln können. Die Manipulationen werden vorgenommen mit analytischen Werkzeugen, geschärft durch Erfahrung. Diese Werkzeuge können sein: mathematische Algorithmen, juristische Argumente, Finanztricks, wissenschaftliche Regeln, psychologische Kenntnisse darüber, wie man Leute überzeugt oder zum Lachen bringt, Induktions- und Deduktionsgefüge oder sonstige Techniken des Umgangs mit Begriffen und Symbolen.

Manchmal findet man aufgrund solcher Manipulationen heraus, wie und wo Gelder oder sonstige Ressourcen effizienter eingesetzt oder auch Zeit und Energie gespart werden können. Andere Manipulationen ergeben völlig neue Erfindungen – technologische Wunder, innovative juristische Beweisführungen, neue Werbetricks, um die Leute davon zu überzeugen, daß etwas, das ursprünglich nur Zeitvertreib war, plötzlich lebensnotwendig geworden ist. Wiederum andere Manipulationen – im Bereich von Ton, Wort und Bild – dienen dazu, ihre Empfänger zu unterhalten oder sie zu tieferem Nachdenken über ihr Leben oder die menschliche Existenz zu bewegen. Manche Manipulationen dienen auch einfach dazu, Leuten das Geld aus der Tasche zu ziehen, die zu schwerfällig oder naiv sind, um diesen Manipulationen eigene Manipulationen zum Selbstschutz entgegenzusetzen.

Wie die Routinearbeiter kommen auch die Symbol-Analytiker selten in direkten Kontakt mit den letztlichen Nutznießern ihrer Tätigkeit. In anderer Beziehung unterscheidet sich ihr Arbeitsleben jedoch sehr von dem der Routinearbeiter. Symbol-Analytiker haben zumeist eher Partner oder Mitarbeiter als Bosse oder Aufseher. Ihre Gehälter mögen von Zeit zu Zeit variieren, stehen jedoch in keinem direkten Bezug zu der investierten Arbeitszeit oder dem quantitativen Ergebnis ihrer Tätigkeit. Vielmehr hängt ihr Einkommen von der Qualität, Originalität, Geschicklichkeit und gelegentlich auch Schnelligkeit ab, mit der sie neue Probleme lösen, identifizieren oder vermitteln. Ihre Karrieren verlaufen weder linear noch hierarchisch; selten erklimmen sie auf vorgezeichneten Wegen immer höhere Verantwortungs- und Einkommensstufen. Vielmehr können Symbol-Analytiker bereits in relativ jungen Jahren zu großer Verantwortung und maßlosem Reichtum gelangen, können ihres Einflusses und Einkommens allerdings auch rasch wieder verlustig gehen, wenn sie nämlich nicht mehr imstande sind, aus ihrer kumulativen Erfahrung heraus zu weiteren Innovationen zu gelangen.

Symbol-Analytiker arbeiten oft allein oder in kleinen Teams, die mit größeren Organisationen, auch weltweiten Netzwerken, im Verbund stehen können. Teamwork ist oftmals ein entscheidender Faktor. Da weder Probleme noch Lösungen im voraus definiert werden können, wird durch häufige informelle Gespräche sichergestellt, daß Erkenntnisse und Entdeckungen die bestmögliche Anwendung finden und einer schnellen kritischen Bewertung unterzogen werden.[6]

Wenn sie sich nicht gerade mit ihren Teamkollegen beraten, sitzen Symbol-Analytiker vor ihren Computer-Terminals, prüfen Wörter und Zahlen, bewegen und ändern sie, probieren neue Wörter und Zahlen aus, formulieren und testen Hypothesen, gestalten Designs und entwerfen Strategien. Auch verbringen sie zahlreiche Stunden in Konferenzen und am Telefon, noch mehr Stunden im Flugzeug und Hotel, wobei sie beraten, präsentieren, informieren und Geschäfte abschließen. Periodisch liefern sie Berichte, Pläne, Entwürfe, Skizzen, Memoranden, Layouts, Ausführungen, Manuskripte oder Projektionen ab, aus denen sich dann die Notwendigkeit weiterer Konferenzen ergibt, um abzuklären, was da im einzelnen vorgeschlagen wurde, und um sich darüber zu einigen, wie und von wem die Sache zu bewerkstelligen sei und wieviel es kosten wird. Die Endproduktion ist oft der leichteste Teil der Übung. Der größte Zeit- und Kostenaufwand (und somit der effektive Wert) entsteht bei der Konzeptualisierung des Problems, bei der Lösungsfindung und bei der Planung der Ausführung.

Die meisten Symbol-Analytiker haben einen Hochschulabschluß, oft mit einem Diplom verbunden. Die große Mehrheit ist männlich und weiß, doch der Frauenanteil wächst zusehends, und auch eine kleine, langsam wachsende Minderheit von Schwarzen und *Hispanics* befindet sich unter ihnen. Alles in allem bilden die Symbol-Analytiker gegenwärtig nicht mehr als einen zwanzigprozentigen Anteil an der Gesamtzahl der Beschäftigten in den Vereinigten Staaten. Der Anteil der Arbeitnehmer, die in diese Kategorie fallen, stieg seit den 50er Jahren zunächst rasch an (nach meinen Berechnungen konnten zur Jahrhundertmitte allenfalls acht Prozent der amerikanischen Arbeitnehmer als Symbol-Analytiker bezeichnet werden), doch trat in den 80er Jahren eine beträchtliche Verlangsamung ein – wobei allerdings manche symbolanalytische Arbeitsplätze, zum Beispiel auf dem juristischen Sektor und im Investitionsgeschäft, wie Pilze aus dem Boden schossen. (Ich werde später darauf zurückkommen.)[7]

DIESE DREI FUNKTIONELLEN KATEGORIEN decken mehr als drei Viertel der Arbeitsplätze in den USA ab. Der Rest sind Farmer, Bergleute und andere im Bereich der Ausbeutung von Bodenschätzen Beschäftigte, die zusammen weniger als fünf Prozent des Arbeitsmarktes ausmachen, sowie Angehörige des Staatsdienstes (darunter Lehrer an öffentlichen Schulen), Beschäftigte der Versorgungsbetriebe und im Sold des Staates stehende Arbeitnehmer (zum Beispiel Ingenieure, die an Waffensystemen für die Verteidigung arbeiten, und in der öffentlichen Gesundheitsfürsorge beschäftigte Ärzte), die fast alle vom globalen Wettbewerb abgeschirmt sind.

Manche der traditionellen Arbeitsplatzkategorien – Management, Büro, Verkauf und so weiter – überschneiden sich mit diesen funktionellen Kategorien. Dabei sollte hervorgehoben werden, daß die traditionellen Kategorien aus einer Zeit stammen, da die meisten Arbeitsplätze ebenso standardisiert waren wie die Produkte, zu deren Herstellung sie beitrugen. Derartige Kategorien sagen heutzutage nicht mehr viel darüber aus, womit jemand an seinem Arbeitsplatz tatsächlich befaßt ist und wieviel er dabei verdient. Nur ein Teil der Arbeitnehmer zum Beispiel, die als »Sekretärinnen« klassifiziert sind, beschränken sich strikt auf Routinetätigkeiten wie die Eingabe und Entnahme von Daten am Computer. Andere »Sekretärinnen« stellen auch kundenbezogene Dienstleistungen bereit, indem sie Termine vereinbaren und Kaffee servieren. Eine dritte Gruppe von »Sekretärinnen« leistet symbolanalytische Arbeit in enger Anlehnung an die Tätigkeit ihrer jeweiligen Chefs. Sie alle als »Sekretärinnen« zu bezeichnen täuscht über ihre sehr unterschiedlichen Funktionen innerhalb der Gesamtwirtschaft hinweg. In ähnlicher Weise können »Verkaufstätigkeiten« in jede der drei funktionellen Kategorien fallen: Manche Verkäufer erfüllen lediglich Quoten und führen Bestellungen aus; andere verbringen viel Zeit mit Kundendienstleistungen wie der Instandhaltung von Maschinen; und eine dritte Gruppe besteht aus erfahrenen Problem-Identifizierern, die sich in nichts von hochbezahlten Managementberatern unterscheiden. Sogar bei den »Computerprogrammierern« (eine der jüngsten Ergänzungen auf der Standard-Berufsliste) ist das keineswegs anders: Sie können an Routine-Codierungen arbeiten, sich im Kundendienst der Störungsbeseitigung widmen oder komplexe funktionelle Spezifikationen in Software umsetzen.

Daß eine Arbeitsplatzkategorie offiziell als »Fach«- oder »leitende« Tätigkeit klassifiziert wird, hat wenig mit der Funktion zu tun, die der Stelleninhaber im Rahmen der Weltwirtschaft tatsächlich erfüllt. Das heißt, nicht alle Fachleute sind Symbol-Analytiker. Manche Anwälte verbringen ihr gesamtes Berufsleben mit Dingen, die normale Sterbliche als unerträglich monoton empfinden würden: Sie setzen immer und ewig die gleichen Testamente, Verträge und Scheidungsklagen auf, nur die Namen ändern sich. Manche Wirtschaftsprüfer und Bilanzbuchhalter führen Revisionen durch, ohne jemals ihre Großhirnrinde dabei in Aktion treten zu lassen. Bei manchen Managern beschränkt sich die Tätigkeit darauf, morgens zu kontrollieren, wer zur Arbeit erscheint, darauf zu achten, daß niemand während der Arbeitszeit mal eben verschwindet, und abends den Laden dichtzumachen. (Ich habe sogar von Universitätsprofessoren gehört, die dreißig Jahre lang immer die gleichen Vorlesungen gehalten haben sollen, lange nachdem ihr Gehirn bereits ausgetrocknet war, doch solche Geschichten glaube ich nicht.) Keiner dieser Fachleute ist ein Symbol-Analytiker.[8]

Andererseits sind auch nicht alle Symbol-Analytiker Fachleute. In der Massenwirtschaft früherer Zeiten war ein »Fachmann« jemand, der ein bestimmtes Wissensgebiet beherrschte. Das Wissen existierte bereits, zwischen verstaubte Buchdeckel gepreßt oder in exakte Regeln und Formeln gepaßt, und wartete nur darauf, beherrscht zu werden. Nachdem die Novizen das Wissen pflichtschuldig absorbiert und dies mittels einer Prüfung auch nachgewiesen hatten, wurde ihnen der Status des Fachmanns oder Akademikers automatisch verliehen – zumeist umrahmt von einer Zeremonie mit mittelalterlichem Gepränge und Kostümen. Daraufhin war der Fachmann befugt, ein paar Buchstaben vor seinen Namen zu setzen, sich ein Diplom an die Bürowand zu hängen, seiner Fachvereinigung beizutreten, an deren von der Steuer absetzbarem Jahrestreffen in Palm Springs (Florida) teilzunehmen und sich mit einem Mindestmaß an unverhohlener Geldgier auf Kundenjagd zu begeben.

In der neuen Wirtschaft jedoch – die voller unidentifizierter Probleme, unbekannter Lösungen und unversuchter Mittel und Wege steckt – reicht die Beherrschung der klassischen Wissensdomänen nicht mehr annähernd aus, ein gutes Einkommen zu garantieren. Und vor allem ist sie nicht einmal mehr nötig. Symbol-Analytiker können sich oftmals Wissensinhalte mit einem Tastendruck auf den Computerbildschirm holen. Tatsachen, Vorschriften, Formeln und Richtlinien sind jederzeit abrufbar. Viel wichtiger ist die Fähigkeit, das Wissen effizient und kreativ *einzusetzen*. Der Besitz eines Fachdiploms ist keine Garantie für eine solche Fähigkeit. In der Tat kann sich eine Fachausbildung, in der selbständiges Denken durch das reine Auswendiglernen von Fakten ersetzt wurde, im späteren Leben eher nachteilig auf diese Fähigkeit auswirken.

WIE BESCHREIBT EIN SYMBOL-ANALYTIKER denn nun selbst seine Tätigkeit? Das fällt ihm keineswegs leicht. Weil sein Status, Einfluß und Einkommen wenig mit einem offiziellen Rang oder Titel zu tun haben, mag seine Tätigkeit Leuten mysteriös erscheinen, die außerhalb des Unternehmensnetzwerks arbeiten und mit der tatsächlichen Funktion des Symbol-Analytikers innerhalb des Netzwerks nicht vertraut sind. Und weil die Symbol-Analyse eher etwas mit Denk- und Kommunikationsprozessen als mit eigentlicher Produktion zu tun hat, mag es etwas schwerfallen, die Tätigkeit mit einfachen Worten zu umschreiben. Manche Symbol-Analytiker haben deshalb Zuflucht zu Titeln genommen, die zwar auch nicht gerade zur Aufklärung beitragen, sich aber wenigstens so anhören, als verliehen sie dem Träger Unabhängigkeit und Autorität. Die alten Hierarchien brechen auf, aber schon erscheinen neue linguistische Idiome, die die altehrwürdige Titel-als-Status-Tradition fortführen.

Eine kleine Kostprobe gefällig? Man nehme einen beliebigen Begriff aus der ersten Reihe, setze ihn mit einem Begriff aus der zweiten Reihe zusammen, füge noch einen Begriff aus der dritten Reihe hinzu, und schon hat man eine Berufsbezeichnung, hinter der wahrscheinlich (aber nicht zwingend) ein Symbol-Analytiker stecken wird:

Kommunikations-	-management-	-ingenieur
System-	-planungs-	-direktor
Finanz-	-verfahrens-	-designer
Kreativ-	-entwicklungs-	-koordinator
Projekt-	-strategie-	-berater
Betriebs-	-politik-	-manager
Ressourcen-	-anwendungs-	planer
Produkt-	-forschungs-	-leiter

Der nivellierten Organisationsform des Qualitätsunternehmens unbeschadet, gibt es auch unter den Symbol-Analytikern feine

Rangunterschiede. Der wahre Status steht im umgekehrten Verhältnis zur Länge der Tätigkeitsbezeichnung. Aus nur zwei Begriffen zusammengesetzte Titel bedeuten eine gewisse Autorität, etwa »Projektingenieur« oder »Entwicklungsleiter«. Den angesehensten Symbol-Analytikern, die über ihre rein technische Leistung hinaus beträchtlichen Einfluß auf die ihnen Gleichgestellten innerhalb des Netzwerks ausüben, wird die höchste Ehre verliehen – ein Titel aus der letzten Reihe, dem ein würdevolles Beiwort wie Senior-, Chef-, Haupt- oder Leitender vorangestellt wird. Der eine wird zum »Chefplaner«, der andere zum »Hauptdesigner«, aber nicht aufgrund langjähriger treuer Dienste oder einwandfrei ausgeführter Routinetätigkeiten, sondern aufgrund eines besonderen Geschicks bei der Lösung, Identifizierung oder Vermittlung neuer Probleme.

Jahre ist es her, daß vielversprechende, ehrgeizige junge Leute in beruhigender Vorhersehbarkeit Karriereleitern erklommen. Trat zum Beispiel jemand als zweiter stellvertretender Vizepräsident für Marketing in ein Kernunternehmen ein, so rückte er nach fünf, sechs, sieben Jahren zum ersten stellvertretenden Vizepräsidenten auf, und so ging es immer weiter und höher hinauf. Trat er in eine Anwaltskanzlei, eine Beratergruppe oder ein Investmentunternehmen ein, so begann er als Referendar, stieg nach fünf bis acht Jahren zum Juniorpartner, danach zum Seniorpartner, dann zum geschäftsführenden Partner und schließlich in den Himmel auf.

Für keine dieser vorhersehbaren Aufstiege war selbständiges Denken erforderlich. Im Gegenteil, eine besonders kreative oder kritische Vorstellungskraft konnte sogar der Entwicklung der Karriere hinderlich sein, zumal wenn sie sich in subversiven Fragen äußerte, wie etwa: »Packen wir das Problem nicht von der falschen Seite an?« oder »Warum tun wir das?« oder, noch gefährlicher: »Warum existiert diese Organisation überhaupt?« Auf dem sicheren Weg brachte man seine Karriere am ehesten voran, und der sichere Weg war von den Vorgängern so gut ausgetreten, daß er kaum zu verfehlen war.

Natürlich gibt es immer noch rückständige Betriebsorganisationen, in denen Karrieren ihren vorgezeichneten und vorhersehbaren

Verlauf nehmen, doch es gibt immer weniger vielversprechende und ehrgeizige junge Leute, die diesen Weg oder auch sonst einen ausgetretenen Karrierepfad einschlagen wollen. Sie wagen es nicht, denn in der aufkommenden Weltwirtschaft ist man selbst in der eindrucksvollsten Stellung innerhalb der angesehensten Organisation dem globalen Wettbewerb ausgesetzt, falls man dort einer leicht replizierbaren Routinetätigkeit nachgeht. Der einzige wettbewerbsmäßige Vorteil liegt heutzutage in dem Geschick, neue Probleme zu lösen, zu identifizieren und zu vermitteln.

Exkurs über Symbol-Analyse und Marktanreiz

EIN ASPEKT DES SYMBOL-ANALYTIKERS sollte noch nachgetragen werden, doch mag der Leser, der den Fortgang der Geschichte nicht abwarten kann, dieses Kapitel unbeschadet überspringen. Ich will an dieser Stelle innehalten, um zu untersuchen, wie die beträchtlichen Kenntnisse und Fertigkeiten des Symbol-Analytikers der Gemeinschaft nutzbar gemacht werden können.

Problemlösung, -identifizierung und Vermittlung können für einzelne Verbraucher beträchtliche Wertzuwächse schaffen, doch kommen diese Dienstleistungen nicht notwendigerweise auch der Gemeinschaft zugute. Manchmal ergibt sich jedoch eine Annäherung zwischen dem, was Einzelkunden in Auftrag geben, und dem, was die Gemeinschaft braucht: Besorgniserregende Krankheiten werden diagnostiziert und neue Heilmittel entdeckt; für Millionen dankbarer Zuhörer werden Musikstücke geschrieben, gespielt, aufgenommen und vermarktet; Autos werden billiger, schneller, sicherer und handlicher. Bei anderer Gelegenheit machen Symbol-Analytiker manche Leute reicher und dafür andere im gleichen Maße ärmer oder beeinträchtigen sogar als letzte Konsequenz fast jedermann in seinem Wohlergehen. Ein Symbol-Analytiker, der zum Beispiel ein weiteres extravagantes Anwendungsgebiet für fossile Brennstoffe oder in der Natur nicht abbaubaren Kunststoff entdeckt, mag dafür reichen Lohn empfangen, könnte aber dazu beitragen, zukünftige Generationen um die saubere Umwelt zu bringen, deren sich ihre Vorgänger noch erfreut hatten.

Natürlich hatten auch zu Zeiten der Massenproduktion Innovationen oft Folgen für nicht unmittelbar Beteiligte. Manche dieser Folgen waren durchaus nützlich: Zum Beispiel transportierten Eisenbahnen Getreide über Tausende von Kilometern zu Kunden, die sonst nicht so billig darangekommen wären. Doch gab es dabei auch schädliche Nebenwirkungen, denn oftmals wurden durch die Lokomotiven Präriefeuer entfacht. Nun, da das Qualitätsunternehmen an die Stelle der Massenproduktion tritt, steigen die Möglichkeiten ebenso für Innovationen, die das Los der Menschheit zum Besseren wenden, wie auch für solche, die die allgemeine Lebensqualität beeinträchtigen können. Je mehr die Welt räumlich zusammenrückt und sich der wirtschaftliche Wandel beschleunigt, desto durchschlagender machen sich sowohl nützliche als auch schädliche Nebeneffekte bemerkbar. Ein neuer Impfstoff kann Millionen Kinder retten; ein GAU in einem Kernkraftwerk kann die Luft für ebenso viele Menschen vergiften.

Wie können wir sicherstellen, daß Symbol-Analytiker ihre kreativen Energien in die richtigen Bahnen lenken? Die mythische Auseinandersetzung zwischen freiem Markt und staatlichem Eingriff zwingt uns, entweder die drohenden Nebenerscheinungen ihrer Tätigkeit zu ignorieren oder uns auf unzählige Gesetzesvorschriften zu verlassen, welche die nützlichen Tätigkeiten fördern und die schädlichen unterbinden. Jede dieser Alternativen – ausschließlicher Verlaß auf den Markt oder auf staatliche Direktiven – birgt die Gefahr von Mißbrauch und Ineffizienz. Die richtige Antwort besteht darin, den Markt so zu organisieren, daß Symbol-Analytiker dazu motiviert werden, Mittel und Wege zu finden, der Menschheit zu helfen und dabei so wenig Schaden wie möglich anzurichten.

DIE IDEE EINES VON GESETZEN und politischen Entscheidungen losgelösten »freien Marktes« ist ein reines Phantasieprodukt. Der Markt wurde nicht von Gott an einem der ersten sechs Tage geschaffen (jedenfalls nicht direkt), noch wird er durch göttlichen Willen aufrechterhalten. Er ist ein menschliches Artefakt, die veränderliche Summe einer Reihe von Urteilen über individuelle Rechte und Verantwortlichkeiten. Was ist mein? Was ist dein? Was ist unser? Wie definieren wir Taten, die diese Grenzen bedrohen – Diebstahl, Raub, Betrug, Erpressung oder Nachlässigkeit –, und wie gehen wir damit um? Womit darf gehandelt werden, womit nicht? (Drogen? Sex? Wählerstimmen? Babys?) Wie sollen entsprechende Entscheidungen durchgesetzt werden, welche Strafen sollen bei Übertretung verhängt werden? Indem ein Staat Antworten auf diese Fragen formuliert und kodifiziert, schafft er seine eigene Version des Marktes.

Antworten auf diese Art Fragen ergeben sich nicht allein aus Logik und Analyse. Verschiedene Staaten haben zu verschiedenen Zeiten unterschiedliche Antworten darauf gefunden. Die Antworten hängen von den Werten ab, zu denen sich eine Gesellschaft bekennt, von dem Gewicht, das sie auf Solidarität, Wohlstand, Tradition, Gläubigkeit und so weiter legt. In modernen Staaten ist die Regierung das Hauptinstrument, mittels dessen die Gesellschaft die den Markt organisierenden Normen abwägt, definiert und zum Tragen bringt. Gerichte und Parlamente, Regierungen und Behörden ändern fortwährend die Spielregeln und passen sie neuen Gegebenheiten an – zumeist stillschweigend, oftmals unbeabsichtigt, jedoch immer unter dem wachsamen Auge und manchmal auch unter der führenden Hand von Gruppen mit einem deutlichen Interesse an den Ergebnissen bestimmter Entscheidungen. In dem Maße, wie das Thema rhetorisch als eine einzige große Wahlmöglichkeit zwischen staatlich gelenktem und freiem Markt dargestellt wird, wird uns der Blick auf eine ganze Reihe kleinerer Auswahlmöglichkeiten zwischen schier endlosen Alternativen vernebelt, wie die Regeln von Besitz und Austausch festgeschrieben werden können.

Die »Deregulierung« – ein Begriff, der seine Blütezeit Ende der 70er und in den 80er Jahren erlebte – wurde weithin als Ausdruck eines entscheidenden Umschwungs weg von staatlichen Eingriffen und hin zum freien Markt betrachtet. Tatsächlich jedoch sollte darunter nur eine Umgewichtung in der Art des staatlichen Eingriffs verstanden werden, weg von der Festlegung bestimmter Ergebnisse und hin zur Schaffung und Erhaltung neuer Märkte. Als zum Beispiel in den 80er Jahren der Luftverkehr in den Vereinigten Staaten in dem Sinne dereguliert wurde, daß das Amt für zivile Luftfahrt keine Flugrouten und -preise mehr vorschrieb, konnten die Fluggesellschaften durch Preisgestaltung und Leistungsangebote untereinander konkurrieren – und zwar sehr zur Freude sowohl der Passagiere als auch der bei den Fluggesellschaften angestellten Symbol-Analytiker, die diese Gelegenheit sofort beim Schopf ergriffen, um neue Produkte zu schaffen.

Diese Reform enthob den Staat jedoch nicht gänzlich der Verantwortung für das Luftfahrtgeschäft; sie verlagerte die Verantwortungen lediglich. Aufgabe der Regierung wäre es nun gewesen, einen neuen Markt zu organisieren, dessen Entwicklung alle möglichen Entscheidungen verlangte: Unter welchen Bedingungen sollten Fusionen und Übernahmen der Fluglinien untereinander verhindert werden, weil sie den Wettbewerb erdrücken könnten? Wie sollten die Starts und Landungen auf den Flughäfen unter den konkurrierenden Fluglinien aufgeteilt werden? Unter welchen Bedingungen sollten Fluglinien Zugang zu den elektronischen Reservierungssystemen ihrer Konkurrenz erhalten? Wie war der zunehmend überlastete Luftraum am besten zu managen?

Doch die ideologische Fixierung auf eine Deregulierung des Luftverkehrs – auf den Mythos einer Wahl zwischen staatlicher Kontrolle und Marktfreiheit – führte dazu, daß die Verantwortlichen in der Politik ihre Verantwortung vernachlässigten, diesen neuen Markt zu schaffen und zu organisieren. Das Resultat: Die Luftfahrtindustrie konzentrierte sich in den Händen relativ weniger großer Gesellschaften, an den wichtigsten Drehpunkten des Flugverkehrs ging der Wettbewerb zurück, die Flugpreise stiegen. Außerdem erhöhte sich mit der Zahl der Flüge und Passagiere auch das Unfallrisiko. Die Regierung mußte in neue Systeme zur Luftraumkontrolle investieren, Sicherheitsinspektionen erweitern und der Industrie neue Anreize bieten, um einen angemessenen Grad an Sorgfalt zu garantieren. All dies veranlaßte manche Leute, nach einer »Re-Regulierung« des Luftverkehrs zu verlangen. Diese Option jedoch war für die anstehenden Probleme ohne Bedeutung. Symbol-Analytiker in der eben erst deregulierten Luftverkehrsindustrie nutzten jede sich bietende Gelegenheit, die Profite zu vergrößern. Zum Allgemeinwohl hätten Ihre Bemühungen nur beitragen können, wenn der Markt in der richtigen Weise organisiert worden wäre.

Die Kontrolle der Luftverschmutzung ist ein weiteres Beispiel.

Nachdem im Jahre 1970 das Luftreinhaltungsgesetz (Clean Air Act) verabschiedet worden war, ließ die US-Regierung Berge von Verordnungen folgen, in denen die höchstzulässigen Luftschadstoffkonzentrationen für das gesamte Land sowie die maximalen Schadstoffemissionswerte für Zehntausende von Industrieanlagen festgelegt waren. Riesige Datenmengen wurden gesammelt und analysiert, dennoch konnte die Regierung nur einheitliche, unflexible Regeln für gesamte Industrien und Regionen aufstellen. Die einheitlichen Vorschriften mochten zwar für die standardisierte Massenproduktion angemessen sein, gingen aber überhaupt nicht auf Sonderbedürfnisse oder die von den Qualitätsunternehmen beschrittenen Sonderwege ein. Auch erhielten Symbol-Analytiker durch sie keinen Anreiz, neue, kostensparende Maßnahmen zur Verringerung der Luftverschmutzung zu entdecken.

Anhänger der freien Marktwirtschaft (darunter auch eine ganze Reihe Wirtschaftsverbände und Großunternehmen) sprachen sich wiederholt dafür aus, die Forderungen des Luftreinhaltungsgesetzes wieder herunterzuschrauben, da die Kosten der Durchführung in keinem Verhältnis zum Nutzen stünden. Umweltschützer (und, wenn man Umfragen glauben durfte, auch die Mehrheit der amerikanischen Öffentlichkeit) verwahrten sich jedoch dagegen. Die Debatte konzentrierte sich nun darauf, den Wert sauberer Luft den Kosten und Ineffizienzen der diesbezüglichen Vorschriften gegenüberzustellen. Darüber wurde jedoch eine viel nutzbringendere Erwägung außer acht gelassen: Wie konnte der Staat den Markt besser organisieren, um die Qualitätsproduktion zu fördern und Symbol-Analytiker zu motivieren, nach Möglichkeiten zu suchen, wie bei möglichst niedrigen sozialen Kosten möglichst saubere Luft zu gewinnen sei? Wäre die Fragestellung in dieser Form erfolgt, so hätte man auf die Idee eines Systems übertragbarer »Luftverschmutzungsgenehmigungen« kommen können. Derartige Genehmigungen – mit Schadstoffquoten, deren Summe der in einer Region höchstzulässigen Luftverschmutzung entsprochen hätte – hätten von luftverschmutzenden Unternehmen ge- und verkauft werden können, wobei jeder Luftverschmutzer für sich hätte entscheiden können, was für ihn billiger wäre: die Luftverschmutzung einzudämmen oder Genehmigungen zu kaufen. Ein solches System hätte für saubere Luft gesorgt, gleichzeitig aber die Kosten der Luftreinhaltung auf diejenigen Firmen abgewälzt, die ihre Luftverschmutzung am preiswertesten unter Kontrolle bringen konnten. Zusätzlich wären Symbol-Analytiker motiviert worden, effizientere Methoden zur Reinigung der Industrieabgase zu entdecken.[1]

Das Versäumnis der Regierung, ihren marktschaffenden Verpflichtungen nachzukommen, kann teure Folgen haben. Anfang der 80er Jahre meinten Anhänger der freien Marktwirtschaft, der beste Weg, den Spar- und Darlehenskassen dazu zu verhelfen, mit anderen Kreditinstituten zu konkurrieren, sei es, ihnen zu erlauben, die Einlagen ihrer Sparer nach eigenem Gutdünken anzulegen. Doch in ihrem Eifer, zu deregulieren, sahen die Politiker nur einen Aspekt des Marktes. Da die Einlagen der Sparer zugleich durch Staatsbürgschaft gegen Verlust versichert waren, hatten die Symbol-Analytiker, die den Sparkassen vorstanden, alles zu gewinnen und nichts zu verlieren, wenn sie wild drauflos spekulierten. Das vorhersehbare Ergebnis war, daß dem amerikanischen Steuerzahler Kosten in Höhe von mindestens 300 Milliarden Dollar entstanden.

Wiederum ging es hier in Wahrheit nicht um die Wahl zwischen Marktfreiheit und staatlicher Kontrolle. Vielmehr hätte hier der Gesetzgeber entscheiden müssen, wie die Einleger am besten zu schützen seien, während den Spar- und Darlehenskassen erlaubt wurde, Gewinne zu erwirtschaften. Unter diesem Gesichtspunkt betrachtet, hätten eine ganze Reihe vernünftiger Entscheidungen getroffen werden können. Eine Möglichkeit wäre gewesen, den Rahmen zu erweitern, innerhalb dessen die Kassen die Einlagen ihrer Kunden hätten anlegen können, gleichzeitig jedoch die Regierungsbürgschaft einzuschränken und zu verlangen, daß die Kassen ihre Kunden in vollem Umfang davon in Kenntnis setzten, welchem Risiko ihr Geld fortan ausgesetzt sein würde.

NIRGENDWO IST DIE MYTHISCHE KRAFT der freien Marktwirtschaft spürbarer und wird mit mehr Überzeugung verteidigt als an der

Wall Street und in den Myriaden der mit der Wall Street verbundenen Finanzinstitute und Anwaltskanzleien. Hier waren die Symbol-Analytiker den geringsten Beschränkungen unterworfen. Die Maklergebühren wurden in den Mittsiebzigern dereguliert; zahlreiche amerikanische Kernunternehmen konnten entmutigende Geschäftsrückgänge durch Finanzmanipulationen kaschieren. Der schnelle, ungehinderte Geldtransfer schuf darüber hinaus ein weites Feld neuer Möglichkeiten für finanzielle und juristische Innovationen, mit deren Dynamik die Börsenaufsicht und andere zuständige staatliche Stellen kaum noch Schritt halten konnten.

Anwälte, Investment-Banker, Arbitrageure und Terminhändler spielen, wohlgemerkt, eine potentiell wertvolle Rolle in einer fortschrittlichen Wirtschaft, indem sie sicherstellen, daß Vermögenswerte so nutzbringend wie nur möglich eingesetzt werden. In diesem Sinne könnte man sie als die Fluglotsen des modernen Kapitalismus bezeichnen, die das Geld auf seinem Flug um die Welt geleiten und ihm zu sicherer und sanfter Landung verhelfen, wo es am meisten benötigt wird. Wenn jedoch die beträchtlichen Energien dieser Symbol-Analytiker nicht von vornherein in die richtigen Bahnen gelenkt werden, können sie eine ganze Menge Unheil stiften. Ohne staatliche Einschränkungen sind den Möglichkeiten kurzfristiger, spekulativer Spielchen der Art, die Mathematiker als »Nullsumme« bezeichnen – einem Gewinn auf der einen Seite entspricht ein Verlust in gleicher Höhe auf der anderen –, keine Grenzen gesetzt. Wie die Konstrukteure komplexer militärischer Waffensysteme, die königliche Summen dadurch verdienen, daß sie die Konstrukteure anderer komplexer militärischer Waffensysteme zu überlisten versuchen, so können Symbol-Analytiker, die finanzielle und juristische Dienstleistungen verkaufen, große Vermögen dadurch anhäufen, daß sie einander ganz auf die Schnelle ausmanövrieren.

Möglichkeiten, dieses Chaos unter Kontrolle zu bringen, gibt es zuhauf. Es gibt viele Wege, Finanzmärkte so zu organisieren, daß die Gewinnträchtigkeit solcher Spiele begrenzt wird, während der Nutzen der finanziellen Vermittlungstätigkeit erhalten bleibt. Zum Beispiel könnten die bei kurzfristigen Wertpapieranlagen fälligen

Spekulationssteuern drastisch erhöht und die bei der Veräußerung längerfristiger Anlagen fälligen Steuern verringert werden, wodurch die geduldigen Anleger belohnt würden. Zusätzlich könnte jeder Aktienverkauf mit einer geringfügigen Transfersteuer belegt werden, was Spekulationstricks ebenfalls weniger lohnend machen würde. Eine dritte Möglichkeit: die steuerliche Absetzbarkeit von Zinsen auf Darlehen zu eliminieren, die zum Aktienkauf benutzt werden; Transaktionen von echtem wirtschaftlichem Nutzen sollten auch ohne dieses zusätzliche Steuerbonbon überleben. In ähnlicher Weise könnten spekulative Exzesse von Anwälten unterbunden werden, indem die Erfolgshonorare für Rechtsstreitigkeiten bei dieser Art finanzieller Transaktionen beschränkt werden. Doch keiner dieser Schritte ist unternommen noch sonst eine Maßnahme getroffen worden. Das vorhersehbare Resultat waren hohe private Gewinne, begleitet von einer Degeneration der rechtlichen und finanziellen Institutionen.

Dem lukrativen Spiel von Stoß und Parade läßt sich leicht folgen. Jedem cleveren juristischen Argument folgt ein noch clevereres von der Gegenseite, jeder finanziellen Innovation eine noch neuartigere, jedem Fortschritt auf dem Weg zu aktuellerer Marktinformation eine noch schnellere Methode, sie zu erlangen. Der Eskalation scheinen keine Grenzen gesetzt zu sein: Anwaltliche Schriftsätze werden umfangreicher; die Zahl der Klagen, eidesstattlichen Erklärungen und schriftlichen Beweiserhebungen wächst ins Unermeßliche. Finanztricks werden komplexer, Computer und Software in den Geschäftsräumen leistungsfähiger und teurer. Währenddessen sehen sich die Mandanten gezwungen, immer mehr Geld aufzuwenden, um ein wenig an Boden zu gewinnen oder zumindest eine kostspielige Niederlage zu vermeiden. Von der gesellschaftlichen Warte betrachtet, stellen derartige Ausgaben eine Verschwendung von Vermögenswerten dar. Wir wären besser dran, würden derlei Streitigkeiten ausgeschaltet und somit die beträchtlichen Talente dieser Symbol-Analytiker freigesetzt, um den Reichtum der Gesellschaft zu mehren, anstatt ihn von einer Privatschatulle in die andere zu befördern.

Diejenigen, die diese Rechtshändel fördern, spotten dem Gesetz von Angebot und Nachfrage: Je mehr es von ihnen gibt, desto größer die Nachfrage nach ihren Diensten. Wie man das von den Atomraketen her kennt, deutet ihr bloßes Dasein auf einen möglichen Einsatz hin und zwingt deshalb auch alle anderen, sie sich zuzulegen. Kaum übertrieben ist die Geschichte von dem einsam darbenden Anwalt in einem kleinen Hinterwäldlerort in Kentucky, dessen Idee, einen weiteren Anwalt in den Ort zu locken, allen beiden unermeßlichen Reichtum bringt.

Es gibt einen zweiten Grund, weshalb das Angebot dieser symbolanalytischen Dienstleistungen seine eigene Nachfrage erzeugt. Anwälte, Investment-Banker und Finanzberater gehören zu der besonderen Gruppe von Dienstleistungsanbietern (zu der auch Automechaniker und Ärzte gehören), die ihren Kunden sowohl erklären, was ihnen fehlt, als auch, nachdem sich der Kunde entschieden hat, das Benötigte liefern. Diese Kombination birgt die offenkundige Gefahr, daß dem gutgläubigen Kunden mehr Dienstleistungen aufgedrängt werden, als er normalerweise für nötig erachtet hätte. Und weil Anwälte nach dem Umfang des Rechtsstreits und Financiers nach dem Umfang der Transaktion bezahlt werden, ist die Verlockung nicht unbeträchtlich, dem Kunden oder Mandanten zu empfehlen, gleich in die vollen zu gehen. Natürlich gibt es eine Berufsethik, die größere Exzesse in dieser Richtung verhindern mag, doch in der Hitze einer bevorstehenden Schlacht ist es keineswegs ungewöhnlich, daß Rechts- oder Finanzberater ihre Mandanten ernsthaft vor unangebrachter Furchtsamkeit warnen.

Nachdem die amerikanische Wirtschaft in der Weltwirtschaft aufgegangen ist, sind die Gelegenheiten für juristische und finanzielle Manipulationen noch größer geworden. Mit jedem Anstieg oder Fall der Zinsraten oder Wechselkurse werden in der Hoffnung auf höhere Gewinne riesige Geldmengen über die Landesgrenzen bewegt, wobei auch die Kurse von Aktien und Rentenpapieren schwindelerregende Sprünge nach oben oder unten vollführen. Derartige Kursschwankungen sind der Traum eines jeden Spekulanten. Den Blick wie hypnotisiert auf den Computerbildschirm geheftet, suchen Tausende Symbol-Analytiker einander auszutricksen, indem sie um den Bruchteil einer Sekunde früher als die anderen herausfinden, welchen Weg der globale Geldstrom nimmt, um ihr eigenes Geld (oder das ihrer Klienten) ebenfalls dorthin zu transferieren, bevor das der meisten anderen eintrifft. Und die Anwälte stehen schon in Reih und Glied, um Finanzinstitutionen, die zu langsam waren, bei der Refinanzierung, Restrukturierung und Reorganisation zu helfen oder um Ansprüche eines anderen, der schneller war, abzuwehren oder um juristisch zu klären, wie unverhoffte Gewinne oder atemberaubende Verluste aufgeteilt werden sollen.[2]

DIE JURISTISCHE UND FINANZIELLE SYMBOL-ANALYSE ist auf diese Weise zu einer wichtigen Einkommensquelle für eine wachsende Zahl von Amerikanern geworden. Im Jahr 1971 boten etwa 343 000 Amerikaner juristische Dienste an; bis 1989 hatte sich ihre Zahl auf knapp eine Million verdreifacht. Die Bevölkerung der Vereinigten Staaten war im gleichen Zeitraum um lediglich zwanzig Prozent gewachsen. Wie bei so vielen Anwälten zu erwarten ist, wuchs auch die Zahl der Zivilprozesse schneller als die der Bevölkerung, die Zahl der angedrohten Prozesse schoß in den Himmel, außergerichtliche Einigungen wurden fast so alltäglich wie Scheidungen. 1990 verdienten Amerikas Anwaltskanzleien 73 Milliarden Dollar, bei einem jährlichen Wachstum von zehn Prozent[3], wodurch Rechtsberatung und Rechtsbeistand zu einem der wachstums- und gewinnträchtigsten Gewerbe des Landes wurden. Einen ähnlichen Aufschwung erlebten Investment-Banker, Finanzberater, Arbitrageure und Wertpapierhändler – wobei die Börseneinbrüche von 1987 und 1989 das Wachstum etwas beeinträchtigten. Zwischen 1979 und 1987 verdoppelte sich die Zahl der Wall-Street-Beschäftigten von 182 000 auf 364 000. Selbst nach dem Börsenkrach – durch den Tausende von Kleininvestoren abgeschreckt und Wertpapierhändler zum Personalabbau gezwungen wurden – waren an der Wall Street mehr Amerikaner beschäftigt als in der gesamten Stahlindustrie.

Der Umsatz von Vermögenswerten hielt natürlich Schritt mit der

Zahl der an diesem Umsatz beteiligten Anwälte und Banker. Im gesamten Jahr 1960 wurden an der New Yorker Börse 776 Millionen Anteilscheine gehandelt – etwa zwölf Prozent aller ausgegebenen Aktien –, und jeder war im Durchschnitt acht Jahre lang gehalten worden. 1987, auf der Höhe des Booms, wechselten 900 Millionen Aktien *wöchentlich* den Besitzer, mit dem Resultat, daß innerhalb eines Jahres 97 Prozent des gesamten Aktienvolumens in den Handel kam. In dieser Zahl waren nicht einmal die neuen Spekulationsinstrumente wie Index-Optionen und Terminpapiere inbegriffen, die fünfmal so schnell wie Aktien umgesetzt wurden und im Durchschnitt nur ein paar Tage oder Stunden in einer Hand blieben. Nur ein winziger Bruchteil dieser Transaktionen brachte frisches Geld; fast sämtliche Aktien und sonstigen Objekte wurden nur immer wieder von neuem in Umlauf gesetzt.

Auch die Gehälter stiegen entsprechend. 1990 zahlten größere Anwaltskanzleien in New York, Washington, Atlanta, Chicago und San Francisco jedem Sozius zwischen 300 000 und 1 Million Dollar jährlich. Kleinere Firmen in kleineren Städten boten bescheidenere – wenn auch immer noch sechsstellige – Summen. Währenddessen mußten sich Soziusse im Wertpapierhandel mit zum Jahresende fälligen Gewinnanteilen begnügen, die zwar im Vergleich zu den sonnigen Zeiten vor 1987 in skandalöser Weise geschrumpft waren, aber immer noch mit Leichtigkeit eine halbe Million Dollar erreichten. 1987 beliefen sich Maklerprovisionen und andere mit dem Wertpapierhandel verbundene Kosten auf 25 Milliarden Dollar – mehr als ein Sechstel aller Unternehmensgewinne dieses Jahres.[4] Sogar in der Abgeschiedenheit der Alma Mater, wo sich Professoren sonst niemals dazu herablassen, über ihre Gehälter zu diskutieren, hob sich so manche Augenbraue, als ruchbar wurde, daß Kollegen, die Finanzwissenschaft lehrten, etwa viermal mehr verdienten als gewöhnliche, preisgekrönte, in der Tradition der Renaissance verwurzelte Gelehrte.

Sollte der Finanzmarkt dereinst einen ernsteren Kollaps erleiden, gibt es kaum Grund zur Sorge für die, die ihn bevölkern. In den 90er Jahren stehen Anwälte, Financiers und Spekulanten bereit, bei der

Behebung der Schäden, die sie in den 80er Jahren verursacht haben, noch größere Summen zu verdienen. Kaum etwas ist lohnender, als anderen zu helfen, die in der Klemme stecken, besonders wenn beim Wiederaufleben des Marktes Profite winken. Wenn sie nicht gerade mit »finanziellen Umstrukturierungen«, »Testphasen« und anderen euphemistisch benannten Operationen befaßt sind, um Firmen am Bankrott vorbeizumanövrieren, raffen die Herren der Wall Street Kapital für »Entschuldungsverkäufe« *(deleveraged buyouts)* zusammen, in Umkehrung dessen, was sie in Boomzeiten getan hatten – sie verringern die Schuldenlast und vergrößern die Zahl der Aktien. Dabei wird davon ausgegangen, daß die Schuldverschreibungen soeben bankrott gegangener Unternehmen für einen Bruchteil ihres Nennwertes aufgekauft und an die übrigen Gläubiger neue Aktien ausgegeben werden können. Die somit neu strukturierten Firmen können dann zu einem ansehnlichen Gewinn veräußert werden. 1990 plante RJR Nabisco 250 Millionen Dollar für Honorare an Investment-Banken, Finanzberater und Anwälte ein, die dem Unternehmen bei der Refinanzierung seines gigantischen Schuldenberges helfen sollten. Währenddessen ist der Bankrott zu dem Bereich mit der höchsten Wachstumsrate unter den Rechtsgeschäften eines Unternehmens geworden. Der geschäftsführende Sozius der Anwaltskanzlei, die im Jahr 1990 die Drexel Burnham Lambert Group* in ihrem spektakulären Liquidationsverfahren vertrat, fand für die Angelegenheit eine griffige Formulierung: »Vom Standpunkt der Investment-Banker und [Anwälte] aus betrachtet, die diese Geschäfte . . . ankurbelten, haben sie diese Arbeit nicht mehr. Die finden sie jetzt auf der Rückseite des Berges, bei der Umstrukturierung der Schulden, die nicht bezahlt werden können. So hält man sein Personal beschäftigt.«[5]

---

* Die Drexel Burnham Lambert Group Inc. stand im Mittelpunkt des amerikanischen Junk-Bond-Marktes, den Michael R. Milken in Gang gebracht hatte. Als Milken 1989 wegen verschiedener Gesetzesverstöße vor Gericht gestellt wurde und aus der Firma ausschied, brach nicht nur diese, sondern der gesamte Junk-Bond-Markt in den USA zusammen. (Junk Bonds – von engl. *junk* = Schrott, Plunder – sind Schuldverschreibungen von Emittenten geringer Bonität, die wegen des hohen Risikos hochverzinslich und hochspekulativ sind.)

Die gesellschaftlichen Kosten dieser Wucherungen gehen weit über die direkt für derlei Dienstleistungen aufgewandten Honorare hinaus. An erster Stelle steht der Verlust an Talenten: Die symbolanalytischen Fähigkeiten von Anwälten und Financiers werden von anderen, produktiveren Nutzanwendungen abgelenkt, auf die sie sich sonst konzentrieren könnten. An zweiter Stelle steht das Mißtrauen, das diese Aktivitäten unter Leuten hervorrufen, deren Mitarbeit für die Qualitätsproduktion wesentlich ist. Mißtrauen kann natürlich nicht so leicht quantifiziert werden, aber es gibt Hinweise auf die Größenordnungen. Die hochergiebigen, hochriskanten »Junk« Bonds, mit deren Hilfe im Herbst 1988 RJR Nabiscos berühmter 25-Milliarden-Dollar-Spekulationsverkauf *(leveraged buyout)* finanziert wurde,* verringerten zum Beispiel den Wert der von RJRs gewöhnlichen Gläubigern gehaltenen Schuldscheine, weil das Gesamtunternehmen nunmehr bankrottanfälliger geworden war. Weil die regulären Schuldscheininhaber nicht auf dieses zusätzliche Risiko eingestellt waren, verloren sie annähernd eine Milliarde Dollar. Ein solcher Verlust bereitete den Symbol-Analytikern, die den Deal in die Wege geleitet hatten, kein besonderes Kopfzerbrechen; ihr Tun war auf kurze Sicht hochprofitabel und völlig legal (es gab kein Gesetz, das derartige Praktiken hätte verhindern können, denn niemand war bisher auf den Gedanken gekommen, daß so etwas getan werden könnte). Aber – und hier liegt der Hund begraben – alle *zukünftigen* Gläubiger amerikanischer Unternehmen werden sehr viel vorsichtiger sein. Von nun an werden Industrie-Schuldverschreibungen automatisch von einer Versicherungspolice begleitet sein, die den Käufer vor derlei Praktiken schützt. Die zukünftigen Kosten einer solchen Versicherung – sowie der Anwälte und Financiers, die sie ausgetüftelt haben, und der Manager und Angestellten, die sie verwalten – werden viel höher sein als der Nutzen, den RJR Nabisco ursprünglich aus der Manipulation der regulären Inhaber seiner Schuldverschreibungen zog.[6]

---

* RJR (= R. J. Reynolds) Nabisco wurde für 24 880 000 000 Dollar von der Buyout-Firma Kohlberg, Kravis, Roberts & Co. übernommen.

Wer glaubt, daß die amerikanische Wirtschaft oder gar die amerikanische Gesellschaft insgesamt dennoch im großen und ganzen von der rapide wachsenden Zahl von Anwälten und Financiers profitiert hat, muß selbst entweder Anwalt oder Financier sein. Wir anderen haben unsere begründeten Zweifel. Tausende neuer Anwälte haben uns nicht etwa mehr Gerechtigkeit beschert; die Legionen von Financiers haben uns keine produktivere Wirtschaft geschenkt. Westeuropa und Ostasien, deren Produktivität im Verlauf der letzten Jahrzehnte bedeutend schneller als die der Vereinigten Staaten zugenommen hat, sind ohne spektakuläre Prozesse und Finanzmanipulationen ausgekommen, ohne daß sich dadurch ihre Lebensqualität erkennbar verringert hätte.

Seit Anfang der 90er Jahre bieten Amerikas juristische und finanztechnische Symbol-Analytiker ihre Dienste emsig auch im Ausland an. Japaner, Deutsche und Briten (die der Welt lange Zeit ihre eigene, eher zurückhaltende Finanzberatung angedient hatten) sind besonders erpicht darauf, sich dieser Dienstleistungen zu bedienen und die eigentümlichen symbolanalytischen Techniken zu erlernen, auf denen sie beruhen. Vielleicht sind ihnen die ausgesprochen schädlichen Nebenwirkungen entgangen, die diese Techniken in den Vereinigten Staaten nach sich zogen, oder sie sind einer von Politikern in Washington ausgetüftelten Hinterlist zum Opfer gefallen, die dazu dienen soll, die Konkurrenzfähigkeit Amerikas dadurch zu erhöhen, daß die Adern des europäischen und asiatischen Handels von der gleichen juristischen und finanzspekulativen Arteriosklerose befallen werden, wie dies zuvor den Vereinigten Staaten widerfuhr. Am wahrscheinlichsten jedoch wurden sie Opfer einer Verführungsstrategie, wie sie von Waffenhändlern aus aller Welt angewandt wird: Wenn andere bereit sind, für solch teure Munition zu zahlen, dann muß sie den Preis ja wert sein. Und wenn man sich in einer derart bewaffneten Welt verteidigen will, muß man dem Beispiel eben folgen.

Einkommensverteilung in den Vereinigten Staaten

HIER IST EINE ZUSAMMENFASSUNG AM PLATZ: Mein Argument bisher lautete, daß der Wohlstand der Amerikaner (beziehungsweise jeder Gruppe von Menschen, die eine gemeinsame nationale Identität aneinanderbindet) nicht mehr von der Prosperität ihrer Unternehmen oder von der Tüchtigkeit ihrer Industrien abhängt, sondern von dem Wert, den sie der Weltwirtschaft durch ihre Kenntnisse und Fertigkeiten hinzufügen. In zunehmendem Maße sind es die von Amerikanern ausgeübten Tätigkeiten und nicht mehr der Erfolg abstrakter Gebilde wie Unternehmen, Industrien oder Volkswirtschaften, die über den Lebensstandard entscheiden.

Des weiteren habe ich zur Beurteilung dessen, was der Weltwirtschaft hinzugefügt wird, drei Hauptkategorien zur Beschreibung amerikanischer Arbeitsplätze eingeführt: »routinemäßige Produktionsdienste«, »kundenbezogene Dienste« und »symbolanalytische Dienste«. Die Angehörigen jeder dieser Kategorien unterscheiden sich voneinander durch ihre wettbewerbsmäßige Stellung in der Weltwirtschaft. Schließlich habe ich festgestellt, daß die wirtschaftlichen Schicksale der Amerikaner zu divergieren beginnen. Manche Amerikaner machen ihre Sache in der Weltwirtschaft gut, andere ganz und gar nicht. Diese Divergenz will ich jetzt näher in Augenschein nehmen.

STATISTIKEN ÜBER DIE EINKOMMENSVERTEILUNG in Amerika sind zwar nicht ganz frei von Widersprüchen; wie bei allen Statistiken kann ihre Interpretation variieren, in Abhängigkeit von der Gewichtung variabler Faktoren, vom Vergleichszeitraum und von den Meßkriterien; doch fast jeder stimmt darin überein, daß der Trend – jedenfalls seit Mitte der 70er Jahre – zur Ungleichheit geht.[1]

Unter Berücksichtigung von Familiengröße, Geographie und anderen Veränderungen ist die beste, bereits angeführte Schätzung die, daß das Durchschnittseinkommen des ärmsten Fünftels der amerikanischen Bevölkerung zwischen 1977 und 1990 um etwa fünf Prozent gesunken ist, während das reichste Fünftel um etwa neun Prozent reicher wurde. Im gleichen Zeitraum sank das Durchschnittseinkommen des ärmsten Fünftels amerikanischer *Familien* um etwa sieben Prozent, während das Durchschnittseinkommen des reichsten Fünftels amerikanischer Familien um etwa 15 Prozent stieg. Somit blieben dem ärmsten Fünftel der Amerikaner im Jahr 1990 gerade noch 3,7 Prozent des gesamten Volkseinkommens – zwanzig Jahre zuvor waren es noch 5,5 Prozent gewesen –, so wenig wie seit 1954 nicht mehr. Das reichste Fünftel dagegen durfte sich gut die Hälfte des gesamten Volkseinkommens teilen – den höchsten Anteil am Volkseinkommen, der je für die reichsten zwanzig Prozent verzeichnet wurde. Und die reichsten fünf Prozent verfügten über 26 Prozent des gesamten Volkseinkommens, ebenfalls ein Rekord.[2]

Stellen Sie sich eine symmetrische Woge vor, die in der Mitte am höchsten ist und nach beiden Seiten hin gleichmäßig abfällt, bis sie sich mit dem Horizont vereint. Während der gesamten 50er und 60er Jahre ähnelte die Einkommensverteilung in den Vereinigten Staaten genau einer solchen Welle. Die Mehrzahl der Amerikaner bildete das Zentrum der Welle, das heißt, sie erfreute sich mittlerer Einkommen. Weniger Amerikaner bildeten die Flanken, waren entweder sehr arm oder sehr reich. Nur eine winzige Minderheit bildete die äußersten Ausläufer, war entweder extrem arm oder extrem reich. Doch ab Mitte der 70er Jahre, und verstärkt in den 80er Jahren, begann sich der Wellenkamm zum ärmeren Ende hinzubewegen – mehr Amerikaner waren arm. Das Zentrum der Woge begann einzusinken, der Anteil der Amerikaner mit mittlerem Einkommen wurde kleiner. Und das Ende der Woge, das die reichsten Amerikaner repräsentierte, begann sich zu strecken, als die Reichen noch viel reicher wurden.

Man sollte diesen Trend jedoch nicht überbewerten. Bei einigen Forschern, die mit anderen Jahreseinteilungen und anderen Größen rechneten, war die Divergenz etwas weniger ausgeprägt. Alles in allem jedoch ist der Trend unverkennbar. Es gibt guten Grund zu dem Verdacht, daß es sich um keine vorübergehende Erscheinung handelt und daß sich die Kluft, wenn überhaupt, noch vertiefen wird.

Es sind zahlreiche Versuche unternommen worden, den Trend zur Einkommensungleichheit zu erklären. Manch einer gibt dem Besteuerungssystem die Schuld. In den 80er Jahren wurden der Arbeitnehmeranteil der Beiträge für die Altersversorgung sowie bundesstaatliche und kommunale Umsatzsteuern, Straßenbenutzungsgebühren und Wassergeld erhöht – alles Abgaben, die sich zwangsläufig stärker auf die Einkünfte der Armen als auf die der Reichen auswirken.[3] Mit den Beiträgen zur Altersversorgung (die in den Vereinigten Staaten in Form einer Steuer erhoben werden) verhält es sich genauso wie mit der Einkommensteuer, nur umgekehrt: Nicht die niedrigen, sondern die hohen Einkommen bleiben davon verschont. Sie müssen vom ersten Dollar an entrichtet werden, jedoch nur bis zu einem bestimmten Höchstbetrag (seit Januar 1990: 51 300 Dollar). Ist dieser Betrag erreicht, braucht im laufenden Jahr keine *Social Security Tax* mehr abgeführt zu werden. (Investment-Banker Michael Milken, Erfinder der »Junk Bonds«, der im Jahr 1987 bekanntlich 550 Millionen Dollar verdiente, hatte sein sozialversicherungspflichtiges Soll für das ganze Jahr bereits am 1. Januar gegen 0.42 Uhr erfüllt.) Auch Einkünfte aus Kapitalvermögen wie Zinsen und Kapitalgewinne sind von der »Sozialversicherungssteuer« ausgenommen. Zwischen 1978 und 1990 wurde diese Steuerart um insgesamt dreißig Prozent erhöht. Gleichzeitig stieg der Anteil der »Sozialversicherungssteuer« am gesamten Steueraufkommen der US-Regierung stetig – von 21 Prozent zu Beginn der 80er Jahre auf 27 Prozent an deren Ende.[4]

Indessen entdeckten reiche Amerikaner – gewappnet mit den cleversten symbolanalytischen Steuerspezialisten, die für Geld zu haben waren – immer neue Möglichkeiten, ihre Einkünfte abzuschirmen. Die Ausnutzung von Steuerschlupflöchern, ebenso wie die Zahl der möglichen Schlupflöcher selbst, wuchs während der

70er Jahre ständig. 1981 setzte Ronald Reagan noch eins drauf, indem er die Einkommen- und Kapitalertragsteuern senkte. (1986 wurde der Spitzensteuersatz von 50 auf 33 Prozent gesenkt, dafür wurden einige Schlupflöcher geschlossen und die Kapitalertragsteuer erhöht, was immerhin einen kleinen Schritt zurück in Richtung Progressivität bedeutete, aber kaum einen Ausgleich für 1981 schuf; der Haushaltskompromiß von 1990 stellte einen weiteren winzigen Schritt dar.)

Das Ergebnis: 1980 wurden dem untersten Fünftel der Steuerzahler 8,4 Prozent ihres Einkommens an Bundessteuern abgezogen, 1990 bereits 9,7 Prozent – eine Zunahme von einem Sechstel. Die durchschnittliche Steuerbelastung des obersten Fünftels der Steuerzahler hingegen sank von 27,3 auf 25,8 Prozent.[5] Die Gruppe der sehr Reichen kam sogar noch besser davon: Ende der 80er Jahre zahlte das oberste Prozent der amerikanischen Steuerzahler eine kombinierte Bundes-, Bundesstaats- und Kommunalsteuerrate von nur noch 26,8 Prozent gegenüber 29 Prozent im Jahr 1975 und 39,6 Prozent im Jahr 1966.[6]

Die regressive Verschiebung der Steuerlast verringerte natürlich keineswegs die Kluft zwischen den Reichen und den Armen des Landes. Aber, wohlgemerkt, sie bildete auch nicht deren Ursache. Die zu Beginn dieses Kapitels genannten Divergenzen beziehen sich auf die Einkommen *vor* jedem Steuerabzug.

Die knauserige Sozialpolitik der Reagan-Jahre ist ein weiterer vielzitierter Buhmann. Während dieser Laissez-faire-Periode fielen die Leistungen der Sozialfürsorge inflationsbereinigt um etwa 13 Prozent, und viele Bundesstaaten verabsäumten es, die Leistungen für Bedürftige und Arbeitslose der Inflationsrate anzupassen. Doch nicht einmal der Behördengeiz ist für die wachsende Ungleichheit verantwortlich zu machen, denn diese setzte bereits *vor* der Reagan-Ära ein. Noch trägt er irgendwelche Schuld am weiteren Abstieg der *arbeitenden* armen Amerikaner, von denen praktisch niemand Leistungen der Sozialfürsorge in Anspruch nahm. Was für die Änderungen der Steuergesetze unter Ronald Reagan und seinem etwas sanfteren Nachfolger gilt, gilt auch für ihre kleinliche Sozialpolitik: Sie vermochte die bereits in Bewegung befindlichen mächtigen Kräfte nicht zu kompensieren, aber sie war auch nicht deren Ursache.

Eine weitere Erklärung ist die zweifellos signifikante Zunahme alleinerziehender Elternteile niedrigen Einkommens. 1960 lebten 91 Prozent der weißen und 67 Prozent der schwarzen Kinder in den Vereinigten Staaten in einem Haushalt mit beiden Elternteilen zusammen. 1988 war das nur noch bei 79 Prozent der weißen und 39 Prozent der schwarzen Kinder der Fall. Und der Zusammenhang zwischen Alleinerziehung und Armut ist unbestreitbar. Doch während die Zahl dieser zumeist aus Mutter und Kind bestehenden Familien dramatisch anstieg, hat sich ihr Anteil an den Armen nur relativ leicht vergrößert. Von 1979 bis 1987 betraf gut die Hälfte des Gesamtzuwachses an Armut Familien mit zwei Elternteilen.[7] Die Armutsrate von Familien, in denen der Mann unter 25 Jahre alt war, sprang von 10,5 Prozent (1979) auf 21,5 Prozent (1986).[8] Tatsächlich verlangsamte sich der Zuwachs von Familien mit alleinerziehenden Elternteilen nach den späten 70er Jahren, gerade als die Kluft zwischen Reich und Arm ihr beängstigendes Ausmaß anzunehmen begann.[9]

Schließlich führt eine letzte Theorie die Kluft auf all die jungen, ungelernten und unerfahrenen »Baby-boomers«* und die Frauen zurück, die in den 70er und 80er Jahren den Arbeitsmarkt stürmten – und die natürlich schlechter bezahlt wurden als erfahrene Facharbeiter (selbst wenn es keine Lohndiskriminierung von Frauen gäbe). Doch auch diese Erklärung trägt kaum zur Aufklärung des Sachverhalts bei. Die Einkommenskluft vertiefte sich vor allem im Laufe der 80er Jahre, nachdem der große Ansturm der geburtenstarken Jahrgänge sowie der Frauen auf den Arbeitsmarkt bereits abgeflaut war. Außerdem ist fast jede Altersgruppe von der neuen Armut betroffen. Sogar unter den ganz jungen Berufstätigen sind die Reichsten sehr viel reicher und die Ärmsten sehr viel ärmer geworden. Und schließlich, da die relativen Löhne von fachlich ausgebil-

* Die Kinder des »Baby Booms« der 50er und 60er Jahre.

deten, älteren und weiblichen Arbeitnehmern in den 80er Jahren anstiegen, hätte die Gesamtheit der Beschäftigten weniger gebildet, jünger und männlicher sein müssen. Das Gegenteil jedoch war der Fall: Relativ zur Gesamtzahl der Beschäftigten wurde ein leichter Zuwachs an fachlich gebildeten, älteren und weiblichen Arbeitskräften festgestellt.[10]

Auch zusammengenommen ergeben die konventionellen Erklärungen für die sich vertiefende Kluft zwischen Reich und Arm nur einen Teil der Antwort. Interessanterweise haben mehrere andere fortgeschrittene Volkswirtschaften – mit anderen steuer- und sozialpolitischen Voraussetzungen als die Vereinigten Staaten – eine ähnliche Verschiebung zur Ungleichheit erlebt. Daß sich in Margaret Thatchers Großbritannien die Kluft merklich vertiefte, mag vielleicht niemanden überraschen, doch selbst die sozialdemokratischen Niederlande waren gegen diesen Trend nicht immun.[11] Eine große Divergenz zwischen den Einkommen einiger weniger an der Spitze und fast allen anderen ist natürlich seit langem ein scheinbar unveränderlicher Grundzug des Lebens in vielen unterentwickelten Volkswirtschaften, doch hat auch dieser Trend eine neue Qualität bekommen: Die heutigen Eliten der Dritten Welt sind immer weniger die Abkömmlinge von Generationen reicher Landbesitzer; immer öfter leitet sich ihr Reichtum von den von ihnen ausgeübten Tätigkeiten her. Nach der Neuverteilung des Landbesitzes in den 50er Jahren wurde zum Beispiel Taiwan eine der egalitärsten Gesellschaften der Welt. Doch während dort die Einkommen heute immer noch gleichmäßiger verteilt sind als in den meisten anderen Entwicklungsländern, hat sich auch hier die Kluft zwischen Reich und Arm während der 80er Jahre erheblich vertieft.[12]

Ein wichtiger Hinweis: Zunahme der Ungleichheit innerhalb der Vereinigten Staaten (sowie in vielen anderen Ländern) ist selbst unter denen dramatisch, die einen Arbeitsplatz haben. Man erinnere sich, daß nach dem Zweiten Weltkrieg, zumindest bis Mitte der 70er Jahre, hohe wie niedrige Einkommen in Amerika größtenteils im gleichen Maßstab wuchsen – nämlich um etwa 2,5 bis 3 Prozent jährlich. Indessen verringerte sich der Unterschied zwischen dem oberen und dem unteren Ende der Lohnskala ständig – teilweise aufgrund des wohlwollenden Einflusses der amerikanischen Kernunternehmen und Gewerkschaften, die die unteren Lohngruppen anhoben und den Zuwachs der Spitzengehälter bremsten.

Zu jener Zeit war Armut die Folge von Arbeitslosigkeit. Die größte wirtschaftliche Herausforderung nach dem Krieg bestand darin, genügend Arbeitsplätze für alle arbeitsfähigen Amerikaner zu schaffen. Vollbeschäftigung lautete der Schlachtruf der Liberalen Amerikas gegen die Konservativen, die sich um die inflationären Tendenzen einer Vollbeschäftigungswirtschaft sorgten.

Heute jedoch ist Arbeitslosigkeit nicht mehr das Hauptproblem. In den 70er und 80er Jahren entstanden in den Vereinigten Staaten über 25 Millionen neue Arbeitsplätze, davon 18,2 Millionen allein in den 80er Jahren. Natürlich wohnen die Menschen nicht immer da, wo die Jobs sind; viele Jobs in Imbißgaststätten in den Vororten bleiben unbesetzt, weil es für innerstädtische Jugendliche schwierig ist, dorthin zu gelangen. Und periodisch kühlt die US-Bundesbank die Konjunktur ab, um die Inflation zu bekämpfen, und diesem Kampf fallen dann jedesmal Tausende gerade derjenigen Amerikaner zum Opfer, die es sich am wenigsten leisten können. Doch all diesen Hemmnissen zum Trotz ist es Tatsache, daß im letzten Jahrzehnt des 20. Jahrhunderts fast alle Amerikaner, die arbeiten wollen, auch einen Arbeitsplatz finden können. Und weil sich das Bevölkerungswachstum verlangsamt hat, wird in den nächsten Jahren die Nachfrage nach Arbeitskräften wohl eher noch steigen. Gouverneure und Bürgermeister machen sich weiterhin jedesmal Sorgen, wenn eine Fabrik schließt, und gratulieren sich, wenn sie neue Arbeitsplätze in ihren Amtsbereich gelockt haben. Doch auf lange Sicht kommt es auf die *Qualität* der Arbeitsplätze, nicht auf deren Zahl an.

In den 90er Jahren gibt es viele Jobs, die ihren Mann (oder ihre Frau) nicht mehr ernähren. Mehr als die Hälfte der 32,5 Millionen Amerikaner, deren Einkommen unter der offiziellen Armutsgrenze lag, lebten in Haushalten mit wenigstens einem arbeitenden Familienmitglied. Dies ist eine viel höhere Rate der »Armut trotz Arbeit« als je zuvor seit dem Zweiten Weltkrieg. Von 1978 bis 1987 (zwei Jahren mit vergleichbaren Phasen im Konjunkturzyklus) stieg die Zahl der verarmten arbeitenden Amerikaner um nahezu zwei Millionen oder 23 Prozent.[13] Unter den ganzjährig tätigen Vollzeitkräften stieg die Zahl der Armen sogar noch steiler an – nämlich um 43 Prozent. Im Durchschnitt rutschten Familien mit zwei Elternteilen, von denen einer in Vollzeit arbeitete, sogar noch tiefer unter die Armutsgrenze als jeder andere Familientyp, einschließlich alleinerziehender Elternteile, die von der Sozialfürsorge lebten.[14]

Die Lohnkluft hat sich sogar innerhalb des amerikanischen Kernunternehmens vertieft (oder, genauer gesagt, in jenem Teil des globalen Netzwerks, der formell Amerikanern gehört und von ihnen gemanagt wird).[15] 1990 lagen die durchschnittlichen Stundenlöhne amerikanischer Arbeiter ohne Aufsichtsfunktion in amerikanischen Unternehmen inflationsbereinigt niedriger als in irgendeinem Jahr seit 1965. Manager der mittleren Ebene standen etwas besser da, obwohl ihre Gehälter inflationsbereinigt nur wenig über dem Niveau der 70er Jahre lagen.

Für die Spitzenmanager der amerikanischen Unternehmen hingegen waren die Jahre zwischen 1977 und 1990 eine wahre Goldgrube. Ihre durchschnittlichen Bezüge stiegen in dieser Zeit um 220 Prozent – beziehungsweise 12 Prozent jährlich – an. (Dazu kommen natürlich noch Sonderleistungen wie Firmenwagen, Firmenjet, Mitgliedschaft im Country Club, Vermögensplanung, ärztliche Untersuchungen und so weiter, die in dieser Rechnung gar nicht inbegriffen sind.)[16]

Um dies in die richtige Perspektive zu setzen, sei daran erinnert, daß der typische Vorstandsvorsitzende des amerikanischen Kernunternehmens, wie bereits früher erwähnt, 1960 etwa 190 000 Dollar im Jahr verdiente, etwa das Vierzigfache eines Fabrikarbeiterlohns. Natürlich nahm der Spitzenmanager damals, als der Höchststeuersatz noch neunzig Prozent betrug, beträchtlich weniger mit nach Hause, so daß er (es war immer ein Er) in Wahrheit nur etwa zwölfmal so reich war wie der Arbeiter am Fließband. 1988 jedoch kassierte der Spitzenmanager eines der hundert größten Unternehmen Amerikas im Durchschnitt 2025000 Dollar im Jahr, das 93fache dessen, was ein Fabrikarbeiter in einem dieser Unternehmen verdiente. Und da der Spitzensteuersatz inzwischen auf 28 Prozent gesunken war, konnte der Vorstandsvorsitzende jetzt etwa siebzigmal mehr als der Arbeiter am Fließband nach Hause tragen.[17]

Auch Manager, die nicht ganz oben an der Spitze stehen, verdienen noch ganz gut. Während James Robinson, Präsident von American Express, 1988 2,7 Millionen Dollar einstecken konnte, beschied sich sein Vize, Louis Gerstner, mit kaum weniger fürstlichen 2,4 Millionen Dollar. Laut Graef S. Crystal, einem Experten auf dem Gebiet privatwirtschaftlicher Vergütungen, kommt es dabei zu einem »Aufsaugeffekt, wie bei einem Staubsauger«.[18]

EIN ZWEITER WICHTIGER HINWEIS: Die sich vertiefende Kluft zwischen den Einkommen hängt eng mit dem Bildungsniveau zusammen. Angenommen, Sie sind männlich, haben einen High-School-Abschluß, aber keine College-Ausbildung, und eine feste Beschäftigung. 1987 verdienten Sie (im Durchschnitt) 27733 Dollar. Vierzehn Jahre früher, 1973, verdiente jemand mit den gleichen Bildungsvoraussetzungen in dem gleichen Job 31677 Dollar (umgerechnet auf die Kaufkraft von 1987). In anderen Worten, wenn Sie nichts weiter als einen High-School-Abschluß besaßen, war ihr Einkommen (inflationsbereinigt) tatsächlich um zwölf Prozent zurückgegangen. (Wären Sie schwarz und hätten keinen High-School-Abschluß, wäre Ihr Realeinkommen im gleichen Zeitraum um 44 Prozent gesunken.) Angenommen, Sie hätten die High-School nicht zu Ende gebracht, dann hätte Ihnen Ihr fester Job 1987 im Schnitt nur noch 16094 Dollar eingebracht. Vierzehn Jahre zuvor hätte jemand mit Ihrer Schulbildung noch 19562 Dollar verdient. Dies bedeutet, daß Ihr inflationsbereinigtes Einkommen noch tiefer gefallen wäre – nämlich um 18 Prozent.[19]

Hätten Sie andererseits als Mann eine vierjährige College-Ausbildung absolviert, so hätten Sie sich tatsächlich verbessert – wenn auch nur leicht. 1987 hätte Ihr statistisches Einkommen 50 115 Dollar betragen, gegenüber 49 531 Dollar (auf die Kaufkraft von 1987 übertragen), die jemand mit einer vierjährigen College-Bildung 1973 verdiente. Die Einkommenskluft scheint also in der Tat in direktem Zusammenhang mit den Bildungsvoraussetzungen zu stehen. Zwar garantiert auch heutzutage ein College-Abschluß kein sehr viel höheres Einkommen als früher, doch *ohne* einen College-Abschluß ist man überhaupt nicht mehr im Rennen. 1980 verdiente unser typischer männlicher College-Absolvent etwa 80 Prozent mehr als der High-School-Abgänger; 1990 hatte sich die Kluft fast verdoppelt.[20]

Andere Länder haben eine ähnliche Divergenz zwischen den Einkommen ihrer High-School- und College-Absolventen (beziehungsweise den landesspezifischen Entsprechungen) erlebt. Sogar in Schweden ist es zu einem Stillstand bei der Nivellierung der Löhne und Gehälter gekommen.[21] Interessanterweise bildet Japan eine Ausnahme von dieser Regel. Dort halten High-School-Abgänger immer noch Schritt mit Absolventen der Universität. Während in den Vereinigten Staaten die Einkommen der High-School-Absolventen zwischen 1979 und 1987 praktisch in den Keller fielen, konnten japanische Abiturienten ihr Einkommen im gleichen Zeitraum um 13 Prozent verbessern. Japans Universitätsabsolventen hingegen kamen nicht besser weg als ihre amerikanischen Kollegen. Offenbar sind in Japan gesellschaftliche Normen in Kraft, die eine Erhöhung der Gehälter und Nebenleistungen auch für diejenigen auf der unteren Hälfte der Bildungsleiter verlangen.[22]

Ein abschließender Hinweis: Während der 80er Jahre schloß sich die sogenannte Geschlechterlücke, das heißt die Divergenz zwischen den Einkommen von Männern und Frauen für gleichwertige Tätigkeiten, um etwa ein Drittel. Sogar bei Männern und Frauen mit vergleichsweise niedrigen Bildungsvoraussetzungen näherten sich Löhne und Nebenleistungen einander an.[23]

Zusammengefaßt, scheint die sich vertiefende Kluft zwischen Reich und Arm im Zusammenhang mit einer wachsenden Divergenz zwischen den Bezügen zu stehen, die ein jeder für die von ihm ausgeübte Tätigkeit erhält. Diese Divergenz wiederum scheint etwas mit dem Bildungsniveau des einzelnen zu tun zu haben. Als College-Absolvent konnten Sie sich verbessern; ohne College-Abschluß, zumal als Mann, wurden Sie ärmer. Außerdem beschränkt sich dieser Trend nicht allein auf die Vereinigten Staaten, sondern ist überall auf der Welt zu beobachten. Um die Ursachen hierfür zu erkennen, müssen wir zur Weltwirtschaft und zu den verschiedenen Funktionen zurückkehren, welche die Menschen darin erfüllen.

Warum die Reichen reicher und die Armen ärmer werden

Die Arbeitsteilung findet ihre Grenze in der Größe des Marktes.

ADAM SMITH, *Untersuchung über die Natur und die Ursachen des Nationalreichthums* (1776, deutsche Ausgabe 1794/96)

UNABHÄNGIG DAVON, wie Ihr Arbeitsplatz offiziell eingestuft ist (Fabrik-, Fach-, Büroarbeit, Dienstleistung, leitende Tätigkeit und so weiter), und unabhängig von dem Wirtschaftszweig, in dem Sie tätig sind (Kraftfahrzeug-, Stahl-, Computer-, Lebensmittelindustrie, Werbung, Finanzwirtschaft), hängt Ihre tatsächliche Konkurrenzsituation in der Weltwirtschaft zunehmend von der Funktion ab, die Sie darin erfüllen. Hierin ist die grundlegende Ursache der Einkommensdivergenzen zu suchen. Der Stern der Routinearbeiter in der Produktion ist im Sinken. Dienstleistende werden ebenfalls ärmer, wenn auch nicht so ausgeprägt. Symbol-Analytiker jedoch – die neue Probleme lösen, identifizieren und vermitteln – stellen im großen und ganzen die Gewinner in der Weltwirtschaft dar.

Früher saßen alle Amerikaner, wirtschaftlich gesehen, mehr oder weniger im selben Boot. Die meisten stiegen und fielen gemeinsam in dem Maße, wie die Unternehmen, bei denen sie angestellt waren, die Industrien, zu denen diese Unternehmen gehörten, und die Volkswirtschaft als Ganzes produktiver wurden – oder erlahmten. Doch nun bestimmt sich unser wirtschaftliches Los nicht mehr allein innerhalb der Grenzen des Landes. Wir sitzen jetzt in verschiedenen Booten, von denen eines rasch sinkt, ein anderes langsamer, während ein drittes flott vorankommt.

DAS BOOT MIT DEN IN DER ROUTINEPRODUKTION tätigen Arbeitskräften sinkt rasch. Zur Jahrhundertmitte wurden die in der Routineproduktion Beschäftigten in den Vereinigten Staaten relativ gut bezahlt. Die mächtigen pyramidenartigen Organisationen im Kern eines jeden größeren Industriezweiges koordinierten ihre Preise und Investitionen, vermieden dadurch die rauhen Winde des Konkurrenzkampfes und sicherten sich saftige Gewinne. Ein Teil dieser Gewinne wurde in neue Fabrik- und Maschinenanlagen reinvestiert (wodurch eine immer größere Wirtschaftlichkeit erreicht wurde), ein weiterer Teil ging an die Manager und Investoren. Doch ein großer und wachsender Anteil kam dem mittleren Management und den Arbeitern selbst zugute. Produktionsstopps stellten eine derartige Bedrohung für die Massenproduktion dar, daß die Gewerkschaften einen immer höheren Preis für ihre Kooperation verlangen konnten. Die innerhalb der Kernunternehmen etablierten Lohnmodelle griffen rasch auf die gesamte Volkswirtschaft über, und es entstand eine relativ wohlhabende breite Mittelschicht, die imstande war, sich all die Wunderdinge zu leisten, die von den Kernunternehmen in großen Mengen hergestellt wurden.

Doch wie bereits festgestellt wurde, zerfällt dieser Kern zusehends zugunsten globaler Netzwerke, die ihre größten Gewinne mit der originellen Lösung, Identifizierung und Vermittlung von Problemen erzielen. Während die Transport- und Informationskosten für Standardprodukte weiterhin sinken, dünnen die Gewinnmargen in der standardisierten Massenproduktion aus, weil sich fast jeder Zutritt zu diesen Märkten verschaffen kann. Moderne Fabriken und dem letzten Stand der Technik entsprechende Maschinen können fast überall auf der Welt aufgebaut werden, so daß Routinearbeiter in den Vereinigten Staaten der direkten Konkurrenz durch Millionen Routinearbeiter in anderen Ländern ausgesetzt sind. Jede Stunde wächst die Weltbevölkerung um 12 000 Menschen, von denen die meisten irgendwann glücklich sein werden, für einen Bruchteil der Löhne von Routinearbeitern in den Vereinigten Staaten deren Arbeit verrichten zu können.[1]

Die Folgen lassen sich am deutlichsten bei den älteren Großindustrien erkennen, die ihre standardisierte Massenproduktion unweigerlich dahin verlegen, wo auf der Welt Arbeitskräfte am billigsten und leichtesten zu haben sind. So zum Beispiel in Mexiko die entlang der Grenze zu den Vereinigten Staaten in Barackenstädten wie Tijuana, Mexicali, Nogales, Agua Prieta und Ciudad Juárez liegenden – und zumeist Amerikanern, zunehmend aber auch Japanern gehörenden – Maquiladora-Fabriken, in denen mehr als eine halbe Million Routinearbeiter Teile zu Fertigprodukten zusammensetzen, die dann in die Vereinigten Staaten transportiert werden.

Die gleiche Entwicklung läßt sich überall auf der Welt verfolgen. Bis in die späten 70er Jahre hatte AT&T seine Standard-Fernsprechgeräte ausschließlich von Routinearbeitern in Shreveport (Louisiana) montieren lassen. Dann entdeckte das Unternehmen, daß Routinearbeiter in Singapur die gleiche Aufgabe zu sehr viel geringeren Kosten erledigen konnten. Unter dem immensen Konkurrenzdruck, dem das Unternehmen von seiten anderer globaler Netzwerke ausgesetzt war, sahen sich die strategischen Vermittler bei AT&T zur Verlagerung der Produktion gezwungen, und so verhängten sie Anfang der 80er Jahre einen Einstellungsstopp über das Werk in Shreveport und begannen in Singapur billige Routinearbeiter anzuwerben. Doch unter dem ständigen Druck, die Kosten der Massenproduktion immer weiter zu senken, wird es den Arbeitern in Singapur bald genauso ergehen wie zuvor denen in Louisiana. Bereits Ende der 80er Jahre stellten die Strategen von AT&T fest, daß Routinearbeiter in Thailand nur allzu begierig waren, Telefone für einen Bruchteil der in Singapur üblichen Löhne zusammenzubauen. So hörte AT&T bereits 1989 wieder auf, in Singapur Arbeitskräfte für die Telefonmontage einzustellen, und begann in Thailand noch billigere Routinearbeiter anzuwerben.

Nicht nur die Großindustrie ist auf der Suche nach immer billigeren Arbeitskräften – die routinemäßige Datenverarbeitung ist gleichermaßen ortsungebunden. Datentypisten können überall auf der Welt Daten in durch Satellit oder Übersee-Glasfaserkabel miteinander vernetzte Computer ein- und wieder auslesen. Und in dem Maße, wie die von Satelliten-Netzwerken erhobenen Übertragungsgebühren sinken und mehr Satelliten- und Kabelverbindungen bereitgestellt werden (wodurch die Gebühren wiederum sinken), finden sich die Routine-Datenverarbeiter in den Vereinigten Staaten der direkten Konkurrenz mit ihren Kollegen im Ausland ausgesetzt, die oftmals nur allzu bereit sind, für viel weniger Geld zu arbeiten.

1990 verdienten Datentypisten in den Vereinigten Staaten höchstens 6,50 Dollar pro Stunde. Datentypisten auf der ganzen Welt waren jedoch bereit, für einen Bruchteil dieses Betrages zu arbeiten. So begannen viele potentielle amerikanische Datenverarbeitungsjobs zu verschwinden, und die Löhne und Nebenleistungen für die verbliebenen Jobs verfielen. Ein typischer Fall war Saztec International, eine in Kansas City ansässige Datenverarbeitungsfirma mit einem Jahresumsatz von zwanzig Millionen Dollar, deren amerikanische Strategen Routine-Datenverarbeiter in Manila unter Vertrag nahmen und sie an amerikanische Firmen vermittelten, die derartige Datenverarbeitungsdienste benötigten. Verglichen mit dem philippinischen Durchschnitts-Jahreseinkommen von 1700 Dollar verdienen die für Saztec tätigen Datentypisten fürstliche 2650 Dollar im Jahr. Der Rest der Saztec-Angestellten sind amerikanische Problem-Löser und -Identifizierer, die nach Möglichkeiten suchen, das weltweite Netz auszubauen und neue Anwendungen dafür zu finden.[2]

Ebenfalls 1990 beschäftigte American Airlines über tausend Datentypisten auf Barbados und in der Dominikanischen Republik, um die Namen und Flugnummern von benutzten Flugtickets (die täglich von sämtlichen Flughäfen der Vereinigten Staaten nach Barbados eingeflogen wurden) in eine riesige, in Dallas (Texas) gelegene Datenbank einzulesen. Der Chicagoer Verleger R. R. Donnelly schickte ganze Manuskripte nach Barbados, um sie zur Druckvorbereitung in Computer einlesen zu lassen. Die New York Life Insurance Company schickte Leistungsanträge nach Castleisland in Irland, wo Routine-Arbeitskräfte nach einfachen Anleitungen die Anträge in den Computer eingaben, die fälligen Beträge berechneten und die Ergebnisse umgehend in die Vereinigten Staaten zurück übermittelten. (Als die Firma in Irland 25 EDV-Stellen annoncierte, erhielt sie 600 Bewerbungen.) Und der New Yorker Verlag McGraw-Hill ließ Abonnement-Verlängerungen und Marketing-Informationen für seine Zeitschriften im irischen Galway prozessieren. Heute erhalten Millionen Routine-Arbeitskräfte in aller Welt Informationen zugeschickt, bringen sie in computerlesbare Form und senden sie – mit der Geschwindigkeit elektronischer Impulse – dahin zurück, woher sie gekommen sind.

Das simple Codieren von Computer-Software ist ebenfalls Gegenstand des Welthandels geworden. Mit einer großen Zahl englischsprachiger Fachkräfte, die nur allzugern bereit sind, für wenig Geld Routineprogrammierungen durchzuführen, erweist sich Indien als besonders attraktiv für globale Netzwerke, die dieser Dienste bedürfen. 1990 richtete Texas Instruments in Bangalore ein Software-Entwicklungszentrum ein, in dem fünfzig indische Programmierer per Satellit mit der TI-Zentrale in Dallas verbunden waren. Von diesem und ähnlichen Unternehmen angespornt, baute die indische Regierung in Poona einen »Teleport«, um es für viele andere Firmen leichter und billiger zu machen, ihre Routine-Software-Vorgaben zur Codierung nach Indien zu übermitteln.[3]

Die Verlagerung von Routinearbeiten von den entwickelten in die Entwicklungsländer ist ein großer Segen für viele Arbeitskräfte in diesen Ländern, die sonst arbeitslos wären oder sehr viel weniger verdienen würden. Diese Arbeitskräfte verfügen nun ihrerseits über mehr Geld, um symbolanalytische Dienstleistungen (oftmals eingebettet in alle möglichen komplexeren Produkte) aus den entwickelten Ländern zu kaufen. Auch für uns bringt dieser Trend Segnungen mit sich, denn wir können nunmehr standardisierte Massenerzeugnisse (einschließlich Information und Software) billiger als zuvor erwerben.

Diese Segnungen jedoch sind nicht ganz billig erkauft. Insbesondere wird die Last auf jene abgewälzt, die nun keine gutbezahlten Routinejobs in modernen Volkswirtschaften wie der unseren mehr haben. Viele dieser Leute gehörten der Gewerkschaft an oder profitierten zumindest von den zwischen Arbeitgebern und Gewerkschaften ausgehandelten Lohntarifen. Doch seitdem die alten Unternehmensbürokratien in globalen Netzwerken aufgegangen sind, ist es mit der Macht der Gewerkschaften nicht mehr weit her. Der stillschweigende nationale Pakt existiert nicht mehr.

Trotz der wachsenden Zahl neuer Jobs in den Vereinigten Staaten ist der Mitgliedsstand der Gewerkschaften geschrumpft. 1960 gehörten 35 Prozent der nichtlandwirtschaftlichen Arbeitnehmer einer Gewerkschaft an, bis 1980 war dieser Anteil auf knapp 25 Prozent gefallen und lag 1989 bei nur noch 17 Prozent, ohne den öffentlichen Dienst sogar bei nur 13,4 Prozent.[4] Dieser Wert lag sogar unter dem der frühen dreißiger Jahre, bevor durch den National Labor Relations Act die gesetzliche Grundlage für eine kollektive Arbeitnehmervertretung geschaffen wurde. Der Mitgliederschwund war von einer wachsenden Zahl von Tarifabkommen begleitet, bei denen Löhne nicht erhöht, sondern auf dem vorherigen Stand eingefroren, für neueintretende Arbeitskräfte gesenkt oder gar für alle gesenkt wurden. Dies ist eine der Hauptursachen dafür, daß die lang anhaltende wirtschaftliche Erholungsphase, die 1982 begann, einen geringeren Anstieg der Lohnstückkosten mit sich brachte als die acht vorhergehenden Aufschwungphasen seit dem Zweiten Weltkrieg – und zwar ungeachtet der niedrigen Arbeitslosenrate, von der sie begleitet wurde.

In den traditionell gewerkschaftlich durchorganisierten Industrien (zum Beispiel Auto, Stahl, Gummi), wo die Durchschnittslöhne mit der Inflation Schritt hielten, war der Arbeitsplatzschwund in der Routineproduktion am stärksten ausgeprägt. Dies ist darauf zurückzuführen, daß die Arbeitsplätze der älteren Arbeitnehmer in diesen Industrien einem besonderen Schutz unterliegen und deshalb die jüngsten Arbeitnehmer zuerst von Kündigungen betroffen werden. Vor die Wahl gestellt, ob die Löhne gekürzt oder Arbeitsplätze gestrichen werden sollen, hat eine Mehrzahl der Gewerkschaftsmitglieder (in der Gewißheit, daß vor ihnen zunächst einmal zahlreiche jüngere Kollegen entlassen würden) oftmals für die zweite Möglichkeit gestimmt.

So war denn auch der Rückgang der Gewerkschaftsmitgliedschaft am ausgeprägtesten unter jungen Männern, die ohne College-Bildung in das Arbeitsleben eintraten. Anfang der 50er Jahre traten über vierzig Prozent dieser Gruppe einer Gewerkschaft bei, Ende der 80er Jahre weniger als zwanzig Prozent (ohne öffentlichen Dienst: unter zehn Prozent).[5] In der Stahlindustrie zum Beispiel behielten zwar viele ältere Arbeitnehmer ihren Job, doch ging zwischen 1974 und 1988 fast die Hälfte aller Routinejobs in der Stahlherstellung verloren (von ehemals 480 000 waren 260 000 übriggeblieben). Ähnliches ereignete sich in der Automobilindustrie: Während der 80er Jahre büßte die Gewerkschaft United Auto Workers 500 000 Mitglieder ein – ein Drittel des Mitgliederstands vom Beginn des Jahrzehnts. General Motors (GM) allein strich während der 80er Jahre 150 000 amerikanische Arbeitsplätze (und legte dafür im Ausland zu). Eine weitere Folge desselben Phänomens: Der Unterschied zwischen den Durchschnittslöhnen gewerkschaftlich organisierter und nichtorganisierter Arbeitnehmer stieg dramatisch an – von 14,6 Prozent im Jahre 1973 auf 20,4 Prozent Ende der 80er Jahre.[6] Die hieraus zu ziehende Lehre liegt auf der Hand: Wenn Sie nichts weiter als ein High-School-Diplom vorzuweisen oder gar die High-School vorzeitig abgebrochen haben, rechnen Sie nicht damit, daß ein gutbezahlter Job in der Routineproduktion auf Sie wartet.

Ebenfalls von dem Schwund betroffen sind Arbeitsplätze des unteren und mittleren Managements in der Routineproduktion. Zwischen 1981 und 1986 verloren über 780 000 Vorarbeiter, Betriebsaufseher und Gruppenführer durch Werksschließungen und Entlassungen ihren Arbeitsplatz.[7] Auch zahllose stellvertretende Abteilungsleiter, stellvertretende Direktoren, stellvertretende Manager und Vizepräsidenten fanden sich auf der Straße wieder. GM allein entließ über 40 000 Verwaltungsangestellte und plante, bis zur Mitte der 90er Jahre weitere 25 000 freizusetzen.[8] Während sich Amerikas Kernpyramiden in Globalnetze verwandelten, wurden viele Routineproduzenten der mittleren Ebene ebenso überflüssig wie die Routinearbeiter am Fließband.

Wie ich bereits früher bemerkte, haben auch in den Vereinigten Staaten tätige ausländische Netzwerke Amerikaner in der Routineproduktion beschäftigt. Überall schießen Werke von Philips, Sony und Toyota aus dem Boden – unter dem selbstgefälligen Applaus von Gouverneuren und Bürgermeistern, die sie mit Versprechen von Steuerabschlägen, neuen Klärwerken und anderen Annehmlichkeiten herbeigelockt hatten. Doch über kurz oder lang werden diese überschwenglichen Politiker merken, daß die Fabriken der Ausländer hochautomatisiert sind und die Automatisierung in den nächsten Jahren noch weitere Fortschritte machen wird. Arbeitsplätze in der Routineproduktion machen heutzutage in den Vereinigten Staaten und anderen Industrieländern bei der Mehrzahl der Erzeugnisse nur noch einen kleinen Teil der Produktionskosten aus, und dieser Anteil geht mit dem zunehmenden Einsatz computergesteuerter Roboter weiterhin stark zurück. 1977 wurden in den Vereinigten Staaten noch 35 Arbeitsstunden zur Montage eines Pkw benötigt; für Mitte der 90er Jahre rechnet man damit, daß japanische Automobilwerke in den Vereinigten Staaten mit nur noch acht Arbeitsstunden auskommen werden, um einen Pkw herzustellen.[9]

Die Produktivität amerikanischer Arbeiter, die diese Roboter bedienen, und die daraus resultierenden Löhne mögen relativ hoch liegen, aber es werden wohl nicht allzu viele derartige Jobs zu vergeben sein. Hierzu ein Beispiel: In den späten 80er Jahren tat sich Nippon Steel mit der kränkelnden amerikanischen Inland Steel zusammen, um fünfzig Kilometer westlich von Gary (Indiana) ein neues 400-Millionen-Dollar-Kaltbandwalzwerk zu errichten. Das Walzwerk wurde wegen seiner hochmodernen Technologie gefeiert, mittels deren die Herstellung einer Rolle Stahl statt zwölf Tagen nur noch etwa eine Stunde dauerte. Die gesamte Anlage konnte von einem kleinen Technikerteam betrieben werden, was erst so richtig ins öffentliche Bewußtsein drang, als Inland Steel in der Folge zwei ihrer alten Kaltwalzwerke schloß und Hunderte von Routinearbeitern freisetzte. Gouverneure und Bürgermeister sollten also aufpassen: Ihre mit viel Tamtam angepriesenen ausländischen Fabriken könnten am Ende bedrückend wenigen ihrer Wähler Arbeit geben.

Alles in allem hat der Wegfall von Routine-Arbeitsplätzen Männer mehr als Frauen getroffen. Dies liegt daran, daß die von Männern ausgefüllten Routine-Arbeitsplätze in der metallverformenden

Massenindustrie höher bezahlt waren als die von Frauen besetzten Routine-Arbeitsplätze in der Textil- und Datenverarbeitungsindustrie. Dadurch, daß beide Arten von Arbeitsplätzen abgebaut wurden, haben in der Routineproduktion tätige Frauen einen höheren Grad der Gleichstellung mit den Männern erreicht – besser gesagt: der gleich *schlechten* Stellung. Dies ist einer der Hauptgründe dafür, daß sich die »Geschlechterkluft« – die Kluft zwischen den Löhnen von Männern und Frauen – während der 80er Jahre zu schließen begann.

AUCH DAS ZWEITE BOOT, in dem die »Dienstleistenden« sitzen, ist im Sinken begriffen, wenn auch etwas langsamer und ungleichmäßig. Die meisten Dienstleistenden erhalten gerade eben den gesetzlichen Mindestlohn oder wenig darüber, und viele arbeiten nur in Teilzeit, so daß sie am Monatsende eine nicht eben reichlich gefüllte Lohntüte nach Hause tragen. Auch kommen sie üblicherweise nicht in den Genuß von Lohnnebenleistungen (Gesundheitsfürsorge, Lebensversicherung, Lohnfortzahlung und so weiter) wie die Routinearbeiter in den großen Industriebetrieben oder die Symbol-Analytiker, die an einem der fetteren Tröpfe der globalen Netzwerke hängen.[10] Dienstleistende sind vor den direkten Auswirkungen des globalen Wettbewerbs geschützt und profitieren wie alle anderen von der Möglichkeit, billiger an Produkte aus aller Welt zu kommen. Aber sie sind nicht immun gegen die indirekten Auswirkungen des globalen Wettbewerbs.

Zum einen konkurrieren Dienstleistende in zunehmendem Maße mit ehemaligen Produktionsarbeitern, die, weil sie keine gutbezahlten Jobs in der Routineproduktion mehr finden können, kaum eine andere Alternative haben, als sich unter den kundenbezogenen Dienstleistungsjobs umzusehen. Einer Schätzung des Arbeitsstatistischen Bundesamtes zufolge kam von den 2,8 Millionen Industriearbeitern, die Anfang der 80er Jahre ihren Arbeitsplatz verloren, ein volles Drittel in Service-Jobs unter, wo sie mindestens zwanzig Prozent weniger verdienten.[11] Außerdem sehen sich Dienstleistende der Konkurrenz durch High-School-Absolventen und -Abbrecher ausgesetzt, die früher mit Leichtigkeit in der Routineproduktion untergekommen waren, jetzt jedoch nicht mehr. Und wenn demographische Vorhersagen über das amerikanische Arbeitskräftepotential im ersten Jahrzehnt des 21. Jahrhunderts nicht völlig danebenliegen, werden die meisten Neuzugänge auf dem Arbeitsmarkt schwarze oder hispanische Männer oder Frauen sein – Gruppen, die in den vergangenen Jahren relativ schwach entwickelte technische Fertigkeiten besaßen; dies wird den Andrang auf die kundenbezogenen Berufe nur noch verstärken. Schließlich werden sich die Dienstleistenden noch der Konkurrenz durch eine wachsende Zahl Immigranten – legaler wie illegaler Art – zu erwehren haben, denen sich kundenbezogene Dienstleistungen am ehesten anbieten werden. (Man schätzt, daß zwischen den Mittachtzigern und dem Ende des Jahrhunderts etwa ein Viertel aller Neuzugänge auf dem Arbeitsmarkt Immigranten sein werden.[12])

Die stärkste Konkurrenz erwächst den Dienstleistenden jedoch aus arbeitskräftesparenden Geräten (die natürlich größtenteils im Ausland erfunden, entwickelt, hergestellt oder montiert werden). Geldautomaten, computerisierte Kassen, automatische Autowaschstraßen, robotergesteuerte Verkaufsautomaten, Selbstbedienungstankstellen und ähnliche Vorrichtungen ersetzen die menschlichen Wesen, mit denen man es als Kunde früher zu tun hatte. Sogar die Telefonvermittlung wird bereits durch elektronische Sensoren und Stimmensimulatoren übernommen, die imstande sind, in verständlichem und stets höflichem Ton die benötigten Informationen zu vermitteln. Verkäufer im Einzelhandel – eine der größten dienstleistenden Gruppen – sind eine gleichermaßen gefährdete Spezies. Mittels eines Personalcomputers, der an das Fernsehgerät angeschlossen wird, kann der Verbraucher der Zukunft Möbel, Haushaltsgeräte und alles mögliche elektronische Spielzeug von seinem Wohnzimmersessel aus bestellen – indem er die Ware von allen Seiten auf dem Bildschirm begutachtet, sich aussucht, was ihm an Farbe, Größe, besonderen Ausstattungsmerkmalen und Preis am meisten zusagt, und dann die Bestellung auf elektronischem Weg an das Kauf- oder Versandhaus übermittelt, das die ausgewählten Artikel dem Kunden direkt ins Haus liefert. Das gleiche geschieht mit Finanztransaktionen, Flug- und Hotelreservierungen, Leihwagenbestellungen und ähnlichen Vereinbarungen, die vom Verbraucher zu Hause mit Computerbanken irgendwo auf dem Erdball getroffen werden.[13]

Trotz aller Automation werden in modernen Volkswirtschaften wie der der Vereinigten Staaten natürlich immer wieder zahlreiche neue Dienstleistungs-Arbeitsplätze entstehen. Für jede Bankkassiererin, die ihren Arbeitsplatz an einen Geldautomaten verliert, eröffnen sich drei neue Jobs für Aerobic-Lehrerinnen. Anscheinend haben menschliche Wesen einen fast unersättlichen Drang nach persönlicher Zuwendung, dennoch hat der allmächtige Konkurrenzkampf zur Folge, daß die Einkünfte der Dienstleistenden auf einem relativ niedrigen Niveau bleiben. Für Dienstleistende, die selbständig arbeiten oder aber weithin verstreut über zahllose Kleinbetriebe, von denen ein jeder irgendeine Nische in der Kundenbetreuung ausfüllt, ist es schwierig, sich gewerkschaftlich zu organisieren oder eine mächtige Lobby auf die Beine zu stellen, um die Auswirkungen des Konkurrenzkampfes zu begrenzen.

In zweierlei Hinsicht werden sich demographische Entwicklungen positiv für Dienstleistende auswirken, werden ihrem gemeinsamen Boot einen leichten Auftrieb verleihen. Erstens verlangsamt sich, wie bereits festgestellt, das Wachstum des amerikanischen Arbeitskräftepotentials, besonders die Zahl jüngerer Arbeitskräfte schrumpft: 1995 wird die Zahl der 18- bis 24jährigen gegenüber 1985 um 17,5 Prozent abgenommen haben. So werden Arbeitgeber bereitwilliger Dienstleistende einstellen und anlernen, die sie zuvor vielleicht ignoriert haben. Diese demographische Entlastung vom Konkurrenzdruck wird jedoch nicht von langer Dauer sein. Die kumulativen Zeugungsenergien der geburtenstarken Nachkriegsgeneration (geboren zwischen 1946 und 1964) werden etwa ab dem Jahr 2010 für neuen Nachschub an Arbeitskräften sorgen.[14] Und auch die – legale wie illegale – Einwanderung zeigt alle Anzeichen eines Anwachsens in kommenden Jahren.

Zweitens wird im zweiten Jahrzehnt des 21. Jahrhunderts die Zahl der über 65 Jahre alten Amerikaner steil ansteigen, weil dann die zwischen 1946 und 1964 geborenen »Baby-boomer« das Rentenalter erreicht haben werden. Auch die Lebenserwartung wird höher sein, und zwar nicht nur, weil sich dann weniger Menschen ins Grab geraucht und mehr Menschen eine gesunde Ernährung genossen haben werden als in der Generation ihrer Eltern, sondern auch, weil sie alles an Arzneimittel und Therapien in Anspruch nehmen werden, was gut und teuer ist, um ihr Leben noch ein wenig zu verlängern. Bis zum Jahr 2035 wird sich die Zahl der älteren Amerikaner gegenüber 1988 verdoppelt, die der über Achtzigjährigen sogar verdreifacht haben. Während die dahinwelkenden »Baby-boomer« dann ihre Chemikalien zu sich nehmen und sich ihren Behandlungen unterziehen, werden sie auch jede Menge persönlicher Zuwendung in Anspruch nehmen. Millionen dahinsiechender Leiber werden Krankenschwestern und -pfleger, Pflegeheimbetreiber, Krankenhausverwalter, Sanitäter, Anbieter von Hauspflegediensten und Sterbehelfer benötigen sowie technisches Personal zur Bedienung und Instandhaltung all der teuren Maschinen, mit denen die Sterbenden überwacht werden und ihr endgültiger Zerfall noch ein wenig hinausgezögert wird. Es könnte sogar einen blühenden Markt für Sterbehilfe-Spezialisten geben. Auf jeden Fall wird eine starke Nachfrage nach personenbezogenen Dienstleistungen in der Alten- und Krankenfürsorge herrschen.[15]

Da wäre nur ein kleines Problem: Die dahinsiechenden »Babyboomer« werden nicht genug Geld haben, um für diese Dienstleistungen zu zahlen. Ihre privaten Ersparnisse werden längst aufgebraucht sein. Ihre Rentenversicherungsbeiträge wurden natürlich von der Regierung dazu benutzt, die Renten der vorherigen Generation zu bezahlen und einen Großteil der Haushaltsdefizite der 80er Jahre zu finanzieren. Des weiteren wird wahrscheinlich, aufgrund des relativ geringeren Anteils von jungen Menschen an der Gesamtbevölkerung, das Angebot an Eigenheimen die Nachfrage übersteigen, mit dem Ergebnis, daß die wichtigste Kapitalanlage der »Babyboomer«, nämlich ihr Eigenheim, bei Eintritt in das Rentenalter inflationsbereinigt weniger wert sein wird, als sie es einst geplant hatten. Folglich werden die gigantischen Pflegekosten für die ergrauenden »Baby-boomer« auf die gleichen Leute zurückfallen, die dafür bezahlt werden, sie zu pflegen. Für die Dienstleistenden des 21. Jahrhunderts stehen also jede Menge Arbeitsplätze in der Gesundheitsfürsorge zur Verfügung, aber ein großer Teil ihres Einkommens geht für Beiträge zur Rentenversicherung und für die Einkommensteuer drauf, die wiederum dazu benutzt wird, ihre Gehälter zu zahlen. Unter dem Strich bleibt keine wirkliche Verbesserung des Lebensstandards für die Dienstleistenden.

Indirekt hängt der Lebensstandard der Dienstleistenden auch vom Lebensstandard der von ihnen bedienten Amerikaner ab, die im Welthandel tätig sind. In dem Umfang, wie diese vom Rest der Welt für ihren Beitrag zur Weltwirtschaft reich belohnt werden, werden sie auch mehr Geld für personenbezogene Dienstleistungen aufwenden können. Hier haben wir die einzige Form einer »Trickle-down«-Ökonomie*, die der Realität standhält. Eine Kellnerin in einem Ort, dessen größte Fabrik soeben dichtgemacht hat, wird weder besonders gut verdienen, noch kann sie sich ihres Arbeitsplatzes sicher sein. In einem von Filmproduzenten und Bankmoguln bevölkerten mondänen Badeort hingegen wird es ihr nicht schlecht ergehen. Gleiches gilt für Staaten: Dienstleistende in Bangladesch mögen in etwa die gleichen Tätigkeiten verrichten wie Dienstleistende in den Vereinigten Staaten, müssen sich aber bei gleicher Arbeit mit einem viel geringeren Lebensstandard begnügen. Der Unterschied liegt in dem Wert begründet, den beider Kundschaft der Weltwirtschaft jeweils hinzufügt. Ich werde in einem späteren Kapitel auf dieses Thema zurückkommen.

ANDERS ALS DIE BOOTE von Routinearbeitern und Dienstleistenden befindet sich das Boot der amerikanischen Symbol-Analytiker im Aufwind. Die weltweite Nachfrage nach ihren Kenntnissen wächst

* (von engl. *to trickle down* = herabtröpfeln): konservative, weitgehend widerlegte Theorie, die besagt, daß wirtschaftliche Vorteile, die bestimmten Gruppen gewährt werden, unweigerlich auch den wirtschaftlich Schwächeren zugute kommen werden.

in dem Maße, wie die Leichtigkeit und Schnelligkeit zunehmen, mit denen diese kommuniziert werden können. Nicht alle Symbol-Analytiker können sich freilich eines gleich schnellen und spektakulären Aufstiegs erfreuen; Symbol-Analytiker am unteren Ende der Leiter können sich in der Weltwirtschaft manchmal kaum behaupten. Nach den Spitzenkräften herrscht jedoch eine derartige weltweite Nachfrage, daß sie über ihre Einkünfte kaum noch Buch führen können. Noch nie in der Geschichte der Menschheit ist durch ehrliche Arbeit soviel Reichtum erworben worden.

Zu den Symbol-Analytikern der mittleren Ebene gehören amerikanische Wissenschaftler und Forscher, die ihre Erkenntnisse eifrig an die globalen Netzwerke verhökern. Dabei beschränken sie sich keineswegs auf amerikanische Kunden. Wenn sich die Strategen im Hauptquartier von General Motors zieren, einen hohen Preis für ein neues Verfahren zum Bau hochfester Keramikmotoren zu zahlen, das von einem der Carnegie-Mellon University angeschlossenen Ingenieursteam erdacht wurde, so werden die Strategen von Honda oder Mercedes weniger zimperlich sein.

Gleiches gilt für die in Amerika allgegenwärtigen Unternehmensberater, die ihre Kenntnisse für teures Geld begierigen Unternehmern in Europa und Lateinamerika anbieten, und für die amerikanischen Energieberater, die ihre Kenntnisse noch teurer an die arabischen Scheichtümer verkaufen. Amerikanische Konstrukteure stellen ihre Kenntnisse Olivetti, Mazda, Siemens und anderen globalen Netzwerken zur Verfügung; amerikanische Marketing-Experten liefern Techniken zum Erlernen dessen, was Verbraucher in aller Welt zu kaufen wünschen, und amerikanische Werbefachleute liefern die Tricks dazu, die sicherstellen, daß sie es auch tatsächlich tun. Amerikanische Architekten steuern Entwürfe und Blaupausen bei für Opernhäuser, Kunstgalerien, Museen, Luxushotels und Wohnkomplexe in den Großstädten der Welt; amerikanische Immobilienmakler erschließen Gewerbegrundstücke, die sie weltweit an Investoren und Käufer vermarkten.

Auf die sanfte Kunst der Öffentlichkeitsarbeit spezialisierte Amerikaner stehen bei Unternehmen, Regierungen und Politikern aller

Nationen hoch im Kurs, desgleichen politische Berater, von denen einige zum Beispiel die Ungarische Sozialistische Partei, das Überbleibsel der einstmals alleinherrschenden kommunistischen Arbeiterpartei, 1990, vor den ersten freien Wahlen seit über vierzig Jahren, darin berieten, wie sie ein paar Parlamentssitze für sich retten könnte. Zur gleichen Zeit beriet ein Team landwirtschaftlicher Berater aus den Vereinigten Staaten in der Noch-Sowjetunion, 130 Kilometer von Moskau entfernt, ein landwirtschaftliches Kollektiv mit 1700 Beschäftigten. Wie schon erwähnt, verkaufen auf Finanzmanipulationen spezialisierte amerikanische Investment-Banker und Anwälte ihr Wissen an Asiaten und Europäer, die begierig darauf sind zu erfahren, wie man große Summen Geldes verdienen kann, indem man große Summen Geldes bewegt.

Entwicklungsländer wiederum holen sich amerikanische Ingenieure ins Land, um sich beim Bau von Straßen und Staudämmen beraten zu lassen. Amerikanische Ingenieure von Bechtel halfen den Sowjets bei der Entwicklung und dem Bau einer neuen Generation von Kernreaktoren. Manche Länder engagieren amerikanische Banker und Anwälte, um ihre Kreditbedingungen bei globalen Banken neu auszuhandeln, und Lobbyisten in Washington leisten ihnen Hilfestellung gegenüber dem Kongreß, dem Schatzamt, der Weltbank, dem IWF und anderen politisch sensitiven Institutionen. In offenbarer Verzweiflung haben ehemals kommunistische Länder amerikanische Wirtschaftsexperten angeheuert, um sie in die Grundzüge des Kapitalismus einzuweihen.

Fast alle Welt kauft die Kenntnisse und Fertigkeiten von Amerikanern, die akustische und visuelle Symbole manipulieren – von Musikern, Toningenieuren, Filmproduzenten, Maskenbildnern, Regisseuren, Kameraleuten, Filmstars, Boxern, Drehbuchautoren, Songschreibern und Ausstattern. Zu den Reichsten unter diesen Symbol-Analytikern gehören Steven Spielberg, Bill Cosby, Charles Schulz, Eddie Murphy, Sylvester Stallone, Madonna und andere Stars, die in Dresden und Tokio fast ebenso berühmt sind wie im Back-Bay-Viertel von Boston. Weniger hoch bezahlt, aber nicht weniger bekannt sind die salbungsvollen Nachrichtenmoderatoren von Turner Broadcasting's Cable News, die via Satellit täglich in so verschiedenen Ländern wie Vietnam und Nigeria zu sehen sind. Vanna White ist die meistgesehene Game-Show-Moderatorin der Welt. Hinter jedem dieser bekannten Gesichter steht eine ganze Reihe von amerikanischen Problem-Lösern, -Identifizierern und strategischen Vermittlern, die ihre Talente ausbilden, sie einarbeiten, beraten, fördern, stärken, dirigieren, aufbauen, repräsentieren und auf sonstige Weise ihren Wert erhöhen.[16]

Dann sind da weiterhin die amerikanischen Spitzenmanager in den Weltzentralen der »amerikanischen« Globalunternehmen und in den nationalen oder regionalen Zentralen der »ausländischen« Globalunternehmen, die ihre Kenntnisse und Erfahrungen über die Stränge ihrer jeweiligen globalen Unternehmensnetze in den Rest der Welt exportieren. IBM (»Big Blue«) zum Beispiel exportiert kaum Geräte aus den Vereinigten Staaten hinaus, sondern läßt sie überall auf der Welt herstellen und hält auch vor Ort den Kundendienst bereit. Was in erster Linie exportiert wird, ist symbolischer und analytischer Art. Vom IBM-Hauptquartier in Armonk (Bundesstaat New York) gehen strategische Vermittler- und entsprechende Management-Dienste in die Welt hinaus, und die Spitzenführungskräfte von IBM empfangen dafür reichlichen Lohn.

DIE WICHTIGSTE URSACHE dieses expandierenden Weltmarktes und der wachsenden globalen Nachfrage nach symbolischen und analytischen Kenntnissen von Amerikanern ist die spektakuläre Verbesserung der weltweiten Kommunikations- und Transporttechnologien. Konstruktionszeichnungen, Anleitungen, Ratschläge sowie Bild- und Tonsymbole können schneller und schneller den Globus umrunden, bei immer höherer Genauigkeit und zu immer geringeren Kosten. Auf digital aufgezeichneten CDs erreicht Madonnas Stimme in perfekter Klarheit Milliarden Hörer. Eine Erfindung von Ingenieuren des Battelle-Laboratoriums in Columbus (Ohio) kann via DFÜ-Modem fast überallhin versandt werden, und zwar in einer Form, die es anderen erlaubt, sie mittels erweiterter Computergraphik dreidimensional zu betrachten. Falls einmal eine Video-Konferenzschaltung nicht genügt und eine persönliche Zusammenkunft erforderlich ist, so ist es relativ leicht für einen Konstrukteur, Berater, Künstler oder Manager, sich in einen Überschalljet zu setzen und innerhalb weniger Stunden seinen weltweiten Mandanten oder Kunden, seinem Publikum oder seinen Angestellten von Angesicht zu Angesicht gegenüberzusitzen.

Mit der Nachfrage steigt die Vergütung. Ob in Gestalt von Lizenzgebühren, Honoraren, Gehältern oder Gewinnanteilen – das wirtschaftliche Ergebnis ist mehr oder minder dasselbe. Es gibt auch immaterielle Belohnungen. Eines der am besten gehüteten Geheimnisse unter Symbol-Analytikern ist, daß so vielen von ihnen ihre Arbeit regelrecht Spaß macht. Einen großen Teil ihrer Tätigkeit kann man im übrigen auch gar nicht als Arbeit im traditionellen Sinn bezeichnen. Die Tätigkeit der Routinearbeiter und Dienstleistenden ist üblicherweise monoton; sie ermüdet oder schwächt die Muskeln und gibt wenig Raum für Selbständigkeit und freies Ermessen. Die »Arbeit« der Symbol-Analytiker besteht oftmals eher aus Puzzles, Experimenten, Spielen, Debattieren und beträchtlicher Entscheidungsfreiheit darüber, was man als nächstes tun will. Wohl kaum ein Routinearbeiter oder Dienstleistender würde »arbeiten«, wenn er nicht auf das Geld angewiesen wäre. Viele Symbol-Analytiker würden selbst dann »arbeiten«, wenn es nicht ums liebe Geld ginge.

ZUR JAHRHUNDERTMITTE, als Amerika noch ein von pyramidenförmigen Unternehmen beherrschter Binnenmarkt war, gab es Grenzen für das, was die Manager auf den höchsten Sprossen der Unternehmenshierarchie verdienen konnten. Das lag natürlich zum einen daran, daß der Markt für ihre Tätigkeit größtenteils auf das Inland beschränkt war. Außerdem war, was sie eventuell an konzeptionellem Wert beisteuern konnten, relativ gering im Vergleich zu dem Wert, der sich aus der Massenproduktion herleitete – und was sich letzten Endes als ihr Einkommen ergab, hing wiederum vom Grad der Massenproduktion ab. Die meisten der zu identifizierenden und zu lösenden Probleme hingen mit der Steigerung der Effizienz der

Produktion, mit der Verbesserung des Flusses von Material und Teilen, der Montage und des Vertriebes zusammen. Erfinder, immer auf der Suche nach dem seltenen Durchbruch, führten ein völlig neues Produkt vor, das in großen Mengen hergestellt werden sollte; daraufhin versuchten Unternehmensberater, Manager und Ingenieure, die Herstellung zu beschleunigen und zu synchronisieren, um den größtmöglichen Effizienzgrad zu erreichen; sodann suchten Werbe- und Marketing-Fachleute den Appetit der Öffentlichkeit für den neuen Standardartikel zu wecken. Da die Einkünfte des Managements mit der Erweiterung der Produktion wuchsen, gab es einen beträchtlichen Anreiz, die Firma auszuweiten; tatsächlich wurden viele amerikanische Kernunternehmen größer, als dies zur Erreichung der optimalen Wirtschaftlichkeit gerechtfertigt erschien.

In den 90er Jahren hingegen sind die Einkünfte der Symbol-Analytiker weder durch die Größe des Binnenmarktes noch durch das Produktionsvolumen des Unternehmens beschränkt, für das sie tätig sind. Den Markt bildet jetzt die ganze Welt, und der konzeptionelle Wert, den sie beisteuern, ist hoch im Vergleich zu dem Wert, der durch die Rationalisierung der Massenproduktion hinzugefügt wird.

Es gab noch einen Umstand, der sich zur Jahrhundertmitte einschränkend auf die Einkommenshöhe auswirkte, mit Eintritt der 90er Jahre aber in den Hintergrund trat. Damals konnten die Gehälter, die Topmanagern und Beratern der größten Kernunternehmen Amerikas gezahlt wurden, nicht in extremem Mißverhältnis zu den Löhnen der einfachen Arbeiter am Fließband stehen. Es wäre einfach ungehörig gewesen, daß Führungskräfte, die im Rampenlicht der Öffentlichkeit Tarifverhandlungen mit Arbeitnehmervertretern führten und sich regelmäßig mit Aufrufen der Regierung zu einer moderaten Preispolitik auseinandersetzen mußten, Gehälter und sonstige Leistungen für sich beanspruchten, die die Einkünfte der Durchschnittsamerikaner himmelhoch überstiegen. Wenn die Führungskräfte keine Selbstbescheidung übten, wie konnte man dann von den Arbeitern erwarten, daß sie sich mit ihren eigenen Forderungen nach höheren Löhnen zurückhielten? Nur durch Bescheidenheit auf beiden Seiten konnte verhindert werden, daß der Staat regulierend in das Wirtschaftsleben eingriff.

Gleichzeitig durfte aber auch nicht zugelassen werden, daß die Arbeiterlöhne zu tief sanken, denn eine zu geringe Kaufkraft der Bevölkerung hätte der Wirtschaft geschadet. Denn wer sollte schließlich all die aus den Fabriken Amerikas strömenden Waren kaufen, wenn nicht die amerikanischen Arbeiter? Auch dies war Teil der stillschweigenden Übereinkunft zwischen den amerikanischen Führungskräften und ihren Arbeitern, die die Legitimität des amerikanischen Kernunternehmens in den Augen der meisten Amerikaner aufrechterhielt und ein fortgesetztes Wirtschaftswachstum garantierte.

Seit dem Eintritt in die 90er Jahre beginnen sich jedoch – mit dem Verschwinden des amerikanischen Kernunternehmens (und größtenteils als dessen Folge) – diese inoffiziellen Normen zu verflüchtigen. Die Bindungen zwischen Unternehmensführung und Arbeiterschaft lösen sich auf. Eine stetig wachsende Zahl der Untergebenen und Vertragsarbeiter sind Ausländer, und eine stetig wachsende Zahl amerikanischer Routinearbeiter arbeitet für ausländische Firmen. Ein ganzer Stand von Managern der mittleren Ebene, die als »white collar« bezeichnet wurden, ist verschwunden; und zunehmend verkaufen amerikanische Führungskräfte ihre Kenntnisse an globale Unternehmensnetze.

Indem das amerikanische Unternehmen zu einem von anderen kaum zu unterscheidenden globalen Netzwerk wird, werden auch die Unternehmensangehörigen zu einer großen, diffusen, über die ganze Welt verstreuten Gruppe, die weniger sichtbar und hörbar ist, als wenn sie sich auf eine Nation beschränkte. Und da das amerikanische Unternehmen seine Produkte und Dienstleistungen nun weltweit verkauft, hängt sein wirtschaftliches Überleben auch nicht mehr unbedingt von der Kaufkraft der amerikanischen Arbeiterschaft ab.

So sind denn alle Hemmungen beseitigt. Die Gehälter und Nebenleistungen, die Amerikas Führungskräften und vielen ihrer

Berater und Mitarbeiter heute gezahlt werden, haben Höhen erreicht, die vor Jahren unvorstellbar gewesen wären, während gleichzeitig die Einkünfte vieler anderer Amerikaner zurückgegangen sind.

Die Ausbildung des Symbol-Analytikers (I)

Ich habe noch nie erlebt, daß jemand auf irgendeine andere Weise Fortschritte in der Kunst und Technik des Forschens gemacht hätte, als selbst zu forschen.

JEROME S. BRUNER, *On Knowing* (1962)

WEIL DER WERT, der neuen Ideen und Konzepten zugeschrieben wird, im Verhältnis zu dem Wert, der den Standarderzeugnissen beigemessen wird, immer weiter steigt, wird auch die Nachfrage nach symbolanalytischen Fähigkeiten weiterhin steil ansteigen. Diese blühende Nachfrage wird den Symbol-Analytikern auch in den kommenden Jahren immer höhere Einkommen bescheren.

Natürlich wächst auch das weltweite Angebot an Symbol-Analytikern. Millionen Menschen in aller Herren Länder versuchen symbolanalytische Fertigkeiten zu erlernen, und viele tun es mit Erfolg. Forscher und Ingenieure in Ostasien und Westeuropa sammeln wertvolle Kenntnisse auf Gebieten wie Mikroelektronik, Mikrobiotik und Werkstoffkunde und setzen diese Kenntnisse in die Entwicklung neuer Produkte um. In vielen Entwicklungsländern schwärmen junge Leute in die Universitäten, um die symbolischen und analytischen Geheimnisse von Industriedesign, Informatik, Marketing und Management zu erlernen. Anfang der 90er Jahre bemühte sich zum Beispiel mehr als ein Drittel aller 19jährigen Argentinier, Singapurer und Südkoreaner um einen College-Abschluß.

Doch auch bei einem größeren globalen Angebot an Symbol-Analytikern werden wahrscheinlich Amerikaner weiterhin in Führung bleiben, und zwar aus zwei Gründen: Erstens bildet kein anderes Land seine gesegnetsten und talentiertesten Kinder – seine zukünftigen Symbol-Analytiker – so gut aus wie Amerika. Zweitens besitzt zur Zeit kein anderes Land ähnliche Anhäufungen von bereits fest etablierten Symbol-Analytikern, die in der Lage sind, fortwährend und ganz informell voneinander zu lernen. Zwar mögen diese

Vorzüge nicht ewig anhalten, doch zumindest für die vorhersehbare Zukunft können sich Amerikas Symbol-Analytiker weiterhin ihres Vorsprungs erfreuen.

AMERIKANER EREIFERN SICH GERN über das Thema Erziehung. Jeder hat etwas dazu zu sagen, denn es handelt sich um eines der wenigen Gebiete, auf denen jeder für sich eine unmittelbare persönliche Erfahrung ins Feld führen kann. Am lautstärksten pflegen sich jene zu gebärden, bei denen diese Erfahrung die geringste Wirkung hinterlassen hat. Der wahrhaft Gebildete versteht, wie vielfältig die Bildungsziele in einem freien Gesellschaftssystem sind, wie komplex die Bildungsmethoden.

Man erinnere sich, wie ausgezeichnet sich Amerikas Bildungssystem zur Jahrhundertmitte in die herrschende Struktur der Massenproduktion einfügte, in welche die jungen Produkte dieses Bildungsprozesses ja eingegliedert werden sollten. Amerikas Schulen waren das Spiegelbild der Volkswirtschaft: Lehrpläne wie bei der Fließbandproduktion, säuberlich in Fächer aufgeteilt, die in vorausberechneten Zeiteinheiten abgehandelt wurden, schuljahrsweise aufeinander aufbauten und durch standardisierte Tests geprüft wurden, um mit Mängeln behaftete Stücke auszusortieren und einer Nachbehandlung zu unterziehen.

Bis zum letzten Jahrzehnt des 20. Jahrhunderts hatte sich zwar die Wirtschaft grundlegend gewandelt, doch das amerikanische Schulsystem ist sich in Form und Funktion im wesentlichen treu geblieben. Doch nun sind die Schulen des Landes plötzlich vom Ruch der Krise umgeben; fast täglich lassen sich die Medien darüber aus, wie schlimm es um sie beschaffen ist. Tatsächlich aber ist im Schulwesen keine Verschlechterung eingetreten, es sind lediglich keine Verbesserungen vorgenommen worden. Zu Anfang seiner Präsidentschaftskampagne verlieh sich George Bush den vorausgreifenden Titel eines »Bildungspräsidenten«. Zwar feilte er auch nach seiner Wahl an diesem Image weiter, doch die konkrete Bedeutung des Titels kam nie so recht ans Licht, da Bush keine neuen Steuergelder für das Bildungswesen ausgeben wollte und statt dessen immer wieder nur mahnte, daß die Schulen des Landes besser werden müßten. Einige Leute, die sich als »Bildungsreformer« bezeichneten, schlugen vor, daß die Lehrpläne im ganzen Land noch mehr vereinheitlicht werden und die Standardprüfungen genauere Rückschlüsse darauf zulassen müßten, was alles auf dem Fließband Schule in die Köpfe der Jugend hineingestopft worden sei. (Die Prüfungen blieben natürlich, was sie schon immer waren: eine höchst akkurate Methode, mittels deren vor allem die Fähigkeit der Kinder ermittelt wird, sich Standardprüfungen zu unterziehen.) Bücher werden auf den Markt geworfen, in denen alles aufgelistet ist, was jeder gebildete Mensch wissen sollte. Immer wieder kommt es im amerikanischen Leben vor, daß gerade dann, wenn die Not am größten ist, die Forderung erhoben wird, sich auf die »Grundlagen« zu besinnen.

Doch während die große Mehrheit amerikanischer Kinder weiterhin einer standardisierten, auf eine standardisierte Wirtschaft zugeschnittenen Schulbildung ausgesetzt ist, trifft dies für eine kleine Minderheit nicht mehr zu. In den 90er Jahren wird zwar der *Durchschnitt* der amerikanische Kinder schlecht für den Wettbewerb in der qualitätsorientierte Globalwirtschaft gerüstet, doch gibt es innerhalb dieses Durchschnitts große Abweichungen. Im Ganzen gesehen schneiden amerikanische Kinder in den Fächern Mathematik, Naturwissenschaften und Geographie im Vergleich zu kanadischen, japanischen, schwedischen und britischen Kindern schlechter ab.[1] Ganze 17 Prozent der siebzehnjährigen Amerikaner sind funktionale Analphabeten.[2] Manche Kinder erhalten fast gar keine, viele eine schlechte Schulausbildung. Andere Kinder jedoch – nicht mehr als 15 bis 20 Prozent – werden in vollkommener Weise auf eine lebenslange symbolanalytische Berufstätigkeit vorbereitet.

Die formelle Erziehung der zukünftigen Symbol-Analytiker folgt einem gemeinsamen Muster. Einige der jungen Leute besuchen private Eliteschulen und wechseln dann auf die selektivsten Universitäten und renommiertesten weiterführenden Hochschulen über; die meisten verbringen ihre Kindheit auf erstklassigen öffentlichen Stadtrandschulen, wo sie in Gesellschaft ähnlich vom Glück begünstigter symbolanalytischer Sprößlinge durch die Leistungskurse geschleust[3] und anschließend auf vierjährige Colleges geschickt werden. Beiden ist jedoch vieles gemeinsam: Ihre Eltern interessieren sich für ihre Erziehung und nehmen aktiven Anteil daran; ihre Lehrer und Professoren haben einen wachen Sinn für ihre akademischen Bedürfnisse; sie haben Zugang zu modernsten wissenschaftlichen Laboratorien, interaktiven Computern und Videosystemen im Klassenzimmer, Sprachlaboratorien und High-Tech-Schulbibliotheken; ihre Klassenverbände sind relativ klein, ihre Mitschüler intellektuell stimulierend. Ihre Eltern besuchen mit ihnen Museen und kulturelle Veranstaltungen, ermöglichen ihnen Auslandsreisen und lassen sie Musikunterricht nehmen. Zu Hause gibt es Bildungsliteratur, pädagogisches Spielzeug, Lehrfilme auf Video, Mikroskope, Teleskope und mit der aktuellsten Bildungs-Software vollgestopfte Personalcomputer. Falls die Kinder einmal in der Schule zurückbleiben, erhalten sie privaten Nachhilfeunterricht. Wenn sie sich ein körperliches Leiden zuziehen, das sie beim Lernen behindert, erhalten sie umgehend die beste ärztliche Hilfe.

Dies will freilich nicht besagen, daß Amerika über ein tadelloses Ausbildungssystem für seine zukünftigen Symbol-Analytiker verfüge. Verbesserungen sind möglich. Europäische und japanische Oberschüler zeigen sich sogar amerikanischen Musterschülern in Mathematik und Naturwissenschaften regelmäßig überlegen. Insgesamt jedoch bereitet keine andere Gesellschaft ihre am meisten begünstigten jungen Leute so gut auf ein Leben kreativer Problemlösungs-, Problemidentifizierungs- und Vermittlertätigkeit vor. Die besten vierjährigen Colleges und die besten Universitäten Amerikas sind die besten der Welt (wie man an der Zahl der ausländischen Studenten erkennen kann, die von ihnen angezogen werden)[4]; die College-Vorbereitung in den Oberschulen ist ebenfalls hervorragend. In Japan ist es genau umgekehrt: Die Mängel der dortigen Universitäten und die von den japanischen Oberschulen verabreichte Schmalkost sind allgemein bekannt. Japans größter erzieherischer Erfolg besteht darin, dafür zu sorgen, daß auch die schwächsten Schüler einen vergleichsweise hohen Leistungsstand erreichen.[5]

GRUNDLAGEN UND INHALT des symbolanalytischen Lehrplans werden im allgemeinen weder auf Elternabenden in den Vorstädten offen angesprochen, noch wird in Vorlesungsverzeichnissen darüber informiert. Dennoch besteht unter Lehrern, Professoren und symbolanalytischen Eltern ein implizites Verständnis seiner Charakteristika und Ziele.

Angehende Symbol-Analytiker lernen natürlich lesen, schreiben und rechnen, doch werden diese Grundfertigkeiten auf besondere Weise entwickelt und konzipiert. Oftmals nehmen sie während des Bildungsprozesses große Mengen an Fakten in sich auf, doch steht diese Art Wissen nicht im Mittelpunkt ihrer Erziehung; sie werden ihr erwachsenes Leben in einer Welt verbringen, in der die meisten der früher gelernten Fakten (darunter auch manche Daten der Geschichte) sich geändert haben oder neu interpretiert worden sein werden. Auf jeden Fall aber wird ihnen, was immer an Daten sie dann benötigen, mittels Druck auf eine Computertaste zur Verfügung stehen.

Wichtiger ist, daß diese vom Schicksal begünstigten Kinder lernen, Probleme und Lösungen zu konzeptualisieren. Deshalb besteht die formale Erziehung eines angehenden Symbol-Analytikers vor allem aus der Verfeinerung von vier grundlegenden Fertigkeiten: *Abstraktion, Systemdenken, Experimentieren* und *Zusammenarbeit*.[6]

Beschäftigen wir uns als erstes mit der Abstraktionsfähigkeit. Die reale Welt ist zunächst nichts weiter als ein wildes Durcheinander von Geräuschen, Formen, Farben, Gerüchen und Stoffen, das im wesentlichen bedeutungslos bleibt, bis der menschliche Verstand ein gewisses Maß an Ordnung hineinbringt. Die Fähigkeit der Abstraktion – nämlich Strukturen und Bedeutungen zu entdecken – ist das A und O der Symbol-Analyse, bei der die Realität erst einmal simplifiziert werden muß, um auf neue Weise verstanden und manipuliert werden zu können. Der Symbol-Analytiker handhabt Gleichungen, Formeln, Analogien, Modelle, Konstrukte, Kategorien und Metaphern, um die Voraussetzungen für eine Neuinterpretation – und anschließende Neuordnung – des Datenchaos zu schaffen, das uns bereits umschwirrt. Auf diese Weise können riesige Mengen an unorganisierten Informationen integriert und assimiliert werden, so daß sich neue Lösungen, Probleme und Wahlmöglichkeiten ergeben. Jeder innovative Wissenschaftler, Anwalt, Ingenieur, Designer, Unternehmensberater, Drehbuchautor oder Werbefachmann ist ständig auf der Suche nach neuen Möglichkeiten der Realitätsdarstellung, die noch unwiderstehlicher oder aufschlußreicher als die früheren sind. Ihr Instrumentarium mag variieren, doch die abstrakten Prozesse der Umwandlung von Rohdaten in betriebsfähige, oftmals originelle Strukturmuster sind größtenteils die gleichen.

Für die meisten Kinder in den Vereinigten Staaten und auf der ganzen Welt besteht die formale Erziehung im genauen Gegenteil dieser Lernweise. Anstatt ihnen Gelegenheit zu geben, selbst Sinngebungen zu konstruieren, werden ihnen Sinngebungen aufgezwungen. Abgepackt in Stundenpläne, Vorlesungen und Lehrbücher, wird ihnen der Lehrstoff vorgefertigt verabreicht. Die Realität ist bereits simplifiziert, der gehorsame Schüler oder Student hat sie sich nur noch einzuprägen. In einem effizienten Erziehungsprozeß, so meint man, muß das Wissen ebenso verabreicht werden, wie in einer effizienten Fabrik Teil für Teil am Fließband zu einem Ganzen zusammengesetzt wird. Ganz egal, welcher Stoff vermittelt wird, die zugrundeliegende Lektion ist die, daß jemand anderem die Verantwortung obliegt, dem Strudel von Daten, Ereignissen und Wahrnehmungen, die uns umgeben, Bedeutung zu verleihen. Diese Lektion aber muß zwangsläufig die Entwicklung der Fähigkeit in den jungen Leuten hemmen, in einer Welt zu gedeihen, die von Gelegenheiten, Neues zu entdecken, nur so wimmelt.

Amerikas meistbegünstigten Schülern und Studenten bleibt dieses »Einlöffeln« von Wissen erspart. In den Leistungskursen der besten Grund- und Oberschulen und in den Seminarräumen und Laboratorien der besten Universitäten Amerikas ist der Lehrplan fließend und interaktiv. Statt auf die Weitergabe von Informationen wird die Betonung auf Urteilsvermögen und Interpretation gelegt. Dem Studenten wird beigebracht, den Daten auf den Grund zu gehen – zu hinterfragen, warum bestimmte Fakten ausgewählt wurden, warum sie für wichtig erachtet werden, wie sie hergeleitet wurden und wie ihnen widersprochen werden könnte. Der Student lernt, die Realität aus verschiedenen Blickwinkeln und in wechselndem Licht zu betrachten und sich auf diese Weise neue Möglichkeiten und Alternativen vorzustellen. Der symbolanalytische Verstand wird darauf trainiert, skeptisch, neugierig und kreativ zu sein.

BEIM SYSTEMDENKEN wird die Abstraktion noch einen Schritt weiter getrieben. Für ein Kleinkind ist es ganz natürlich, die Realität als ein System von Ursachen und Wirkungen zu erkennen, wenn es lernt, daß ein Glas Milch, auf den Fußboden geworfen, zerbricht und jeden vollspritzt, der gerade in der Nähe ist, und daß ein solches Ereignis – wenngleich im ersten Augenblick recht spaßig – auf jeden Fall eine energische Reaktion auf seiten des gerade zuständigen Erwachsenen hervorruft. Raffiniertere Formen des Systemdenkens ergeben sich nicht auf so natürliche Weise. Im späteren Leben neigen wir oft dazu, die Realität als eine Abfolge statischer Schnappschüsse zu sehen – hier ein Markt, da eine Technologie, dort ein Umweltrisiko, woanders eine politische Bewegung. Etwaige Beziehungen solcher Phänomene untereinander bleiben oft unerforscht. Zumeist wird dieses falsche Kästchendenken von der regulären Schulbildung auf alle Zeiten festgeschrieben, indem Fakten und Zahlen in mundgerechten Happen den Kategorien »Geschichte«, »Geographie«, »Mathematik« und »Biologie« zugeordnet werden, als ob jede von der anderen verschieden und ohne den geringsten Bezug wäre. Dies mag ein wirksames System sein, um Datenbits zu übertragen, aber nicht, um Wissen zu vermitteln. Was der Schüler oder Student dabei in Wirklichkeit lernt, ist, daß sich die Welt aus einzelnen Komponenten zusammensetzt und daß jede dieser Komponenten für sich allein genommen ihrem Wesen nach erklärbar ist.

Um neue Chancen zu entdecken, muß man jedoch in der Lage sein, das Ganze zu sehen und die Prozesse zu verstehen, durch welche die einzelnen Komponenten der Realität miteinander verknüpft werden. In der realen Welt gibt es selten von vornherein fest abgegrenzte, klar voneinander trennbare Sachverhalte. Der Symbol-Analytiker muß fortwährend versuchen, höhere Ursachen, Wirkungen und Wechselbeziehungen zu erkennen. Was zunächst wie ein einfaches, im Standardverfahren zu lösendes Problem aussieht, könnte sich als Symptom eines fundamentaleren Problems erweisen, das dann unweigerlich in abgeänderter Form an anderer Stelle noch einmal auftaucht. Indem er das Grundproblem löst, kann der Symbol-Analytiker eine beträchtliche Wertsteigerung erreichen. Die Erfindung eines biologisch schnell abbaubaren Kunststoffs löst viele der bei der Anlage von Mülldeponien anfallenden Probleme; ein Computer-Arbeitsplatz zu Hause bereitet dem täglichen Ärger mit dem Berufsverkehr ein Ende.

Bei der Ausbildung des Symbol-Analytikers wird großer Wert auf Systemdenken gelegt. Anstatt dem Studenten beizubringen, ein ihm vorgelegtes Problem zu lösen, wird ihm beigebracht zu untersuchen, woher das Problem kommt und in welcher Beziehung es zu anderen Problemen steht. Zu lernen, wie man von einem Ort an einen anderen reist, indem man einer vorgegebenen Route folgt, ist eine Sache; sich die gesamte Umgegend einzuprägen, um bei Bedarf eine Abkürzung zu nehmen, eine ganz und gar andere. Anstatt davon auszugehen, daß Probleme und ihre Lösungen von anderen hervorgebracht werden (wie es bei der standardisierten Massenproduktion der Fall war), lernen die Studenten, daß Probleme gewöhnlich neu definiert werden können, je nachdem, wo man den Blick in einem weiten Systemkreis von Kräften, Variablen und Ergebnissen ansetzt, und daß sich bei Untersuchung dieses größeren Gebietes unerwartete Bezüge und potentielle Lösungen ergeben können.

UM MIT DEN HÖHEREN FORMEN der Abstraktion und des Systemdenkens vertraut zu werden, muß man experimentieren lernen. Kleine Kinder verbringen den größten Teil ihrer wachen Zeit mit Experimentieren. Ihre Tests sind zufällig und repetitiv, aber sie lernen durch Fehler und vergrößern so ihre Fähigkeit, Ordnung in eine verwirrende Collage von Eindrücken zu bringen sowie Ursachen und Wirkungen zu verstehen. Bei fortgeschritteneren Formen des Experimentierens kommt es dann oft auch zu Fehlschlägen, die Ärger, Enttäuschung und sogar Angst auslösen. Wenn man eine Stadt lieber für sich selber auskundschaften will, anstatt sich einer Führung anzuschließen, kann man in die entlegensten Gegenden geraten und sich sogar für einige Zeit gänzlich verirren, dennoch gibt es kaum eine bessere Art, mit ihrer Anlage vertraut zu werden oder die Stadt aus vielen verschiedenen Blickwinkeln kennenzulernen. In gleicher Weise sind Symbol-Analytiker dauernd am Experimentieren. Der Kameramann probiert neue Techniken aus, eine Szene zu drehen; der Maschinenbauingenieur experimentiert mit neuen Werkstoffen für Motorteile. Experimentiergewohnheiten und -methoden sind überlebenswichtig in der neuen Wirtschaftsordnung, in der Technologien, Geschmäcker und Märkte in ständigem Fluß sind.

Doch der offizielle Schulbetrieb (in den Vereinigten Staaten wie anderswo) hat für Experimente kaum etwas übrig. Die Führung durch die Geschichte oder die Geographie oder die Naturwissenschaften folgt einer festgelegten Route, die mit der ersten Seite des Lehrbuchs oder der ersten Stunde der Vorlesungsreihe beginnt und an deren Ende aufhört. Schüler und Studenten haben fast keine Gelegenheit, das Terrain für sich selbst zu erkunden. Durch eigenständige Forschung kann man eben das »Klassenziel«, ein bestimmtes Gebiet von A bis Z durchzunehmen, nicht erreichen.

Dennoch werden in den besten Klassen der besten Schulen und Universitäten des Landes die Akzente völlig anders gesetzt. Statt die Schüler/Studenten auf vorgeschriebenen Wegen zu führen, werden sie mit dem nötigen Rüstzeug ausgestattet, um ihren Weg selbst zu finden. Die Betonung liegt auf experimentellen Techniken: Gewisse Teile der Realität werden konstant gehalten, während andere abgewandelt werden, um Ursachen und Wirkungen besser verstehen zu lernen; eine Reihe von Möglichkeiten und Auswirkungen werden systematisch erforscht, relevante Ähnlichkeiten und Unterschiede festgestellt; durchdachte Vermutungen werden getroffen und intuitive Sprünge vollzogen und an früheren Annahmen gegengetestet.

Am wichtigsten jedoch: Die Schüler/Studenten lernen, die Verantwortung für die Weiterführung ihrer Studien selbst zu übernehmen. (In diesem Zusammenhang sei darauf hingewiesen, daß dieses Konzept in Japans Schulen am wenigsten entwickelt ist.)

SCHLIESSLICH BLEIBT NOCH die Fähigkeit zur Zusammenarbeit. Wie bereits festgestellt, arbeiten Symbol-Analytiker vorwiegend im Team – wobei sie Probleme und Lösungen in der etwas verfeinerten Art einer Kinderspielgruppe untereinander austauschen. Das Spiel der Symbol-Analytiker mag zuweilen etwas führungslos anmuten, doch ist dies oftmals der einzige Weg, Probleme und Lösungen zu entdecken, deren »Entdeckbarkeit« im voraus gar nicht abzusehen ist. Symbol-Analytiker verbringen auch einen Großteil ihrer Zeit mit der Kommunikation von Konzepten – in Form von mündlichen Präsentationen, Berichten, Entwürfen, Memoranden, Layouts, Texten und Projektionen –, um anschließend die allgemeine Zustimmung zur Fortführung des Projekts zu gewinnen.

Auf das Erlernen von Zusammenarbeit sowie der Kunst, abstrakte Konzepte mitzuteilen oder sich der Zustimmung anderer zu versichern, wird jedoch in der formalen Schulbildung zumeist kein besonderes Gewicht gelegt. Im Gegenteil, in den meisten Klassenzimmern der Vereinigten Staaten und anderer Länder besteht die Hauptzielsetzung darin, daß die Schüler still und für sich allein die ihnen gestellten Aufgaben lösen. Reden verboten! Spickzettel und erst recht deren Weitergabe verboten! Gegenseitige Hilfe verboten! Wiederum gilt hier das Grundprinzip der Tüchtigkeit, wird die Bewertung der individuellen Leistung über alles andere gestellt. Gruppenaufgaben können nicht so leicht überwacht oder kontrolliert werden wie individuelles Arbeiten, es ist schwieriger festzustellen, ob ein bestimmter Schüler/Student die Aufgabe gemeistert hat.

Auch in dieser Beziehung haben sich Amerikas beste Schulen gewandelt. Anstatt auf individueller Leistung und Wettbewerb liegt hier die Betonung auf Gruppenarbeit. Die Studenten lernen zu artikulieren, zu erklären und dann gegenseitig neu – und besser – zu formulieren, wie sie Antworten identifizieren und finden. Sie lernen, Kritik von seiten ihrer Mitschüler oder Kommilitonen zu suchen und zu akzeptieren, Hilfe zu erbitten und Anerkennung zu zollen. Sie lernen auch zu verhandeln – ihre eigenen Bedürfnisse zum Ausdruck zu bringen, zu merken, welche Bedürfnisse andere haben, Dinge aus der Perspektive anderer zu sehen und Lösungen zum gegenseitigen Nutzen zu entdecken. Dies ist die ideale Vorbereitung für ein Leben symbolanalytischen Teamworks.

Wiederum soll hier nicht behauptet werden, die amerikanischen Schulen und Universitäten würden ihre Aufgabe angemessen erfüllen, sondern lediglich, daß die besten Schulen und Universitäten der Vereinigten Staaten einem kleinen Bruchteil der amerikanischen Jugend eine ausgezeichnete Grundausbildung in den für die Symbol-Analyse wesentlichen Techniken vermitteln. Kommen dazu noch interessierte und engagierte Eltern, eine gute Gesundheitsfürsorge, Museums- und Konzertbesuche, gelegentliche Auslandsreisen, Heimcomputer, Bücher und alles sonstige kulturelle und pädagogische Drum und Dran, mit dem symbolanalytische Eltern ihren Nachwuchs nur allzu gern überschütten, dann ist die Erziehung dieser bevorzugten Minderheit eine außerordentlich gute Vorbereitung auf die kommende Welt.

Die Ausbildung des Symbol-Analytikers (II)

DIE AUSBILDUNG DES SYMBOL-ANALYTIKERS endet nicht mit dem College-Abschluß. Wie die Statistiken über amerikanische Einkommen zeigen, ist eine College-Ausbildung normalerweise notwendig, aber bei weitem nicht ausreichend, um als Symbol-Analytiker erfolgreich zu sein. Der Lernprozeß setzt sich während der Berufsausübung fort.

Hier liegt der zweite Grund, warum Amerikas Symbol-Analytiker weiterhin auf den globalen Märkten eine herausragende Rolle spielen werden: Wie sonst in keinem anderen Land sind sie auf bestimmte geographische »Nester« konzentriert, wo sie mit anderen Symbol-Analytikern, die sich ebenfalls der Problemlösung, -identifizierung und deren Vermittlung widmen, zusammen leben, arbeiten und lernen. Die Städte und Regionen, in denen sie sich gehäuft angesiedelt haben, und die Spezialbereiche, mit denen diese Orte identifiziert werden, stehen auf der ganzen Welt in hoher Wertschätzung: Los Angeles in Musik und Film; die Umgebung von San Francisco sowie Boston in Naturwissenschaften und Technik; New York und Chicago in Weltfinanzen; Washington, D.C., in internationaler Politik und weltweiter Vermarktung von Waffen; New York in Recht, Werbung und Verlagswesen. Innerhalb dieser Gebiete sowie in zahlreichen weiteren gibt es enger umgrenzte Zonen superspezialisierter Symbol-Analyse, die ebenfalls direkt an die Weltmärkte verkauft wird: Nördlich und westlich Bostons sind Software-Ingenieure mit besonderer Erfahrung in Computergraphik ansässig; zwischen Little Rock und Fayetteville (Arkansas) Molekularbiologen und Biotechnologen; an der Park Avenue in New York Banker, die auf den koreanischen Finanzmarkt spezialisiert sind; bei Minneapolis (Minnesota) Forscher auf dem Gebiet medizinischer Geräte und Instrumente; südlich Portland (Oregon) Spezialisten in der Weiterentwicklung der Halbleitertechnologie; in Irvine und Pasadena (Kalifornien) auf Automobile und elektronische Verbraucherprodukte spezialisierte Industriedesigner; und im Umfeld jeder amerikanischen Universität Teams von Professoren, Assistenten und frisch graduierten Studenten, die Fachwissen auf Weltniveau in bestimmten Technologien, Märkten und Management-Verfahren verkaufen.

Solche symbolanalytischen Zonen sind anderswo auf der Welt nur schwer nachzuahmen. Zwar lassen sich die jeweils von ihnen ausgehenden Erfindungen und Kenntnisse in Sekunden von Kontinent zu Kontinent übermitteln, doch das kumulative Gemeinschaftswissen, auf dem solche Ideen basieren, ist weit weniger transplantierbar. Andere Länder mögen versuchen, ein Hollywood, eine Wall Street oder ein Silicon Valley nachzuahmen, doch ist dazu mehr erforderlich als nur Geld. Jede der genannten symbolanalytischen Zonen steht für einen ganzen Komplex von Institutionen und Fähigkeiten, der sich im Laufe der Zeit herausgebildet hat.[1]

Diese Zonen dienen als Designzentren, Entwicklungslaboratorien und Vermittlungszentralen für weltweite Operationen. Die aus ihnen hervorgehenden Pläne, Entwürfe, Bilder, Formeln und Strategien finden Eingang in globale Netzwerke, wo sie mit anderen Qualitätskonzepten aus anderen symbolanalytischen Zonen sowie mit weltweit fabrizierten und montierten Objekten der Massenproduktion kombiniert werden. Zwar kann man neue Probleme natürlich auch lösen, identifizieren und vermitteln, ohne in einer dieser Zonen zu leben, doch hilft es, in ihrer Nähe zu sein. Der zukünftige Filmregisseur kann sich zwar das wesentliche Wissen über die Herstellung eines erfolgreichen Films auch aneignen, ohne jemals in Hollywood gewesen zu sein; ist er allerdings in Hollywood, so kann er alles viel schneller und leichter erlernen.

Denken Sie an die Bedeutung der praktischen Berufserfahrung für die Symbol-Analyse. Der vom Schicksal begünstigte Student eignet sich im Verlauf der formalen Schulbildung die Techniken und Usancen der Abstraktion, des Systemdenkens, des Experimentierens und der Zusammenarbeit an – all dies die Grundvoraussetzungen für ein Berufsleben kreativer Problemlösung, -identifizierung und deren Vermittlung. Danach lernt er durch die Praxis. Die Auseinandersetzung mit komplexen Problemen bringt neue Erkenntnisse und Ansätze zur Lösung noch komplexerer Probleme; so steckt in jedem Lernprozeß bereits der Ansatz zu einem neuen Lernprozeß. Die Abstraktion wird subtiler; das Systemdenken wird erweitert und vertieft; das Repertoire experimenteller Techniken vergrößert sich; die Gestaltung der Zusammenarbeit wird immer besser.

Man denke weiterhin an die Bedeutung der schnellen und informellen Kommunikation unter den Beteiligten eines Projekts. Da komplexe Probleme normalerweise nicht im voraus strukturierbar sind, ergeben sich aus dem fortwährenden und sogar wahllosen Austausch von Fragen und Lösungen neue Möglichkeiten, auf die ein Mensch allein nicht hätte kommen können. Innerhalb der symbolanalytischen Zonen werden Erkenntnisse und Erfahrungen weithin miteinander geteilt, und zwar nicht nur unter den Angehörigen des jeweiligen Arbeitsteams, sondern auch mit Freunden, ehemaligen Kollegen und Zufallsbekanntschaften. Es geschieht ganz spontan beim gemeinsamen Essen, auf Partys, in der Kneipe oder Sporthalle. Es gehört einfach zum alltäglichen Tratsch – darüber, wer gerade was tut, wer was entdeckt, wo was los ist. Auf Computergraphik spezialisierte Software-Ingenieure, die in der gleichen »Technoburb«* leben und arbeiten, geben ganz nebenbei neue Tricks aneinander weiter, während sie sich Kriegsabenteuer erzählen. Das gleiche gilt für Drehbuchautoren in und um Hollywood, Führungskräfte von Werbeagenturen an der Madison Avenue, Lobbyisten in Washington, Terminpapierhändler in Chicago, Buch- und Zeitungsverleger in New York und so weiter – ganz informell, zu jeder Zeit. Wenn jemandes Beruf darin besteht, abstrakte Ideen zu durchdenken und weiterzugeben, so findet »Arbeit« für ihn immer und überall da statt, wo Ideen kommuniziert werden. Daher zieht der Kreative Nutzen aus der Nähe.

* Kombination aus *techno*logy und su*burb*.

DIE NÄHE BRINGT NOCH WEITERE VORTEILE MIT SICH. Der Ortstratsch dient als hochwirksames und hochspezialisiertes Arbeitsmarkt-Kommunikationssystem. Er sorgt dafür, daß jeder in der Gegend weiß, wer was gut kann und wo bestimmte Fähigkeiten am nutzbringendsten eingesetzt werden können. Auf diese Weise können strategische Vermittler die Talente und Fähigkeiten genau lokalisieren, die benötigt werden, um spezifische Probleme zu identifizieren und zu lösen – den Schallplattenproduzenten, der schon einmal eine schwache Band zur Höchstleistung anspornte, den Anwalt, der einen ähnlichen Vertrag mit einer neuartigen Schiedsgerichtsklausel versah, den Software-Ingenieur, der eine einfache Möglichkeit ersann, ein komplexes Graphik-User-Interface zu programmieren. Wer einmal derartige Probleme gelöst und identifiziert hat, wird auch weiterhin Möglichkeiten finden, sein Wissen anzuwenden und gleichzeitig zu verfeinern.

Hier bekommt auch der symbolanalytische Nachwuchs seine Chance. Die Gerüchteküche weiß, wer welches Problem für welchen strategischen Vermittler gelöst oder identifiziert hat und – was noch aufschlußreicher ist – wessen Stern im Steigen und wessen Stern im Sinken begriffen ist. Der zukünftige Drehbuchautor geht nicht wegen des gesunden Klimas nach Hollywood, sondern wegen der Möglichkeiten, die er dort hat, das Handwerk zu lernen und die richtigen Leute kennenzulernen. Die moderne Sprache bezeichnet dieses in den symbolanalytischen Zonen weitverbreitete Phänomen – den bewußten Prozeß, sich gleichzeitig sachkundig und bekannt zu machen – als *networking* (etwa: im Netzwerk arbeiten).

Innerhalb der jeweiligen Zone schreitet der Symbol-Analytiker von Projekt zu Projekt – von einem Software-Problem oder Drehbuch zum nächsten, von einer Werbekampagne oder Umfinanzierung zur nächsten – und gewinnt dabei an Erfahrung und Fertigkeit. Manchmal wird das nächste Projekt mit dem gleichen Team unternommen, das schon am vorangegangenen Projekt, unter der Schirmherrschaft der gleichen Firma, gearbeitet hatte. Manch ein Symbol-Analytiker mag über Jahre bei einer Organisation bleiben und mit Teams zusammenarbeiten, die dem gleichen Pool von Partnern oder Angestellten entstammen. Oft jedoch wird die Anstellung von kürzerer Dauer sein, und im Extremfall arbeitet der Symbol-Analytiker freiberuflich, springt von Firma zu Firma, von Team zu Team, je nachdem, welches Projekt ihm gerade verlockend erscheint. Aber auch bei solchen eher fließenden Arrangements ist es wahrscheinlich, daß die Mitglieder des Teams schon früher bei Projekten zusammengearbeitet haben. Unter den Ingenieuren und Vertriebsexperten, die gemeinsam unter der Schirmherrschaft einer neugegründeten Firma eine neue Graphik-Software entwickeln, befinden sich sicher einige, die schon einmal einige Jahre zuvor für eine andere Firmen-Neugründung Computer-Software entwickelt hatten.

Alles in allem funktioniert eine symbolanalytische Zone wie eine eigene große, informelle Organisation: Je nach Projekt werden die Fertigkeiten ihrer Mitglieder mal in der einen, dann wieder in einer anderen Weise kombiniert. Informationen sprechen sich in dieser fließenden, geographisch definierten Organisation schnell herum. Die Spezialisten für Computergraphik bleiben auch dann informell in Kontakt, wenn sie gerade einmal nicht zusammenarbeiten – dabei tauschen sie ihre Ansichten aus, welche Firmen und Projekte am vielversprechendsten erscheinen und welche wahrscheinlich eingehen werden. Sie erhalten Bescheid, sobald ein strategischer Vermittler die Finanzierung eines neuen Projekts in der Tasche hat und wenn ein Spitzen-Software-Ingenieur dafür unter Vertrag genommen worden ist. Rasch rechnen sie sich ihre Chancen aus, in das neue Team aufgenommen zu werden, und ob es den Versuch wert ist, sich zu bewerben. So wechseln Talente und Fähigkeiten in diesem hocheffizienten, wenn auch informellen System immer dahin, wo sie den größten Mehrwert erzeugen können.

Aus der Konzentration der Symbol-Analytiker in derartigen Zonen ergibt sich ein weiterer Vorteil: Ihre Zahl und die Nähe zueinander schaffen einen lokalen Markt für alle möglichen personenbezogenen Dienstleistungen und vor Ort benötigten Einrichtungen. Es ist ja kein Zufall, daß zum Beispiel Hollywood eine auffallend hohe Zahl von Sprachtrainern, Fechtlehrern, Tanzschulen, Künstleragenturen sowie Lieferanten von fotografischem und akustischem Gerät oder Beleuchtungsanlagen beherbergt. Ebenfalls in der Nähe befinden sich Restaurants mit genau dem Ambiente, in dem Produzenten bevorzugt Regisseure umwerben, Regisseure Drehbuchautoren becircen und auch sonst jeder jedem den Hof macht. Es gibt mit modernster Tonaufnahmetechnik ausgestattete Filmstudios, auf den Transport sperriger und zugleich empfindlicher Kulissen spezialisierte Firmen sowie Agenturen, die auf den Verleih klassischer Automobile und Oldtimer sowie anderer auffälliger Limousinen spezialisiert sind. Von derlei Dienstleistungen ist zum Beispiel in Des Moines (Iowa) nichts zu sehen, dort ist die Nachfrage zu gering. Doch in Hollywood erhöhen Angebote dieser Art nochmals die Nachfrage, denn es wird dadurch noch attraktiver für Symbol-Analytiker, die auf Aktivitäten spezialisiert sind, welche derartige Dienstleistungen erfordern.

Ebenfalls relevant sind innerhalb oder in der Nähe von symbolanalytischen Zonen anzutreffende öffentliche Einrichtungen wie Kongreßzentren, Forschungsparks, Weltklasse-Universitäten, internationale Flughäfen sowie bequeme Ausflugsmöglichkeiten in die Berge oder ans Meer. Kongreßzentren ermöglichen es Symbol-Analytikern, sich in großer Zahl zu Präsentationen, Ausstellungen und intensivem »Networking« zu versammeln. Der Forschungspark, vom Staat eingerichtet und unterhalten, gibt Symbol-Analytikern adäquaten und zuweilen preiswerten Arbeitsraum in fruchtbarer Nähe zueinander. Die Universität sorgt für einen kontinuierlichen Zulauf von intelligenten und ehrgeizigen graduierten Studenten, die mit Begeisterung ein niedriges Anfangsgehalt in Kauf nehmen, wenn sie dafür die Chance erhalten, in der Hoffnung auf ein späteres höheres Einkommen ihre ersten Erfahrungen zu sammeln. Der internationale Flughafen bietet direkte Verbindung zum Rest der Welt.

So wichtig sind diese öffentlichen Einrichtungen, vor allem die Universität und der Flughafen, daß ihr Vorhandensein sogar zu einem symbolanalytischen Unternehmen auf heißem Wüstensand oder in eiskalter Tundra stimulieren könnte. Eine Weltklasse-Universität und ein internationaler Flughafen bilden die Grundlagen globaler Symbol-Analyse – Intelligenz und eine schnelle Verbindung mit dem Rest der Welt.[2]

SYMBOLANALYTISCHE ZONEN entwickeln sich aus kleinen Anfängen. Auslöser mag das Vorhandensein mehrerer der genannten Einrichtungen sein, dazu befinden sich dort zufällig ein paar geniale Erfinder. Diese vielversprechende Kombination zieht einige Symbol-Analytiker an, diesen folgen weitere. Mit wachsender Erfahrung im Lösen und Identifizieren von Problemen beginnen sie, globalen Netzwerken Wert hinzuzufügen. Dann machen sich einige Symbol-Analytiker selbständig, gründen eigene Firmen oder suchen sich einfach ein neues Betätigungsfeld für ihre Fähigkeiten. Strategische Vermittler, angezogen von der wachsenden Konzentration spezialisierter Fertigkeiten, bringen noch komplexere Probleme mit, die wiederum die Fertigkeiten derer vergrößern, die an ihrer Lösung arbeiten. In dem Maße, wie den globalen Unternehmensnetzen weiterer Wert zugefügt wird, beginnt die Gegend einen weltweiten Ruf für die einzigartigen Fertigkeiten und Kenntnisse der Symbol-Analytiker zu erlangen, die dort arbeiten, und dies zieht weitere Talente aus dem ganzen Land (und sogar der ganzen Welt) dorthin. Währenddessen siedeln sich auch spezialisierte Dienstleistungsbetriebe an, die die Gegend noch attraktiver machen. So oder ähnlich sind Amerikas internationale Zentren für Software-Entwicklung, Finanzen, Verlagswesen, Musik und Film, Rundfunk und Fernsehen, Werbung, Unternehmensberatung, Automobildesign und vieles andere entstanden.

Solch ein Entwicklungsverlauf ist jedoch nicht zwangsläufig. Viele knospende symbolanalytische Zonen haben es nicht geschafft, zu Weltzentren aufzublühen. Wenn es denn gelingt, so handelt es sich um einen allmählichen, komplexen Prozeß, der von zahlreichen öffentlichen und privaten Interaktionen abhängt. Deshalb ist es auch so schwierig, symbolanalytische Knotenpunkte dieser Art anderswo auf der Welt aus dem Boden zu stampfen.

Selbst wenn sich eine Zone zum Weltzentrum entwickelt hat, gibt es keinerlei Garantie, daß es auch so bleibt. Der Erfolg kann sogar Ursache des Untergangs sein. Die Gegend wird vielleicht zu überlaufen, zu verschmutzt oder zu teuer, um die jungen, talentierten Symbol-Analytiker so wie früher anzuziehen – darauf beruhten schon immer die Unkenrufe über das unmittelbar bevorstehende Ableben von Hollywood, Silicon Valley und Manhattan-Mitte. Oder gerade die Intensität und Schnelligkeit der Kommunikation innerhalb der Zone mag sich nachteilig auswirken. Symbolanalytische Energien könnten zu leicht vom Pfad der Innovation abgelenkt werden und sich in gerade vorherrschenden Moden erschöpfen; die »kleinen Plaudereien« könnten, anstatt als Quelle nützlicher Informationen zu dienen, für Machenschaften am Rande des Erlaubten mißbraucht werden. Innerhalb solch eng verknüpfter Gemeinschaften kann es schon einmal vorkommen, daß Geschäftsgeheimnisse offenbart werden, Insider-Börsenwissen ausgetauscht wird oder Angestellte, die eine Vertrauensstellung innehatten, zur Konkurrenz überlaufen und Kunden und Mandanten mitnehmen. Derartige Eskapaden haben Prozesse und Schlimmeres zur Folge. Symbolanalytische Zentren sind nicht selten Schauplatz furioser Klagen und Gegenklagen, gegenseitiger Beschuldigungen und scheinbar endloser Reibereien und Dispute. Diese mögen zwar gut dafür sein, die örtliche Gerüchteküche zu beleben, sind jedoch einem Klima vertrauensvoller Beziehungen nicht gerade förderlich.

Diesen regressiven Tendenzen zum Trotz halten sich Amerikas symbolanalytische Zonen zum größten Teil erstaunlich gut, und innerhalb dieser Zonen bauen Amerikas Symbol-Analytiker ihre Fähigkeit, immer anspruchsvollere konzeptionelle Probleme zu lösen, zu identifizieren und zu vermitteln, fortwährend weiter aus. Natürlich verschärft sich die Konkurrenz durch ausländische Symbol-Analytiker, doch ohne den Zugang zu solch großen, dynamischen Lerngemeinschaften gehen Nichtamerikaner mit einem erheblichen Handikap ins Rennen.

TEIL IV
Die Bedeutung der Nation

Neuformulierung des Problems

Im Leben einer Nation gibt es kaum etwas Gefährlicheres als gute Lösungen für die falschen Probleme. Vorschläge zur Verbesserung der Rentabilität amerikanischer Unternehmen sind inzwischen Legion, desgleichen allgemeiner gefaßte Patentrezepte zur Rettung der amerikanischen Industrie. Politiker und andere »Experten« reden vollmundig davon, das amerikanische Business »restaurieren« oder »wieder in Gang bringen« zu wollen, als handelte es sich um eine liegengebliebene alte Schrottmühle, die nur mal ein wenig aufgemöbelt werden müsse, um wieder flottzuwerden. Andere schmieden Pläne, wie man Amerikas Wettbewerbsvorteil wiederherstellen und die amerikanische Wirtschaft wiederbeleben könnte. Viele dieser Ideen sind vernünftig, manche sind einfach dumm, alle jedoch leiden sie unter der rudimentären Auffassung von dem, was restauriert, wieder in Gang gebracht, wiedergewonnen oder wiederbelebt werden muß. Denn sie gehen von einer amerikanischen Wirtschaft aus, in deren Mittelpunkt das amerikanische Kernunternehmen und die Hauptindustrien Amerikas stehen – mit anderen Worten, sie sehen die amerikanische Wirtschaft so, wie sie zur Mitte des Jahrhunderts war, als sie quasi mit links das bißchen Welthandel beherrschte, das es damals gab. Wie wir jedoch gesehen haben, hat dieses Bild kaum noch Ähnlichkeit mit der gegen Ende des Jahrhunderts herrschenden Weltwirtschaft, in der sich Geld und Informationen fast mühelos durch die globalen Unternehmensnetze bewegen. So etwas wie ein amerikanisches Unternehmen oder eine amerikanische Industrie wird es bald nicht mehr geben, dann ist die amerikanische Wirtschaft nur noch ein regionaler Ableger der Weltwirtschaft – wenn auch ein immer noch relativ reicher Ableger. In diesem Lichte besehen wird schnell offenbar, daß jene Gebilde, von deren Wiederbelebung man so gern spricht, bald überhaupt nicht mehr existieren werden.

Diese neue Realität ist offiziellen Kreisen, denen von Außenposten wie Washington, Tokio oder Bonn aus die Steuerung der Finanz- und Geldpolitik obliegt, bereits aufgegangen. Sie haben gelernt, daß gesamtwirtschaftliche Maßnahmen nicht unilateral getroffen werden können, ohne die Geldströme zu berücksichtigen, die als Ergebnis dieser Maßnahmen in der einen oder anderen Richtung über die Grenzen des betreffenden Landes schwappen werden. Ein kooperatives Management ist schon allein deshalb erforderlich, weil es keine separaten Volkswirtschaften mehr zu verwalten gibt. Wenn die Zinsen in Deutschland steigen, fließt Geld aus den Vereinigten Staaten und Japan dorthin – es sei denn, daß diese Länder ihre Zinsen ebenfalls anheben. Auch die Regierenden Südamerikas können ein Lied davon singen, daß sich Geld gern in stabilere Weltgegenden verflüchtigt, wo die Erträge höher und besser einzuschätzen sind, wodurch dann jeder Versuch dieser Staaten, ihre Schulden abzubezahlen, zum Scheitern verurteilt wird. Und die Regierungen Osteuropas, Chinas oder auch des Bundesstaates Arkansas* – unter vielen anderen – müssen sich an die unabwendbare Tatsache gewöhnen, daß Kapitalisten nicht aus einem mildtätigen Impuls heraus, sondern allein aus Habgier zu ihnen kommen; deshalb versuchen die Behörden all dieser Weltgegenden, ihr Gebiet so profitabel wie nur möglich zu machen.

Weniger im klaren ist man sich über die Folgen dieser Transformation auf Arbeit und Einkommen der Bevölkerung. Denn nicht an der Rentabilität oder dem Marktanteil der Unternehmen eines Landes, sondern letztlich daran, wie gut seine Bürger leben und ob deren Lebensstandard auch in Zukunft gehalten oder sogar verbessert werden kann, mißt sich der wirtschaftliche Erfolg der Nation (oder, genauer gesagt, der durch die Staatsgrenzen gekennzeichneten Region der Weltwirtschaft).

Lebensstandard bedeutet natürlich mehr als die rein materielle Frage danach, was man sich für sein Geld kaufen kann. Saubere Luft und sauberes Wasser, persönliche Sicherheit und hübsch anzu-

---

* Zweitärmster Bundesstaat der Vereinigten Staaten, Heimatstaat Bill Clintons, dessen Gouverneur er vor seiner Wahl zum Präsidenten war.

sehende Straßenzüge sind Aspekte des Lebens, auf die die meisten empfindungsfähigen Individuen beträchtlichen Wert legen, mögen auch manche Leute und manche Kulturen bereitwilliger als andere auf derlei immaterielle Dinge zugunsten materiellen Gewinns verzichten, besonders wenn die Alternative Hungern heißt. So gehen denn der materielle und der immaterielle Bereich des Wohlergehens zumeist Hand in Hand: Die Ärmsten der Welt, denen es am Notwendigsten zum Überleben fehlt, müssen oftmals auch eine schmutzige, verkommene und unsichere Umwelt ertragen, die Reichen hingegen, die ein Übermaß an materiellem Spielzeug besitzen, erfreuen sich zugleich auch der angenehmsten und sichersten Umgebung.

In zunehmendem Maße hängt die Fähigkeit des einzelnen, sowohl über materiellen wie immateriellen Reichtum zu verfügen, von dem Wert ab, den die Weltwirtschaft seinen Kenntnissen und Fertigkeiten beimißt. Das allgegenwärtige und ununterdrückbare Gesetz von Angebot und Nachfrage macht nicht länger vor Staatsgrenzen halt: In der neuen Weltwirtschaft nehmen die Symbol-Analytiker eine beherrschende Stellung ein, wobei die amerikanischen Symbol-Analytiker eine besondere Bevorzugung genießen. Die Qualität der amerikanischen Universitäten ist unübertroffen; die besten Grund- und Oberschulen des Landes gehören zu den besten der Welt; kein anderes Land vermittelt eine qualitätsmäßig vergleichbare berufsbegleitende Fortbildung oder verfügt über ganze Regionen, die auf den einen oder anderen Zweig der Symbol-Analyse spezialisiert sind.

Für die anderen beiden Hauptkategorien von Arbeitnehmern verheißt das Gesetz von Angebot und Nachfrage indes nichts Gutes. Routinearbeiter, weltweit mit einem riesigen, rasch anwachsenden Pool von un- und angelernten Arbeitern konfrontiert, müssen machtlos zusehen, wie ihre Löhne schrumpfen und Arbeitsplätze verschwinden. Dienstleistende sind zwar weitgehend vor dieser direkten Konkurrenz geschützt, doch leiden sie unter deren indirekten Auswirkungen und geraten somit in eine zunehmend prekäre Lage. Ein schrumpfender Arbeitskräftepool innerhalb der Vereinigten Staaten mag zwar ihre Not in Zukunft etwas mildern, doch dürfte die Konkurrenz durch Arbeitskräfte, die sonst in die Routineproduktion gegangen wären, durch Immigration und den arbeitskräftesparenden Einsatz von Maschinen den Vorteil größtenteils wieder zunichte machen. Hauptsächlich infolge dieser Entwicklungen bewegen sich die Einkünfte der Amerikaner (sowie der Bürger vieler anderer Länder) zunehmend auseinander. Daher stellt sich heute die Herausforderung, den Lebensstandard der Mehrheit der Menschen, die die beiden letzteren Kategorien besetzen und die in der Weltwirtschaft an Boden verlieren, zu heben.

DAS PROBLEM IST ALLES ANDERE als unlösbar. Im Gegenteil, über die Skala möglicher Lösungen ist man sich sogar durchaus im klaren. Eine viel größere Herausforderung ist es, den politischen Willen zu ihrer Durchsetzung aufzubringen.

Eine Antwort bestünde darin, den polarisierenden Tendenzen der Weltwirtschaft durch eine wirklich progressive Einkommensteuer entgegenzuwirken und gleichzeitig die klaffenden Steuerschlupflöcher zu schließen. (Eines dieser Schlupflöcher, groß genug, daß ein ganzer Familienclan hindurchfahren kann, besteht im Versäumnis der gegenwärtigen Gesetzgebung, nicht realisierte Kapitalgewinne im Todesfall zu besteuern, wodurch die Kinder in den Genuß von Vermögenswerten kommen, deren Wert sich vielleicht zu Lebzeiten der Eltern vervielfacht hat, ohne daß jemals Steuern auf den Wertzuwachs entrichtet wurden. Ein weiteres Schlupfloch: Abzugsfähigkeit von Hypothekenzinsen in einer Höhe, die sogar die Errichtung von Palästen mit staatlicher Förderung erlaubt. Ein drittes: niedrige, leicht umgehbare Erbschaft- und Schenkungsteuern.)

In der Geschichte unseres Landes hat es Zeiten gegeben, da der Gedanke einer progressiven Einkommensteuer als gar nicht so radikal erachtet wurde. 1917, am Vorabend des Eintritts der Vereinigten Staaten in den Ersten Weltkrieg, brachte Präsident Woodrow Wilson eine dann auch vom Kongreß verabschiedete neue Abgabenordnung mit steil ansteigender Steuerprogression und einem Spitzensteuersatz für Privateinkommen von 83 Prozent ein. Der Spitzensteuersatz knickte zwar während der 20er Jahre scharf ab, doch bereits 1935 war er wieder bei 79 Prozent angelangt und nun auch mit einer Erbschaftsteuer gekoppelt. Natürlich gab es auch dann noch Schlupflöcher, doch lag die effektive Steuerrate für Amerikas reichste Steuerzahler immerhin bei fünfzig Prozent. Als Franklin D. Roosevelt verkündete, kein Amerikaner solle mehr als 25 000 Dollar seines Jahresverdienstes für sich behalten dürfen (25 000 Dollar von damals entsprechen etwa 200 000 Dollar von 1990), warf ihm jemand vor, er habe den Verstand verloren oder setze seine politische Zukunft aufs Spiel. Allmählich jedoch wurde die Steuerprogression durch neue Schlupflöcher, Freibeträge und die durch Inflation verursachte »schleichende Progression« (bei welcher geringverdienende Arbeiter langsam in höhere Steuergruppen vorrückten) unterhöhlt und schließlich durch die Steuer-»Reformen« Ende der 70er und in den 80er Jahren fast gänzlich beseitigt. Währenddessen wurden auch die Pflichtbeiträge zur Rentenversicherung, die bundesstaatlichen und kommunalen Umsatzsteuern, die Grund-, Sonder- und Lotteriesteuern schrittweise erhöht – alles Dinge, die das Portemonnaie des kleinen Mannes relativ stärker belasteten als das der Reichen.

Heutzutage haftet dem Ideal der Steuerprogression in den Vereinigten Staaten etwas Wunderliches, Altmodisches an, während verschiedene andere Industriestaaten sie weiterhin als einen gangbaren Weg zur Milderung von Einkommens-Ungleichheiten betrachten. Im Jahre 1990 war der Steuersatz, mit dem die reichsten Bürger der Vereinigten Staaten belastet wurden, der niedrigste unter allen Industriestaaten.[1] Eine progressivere Einkommensteuer ist natürlich kein Allheilmittel für die wachsenden, in der sich herausbildenden weltweiten Arbeitsteilung begründeten Einkommensunterschiede, doch würde sie zumindest den Trend abschwächen. Die gegenteilige Strategie hingegen – ein niedriger Spitzensteuersatz, dafür eine zunehmende Abhängigkeit der Regierung von Einnahmen aus der Sozialversicherungssteuer, der Umsatzsteuer, den Verbrauchergebühren, der Grund- und der Lotteriesteuer – führt uns genau in die entgegengesetzte Richtung.

Eine zweite Antwort auf die sich öffnende Einkommensschere wäre es, Vorsorge gegen die Entstehung von Klassenschranken zu treffen, indem man jedem einigermaßen talentierten amerikanischen Kind die Chance gibt, zum Symbol-Analytiker zu werden – unabhängig von Familieneinkommen oder Hautfarbe. Hier sehen wir die positive Seite der globalisierten Wirtschaft: Im Gegensatz zur alten hierarchischen und vergleichsweise isolierten Wirtschaftsform der Vereinigten Staaten, wo die *white collar jobs*, die nichtmanuellen, höherwertigen Tätigkeiten, im Verhältnis zu den *blue collar jobs* naturgemäß in der Minderheit waren, gibt es in der Weltwirtschaft keine wie auch immer geartete Beschränkung für Amerikaner, die weltweit symbolanalytische Dienstleistungen verkaufen können. Im Prinzip könnten alle amerikanischen Routinearbeiter Symbol-Analytiker werden und ihre alten Jobs in die Entwicklungsländer abwandern lassen. Die weltweite Nachfrage nach Symbol-Analyse weist so kräftige Zuwachsraten auf, daß sogar dann noch mit einem steten Wachstum der Reallöhne zu rechnen wäre.

In der Praxis wäre es natürlich eine beängstigende Aufgabe, aus der Mehrheit des amerikanischen Arbeitskräftepotentials Symbol-Analytiker zu machen. Frühzeitige Eingriffe wären vonnöten, um die Gesundheit der Kleinkinder sicherzustellen und sie in stimulierende Vorschulprogramme einzubinden. Und nicht einmal die Begabtesten unter diesen Kindern könnten auf solche Jobs rechnen, solange es nicht in Stadt und Land ausgezeichnete öffentliche Schulen sowie großzügige Finanzhilfe für junge Leute gäbe, die das College besuchen möchten. Des weiteren würde die Schaffung eines großen Pools von Symbol-Analytikern innerhalb des Landes beträchtliche zusätzliche staatliche Investitionen in Universitäten, Forschungszentren, Flughäfen und andere für die symbolanalytische Arbeit notwendige Einrichtungen erfordern. Um schließlich sicherzustellen, daß amerikanische Symbol-Analytiker hinreichende praktische Berufserfahrung sammeln können, müßte die Regierung Globalunternehmen (welcher vermeintlichen Nationalität auch immer) veranlassen, sich zur Identifizierung und Lösung komplexer Probleme amerikanischer Symbol-Analytiker zu bedienen. So unglaublich ehrgeizig diese Initiativen auch erscheinen mögen – viele Gesellschaften haben bereits diesen Weg eingeschlagen: Japan, Südkorea, Singapur und mehrere westeuropäische Länder haben bereits nachhaltige Bildungs-, Forschungs-, Infrastruktur- sowie berufsbegleitende Fortbildungsprogramme eingeleitet, alle dazu ausersehen, ihre jeweiligen Symbol-Analytiker-Pools zu vergrößern.

SELBST UNTER DIESEN HÖCHST optimistischen Voraussetzungen ist es zweifelhaft, ob es zu einer radikalen Zunahme derjenigen Amerikaner käme, die Forscher, Designer, Unternehmensberater, Werbe- und Marketingspezialisten, Filmproduzenten, Regisseure, Buch- und Zeitungsverleger, Software-Ingenieure, Schriftsteller, Architekten oder – selbst wenn die Welt sie wirklich brauchte – Investment-Banker und Anwälte werden würden. Deshalb sind weitere Antworten vonnöten. Eine bestünde darin, die Zahl derjenigen Amerikaner zu erhöhen, die die Symbol-Analyse in der Produktion und bei den personenbezogenen Dienstleistungen zur Anwendung bringen können. Es gilt zum Beispiel als hinreichend erwiesen, daß Programmierkenntnisse die Arbeitsplätze in der Produktion bereichern können, indem die Arbeiter selbst in den Stand gesetzt werden, den Material- und Teilefluß so abzuändern, daß sich neue Leistungsmerkmale ergeben. So erhalten in der Produktion beschäftigte Arbeiter mit Hilfe des Computers eine größere Verantwortung und mehr Kontrolle über die Arbeitsorganisation. Sie hören auf, Routinearbeiter zu sein, und werden in der Tat zu Symbol-Analytikern auf einem sehr produktionsnahen Niveau.[2]

Da sich aber auch Millionen anderer Produktionsarbeiter überall auf der Welt diese modernen Produktionstechniken aneignen wollen, sind Amerikas Produktionsarbeiter natürlich immer noch einer ungeheuren Konkurrenz durch ausländische Arbeitskräfte ausgesetzt, die bereit sind, für einen Bruchteil amerikanischer Löhne oder sogar den gesetzlichen Mindestlohn zu arbeiten. Fortbildungsmaßnahmen mögen den Verlust dieser Arbeitsplätze in der Produktion oder den Verfall der Reallöhne hinauszögern, doch stellt dies alles andere als eine Lösung des Problems dar, dem sich die un- und angelernten Arbeiter im weltweiten Konkurrenzkampf gegenübersehen.

Ein ähnlicher Wandel bei den personenbezogenen Dienstleistungsjobs könnte hingegen eine anhaltendere Wirkung haben. Man denke zum Beispiel an die Kassiererin im Kaufhaus oder Supermarkt, deren Computer sie befähigt, den Lagerbestand im Auge zu behalten und bei Bedarf neue Ware zu bestellen. Der Computer ersetzt sie nicht, sondern ermöglicht es ihr, mehr Verantwortung zu übernehmen und dem Unternehmen auf diese Weise Wert hinzuzufügen. Der Zahl solcher technologisch aufgewerteten Arbeitsplätze sind nur durch die Fähigkeit der Dienstleistenden, sich während der Berufsausübung fortzubilden, Grenzen gesetzt. Dies bedeutet, daß weit mehr Amerikaner als bisher über solide Grundlagen in Mathematik, den fundamentalen Naturwissenschaften sowie Lese- und Kommunikationsfertigkeit verfügen müßten. Die erfolgreiche Integration des amerikanischen Arbeitskräftepotentials in die Weltwirtschaft ist also wiederum größtenteils eine Frage von Schul-, Aus- und Fortbildung sowie einer Gesundheitsfürsorge, die ein solches Lernen erst möglich macht.[3]

Es bleibt, last but not least, das Problem der Langzeit-Armen, denen viele der notwendigen Vorbedingungen fehlen, um unabhängige, produktive Mitglieder der Gesellschaft zu werden. Sie sind nicht leicht aus ihrer Zwangslage zu befreien, doch können aus dem Wirrwarr von Studien zu diesem Thema zumindest vier hoffnungsträchtige Schlüsse gezogen werden: Erstens sind die meisten der an diese Gruppe gerichteten berufsbildenden Maßnahmen in dem einschränkenden Sinne erfolgreich, daß diejenigen, die daran teilgenommen haben, eher eine Anstellung finden als Wohlfahrtsempfänger, die nicht daran teilgenommen haben. Zweitens fällt es bedürftigen alleinstehenden Müttern leichter, eine berufsbildende Maßnahme zu beenden und einen Arbeitsplatz mit adäquater Bezahlung zu finden, wenn ihnen während der Ausbildung kostenlose Plätze in Kindertagesstätten zur Verfügung stehen. Drittens benötigen die meisten Langzeit-Armen, bevor sie einen guten Job finden können, Nachhilfeunterricht in Lesen, Schreiben und Rechnen. Und viertens kommen Kinder aus armen Familien viel besser in der Schule zurecht und finden später leichter einen Arbeitsplatz, wenn sie bereits vor dem Kindergartenalter in ein intensives Vorschulprogramm eingebunden werden.[4] So liegt es durchaus im Bereich ihrer – und unserer – Möglichkeiten, daß ein Großteil dieser am wenigsten begünstigten Mitglieder der Gesellschaft ein durchaus vollwertiges, produktives Leben führen könnte.

DIESE KURZE ZUSAMMENSTELLUNG von Möglichkeiten, das Los der durch die Weltwirtschaft verletzbaren amerikanischen Bürger zu mildern, ist nicht als definitiver Leitfaden gedacht, sondern soll lediglich die Bereiche politischer Maßnahmen aufzeigen, in denen entsprechende Lösungen zu finden sind. Ich will die Schwierigkeit nicht herunterspielen, solche Heilmittel zu planen und effektiv einzusetzen, sondern will nur darauf hinweisen, daß sie weder mysteriös sind noch außerhalb unserer Reichweite liegen. Die eigentliche Schwierigkeit liegt nicht darin, sich Lösungen einfallen zu lassen und sie in die Tat umzusetzen. Die größte Herausforderung besteht vielmehr darin, erst einmal den politischen Willen zu haben, damit überhaupt anzufangen – denn eine gute, allen Amerikanern zugängliche Schul- und Berufsausbildung, Gesundheitsfürsorge und öffentliche Infrastruktur wird teuer.

Der Leser mag mit Recht einwenden, daß »mehr Geld« keine Lösung ist. Jedenfalls nicht die ganze Lösung. Die *Methoden* der Schul- und Berufsausbildung, der Gesundheitsfürsorge, des Baus und der Instandhaltung infrastruktureller Einrichtungen könnten sicher auch verbessert werden. Aber wenn Geld auch nicht alles ist, so ist es doch gewiß eine notwendige Vorbedingung, und die oberflächliche Feststellung, daß diesen Zwecken ja bereits genügend Geld gewidmet worden sei, ist schlichtweg falsch, wie ich im nächsten Kapitel ausführlicher darlegen werde.

Wenn es zusätzliche Kosten geben soll, wer soll dafür aufkommen? Den meisten berufstätigen Amerikanern, die bereits eine schwere Steuerlast zu tragen haben, kann nicht zugemutet werden, noch höhere Staatsausgaben zusätzlich auf die Schultern zu nehmen. Diese müßten vielmehr von der einzigen Berufsgruppe von Amerikanern übernommen werden, deren Einkommen gestiegen sind – unseren Symbol-Analytikern. Natürlich müßten sie auch die Hauptlast einer neuen Abgabenordnung zur Umverteilung der Einkommen und zur Reduzierung der polarisierenden Auswirkungen der globalisierten Wirtschaft tragen.

Daher lautet eine der Schlüsselfragen, inwieweit Amerikas vom Glück begünstigte Bürger – vor allem eben Symbol-Analytiker, die, mit etwa der Hälfte des Volkseinkommens gesegnet, den größten Teil des reichsten Fünftel – der Bevölkerung ausmachen – bereit sind, diese Bürden zu tragen. Und gerade hierin liegt ein innerer Widerspruch: Während sich die wirtschaftlichen Schicksale der Amerikaner auseinanderbewegen, könnte die Spitze das lange Zeit bewahrte Zusammengehörigkeitsgefühl mit dem untersten Fünftel –, oder sogar den unteren vier Fünfteln – verlieren, das einer derartigen Großzügigkeit zugrunde liegen müßte.

Während der Rest des Landes wirtschaftlich immer mehr von dem meistbegünstigten Fünftel abhängig wird, wird dieses Fünftel immer weniger von dem mehrheitlichen Rest der Bevölkerung abhängig. Die von Tocqueville im Amerika des 19. Jahrhunderts beobachtete wirtschaftliche Interdependenz ist im Schwinden begriffen. Zunehmend verkauft das begünstigte Fünftel sein Können auf dem globalen Markt und kann seinen Lebensstandard und den seiner Kinder halten und sogar erhöhen, während der Lebensstandard der Allgemeinheit sinkt. Sein Wohlergehen hängt nicht mehr ausschließlich oder vorwiegend von der Produktivität, Kaufkraft oder Lohnzurückhaltung der restlichen vier Fünftel der Bevölkerung ab. Ein amerikanischer Software-Ingenieur in leitender Stellung, der über Computer, Modem und Faxgerät mit seinen weltweiten Niederlassungen vernetzt ist, hängt wahrscheinlich mehr von Konstrukteuren in Kuala Lumpur, Fabrikanten in Taiwan, Bankern in Tokio und Frankfurt oder Verkaufs- und Marketing-Experten in Paris und Mailand ab als von Routinearbeitern in einer Fabrik am anderen Ende der Stadt.

Doch ohne die Unterstützung durch das begünstigte Fünftel ist es so gut wie unmöglich, die für einen Wandel notwendigen Mittel – und den notwendigen politischen Willen – aufzubringen. Diesem Thema will ich mich nunmehr zuwenden.

Der Niedergang der öffentlichen Investitionen

DIE GESCHICHTE STECKT VOLLER BEISPIELE von Gruppen, die sich aus Bündnissen mit anderen Gruppen zu lösen versuchten. Im 19. Jahrhundert unternahmen die Südstaaten den Versuch, sich von der Union zu trennen. Jahrhunderte zuvor hatte Martin Luther die Trennung vom Heiligen Stuhl vollzogen. Erst jüngst lösten sich nicht nur die ehemaligen Satellitenstaaten des Ostblocks aus dem Sowjetreich, sondern die Sowjetrepubliken selbst gaben der Zentralregierung in Moskau den Laufpaß. Staten Island, einer der fünf New Yorker Stadtbezirke, würde sich gern von New York City unabhängig machen. Auch High-Tech-Ingenieure, Investment-Banker und Anwälte werden ihren Geschäftspartnern abtrünnig und machen lieber ihre eigenen Firmen auf. Viele berufstätige Frauen können es sich heutzutage leisten, sich aus unglücklichen oder unbefriedigenden Ehen zu lösen. Zwar gibt es unterschiedliche Gründe für alle diese Lossagungen; steckt jedoch ein wirtschaftliches Motiv dahinter, so handelt es sich gewöhnlich darum, daß der Abtrünnige meint, allein ein besseres Auskommen zu haben. Die Verbindung ist unnötig kostspielig oder einengend, und der abtrünnige Teil möchte nicht länger einen Partner unterstützen, der es verabsäumt, seinen eigenen Beitrag zu leisten.

Eine Sezession muß nicht unbedingt ausgesprochen werden. Sie bedarf keiner Kriegserklärung, nicht einmal einer formellen Aufkündigung des Vertrages. Sie kann in aller Stille, fast unmerklich erfolgen, wie in einer Ehe, in der die Partner allmählich auseinanderdriften. Eines Tages erwachen die Mitspieler in einer neuen Realität und entdecken, daß sie nicht länger der gleichen Mannschaft angehören.

Etwas von dieser Art ist in den Vereinigten Staaten geschehen: Amerikas Symbol-Analytiker sagen sich vom Rest des Landes los. Die Trennung erfolgt in vielerlei Gestalt, beruht jedoch auf ein und derselben sich herauskristallisierenden wirtschaftlichen Realität. Diese Gruppe von Amerikanern hängt nicht länger von der wirtschaftlichen Leistungsfähigkeit anderer Amerikaner ab. Statt dessen sind die Symbol-Analytiker in globale Unternehmensnetze eingebunden, denen sie auf direktem Wege einen beträchtlichen Wertzuwachs bescheren.

Die Sezession des Symbol-Analytikers vollzieht sich schrittweise und ohne viel Aufhebens. In vielen Fällen erfolgt sie gleichsam unwissentlich und unbeabsichtigt. Während der Symbol-Analytiker mit derselben Aufrichtigkeit und Entschlossenheit wie immer seinen Treueschwur auf Land und Leute leistet, haben doch die neuen globalen Quellen seines Wohlstands sein Verständnis von seiner wirtschaftlichen Rolle und Verantwortung in der Gesellschaft auf subtile Weise verändert.

EINE FORM DER SEZESSION wurde bereits beschrieben: die abnehmende Steuerbelastung der Symbol-Analytiker und die zunehmende Steuer- und Abgabenlast der Geringverdienenden. Gleichzeitig mit dieser Verlagerung der Steuerlast stellte die Regierung die finanzielle Unterstützung von Programmen ein, die dazu dienten, die Produktivität der weniger begünstigten vier Fünftel der Bevölkerung zu erhöhen – durch Verbesserung ihrer bildungsmäßigen Voraussetzungen und durch infrastrukturelle Maßnahmen, um ihnen zu helfen, sich und ihre Produkte zu vermarkten.

Die beiden Phänomene – Verlagerung der Steuerlast von den reicheren auf die ärmeren Amerikaner und Entzug öffentlicher Mittel – stehen natürlich in Zusammenhang, da die ärmeren Amerikaner es sich nicht leisten können, mehr Steuern zu zahlen, um öffentliche Programme zu unterstützen, selbst wenn diese Programme auf lange Sicht ihre Verdienstchancen verbessern würden. Steuerproteste von Amerikanern mittlerer und niedriger Einkommen, deren Realeinkommen langsam sinken, sind erst dann zu erwarten, wenn sich die Steuerlast weiter zu ihren Ungunsten verlagert.

In den ersten Nachkriegsjahren wurden die Regierungsausgaben für Schule, Berufsausbildung, Straßenbau und andere »öffentliche

Verbesserungen« den begünstigteren Amerikanern gegenüber mit dem Hinweis auf die heilsame Wirkung dieser Maßnahmen für die Nation als Ganzes gerechtfertigt. Tocquevilles Logik des »wohlverstandenen Eigennutzes« steckte hinter zahlreichen Initiativen der damaligen Ära. In jüngerer Zeit jedoch, nachdem die Symbol-Analytiker weniger von anderen Amerikanern abhängig geworden sind, hat die traditionelle Rechtfertigung anscheinend einiges an Zugkraft verloren.

Man denke an die Infrastruktur: Viele der amerikanischen Symbol-Analytiker übermitteln ihre Ideen über private Telekommunikationssysteme und bewegen sich selbst mittels privater Luftlinien von Ort zu Ort. Die meisten anderen Berufstätigen sind auf das öffentliche Straßennetz, auf Brücken, Häfen, Züge, Busse und U-Bahnen angewiesen, um wirtschaftlichen Wertzuwachs erzeugen zu können. In den Vereinigten Staaten jedoch sind die Ausgaben für die Instandhaltung und Verbesserung dieser Art öffentlicher Einrichtungen ständig gesunken. In den 50er Jahren nahm sich die Nation vor, ein modernes Transportsystem einzurichten. Infrastrukturelle Maßnahmen verzehrten damals jährlich sechs Prozent des nichtmilitärischen Bundeshaushalts oder knapp vier Prozent des Bruttosozialprodukts (BSP), und dabei blieb es den größten Teil der 60er Jahre hindurch. Im Laufe der 70er Jahre sanken die öffentlichen Ausgaben für das Transportsystem des Landes, und dieser Trend verstärkte sich während der 80er Jahre bis zu dem Punkt, daß nur noch 1,2 Prozent des nichtmilitärischen Budgets (etwa drei Prozent des BSP) für infrastrukturelle Maßnahmen – Neubau und Instandhaltung – aufgewandt wurden. Daher das Schreckgespenst einstürzender Brücken und bröckelnder Highways. Einer Schätzung des US-Verkehrsministeriums von 1989 zufolge hätte allein die Reparatur der 240 000 Brücken des Landes 50 Milliarden Dollar verzehrt; die der Hauptverkehrswege 315 Milliarden Dollar. Die Ausgaben für *neue* infrastrukturelle Maßnahmen sind sogar noch stärker gesunken, nämlich von 2,3 Prozent des BSP im Jahre 1963 auf nur noch ein Prozent 1989.[1]

Besonders ausgeprägt war der Rückzug der *Bundes*regierung.

Ende der 80er Jahre investierte Washington jährlich in etwa den gleichen absoluten Betrag (inflationsbereinigt) in infrastrukturelle Maßnahmen wie dreißig Jahre zuvor, obwohl das Bruttosozialprodukt in der Zwischenzeit um 144 Prozent gewachsen war. Der Anteil der materiellen Kapitalinvestitionen an den Gesamtausgaben der Regierung fiel von 24 Prozent im Jahr 1960 auf weniger als 11 Prozent im Jahr 1991.[2] Und vieles von dem, was die Bundesregierung in den letzten Jahren tatsächlich übernommen *hat*, floß in innerstädtische Kongreßzentren, Bürokomplexe, Forschungsparks und andere vorwiegend von Symbol-Analytikern genutzte Anlagen.

Die Investitionspolitik im staatlichen Schulwesen weist ein ähnliches Muster auf. Viele Führungskräfte aus Politik und Wirtschaft (sowie auch viele Durchschnittsbürger) sind schnell bei der Hand mit der Behauptung, die Krise im öffentlichen Schulwesen stehe in keinerlei Zusammenhang mit einem Mangel an staatlicher Finanzierung. Gewiß ist *eine* Prämisse dieses Arguments – daß es auch ohne großen Aufwand an öffentlichen Mitteln viele Möglichkeiten gibt, die Schulen zu verbessern – durchaus korrekt. Ein solcher Schritt könnte zum Beispiel sein, die Verantwortung für Lehrstoffe und -methoden von der Schulbürokratie auf Lehrer und Eltern zu verlagern (analog zur Verlagerung der Verantwortung innerhalb der Unternehmen von den Hierarchien der Massen- zu den Netzwerken der Qualitätsproduktion). Den Eltern eine gewisse Wahlmöglichkeit zu überlassen, welche Schule ihre Kinder besuchen sollen, wäre ein weiterer Schritt (solange die ärmsten Kinder, deren Eltern am wenigsten in der Lage oder willens sein werden, sich nach Alternativen umzusehen, nicht allein in den schlechtesten Schulen zurückbleiben). Doch zu behaupten, daß derartige Reformen ausreichen, ist mehr als naiv. Um kleinere Klassen und besser qualifizierte Lehrer zu bekommen, benötigt man auch mehr Geld.[3]

Die öffentlichen Ausgaben für Grund- und Oberschulbildung sind pro Schüler seit Mitte der 70er Jahre angestiegen, jedoch nicht wesentlich schneller als im vorangegangenen Fünfzehnjahreszeitraum. Zwischen 1959 und Anfang der 70er Jahre wuchsen die Ausgaben pro Schüler jährlich real um 4,7 Prozent – einen Prozentpunkt über dem Zuwachs des BSP. Es gibt jedoch mehrere Gründe für die Annahme, daß die Zuwächse in jüngerer Zeit unzureichend sind: Da wäre zunächst der Vergleich mit dem, was andere Länder für die Erziehung ausgeben. Ende der 80er Jahre lagen Amerikas Ausgaben pro Schüler unter denen von acht anderen Ländern, nämlich Schweden, Norwegen, Japan, Dänemark, Österreich, Bundesrepublik Deutschland, Kanada und der Schweiz (in US-Dollar umgerechnet nach den Wechselkursen von 1988).[4]

Doch ganz abgesehen von internationalen Vergleichen ist auch die Nachfrage nach staatlicher Schulbildung in den Vereinigten Staaten während der letzten fünfzehn Jahre erheblich angewachsen. Dies liegt vor allem an der wachsenden Zahl zerbrochener Ehen, alleinerziehender Elternteile, legaler wie illegaler Einwanderer und armer Kinder. Auch ist da die unleugbare Tatsache, daß talentierte Menschen nicht mehr so leicht auf den Lehrerberuf verfallen wie vor zwanzig Jahren: Frühere Generationen amerikanischer Schulkinder profitierten von den eingeschränkten Karrieremöglichkeiten, die talentierten Frauen außerhalb des Schuldienstes offenstanden. Nun aber existieren diese Einschränkungen nicht mehr. An talentierten Frauen (und Männern) herrscht ein lebhafter Bedarf in einer breiten Palette von Berufen. Das Gesetz von Angebot und Nachfrage macht vor den Schultoren nicht halt: Wenn talentierte Kräfte für den Schulunterricht gesucht werden, so muß die Bezahlung stimmen, damit sich die talentierten Kräfte auch für den Beruf interessieren. Doch lagen die durchschnittlichen Lehrergehälter 1990 (inflationsbereinigt) nur vier Prozent höher als 1970, als die Karrieremöglichkeiten noch sehr viel beschränkter waren.

Schließlich verstecken sich hinter den Durchschnittswerten der Ausgaben pro Schüler in den Vereinigten Staaten die wachsenden Ungleichheiten zwischen den einzelnen Bundesstaaten und Schuldistrikten. Während der 80er Jahre sank die Unterstützung des Bundes für die Grund- und Oberschulbildung um ein Drittel, die Bundesstaaten und Kommunen mußten einspringen, doch für einige erwies sich die Belastung als überaus hoch. Während die Ausgaben pro Schüler in reicheren Staaten und Schuldistrikten anstiegen, konnten viele ärmere Staaten und Schulbezirke – die bereits mit den schwierigsten sozialen Problemen zu kämpfen hatten – kaum einen minimalen Qualitätsstandard an öffentlicher Schulbildung finanzieren. Dies ist ein wichtiger Punkt, auf den ich in einem späteren Kapitel zurückkommen werde.

Einerseits sind Tagesstätten für Kinder von Symbol-Analytikern in Anwaltsfirmen, Unternehmensberatungen und Investmentbanken zu einer unerläßlichen und zudem steuerfreien Einrichtung geworden, andererseits ist die öffentliche Finanzierung der Vorschulerziehung für Kinder aus armen Familien spürbar geschrumpft. 1989 waren weniger als ein Fünftel der drei- bis vierjährigen Kinder von Bedürftigen in der Lage, an »Head Start« teilzunehmen, einem Vorschulprogramm, das den Steuerzahler zwar an die 4000 Dollar pro Kind kostet, dessen Teilnehmer jedoch bessere Chancen haben, einen High-School-Abschluß zu erreichen, das College zu besuchen und Anstellung zu finden, als vergleichbare Kinder, die nicht an dem Programm teilnehmen.[5] Im Vergleich hierzu nahmen fast zwei Drittel der Vierjährigen, deren Familien über ein Jahreseinkommen von mehr als 35 000 Dollar verfügten, im Jahre 1989 an der Vorschulerziehung teil.[6] (1990 verabschiedete der Kongreß aufgrund einer Initiative der Bush-Regierung eine substantielle Erhöhung des Sozialetats, die unter anderem dem Gros der Vierjährigen aus bedürftigen Familien die Teilnahme an »Head Start« ermöglichen sollte. Dies war zwar eine willkommene Initiative, doch wird selbst diese Spritze allenfalls ein Drittel aller in Frage kommenden Kinder erreichen.[7])

Ebenfalls auf Grund von Sparmaßnahmen der Regierung kommen viele fähige junge Menschen in den Vereinigten Staaten nicht mehr in den Genuß der Bundesdollars, die bisher ihre einzige Hoffnung waren, sich den College-Besuch leisten zu können. Die Studiengebühren an den staatlichen und privaten Universitäten stiegen während der 80er Jahre durchschnittlich um 26 Prozent, während die Familieneinkommen in den mittleren und unteren Rängen amerikanischer Haushalte real sanken. Statt die Lücke zu schließen, trug die Regierung selbst dazu bei, sie zu vergrößern: Während der

80er Jahre gingen die Regierungsbürgschaften für Studentendarlehen um dreizehn Prozent zurück – womit eine weitere früher eingegangene Verpflichtung nicht eingehalten wurde.

1965 war man sich im Kongreß einig, daß allen, die sich für das College qualifizierten, auch der Zugang zur höheren Bildung ermöglicht werden sollte. Mit dem daraus resultierenden »Higher Education Act« wurde ein Darlehenssystem für bedürftige Studenten eingeführt, durch welches der Anteil von Studenten aus Familien der unteren Einkommenshälfte von 22 auf 26 Prozent erhöht wurde. Bis 1988 jedoch waren Stipendien und Darlehensbürgschaften so weit »ausgetrocknet«, daß der Anteil der »armen« Studenten wieder auf unter zwanzig Prozent gesunken war.[8] Zum ersten Mal in der Geschichte des Landes begann auch der Anteil der College-Studenten an der Gesamtbevölkerung zu sinken; in der Gruppe der heute 25- bis 34jährigen jungen Männer finden sich weniger Absolventen einer vierjährigen College-Ausbildung als in der unmittelbar vorangegangenen Generation der »Baby-boomer«. Schuld daran sind vor allem die hohen Kosten einer Universitätsausbildung in den Vereinigten Staaten.[9]

Auch die staatliche Hilfe bei der Weiterbildung und Umschulung von Arbeitern wurde während der 80er Jahre zurückgeschraubt, und zwar um über fünfzig Prozent von 13,2 auf 5,6 Milliarden Dollar.[10] Durch innerbetriebliche Weiterbildung oder Umschulung, deren Kosten von den Firmen steuerlich abgesetzt werden können, wurde das Manko nur unzureichend ausgeglichen. Amerikanische Unternehmen geben an, etwa dreißig Milliarden Dollar jährlich für die Fortbildung ihrer Beschäftigten aufzuwenden, doch wurden diese Mittel hauptsächlich für etwas ausgegeben, was euphemistisch als »Bildungsmaßnahmen für Führungskräfte« bezeichnet wird.[11] Derartige Maßnahmen stehen natürlich nur den engagiertesten (und bereits wertvollen) Angestellten offen. College-Absolventen werden mit fünfzig Prozent höherer Wahrscheinlichkeit als High-School-Absolventen weitergebildet; und in den High-Tech-Industrien werden Angestellte, die zusätzlich ein Aufbaustudium absolviert haben, wiederum mit fünfzig Prozent höherer Wahrscheinlichkeit weitergebildet als Angestellte, die lediglich einen College-Abschluß haben.[12] Allgemein läßt sich also sagen, daß derjenige am ehesten weitergebildet wird, der es am wenigsten benötigt.

DER GRUND, DER OFFIZIELL dafür genannt wird, daß Amerika nicht mehr Geld in die Infrastruktur, die Schul-, Aus- und Weiterbildung investieren kann, lautet, daß wir es uns nicht leisten können. In seiner Antrittsrede im Januar 1989 stellte George Bush mit Bedauern fest: »We have more will than wallet« (Der Wille ist da, aber es fehlt am Geld) – ein häufig zu hörendes Lamento. Aber man muß sich schon sehr zusammenreißen, um nicht barsch zu fragen: Wessen Wille? Wessen Geld? Selbst wenn die notwendigen Mittel nicht durch Umschichtung des Etats aufgebracht werden können – eine geradezu heroische Anmaßung angesichts all der B-1-Bomber und anderen militärischen Exotika, die weiterhin gebaut werden, um uns gegen Kommunisten zu verteidigen, die größtenteils gar nicht mehr existieren –, bleibt es doch eine recht seltsame Behauptung, Amerika könne es sich nicht leisten, mehr Geld für die Förderung der Produktivität *aller* seiner Bürger zur Verfügung zu stellen.

Im Jahr 1989 konnten die Amerikaner nach Abzug der Steuern über etwa 3,5 Billionen Dollar verfügen. Dabei entfiel auf achtzig Prozent der Bevölkerung etwas weniger als die Hälfte dieser Summe (etwa 1,745 Billionen Dollar), ein Betrag, mit dem sie sich nicht viel mehr kaufen konnten als zehn Jahre zuvor.[13] Das oberste Fünftel, größtenteils Symbol-Analytiker, erhielt den Rest (etwa 1,755 Billionen Dollar) – mehr als die anderen vier Fünftel der Bevölkerung zusammengenommen. Die Symbol-Analytiker konnten also aus dem vollen schöpfen. Man erinnere sich, daß ihre Bezüge jährlich im Durchschnitt (inflationsbereinigt) um zwei bis drei Prozent stiegen (und wenn sie zu dem am meisten begünstigten obersten Zehntel zählten, noch schneller), während die Realeinkommen anderer Amerikaner stagnierten oder sanken.

Wenn der Durchschnittsamerikaner auch mit Recht den Eindruck hat, daß die Steuerlast für ihn immer schwerer geworden ist (einschließlich der Pflichtbeiträge für die Altersversorgung, der Umsatz- und Grundsteuer), so ist doch die *allgemeine* Steuerbelastung der Amerikaner seit Mitte der 60er Jahre nicht gestiegen: Die gesamten Steuereinnahmen beliefen sich 1969 und 1979 jeweils auf 31,1 Prozent und 1989 auf 32 Prozent des Bruttosozialprodukts. Es ist nur so, daß sich die Last von den relativ reicheren auf die relativ ärmeren Amerikaner verlagert hat.

Wäre die Abgabenordnung 1989 noch ebenso progressiv gewesen, wie sie es 1977 war, so hätten die Symbol-Analytiker in diesem Jahr etwa 93 Milliarden Dollar mehr zahlen müssen, als sie tatsächlich zahlten.[14] Von 1990 bis zum Jahr 2000 würden sie über eine Billion Dollar mehr an Steuern aufbringen müssen. Zusammen mit den Ersparnissen aus nicht länger benötigten Waffensystemen und verminderten Streitkräften[15] wäre bis zum Ende des Jahrtausends die stattliche Summe von zwei Billionen Dollar zusammengekommen – keine schlechte Anzahlung auf die Produktivität des anderen Teils der Bevölkerung.[16]

Bis heute gibt es wenig Anzeichen einer positiven Einstellung unter den politischen und wirtschaftlichen Führern des Landes zu einer Höherbesteuerung des meistverdienenden Fünftels des Landes. Der Haushaltskompromiß von 1990 war zwar ein kleiner Schritt zurück in Richtung Progression, stellte aber keinen grundlegenden Wandel der Einstellung dar. Statt dessen suchte die damalige Washingtoner Regierung die Steuern auf den Wertzuwachs von Kapitalanlagen zu reduzieren. Die Rechtfertigung dafür, daß man reiche Investoren (die diese Kapitalanlagen zumeist besitzen) steuerlich entlastete, statt sie stärker zu belasten, ist die, daß ein solcher Schritt sie motivieren könnte, ihre Steuerersparnisse in neue Unternehmen zu investieren. Profitsüchtige, durch und durch eigennützige Individuen, so der Gedanke dahinter, werden der amerikanischen Wirtschaft am ehesten auf die Sprünge helfen. Angesichts des Zusammenbruchs des Sowjetkommunismus und der damit einhergehenden Schwierigkeit, gefährliche Feinde zu finden, gegen die wir uns wappnen müssen, hatte die Regierung Bush (in Zusammenarbeit mit einem erlesenen Kreis von Wirtschaftswissenschaftlern,

Wirtschaftslobbyisten und konservativen »Experten«) ihre Entschlossenheit signalisiert, mögliche fiskalische Einsparungen für weitere Steuernachlässe und Reduzierungen des Haushaltsdefizits, nicht aber für öffentliche Investitionen in Schule, Ausbildung und Infrastruktur zu verwenden. Die Logik, die dieser Einstellung zugrunde lag (wenn »Logik« der richtige Ausdruck ist), verdient eine weitergehende Untersuchung.

Die Hartnäckigkeit des rudimentären Denkens

> Eine glückhafte Laune standeseigener Phantasie läßt den einfachen Mann glauben, er habe eine Art metaphysischen Anteil an den Gewinnen, die den Geschäftsleuten zufließen, die Bürger desselben Gemeinwesens sind.
>
> THORSTEIN VEBLEN,
> *The Theory of Business Enterprise* (1904)

DIE STEUERN DER REICHEN müssen gesenkt, die Staatsausgaben gekürzt, die Haushaltsdefizite der Regierung reduziert werden – diese Forderungen sind im letzten Jahrzehnt dieses Jahrhunderts so sehr in Mode gekommen, daß sie vielen Politikern in den Vereinigten Staaten und anderswo quasi als Glaubensbekenntnis zugeschrieben werden können. Sie entspringen gemeinhin derselben rudimentären Sicht der Wirtschaft, der wir bereits zuvor begegnet sind. Sie beruhen auf der fälschlichen Vorstellung, daß es bei der Zukunftssicherung eines Landes ausschließlich auf dessen eigenes Kapital ankomme.

Nach dieser traditionellen Sicht lassen sich sämtliche wirtschaftlichen Aktivitäten in einen öffentlichen und einen privaten Sektor unterteilen. Der öffentliche Sektor gibt nur Geld aus, während der private Sektor es verdient und investiert. Private Investoren finanzieren Forschung und Entwicklung, Fabriken und Anlagen und steigern dadurch den Lebensstandard der Bevölkerung. Alles andere wird als Konsum angesehen. Aus dieser vereinfachenden Darstellung leitet sich die mit immer größerer Besorgnis vorgebrachte Mahnung her, die Ausgaben der öffentlichen Hand müßten eingeschränkt werden, sonst würden sie die privaten Investitionen »verdrängen« und somit die Fähigkeit des Landes verringern, sich seine Ausgaben überhaupt erst einmal zu verdienen. (Die volkswirtschaftliche Gesamtrechnung, in der solche simplifizierten Bilder oftmals ihren Niederschlag finden, klassifiziert sämtliche Maßnahmen der öffentlichen Hand als Ausgaben, nicht als Investitionen.) Andererseits wird die private Investition in erster Linie als Domäne der Reichen betrachtet – die im Gegensatz zu den Armen genügend verdienen, um sich anstelle des Konsums (oder auch zusätzlich zum Konsum) für die Investition zu entscheiden. Natürlich müssen die Reichen entsprechend motiviert werden, um diese dem Gemeinwohl dienende Wahl zu treffen – daher die Vorstellung, ihre Steuerlast müsse erleichtert werden.

DIESES BILD war natürlich nie ganz zutreffend. Selbst vor hundert Jahren waren Regierungsausgaben für Highways, Kanäle, Eisenbahnen und Schulen um nichts weniger Investitionen in die Zukunft des Landes als neue Fabriken und Anlagen. Dennoch ist der Besorgnis früherer Jahre, die Staatsausgaben könnten private Investitionen »verdrängen«, eine gewisse Logik nicht abzusprechen. Als sich das Kapital noch weniger frei über Grenzen bewegen konnte, traf es im allgemeinen zu, daß die Kapitalkosten in jedem Land von der Höhe seiner Ersparnisse abhingen. Wenn die Bürger eines Landes nicht sparsam waren oder die Regierung ihnen den Großteil ihrer Ersparnisse wegsteuerte und das meiste davon ausgab, blieb nur ein kleiner Rest nationalen Kapitals für Investitionen in Forschung, Fabriken und Anlagen übrig. Und weil das Kapitalangebot so begrenzt und die Nachfrage so groß war, mußten Kreditnehmer hohe Zinsen zahlen, um es in Anspruch nehmen zu können. Das Resultat: Viele lohnende Privatinvestitionen mußten hinausgeschoben oder aufgegeben werden, das Wirtschaftswachstum verzögerte sich.

Nun jedoch, in den 90er Jahren, fließen die Ersparnisse vieler Länder in einem riesigen Pool zusammen, der, auf der Suche nach der höchsten Rendite, über alle Staatsgrenzen schwappt. Die Ersparnisse eines Landes lassen sich ohne Schwierigkeiten in jedem anderen Land investieren. Nicht nur kommen ausländische Ersparnisse in die Vereinigten Staaten, sondern auch die privaten Ersparnisse der Amerikaner wandern durch die ganze Welt – manchmal finden sie Eingang in die weitgespannten Operationen globaler amerikanischer Unternehmen, manchmal in Unternehmen, die sich überwiegend in ausländischem Besitz befinden. Die Ersparnisse der reichen Amerikaner »tröpfeln«* nicht mehr – um die treffende Ausdrucksweise der konservativen Wirtschaftler zu gebrauchen – in die amerikanischen Unternehmen und von diesen weiter zum Rest der amerikanischen Bevölkerung. Genauer gesagt, »tröpfeln« diese Ersparnisse jetzt überall dahin, wo auf der Welt sich gerade die günstigste Investitionsmöglichkeit bietet.

Mit dem zunehmend unbehinderten weltweiten Kapitaltransfer sank die Abhängigkeit der Kapitalkosten innerhalb eines Landes von der Höhe der inländischen Sparleistung so weit, daß jetzt, in den 90er Jahren, die Kapitalkosten in allen fortschrittlichen Ländern in etwa das gleiche Niveau haben.[1] Dies bedeutet natürlich auch, daß eine Reduzierung der öffentlichen Ausgaben und Steuernachlässe für reiche amerikanische Investoren kaum direkten Einfluß darauf haben, wieviel Privatkapital in die Fabriken und Anlagen des Landes oder in Forschung und Entwicklung investiert wird.[2]

Es gibt jedoch einen wachsenden Zusammenhang zwischen der Menge und Art der Investitionen, die der *öffentliche* Sektor tätigt, und der Fähigkeit des Landes, weltweites Kapital anzuziehen. Hierin begründet sich die neue Logik eines wirtschaftlichen Nationalismus: Das Können und die Fertigkeiten des Arbeitskräftepotentials eines Landes sowie die Qualität seiner Infrastruktur machen seine Einzigartigkeit – und einzigartige Anziehungskraft – innerhalb der Weltwirtschaft aus. Investitionen in diese relativ unbeweglichen Faktoren der weltweiten Produktion sind im wesentlichen das, was ein Land von anderen unterscheidet; im Gegensatz hierzu bewegt sich Geld mit Leichtigkeit rund um die Welt.

Ein Arbeitskräftepotential, das über ein hohes Maß an Kenntnissen und Fertigkeiten verfügt und die Früchte seiner Mühen mit

* Vergleiche Fußnote auf Seite 244 (»trickle-down economy«).

Leichtigkeit in die Weltwirtschaft einbringen kann, lockt globales Geld an. Der Anreiz kann sich zu einer nutzbringenden Beziehung entwickeln: Gut ausgebildete Arbeiter und eine moderne Infrastruktur ziehen globale Unternehmensnetze an, welche investieren und den Arbeitern relativ gute Arbeitsplätze verschaffen; diese Arbeitsplätze erzeugen Weiterbildung und neue Erfahrungen, was wiederum ein starkes Lockmittel für weitere globale Netze darstellt. Mit zunehmenden Fertigkeiten und wachsenden Erfahrungen fügen die Bürger eines Landes der Weltwirtschaft immer größeren Wert zu, werden entsprechend höher bezahlt und können so ihren Lebensstandard verbessern.

Ohne angemessene Fertigkeiten und Infrastruktur wird die Beziehung umgekehrt verlaufen – ein Teufelskreis, in dem globale Investitionen nur durch niedrige Löhne und niedrige Steuern angelockt werden können. Mit dieser Art von Verlockungen fällt es dem Land wiederum schwerer, in Zukunft eine angemessene Ausbildung und Infrastruktur zu finanzieren; die daraus resultierenden Arbeitsplätze bieten wenig bis gar keine Weiterbildung und Erfahrung, welches die Voraussetzungen für komplexere Jobs in der Zukunft sind, und so weiter.

Bei richtiger Betrachtung einer Volkswirtschaft als regionalen Bestandteils der Weltwirtschaft ist vor allem zwischen Investition und Konsum zu unterscheiden – zwischen dem, was auf die Schaffung zukünftigen Wohlstands verwendet wird, und dem, was der Befriedigung momentaner Bedürfnisse und Wünsche dient. Hieraus erklärt sich dann auch, warum es, entgegen den Vermutungen so vieler Vertreter von Regierung und Öffentlichkeit, gar nicht so schlimm ist, im Ausland verschuldet zu sein – solange die aufgenommenen Kredite in Fabriken, Schulen, Straßen und andere das zukünftige Produktionspotential steigernde Vorhaben investiert werden. Es ist sogar besser, Schulden für solche Zwecke aufzunehmen, als derartige Investitionen zurückzustellen oder einzuschränken, nur um einen ausgeglichenen Haushalt vorweisen zu können. Schulden sind nur dann ein Problem, wenn das Geld für Konsumzwecke verschleudert wird. Jeder fachkundige Geschäftsmann versteht die Folgerichtigkeit dieses Prinzips: Im Bedarfsfall nimmt man Kredit auf, um in eine größere zukünftige Produktivität seines Betriebes zu investieren. Ist diese erreicht, gestattet der höhere Produktivitätsgrad, das Darlehen zurückzuzahlen und sich anschließend der gestiegenen Gewinne zu erfreuen. Probleme entstehen nur dann, wenn man das Geld, statt es in eine Erhöhung der Produktionskapazitäten zu investieren, in schicken Restaurants und auf der Rennbahn verpraßt. Bedauerlicherweise ist es genau das, was das begünstigte Fünftel der Amerikaner während des größten Teils der 80er Jahre in großem Stil betrieb.

Mehr Investition tut not, ist aber nicht alles. Eine weitere Unterscheidung ist zu treffen zwischen Investitionen, die den Wert der von den Bürgern eines Landes geleisteten Arbeit erhöhen, und denen, die lediglich gewinnproduzierende Anlagewerte rund um den Erdball erschaffen. Investitionen in die Produktionsfaktoren, die der Nation zu eigen sind – besonders in die Bürger des Landes und in die Transport- und Kommunikationssysteme, die sie untereinander und mit dem Rest der Welt verbinden –, sind entscheidend für die Zukunft des Landes. Dies liegt zum einen daran, daß der aus dem Humankapital zu erzielende Gewinn – im Verhältnis zu dem aus Finanzkapital zu erzielenden – im Steigen begriffen ist, und zum anderen daran, daß derartige öffentliche Investitionen den Bürgern des Landes in besonderer Weise dazu verhelfen, der Weltwirtschaft Wert zuzufügen.

Kurz gesagt, hängt der zukünftige Lebensstandard der Bürger Amerikas wie auch jedes anderen Landes von ihrer Fähigkeit ab, den Konsum allgemein (sowohl privat wie öffentlich) einzuschränken und gleichzeitig in ihre jeweils besonderen Ressourcen – Menschen und Infrastruktur – zu investieren und dadurch Investoren weltweit anzureizen, das gleiche zu tun. Diese Logik verlangt nach einer anderen Strategie, als den reichen Bürgern zu gestatten, einen immer größeren Teil dessen, was sie verdienen, zu behalten, während man die öffentlichen Investitionen zurückschraubt. Dennoch ist letzteres paradoxerweise genau die Strategie, die von der Führung der Vereinigten Staaten bei Eintritt in die letzte Dekade des 20. Jahrhunderts verfolgt wurde.

Politiker und Wirtschaftsführer betonen gern die zentrale Bedeutung wirtschaftlicher Stärke, doch ist ihnen nicht klar, worauf diese beruht. »Ein Zuwachs an Wirtschaftskraft ist ... grundlegend für den Erfolg im globalen Wettbewerb mit den aufstrebenden wirtschaftlichen Supermächten«, stellte die Regierung Bush in ihrer Haushaltsvorlage für 1991 fest. »Daher gilt für den Haushalt (und die von ihm repräsentierte Wirtschaftspolitik) die folgende Kernfrage: Wie können Amerikas Stärken am besten erhalten und weiter ausgebaut und wie kann Amerikas Wirtschaft zu noch größeren Führungs- und Wachstumskapazitäten gebracht werden?«[3] Nachdem sie die Frage korrekt gestellt hatten, zäumten Bushs Haushalts-Hexenmeister die Antwort von hinten auf. Sie sprachen sich für Sparsamkeit – oder regelrechte Kürzungen – bei den öffentlichen Ausgaben für Infrastruktur, Erziehung, Berufsausbildung und damit in Zusammenhang stehende öffentliche Zielsetzungen aus, begleitet von einer Herabsetzung der Steuerbelastung von Kapitalgewinnen. »Wirtschaftliche Stärke« wurde stillschweigend gleichgesetzt mit der freien Verfügungsgewalt der reichen Amerikaner über ihr Einkommen und der angenommenen Neigung der Reichen, es in einer den restlichen Bürgern des Landes nützlichen Weise zu investieren. Außerdem signalisierte die Regierung, etwaige Ersparnisse aus rückgängigen Verteidigungsausgaben zur Reduzierung des Haushaltsdefizits, nicht aber zur verstärkten Investition in Schulen, Straßen und anderes Gemeingut zu verwenden.

Es gibt zwei mögliche Erklärungen für dieses hartnäckige Fehlverhalten. Die optimistischere und weniger zynische ist die, daß ansonsten intelligente Männer und Frauen, die führende Stellungen in der amerikanischen Wirtschaft und Politik innehaben, sich einfach nicht der globalen wirtschaftlichen Veränderungen bewußt sind, denen wir gegenüberstehen. Die Voraussetzungen, auf denen ihre täglichen Entscheidungen basieren, und ihre Rezepturen für das Land rühren aus einer Zeit, da Amerika ein relativ in sich geschlossenes, auf die standardisierte Massenproduktion gegründetes

Wirtschaftsgebiet war. Die Amerikaner an der Führungsspitze unterscheiden sich nicht wesentlich von den meisten anderen Amerikanern: Sie sind zugleich Produkt und Produzenten einer rudimentären Denkweise. Dies ist die optimistische Erklärung, denn sie birgt die Hoffnung, daß Amerikas Führer – die meisten von ihnen selbst Symbol-Analytiker – mit der Zeit dahin kommen, die neue Realität zu erkennen und ihre Entscheidungen und Rezepte entsprechend zu ändern; es ist eine weniger zynische Erklärung, weil sie davon ausgeht, daß Amerikas Führer wenigstens teilweise von Sorge um das zukünftige Wohlergehen ihrer weniger begünstigten Mitbürger motiviert werden. Einer etwas weniger nachsichtigen – und weniger schmeichelhaften – Erklärung will ich mich im folgenden Kapitel zuwenden.

Die neue Gemeinschaft

> Ilium, New York, ist in drei Teile geteilt. Im Nordwesten wohnen die Manager und Ingenieure und Beamten und ein paar Akademiker; im Nordosten sind die Maschinen; und im Süden, jenseits des Iroquois-Flusses, liegt die Gegend, von den Bewohnern Heimstatt genannt, wo fast alle gewöhnlichen Leute leben.
>
> Kurt Vonnegut, *Player Piano* (1952)

Die Hypothese, dass der Loslösung des Symbol-Analytikers von der breiten Masse ein gewisser Grad an rationaler Überlegung und nicht nur eine simple Wahnvorstellung zugrunde liegt, wird durch die Art und Weise belegt, wie der Symbol-Analytiker sein Leben einrichtet. Hinsichtlich seines privaten Einkommens zeigt er durchaus Bereitschaft, sich an gemeinschaftlichen Investitionen zu beteiligen. In zunehmendem Maße jedoch teilt er sich die daraus resultierenden öffentlichen Einrichtungen nur noch mit seinesgleichen. Symbol-Analytiker übernehmen staatsbürgerliche Verantwortung, aber die Gemeinwesen, die sie erschaffen, bestehen nur aus Bürgern, die über ein ähnliches Einkommen wie sie selbst verfügen. Auf diese Weise ziehen sich Amerikas Symbol-Analytiker in aller Stille aus der Öffentlichkeit in homogene Enklaven zurück, innerhalb deren ihr Einkommen nicht an Menschen umverteilt werden muß, die vom Schicksal weniger begünstigt sind als sie selbst.

Die Geschichte kommt uns nur allzu bekannt vor. Mit jeder der begehrten Steuererleichterungen entziehen Symbol-Analytiker ihre Dollars der Unterhaltung öffentlicher Einrichtungen, die allen zugänglich sind, und widmen sie privaten Einrichtungen, die sie sich mit anderen Symbol-Analytikern teilen. Während so öffentliche Parks und Spielplätze herunterkommen, breiten sich überall private Fitneß-, Golf-, Tennis-, Rollschuh- und Eislaufclubs und jede Menge weitere Sport- und Freizeitvereine aus, deren Kosten unter den Mitgliedern aufgeteilt werden. Entsprechendes gilt für

Eigentums- und Genossenschafts-Wohnanlagen sowie für die überall anzutreffenden »Wohnkolonien«, die ihre Mitglieder ständig zur Kasse bitten, um Dinge zu tun, die die am Rande des Bankrotts stehenden Kommunalverwaltungen nicht mehr ordnungsgemäß leisten können: Privatstraßen instand halten, Bürgersteige ausbessern, Bäume beschneiden, Straßenlaternen reparieren, Swimmingpools reinigen, Badeaufseher bezahlen und – vor allem – Wachpersonal einstellen, um Leben und Eigentum zu beschützen. 1990 waren 2,6 Prozent des amerikanischen Arbeitskräftepotentials als privates Wachpersonal beschäftigt – doppelt soviel wie 1970 und mehr, als die Vereinigten Staaten an Polizeibeamten haben. In Anerkennung dieses rasanten Wachstums hat das Arbeitsstatistische Bundesamt dieser Tätigkeit sogar eine eigene Berufskategorie gewidmet. Mit einem Realwachstum von 62 Prozent der zehn größten Wachgesellschaften während der 80er Jahre war der private Sicherheitsdienst eine der am schnellsten wachsenden Branchen der Vereinigten Staaten (nicht einmal die Anwaltsbranche konnte da mithalten).[1]

DIE GLEICHE ABSETZBEWEGUNG spielt sich in noch größerem Stil in Amerikas Großstädten ab. In den 90er Jahren haben sich die meisten städtischen Zentren in zwei getrennte Städte geteilt – der eine Teil bewohnt von Symbol-Analytikern, deren konzeptionelle Dienste mit der Weltwirtschaft verknüpft sind, und der andere von Leuten, die personenbezogene Dienstleistungsberufe ausüben (Wach- und Sicherheitsdienste, Taxi, Büro, Parkaufsicht, Einzelhandel, Gaststätten) und deren Arbeitsplätze von den Symbol-Analytikern abhängig sind.[2] Nur noch wenige Routinearbeiter sind in den Städten verblieben. Zum Beispiel verlor New York City zwischen 1958 und 1984 rund 600 000 Fabrikarbeitsplätze; dafür kamen im gleichen Zeitraum 700 000 symbolanalytische und Dienstleistungsjobs hinzu.[3] In Pittsburgh (Pennsylvania) fiel der Anteil der Arbeitsplätze in der Routineproduktion von fast fünfzig Prozent im Jahr 1953 auf weniger als zwanzig Prozent in der Mitte der 80er Jahre; die Lücke wurde durch die anderen beiden Kategorien ausgefüllt, während sich in der Stadt die drittgrößte Konzentration von Unternehmenszentralen in den Vereinigten Staaten herausbildete.[4]

Die Trennung der Symbol-Analytiker von den personenbezogenen Dienstleistungsberufen innerhalb der Städte vollzog sich in mehreren Etappen. Die meisten Großstädte verfügen inzwischen über zwei verschiedene Schulsysteme – ein privates für die Kinder von Symbol-Analytikern und ein öffentliches für die Kinder der Angehörigen von Dienstleistungsberufen, der wenigen übriggebliebenen Routinearbeiter sowie der Arbeitslosen.[5] Symbol-Analytiker sind bekannt dafür, daß sie beträchtliche Zeit und Energie aufwenden, um sicherzustellen, daß ihre Kinder Eingang in gute Privatschulen finden, und beträchtliche Summen Geldes, um sie dann dort zu behalten. Unter einer progressiveren Abgabenordnung könnte dieses Geld dazu verwendet werden, ein besseres öffentliches Schulsystem zu finanzieren.

Auch wohnmäßig ist die Trennung offenbar. Symbol-Analytiker leben in Stadtgebieten, die zwar nicht unbedingt schön sein müssen, die aber zumindest ästhetisch zumutbar und einigermaßen sicher sind; Stadtbezirke, die diesen Mindestanforderungen von Wohnkomfort und Sicherheit nicht entsprechen, wurden den weniger Glücklichen überlassen. Wiederum haben Symbol-Analytiker hier die ihnen zur Verfügung stehenden Mittel zusammengelegt – zu ausschließlich eigenem Nutzen. Öffentliche Mittel wurden als Draufgabe für innerstädtische »Revitalisierungsprojekte« verwendet, worunter man den Bau von postmodernen Bürohauskomplexen (einschließlich Glasfaserverkabelung, privater telefonischer Nebenstellenanlagen, Satellitenschüsseln und anderer dem neuesten Stand der Technik entsprechender Sende- und Empfangsanlagen), mehrgeschossigen Parkhäusern, Hotels mit zwanzig und mehr Stockwerke hohen verglasten Innenhöfen, Luxuseinkaufszentren, Theatern, Kongreßzentren und luxuriösen Wohnanlagen verstand. Im Idealfall sind diese Projekte völlig in sich geschlossen und unabhängig und verfügen über klimatisierte Korridore, welche Wohn-, Geschäfts- und Erholungszonen miteinander verbinden, so daß der beglückte Symbol-Analytiker in der Lage ist, zum Einkauf, zur

Arbeit und ins Theater zu gehen, ohne den direkten Kontakt mit der Außenwelt – zumal der »anderen« Stadt – zu riskieren.[6]

In Verfolgung desselben Prinzips haben mehrere Städte den Grundstücksbesitzern in gewissen feineren Bezirken erlaubt, unter ihresgleichen eine Sondersteuer für bestimmte, den übrigen Einwohnern nicht zur Verfügung stehende Annehmlichkeiten zu erheben, so zum Beispiel für zusätzliche Müllabholungen, Straßenreinigung und Sicherheitsmaßnahmen. In einem dieser Bezirke in New York, der vornehmen Gegend zwischen 38. und 48. Straße, zwischen Second und Third Avenue, zahlten die Beteiligten im Jahr 1989 4,7 Millionen Dollar, von denen eine Million für eine private, aus uniformiertem Wachpersonal und zivilen Fahndern bestehende Polizeitruppe aufgewandt wurde.[7] Die neue Gemeinschaft der Empfänger hoher Einkommen, die in eigener Machtvollkommenheit Steuern erheben und Aufgaben des polizeilichen Vollzugs vergeben kann, wird somit zur Stadt innerhalb der Stadt.

WENN SIE NICHT IN STÄDTISCHEN ENKLAVEN LEBEN, haben sich Symbol-Analytiker in vornehmen Stadtrandbezirken *(suburbs)* und zunehmend auch in Wohnexklaven auf dem umliegenden Land *(exurbs)* zusammengefunden. Die begehrtesten Wohnlagen grenzen an die symbolanalytischen Zonen von Universitäten, Forschungsparks und Unternehmenszentralen, und zwar vorzugsweise in reizvollen Gegenden wie Princeton (New Jersey), im nördlichen Westchester County und in Putnam County (New York), in Palo Alto (Kalifornien), Austin (Texas), Bethesda (Maryland) und Raleigh-Durham (North Carolina). Bei den Detroiter Automobilfirmen beschäftigte Ingenieure und Strategen zum Beispiel wohnen nicht etwa in Flint oder Saginaw (Michigan), wo die Routinearbeiter der Detroiter Autohersteller zu Hause sind, sondern siedeln sich in ihren eigenen Städtchen namens Troy, Warren und Auburn Hills an. Die überwiegende Mehrheit der Finanzexperten, Anwälte und Manager, die für die Versicherungsgesellschaften von Hartford (Connecticut) arbeiten, würde nie daran denken, selbst dort zu wohnen; schließlich ist Hartford eine der ärmsten Städte der gesamten Staaten. Statt dessen suchen sie nach Feierabend Windsor, Middlebury und andere nahe gelegene Gemeinden auf, die – wer wundert sich noch darüber? – zu den reichsten des Landes zählen.

Solche exklusiven Wohngegenden bieten eine weitere bequeme Möglichkeit der Flucht in Gemeinschaften vergleichbarer Einkommensklassen: Wenn Symbol-Analytiker in betuchten Gemeinden ihre Grundsteuern entrichten, so erfüllt dies eine ganz ähnliche Funktion wie andere Methoden der Zusammenlegung von Ressourcen, bei denen tunlichst vermieden wird, daß andere Gruppen in den Genuß der Mittel kommen. Dienstleistungspersonal, das den Symbol-Analytikern den Hausputz macht, tagsüber die Kinder beaufsichtigt, in Läden und Restaurants arbeitet, Autos repariert und ähnliches, lebt gewöhnlich in ärmeren Wohngebieten nahebei und hat somit keinen direkten Anteil an den öffentlichen Annehmlichkeiten der symbolanalytischen Gemeinschaft.

Die amerikanische Bundesregierung hat das ihre zu dieser Entwicklung beigesteuert, indem sie die Verantwortung für viele öffentliche Dienstleistungen an bundesstaatliche und kommunale Behörden delegierte. Im Jahr 1978 – das in dieser Beziehung die Spitze einnahm – kam die Bundesregierung für 27 Prozent der Ausgaben von Bundesstaaten und Gemeinden auf, zehn Jahre später nur noch für 17 Prozent.[8] Am stärksten waren die Kommunen betroffen, denn Direkthilfeprogramme für Städte und Gemeinden, die größtenteils während der Johnson- und Nixon-Ära eingeführt worden waren, fielen als erste den Etatkürzungen zum Opfer.[9] Im Laufe der 80er Jahre schrumpften die Bundeszuschüsse für Wasserreinhaltung, Berufsausbildung, sozialen Wohnungsbau, Job-Transfer, Abwasseraufbereitung und Abfallbeseitigung jährlich um mehr als fünfzig Milliarden Dollar. Der Bundesanteil am Unterhalt des öffentlichen Personennahverkehrs sank um fünfzig Prozent, und Anfang der 90er Jahre schlug die Regierung Bush vor, daß Bundesstaaten und Gemeinden noch stärker als bisher an den Bau- und Instandhaltungskosten des Straßennetzes beteiligt werden sollten. 1990 wurden nur noch 9,6 Prozent des Gesamtetats der Stadt New

York von der Bundesregierung bestritten; 1981 hatte dieser Anteil noch 16 Prozent betragen.

Wie eine heiße Kartoffel haben die Bundesstaaten viele dieser neuen Kosten auf die Städte und Gemeinden abgewälzt, mit dem Ergebnis, daß die Kommunen Anfang der 90er Jahre mehr als die Hälfte der Kosten für Wasserreinhaltung und Abwasserklärung, Straßen, Parks, Wohlfahrt und öffentliche Schulen zu tragen hatten. Im Staat New York trugen sie sogar 75 Prozent der Kosten, verglichen mit 40 Prozent in den späten 70er Jahren.[10]

Städte und Gemeinden mit reicheren Bürgern können diese Lasten natürlich mit relativer Leichtigkeit tragen. Ärmere Kommunen, die nicht nur geringere Einkünfte haben, sondern auch noch eine stärkere Nachfrage nach sozialen Leistungen bewältigen müssen, haben da schon mit größeren Schwierigkeiten zu kämpfen, und das ist der springende Punkt: Während sich einerseits die Bürger Amerikas hinsichtlich ihrer Einkommen weiter voneinander entfernen, hat die Verlagerung der Finanzierung öffentlicher Dienstleistungen vom Bund zu den Staaten, von den Staaten zu den Kommunen bewirkt, daß die reicheren Bürger von den Lasten der weniger Begünstigten befreit werden.

Während des größten Teils der amerikanischen Geschichte gewannen die ärmeren Städte und Regionen der Vereinigten Staaten gegenüber den reicheren ständig an Boden, als sich die amerikanische Industrie auf der Suche nach billigeren Arbeitskräften in die südlichen und westlichen Bundesstaaten ausdehnte. Doch irgendwann in den Siebzigern hörte dieser Trend auf, denn die US-Industrie verlagerte ihre Produktion nun nach Mexiko, Südostasien und in andere Teile der Welt. Seitdem sind die meisten ärmeren Städte und Regionen in den Vereinigten Staaten relativ noch ärmer, die meisten reicheren Städte und Regionen dagegen noch reicher geworden. Städte und Kreise, die 1979 über die niedrigsten Pro-Kopf-Einkommen verfügten, waren Ende der 80er Jahre noch tiefer unter den Landesdurchschnitt gerutscht, Städte und Kreise mit den höchsten Einkommen setzten den Weg in die entgegengesetzte Richtung fort. Unter den Bundesstaaten gab es eine ähnlich divergierende Entwicklung.[11]

Die zunehmende Trennung der Amerikaner nach ihren Einkommen, gepaart mit einer Verlagerung der Finanzierungslast der öffentlichen Dienstleistungen von der Bundesregierung zu den Bundesstaaten und Kommunen, hat zu wachsenden Ungleichheiten in den staatlichen Dienstleistungen geführt. Zunehmend hängt die Qualität der Leistungen, die man als Bürger von der öffentlichen Hand erhält, davon ab, wo man wohnt. Während die Steuerbelastung in Philadelphia dreimal höher ist als in den umliegenden Gemeinden, erfreuen sich diese viel besserer Schulen, Krankenhäuser und Freizeitstätten und eines besseren Polizeischutzes.[12] 1985 wurden in Erie (Pennsylvania) pro Einwohner 323 Dollar für infrastrukturelle Maßnahmen wie Straßen- und Brückenbau, Kläranlagen und Trinkwasseraufbereitung ausgegeben, in San Francisco waren es 872 Dollar. Es ist sicher kein Zufall, daß die Einwohner von Erie im Durchschnitt 9520 Dollar, die Einwohner von San Francisco hingegen jährlich 13 100 Dollar verdienten.[13]

NIRGENDWO IST DIE UNGLEICHHEIT der staatlichen Dienstleistungen deutlicher als im öffentlichen Schulwesen. Anfang der 90er Jahre war der Bundesanteil an den Kosten der staatlichen Grund- und Oberschulen auf etwa sechs Prozent zusammengeschrumpft. Die restlichen 94 Prozent entfielen zu etwa gleichen Teilen auf die Bundesstaaten und die örtlichen Schuldistrikte. Bundesstaaten mit einem vergleichsweise hohen Anteil von Symbol-Analytikern an der Gesamtbevölkerung können naturgemäß mehr für ihre Schulen ausgeben als Bundesstaaten, in denen dieser Anteil geringer ausfällt. 1990 verdiente ein Lehrer an einer staatlichen Schule in Arkansas im Schnitt 20 300 Dollar jährlich, in Connecticut dagegen 33 500 Dollar.[14]

Sogar zwischen benachbarten Orten innerhalb desselben Bundesstaates kann es beträchtliche Unterschiede geben. Betrachten wir zur Illustration drei Orte in der Umgebung von Boston (Massachusetts), die nur wenige Kilometer auseinander liegen. Alle drei haben eine überwiegend weiße Bevölkerung, und innerhalb jeder der drei Gemeinden gibt es ein relativ ausgeglichenes Einkommensniveau.

Doch die Einkommensunterschiede *zwischen* den drei Gemeinden sind beträchtlich. Nordwestlich von Boston liegt der Ort Belmont, in dem hauptsächlich Symbol-Analytiker mit ihren Familien leben. 1988 verdiente dort ein Lehrer an einer öffentlichen Schule im Durchschnitt 36 100 Dollar. Nur vier Prozent der achtzehnjährigen Belmonter gingen ohne Abschluß von der High-School ab, und über achtzig Prozent setzten ihren Bildungsweg an einem vierjährigen College fort. Zwischen Belmont und Boston liegt Somerville, dessen Einwohnerschaft sich größtenteils aus Beschäftigten des Dienstleistungssektors und der Routineproduktion zusammensetzt. 1988 bezog der Durchschnittslehrer in Somerville ein Jahresgehalt von gerade mal 29 400 Dollar. Ein Drittel der Achtzehnjährigen von Somerville verließ vorzeitig die High-School, und weniger als ein Drittel hatte vor, aufs College zu gehen. Östlich von Somerville, am anderen Ufer des Mystic River, liegt Chelsea, der ärmste der drei Orte. Die meisten der Einwohner sind ebenfalls in der Dienstleistung oder Produktion beschäftigt, doch viele sind arbeitslos oder teilzeitbeschäftigt. In Chelsea verdiente ein Lehrer 1988, obwohl die Anforderungen an sein pädagogisches Geschick dort zweifellos höher sind, im Schnitt nur 26 200 Dollar, fast ein Drittel weniger als der Durchschnittslehrer in Belmont. Mehr als die Hälfte der Achtzehnjährigen beendete in Chelsea die High-School nicht, und nur zehn Prozent hatten einen College-Besuch ins Auge gefaßt.[15] Ähnliche Ungleichheiten finden sich überall in den Vereinigten Staaten. In der High-School von New Trier, einem der wohlhabendsten Vororte Chicagos, erhalten die Lehrer fünfzig Prozent mehr als die höchstbezahlten Lehrer in Du Sable, einem der ärmsten Vororte. Öffentliche Schulen in White Plains (Westchester County, New York) und Great Neck (Long Island), zweien der reichsten Orte in der Umgebung New Yorks, wenden pro Schüler doppelt soviel Geld auf wie Schulen in der Bronx, dem berüchtigten New Yorker Stadtviertel. Die Anfangsgehälter der Lehrer in den Vorstädten von Milwaukee betrugen das Doppelte der Gehälter in den ländlichen Bezirken Wisconsins. Die Schüler der Highland Park High-School in der gleichnamigen reichen Vorstadt von Dallas erfreuen sich eines weitläufigen Schulgeländes mit Planetarium, Schwimmhalle, eigenem Fernsehstudio und modernstem naturwissenschaftlichem Laboratorium. Highland Park wendet jährlich etwa 6000 Dollar pro Schüler auf, fast doppelt soviel wie die Orte Wilmer und Hutchins im Süden von Dallas County, deren Schulen nicht einmal über genügend Unterrichtsräume verfügen.[16]

Gerichte wurden bereits bemüht, doch ist dies keine Angelegenheit, die sich juristisch auf leichte Weise lösen läßt. Unter den vier Fünfteln von Amerikanern, die im Kielwasser der symbolanalytischen Sezession zurückbleiben, befinden sich zwar auch viele arme Schwarze, doch ist die Ausgrenzung der Farbigen weder primäres Motiv noch notwendige Konsequenz der Abtrennung. Weiße mit niedrigem Einkommen sind gleichermaßen ausgeschlossen, schwarze Symbol-Analytiker mit hohem Einkommen oftmals willkommen. Die Trennung ist eher wirtschaftlicher als rassischer Art (obwohl sich die wirtschaftlich motivierte Segregation de facto nicht selten in rassischer Segregation niederschlägt). Wenn denn Gerichte hin und wieder auf Rassendiskriminierung erkannt haben, so gewöhnlich zwischen weißen und schwarzen Nachbarschaften mit gleichermaßen niedrigem Einkommensniveau. Wenn Gerichte verfügt haben, daß der eine oder andere Bundesstaat seine Mittel gleichmäßiger über die Schuldistrikte verteilen müsse, so haben die gewaltigen Unterschiede der lokalen Immobilienwerte – und somit der kommunalen Steuereinnahmen – dennoch für das Weiterbestehen beträchtlicher Ungleichheiten gesorgt. Wo Gerichte oder Regierungen einzelner Bundesstaaten wie in Kalifornien versucht haben, die von wohlhabenden Kommunen gezahlten Lehrergehälter nach oben hin zu begrenzen, nahmen nicht wenige betuchte Eltern ihre Sprößlinge aus den öffentlichen Schulen heraus und gaben das Geld, mit dem sie sonst vielleicht bereitwillig höhere kommunale Schulsteuern entrichtet hätten, statt dessen lieber für Privatschulunterricht aus. Und selbst wenn innerhalb der Bundesstaaten eine gerechtere Ausgabenpolitik betrieben würde, so wäre damit immer noch nicht der beträchtliche Rückstand der ärmeren gegenüber den reicheren Bundesstaaten beseitigt.

DAS KONZEPT DER »GEMEINSCHAFT« hat schon immer eine besondere Anziehung auf die Amerikaner ausgeübt, und Politiker des rechten wie des linken ideologischen Spektrums sind von der Idee gleichermaßen angetan. Ronald Reagan pries Amerikas »Gemeinschaften, wo Nachbarn einander helfen, wo Familien ihre Kinder gemeinsam aufziehen, wo Amerikas Werte geboren werden«.[17] Mario Cuomo, der demokratische Gouverneur des Staates New York, drückte sich fast ebenso poetisch aus: »Gemeinschaft ... ist die Realität, auf der das Leben unserer Nation begründet ist.«[18] Es gibt nur ein Problem mit Reagans und Cuomos Lobliedern auf die Gemeinschaft: Im wirklichen Leben gibt es die traditionelle Gemeinschaft der Amerikaner nicht mehr. Die Mehrheit lebt, jeweils für sich, entweder in schicken Eigentums-Wohnanlagen und Wohnkolonien oder in baufälligen Apartmenthäusern und Sozialwohnungen. Sie pendelt zur Arbeit und pflegt Bekanntschaften auf anderer Basis als der geographischen Nähe zum Schlafplatz. Und die meisten packen sowieso alle fünf Jahre die Koffer und ziehen in eine andere Gegend.[19]

Es gibt nur eins, was Amerikaner zunehmend mit ihren Nachbarn gemein haben, und diese Gemeinsamkeit bildet zugleich die Grundlage der neuen amerikanischen »Gemeinschaft«: die Höhe des Einkommens. Sie können ohne großes Risiko darauf wetten, daß Sie in etwa das gleiche verdienen wie die übrigen Bewohner Ihrer Straße. Ihr Bildungshintergrund ist ähnlich, Sie bezahlen ungefähr die gleichen Steuern, und Sie lassen den gleichen Verbraucherimpulsen freien Lauf. Die beste Definition der »Gemeinschaft« besteht nunmehr in der gemeinsamen Postleitzahl.[20] Man weiß zum Beispiel, daß die Einwohner von Chelsea (Massachusetts) den *National Enquirer* lesen, sich im Fernsehen gern Rollschuh-Derby ansehen, Brennscheren und Haar-Lotions benutzen, Weißbrot und Kuchenriegel essen. Die Einwohner von Belmont spielen Rakettball und Golf, benutzen elektrische Zahnbürsten, Enthaarungsmittel und Personalcomputer und essen Weizenbrot und Haferkleie-Muffins. Das neue amerikanische Gemeinschaftsgefühl beruht zunehmend auf der Einkommenshöhe und dem Geschmack, der damit einhergeht.

Eines jedoch – ein politisches Anliegen – haben Amerikaner, und zwar solche, die ein Eigenheim besitzen, mit ihren Nachbarn gemein: Sie haben ein geradezu fanatisches Interesse an der Steigerung oder zumindest Aufrechterhaltung der Grundstückswerte. Und auf dieses gemeinsame Interesse geht vieles zurück, was in den vergangenen Jahren Nachbarn zusammengeführt hat. Menschen, die sich sonst völlig fremd sind, obwohl sie vielleicht in der gleichen Straße oder dem gleichen Eigentums-Wohnkomplex leben, fühlen sich auf einmal ungemein solidarisch, wenn das Gerücht umgeht, daß in ihrer Gegend Sozialwohnungen errichtet oder daß ein ärmerer Schuldistrikt mit ihrem eigenen zusammengelegt werden soll.

Durch die neuerliche Betonung der »Gemeinschaft« im amerikanischen Leben werden diese wirtschaftlichen Enklaven legitimiert. Wenn Großzügigkeit und Solidarität an den Grenzen unserer gemeinsamen Grundstückswerte enden, können Symbol-Analytiker mit geringem Aufwand rechtschaffene Bürger sein. Da fast jeder in ihrer »Gemeinschaft« per definitionem ebenso wohlhabend ist wie sie selbst, gibt es keinerlei Grund für Gewissensbisse. Wenn die Bewohner eines anderen Stadtteils ärmer sind, sollen sie sich doch umeinander kümmern. Warum sollten *wir* für *deren* Schulen zahlen, wird argumentiert, und man gibt sich keine Rechenschaft darüber ab, daß hiermit der entscheidende Trennungsstrich bereits gezogen ist: »Wir« und »sie« gehören grundlegend verschiedenen Gemeinschaften an. Durch eine derartige Argumentation ist es möglich, das erwünschte Selbstbild der Großzügigkeit und Solidarität seiner »Gemeinschaft« gegenüber aufrechtzuerhalten, ohne »denen« – nämlich den Angehörigen einer anderen »Gemeinschaft« – jegliche Verantwortung zu schulden. So dürfen sich Symbol-Analytiker, fest verankert in der Weltwirtschaft, zunehmend gerechtfertigt fühlen, daß sie sich, umgeben von anderen Symbol-Analytikern, in Enklaven zurückziehen und nur das Nötige zahlen, um sicherzustellen, daß jeder innerhalb der Enklave hinreichend gut erzogen wird und Zugang zu der Infrastruktur hat, die er oder sie benötigt, um in der Weltwirtschaft erfolgreich zu sein.

DER LESER MAG JETZT EINWENDEN, daß Symbol-Analytiker doch bedeutende Mittel und Energien darauf verwenden, der übrigen Gesellschaft zu helfen, jedoch freiwillig und nicht mittels Zahlung von Steuern. »Es ist an der Zeit, mit der Vorstellung aufzuräumen, daß die Befürwortung dieses oder jenes Regierungsprogramms eine Art persönliche Wohltätigkeit ist«, sagte Ronald Reagan. »Großzügigkeit besteht darin, daß man etwas mit seinem eigenen Geld tut – und nicht darin, daß man der Regierung empfiehlt, was sie mit dem Geld aller tun soll.«[21] Ein faires Argument. Der Staat ist nicht das einzige Instrument zur Umverteilung des Reichtums. Vielleicht sind die Symbol-Analytiker am Ende gar nicht abtrünnig geworden; vielleicht haben sie ja ihre äußerliche Abtrennung vom Rest der Bevölkerung durch private Großzügigkeit mehr als ausgeglichen. George Bush stellte fest, die wahre Großherzigkeit Amerikas finde sich in einer »strahlenden Vielfalt« privater Wohlfahrtseinrichtungen, »die wie Sterne, wie tausend Lichtpunkte über einen weiten, friedvollen Himmel verteilt sind«.[22]

Kein Land gratuliert sich mit so großer Hingabe zu seinen mildtätigen Werken wie Amerika; keines hat eine größere Zahl an Wohltätigkeitsbällen, Benefiz-Auktionen und landesweiten Menschenketten für gute Zwecke aufzuweisen. Zumeist liegen diesen Aktionen die lautersten Motive zugrunde, und vieles davon ist bewundernswert. Doch bei näherem Hinsehen zeigt sich, daß diese und andere Formen der Wohltätigkeit nur selten den Armen zugute kommen. Besonders verdächtig sind da die dreißig bis fünfzig Prozent der mildtätigen Gaben, die von Amerikanern in den höchsten Einkommensteuerklassen stammen. Studien haben gezeigt, daß solche Schenkungen nicht hauptsächlich an Sozialeinrichtungen für die weniger begünstigten Glieder der Gesellschaft gehen, das heißt, für bessere Schulen, kommunale Gesundheitsfürsorge oder Erholungsstätten für bedürftige Familien eingesetzt werden. Vielmehr gehen die Spenden der Reichen Amerikas an Stätten, von denen sich vor allem reiche Leute unterhalten, inspirieren, heilen oder bilden lassen: Kunstmuseen, Opernhäuser, Theater, Symphonieorchester, Balletts, Privatkliniken (deren Patienten, im Gegensatz zu den

Armen, fast alle krankenversichert sind) und Eliteuniversitäten. Die Spenden weniger begüterter Symbol-Analytiker fallen entsprechend niedriger aus, zielen jedoch in die gleiche Richtung.[23]

Mit anderen Worten, wenn Symbol-Analytiker ihren Reichtum freiwillig teilen, so tun sie dies nach dem gleichen Prinzip, nach dem sie ihr Geld auch für andere Zwecke zusammenlegen: um die Lebensqualität für sich selbst und ihresgleichen zu verbessern. Der einzige Unterschied zwischen den Spenden für wohltätige Zwecke und anderen Formen, in denen Symbol-Analytiker ihre Mittel zusammenlegen, besteht darin, daß im ersteren Fall die anderen Steuerzahler für die dem Fiskus auf diese Weise entgangenen 28 Cent von jedem derart steuersparend eingesetzten Dollar aufkommen müssen. Bei privaten Wohltätigkeitsorganisationen zeigt sich eine ähnliche Tendenz. In einer Studie stellten der Politikwissenschaftler Lester Salamon und seine Kollegen fest, daß sich weniger als ein Drittel aller wohltätigen Organisationen in den Vereinigten Staaten auf eine Klientel von Armen konzentriert.[24]

Gleiches gilt auch für die unternehmerische Philanthropie. In den letzten Jahren haben die größten Unternehmen Amerikas immer wieder Alarm geschlagen und auf den rapiden Verfall der Grund- und Sekundarschulen des Landes verwiesen. Kaum jemand legt sich mit mehr Beredsamkeit und Leidenschaft für eine Verbesserung der Schulbildung ins Zeug als die Führungskräfte amerikanischer Unternehmen. »Unsere Wettbewerbsfähigkeit weltweit, die Gesundheit unserer Volkswirtschaft sowie der Charakter und die Vitalität unseres kommunalen Lebens bestimmen sich weitestgehend danach, wie gut wir die Gesamtheit unserer Kinder erziehen«, hielt der Business Round Table, ein in Washington ansässiger Verband der ersten Garnitur der Führungskräfte der größten amerikanischen Unternehmen, fest.[25] In diesem Sinne wurden zahlreiche »Partnerschaften« zwischen Unternehmen und öffentlichen Schulen, von Unternehmen finanzierte Stipendien für Kinder armer Familien mit Qualifikation für das College sowie Programme eingerichtet, mittels deren Unternehmen örtliche Schulen »adoptieren«, indem sie ihnen in publicityträchtiger Weise Computer, Bücher,

Arbeitszeit von höheren Angestellten und gelegentlich sogar Geld spenden. Daß diese Akte der Wohltätigkeit von den PR-Abteilungen der jeweiligen Unternehmen gründlich ausgeschlachtet werden, sollte nicht von den durchaus achtenswerten Auswirkungen derartiger Aktivitäten ablenken.

Im Laufe der 80er Jahre jedoch gingen die Bildungszuschüsse der Wirtschaft allem Werberummel zum Trotz erheblich zurück. Während die Schulspenden der Unternehmen in den 70er Jahren noch alljährlich um durchschnittlich 15 Prozent gestiegen waren, kletterten sie in der zweiten Hälfte der 80er Jahre nur noch im Schneckentempo, so von 1986 auf 1987 um 5,1 Prozent und von 1987 auf 1988 um lediglich 2,4 Prozent. Und bemerkenswerterweise ging der Großteil der Spenden an Colleges und Universitäten – insbesondere an die Hochschulen von Symbol-Analytikern, deren Kinder und Enkel höchstwahrscheinlich auch einmal dort studieren werden. Nur noch 1,5 Prozent der Unternehmensspenden gingen 1989 an Grund- und Sekundarschulen.[26]

Diese winzige Summe war, wohlgemerkt, niedriger als die Beträge, die den Unternehmen von bundesstaatlicher und kommunaler Seite in Form von Subventionen und Steuerermäßigungen zuflossen, die wiederum unter der stillschweigenden Drohung zustande kamen, das Unternehmen würde sich sonst einen ihm geneigteren Steuerstandort suchen. Die Ironie bei der Sache ist, daß Bundesstaaten und Kommunen hierdurch letztlich Steuereinnahmen entgehen, die sonst Schulen und anderen Kommunaleinrichtungen zugute kommen könnten. Die Führungskräfte von General Motors, zum Beispiel, die mit zu den lautesten Rufern nach besseren Schulen zählten, gehören zugleich auch zu den schonungslosesten Einforderern kommunaler Steuernachlässe. Wie in einem Artikel in der *New York Times* dargelegt, brachten die erfolgreichen Bemühungen von GM, ihre Steuerpflicht in Tarrytown (New York), wo das Unternehmen seit 1914 eine Fabrik unterhält, auf Null zu setzen, die Gemeinde im Jahr 1990 um 2,81 Millionen Dollar an Steuereinnahmen, wodurch diese sich gezwungen sah, Dutzende von Lehrern zu entlassen.[27] Alles in allem sank der Unternehmeranteil an den kommunalen Grundsteuereinnahmen von 45 Prozent im Jahr 1957 auf rund 16 Prozent 1987. Die neue Großzügigkeit amerikanischer Unternehmen gegenüber Amerikas weniger begünstigten Gemeinwesen steht also in keinem Verhältnis zu dem dramatischen Entzug von Unternehmenssteuern an ebendiese Gemeinden.[28]

Die Sezessionspolitik

ALLEIN DER WUNSCH, eine Beziehung zu beenden, reicht selten aus, den Kraftakt einer Sezession zu vollführen. Sezessionisten müssen auch die politischen und rechtlichen Bande lösen, die sie mit ihren ungeliebten Landsleuten verknüpfen. Bei diesen jedoch ist mit Widerstand gegen derartige Bestrebungen zu rechnen, zumal wenn sie zuvor von dem Pakt profitiert hatten. Sezessionspolitik weckt deshalb kaum besonders herzliche Gefühle.

Und doch vollzog sich die Sezession der Symbol-Analytiker vom Rest Amerikas in aller Stille. Die vier Fünftel der Bevölkerung, deren wirtschaftliche Zukunft auf der Kippe steht, erhoben keinen lautstarken Protest gegen die Loslösung des einen Fünftels, das einer mehr als rosigen Zukunft entgegensieht. Die sich vergrößernde Einkommensdivergenz, die wachsenden Unterschiede in den Arbeitsbedingungen, die regressive Verlagerung der Steuerlast, die unterschiedliche Qualität in der Schulbildung der Kinder auf Grund- und Sekundarschulebene, die zunehmende Disparität in den Zugangsmöglichkeiten zur Hochschule, die wachsenden Diskrepanzen in den Erholungsmöglichkeiten, der Infrastruktur, der öffentlichen Sicherheit und anderen kommunalen Einrichtungen – kein Aspekt dieses breiten Trends zur Ungleichheit hat bei der Mehrheit der Bürger offenkundige Ressentiments hervorgerufen. Es gab keine lauten Forderungen, das Land solle zu einem progressiveren Besteuerungssystem zurückkehren; kein organisiertes Drängen darauf, die dadurch erhöhten Steuermittel für die Schul- und Berufsbildung, das öffentliche Verkehrswesen und die allgemeine Lebensqualität der übrigen Bevölkerung zu verwenden; und keinen merkbaren Entzug der Wählerstimmen für die beiden großen Parteien, unter deren Federführung die Ungleichheiten gewachsen sind. Diese stillschweigende Duldung bedarf einer Erklärung.

EINE ZEITLANG SAH ES SO AUS, als besäßen Amerikas Routinearbeitskräfte genügend politische Potenz, um Zolltarife, Einfuhrquoten und andere, weniger augenfällige protektionistische Maßnahmen für den amerikanischen Markt durchzusetzen und somit Amerikas Symbol-Analytiker sowie alle anderen Amerikaner zu zwingen, höhere Preise zu zahlen, indem sie *sie* und nicht billigere Routinearbeitskräfte im Ausland unter Vertrag nahmen. In den 70er und 80er Jahren war dies ein ganz reguläres Verfahren. Nicht wenige Politiker wurden gewählt oder wiedergewählt, weil sie sich offen zu der Überzeugung bekannten, Amerika müsse vor skrupellosen Ausländern geschützt werden.

Allmählich jedoch verlor das Argument des Protektionismus an politischer Schlagkraft. Politiker, die zu den ungeschminktesten Verfechtern der Schutzzollpolitik gehörten, schnitten in den Präsidentschaftswahlen von 1984 und 1988 denkbar schlecht ab. Und im letzten Jahrzehnt des Jahrhunderts verwahren sich Politiker jeglicher Couleur strikt dagegen, »Protektionisten« zu sein. Das Argument einer Abschottung des amerikanischen Marktes gilt nur noch dann als halbwegs respektabel, wenn es darum geht, ein anderes Land zur Öffnung seines Marktes zu zwingen, und sogar diese taktische Rechtfertigung wird mit skeptischen Augen betrachtet. In kommenden Jahren kann damit gerechnet werden, daß die Forderung, die amerikanische Industrie müsse vor der Konkurrenz durch Billiglohnländer geschützt werden, völlig vom Tisch verschwindet. Dafür gibt es mehrere Gründe.

Da wäre zunächst die Umstellung in der Strategie der amerikanischen Kernunternehmen und der Symbol-Analytiker, die ihre Chefetagen besetzen. Amerikas Unternehmen, die sich auf die Seite ihrer Routinearbeiter schlugen, als diese in den späten 60er, den 70er und frühen 80er Jahren nach Einfuhrbeschränkungen verlangten, hatten sich zum Ende der 80er Jahre in globale Netzwerke verwandelt, die vom freien grenzüberschreitenden Verkehr von Waren, Dienstleistungen, Geld und Technologien abhängig waren. 1984 vereinte sich Goodyear Tire and Rubber mit seinen gewerkschaftlich organisierten Arbeitnehmern in der Forderung, die US-Regierung müsse gnadenlos mehrere südkoreanische Firmen dafür abstrafen, daß sie ihre Autoreifen in Amerika zu Dumpingpreisen, noch unter den Herstellungskosten, verkauften. Fünf Jahre später jedoch war Goodyear in seinen Ansichten kosmopolitischer geworden: Als die Bush-Regierung Südkorea mit Vergeltungsmaßnahmen für die angebliche Behinderung amerikanischer Importe drohte, befand sich das Goodyear-Management unter den ersten, die auf ein versöhnlicheres Vorgehen drängten. Diese veränderte Haltung war nicht etwa das Ergebnis tieferen Nachdenkens auf seiten der Unternehmensführung über den Nutzen des unbehinderten internationalen Handels für das eigene Land, vielmehr war sie die Folge eines tiefgreifenden Wandels in der Unternehmensstrategie: Im Jahr 1989 standen die strategischen Vermittler des Unternehmens Goodyear gerade im Begriff, ein ausgedehntes Gelände in Südkorea zu kaufen, auf dem sie die Errichtung einer Reifenfabrik im Wert von 110 Millionen Dollar planten – groß genug, um dort täglich 10 000 Autoreifen herzustellen. Jegliche Maßnahme der Bush-Regierung, welche den Verkauf dieser Reifen in den Vereinigten Staaten beschränkt oder auf sonstige Weise die südkoreanische Regierung verärgert hätte, hätte den Wert dieser bedeutenden Investition verringert. Ohne die Unterstützung amerikanischer Kernunternehmen wie Goodyear und ihrer Symbol-Analytiker war die organisierte Arbeiterschaft in ihrem Verlangen nach Protektion jedoch auf sich allein gestellt. Mit dem zahlenmäßigen Rückgang der Routinearbeiter in Amerika wurde auch die Stimme der Arbeiterschaft ständig leiser und kam nicht mehr gegen diejenige der Gegenseite an, die immer lauter und überzeugender wurde.

Von der schwindenden Zahl derjenigen Amerikaner, die in der Routineproduktion verblieben, wurde darüber hinaus ein wachsender Anteil in die globale Vernetzung eingebunden. Viele von ihnen sind jetzt bei ausländischen Unternehmen beschäftigt, beziehen Bauteile und Dienstleistungen von ihnen oder beliefern sie damit. Diesen Arbeitnehmern schadet der Handelsprotektionismus mehr, als daß er ihnen hilft: Die Preise für ausländische Bauteile könnten dadurch gesteigert, ausländische Investoren und Symbol-Analytiker könnten abgeschreckt werden, sie in Zukunft zu beschäftigen. Ende der 80er Jahre zogen amerikanische Hersteller von Halbleiterchips ihre Forderung zurück, die Einfuhr billiger Chips aus Japan zu beschränken, nachdem ihre Kunden, die Computerhersteller, damit gedroht hatten, ihre Operationen ins Ausland zu verlegen, um weiterhin an die hochgeschätzten japanischen Chips zu kommen.[1]

Während der Protektionismus schwindet, werden die mit amerikanischen Unternehmen assoziierten Symbol-Analytiker natürlich weiterhin auf besondere Subventionen, steuerliche Sonderbehandlung, bestimmte Ausnahmeregelungen von der Antitrust-Gesetzgebung und andere Formen staatlicher Großzügigkeit pochen – und sich gleichzeitig gegen jede Form von Einfuhrbeschränkungen verwahren. Dabei werden sie anführen, daß diese Zuwendungen für die »Wettbewerbsfähigkeit Amerikas« entscheidend seien. Während eine offene Protektion des amerikanischen Marktes ihre globalen Strategien behindern würde, können Sondervergünstigungen, die den freien Fluß von Waren und Dienstleistungen über die Grenzen der Vereinigten Staaten hinweg nicht behindern, dem Betriebsergebnis nur förderlich sein.

In Verfolgung solch öffentlicher Wohltätigkeit werden die amerikanischen Führungskräfte amerikanischer Globalunternehmen (oder, genauer gesagt, die strategischen Vermittler, die die amerikanischen Sektionen globaler Netze managen) fortfahren, in Washington beträchtlichen Einfluß auszuüben. Ihre Lobbyisten in Washington verfügen über gute Verbindungen; ihre Unternehmerverbände sind groß und wortgewaltig; ihre Wahlkampfbeiträge und Politischen Aktionskomitees noch größer und wortgewaltiger. Ihre Forderungen nach einer Sonderbehandlung, die ausländischen Firmen (das heißt, den ausländischen Sektionen globaler Netze) nicht zur Verfügung steht, werden auf viele Gesetzgeber und Regierungsbeamte überzeugend wirken, die an den Gedanken gewöhnt sind, daß diese Vergünstigungen denjenigen Unternehmen helfen werden, die die amerikanische Industrie und somit auch die amerikanische Wirtschaft verkörpern. Kein Globalunternehmen in ausländischem Besitz wird jemals imstande sein, am Potomac einen derartigen Einfluß auszuüben, nicht einmal die Japaner mit ihrem lockersitzenden Geld. Wie bereits angemerkt, ist jedoch der Anspruch der amerikanischen Unternehmen auf Sonderprivilegien mit zunehmender Skepsis zu sehen. Alle globalen Netzwerke – ungeachtet der Nationalität der Mehrheit ihrer Aktionäre oder Führungskräfte – sind fleißig dabei, überall auf der Welt zu investieren, Technologien zu entwickeln und Arbeitskräfte unter Vertrag zu nehmen. Vom Standpunkt der Bürger lautet deshalb die entscheidende Frage, welches Land mit seinem Arbeitskräftepotential diesen globalen Netzwerken den größten Wert hinzufügt und welches Land sein Arbeitskräftepotential dazu ausbildet, diesen Netzwerken in Zukunft zusätzlichen Wert hinzuzufügen – und nicht, aus welchem Land die Investoren stammen, die Teile dieser globalen Netzwerke besitzen.

DIE VORBEHALTLOSE PROTEKTION des Routinearbeiters mag im Rückgang begriffen sein (ebenso wie die Zahl der Routinearbeiter rückläufig ist), doch ein anderer Konflikt nimmt ihren Platz ein. Der Wunsch der Symbol-Analytiker nach uneingeschränktem Zugriff auf den Rest der Welt wird zu einem Knackpunkt bei denen werden, die personenbezogene Dienste leisten. Man erinnere sich, daß personenbezogene Dienste *persönlich* zu leisten sind. Symbol-Analytiker können keine Ausländer unter Vertrag nehmen, um personenbezogene Dienste im Ausland zu leisten. So geben sie jedesmal, wenn sie ein Geschäft oder Restaurant betreten, ihr Haus, Auto, ihren Körper oder ihr Arbeitsgerät reparieren lassen, eine Taxifahrt unternehmen, die Dienste einer Sekretärin, Krankenschwester oder eines Wachmannes in Anspruch nehmen, einen Teil ihres weltweiten Einkommens an »Dienstleistende« ab. Aufgrund dieser Beziehung steigt und fällt der Lebensstandard der »Dienstleistenden« mit dem globalen Erfolg ihrer symbolanalytischen Kundschaft. Eine relativ kleine Anzahl von führenden Software-Entwicklern, Anwälten, Fertigungsingenieuren, Unternehmensberatern oder Filmregisseuren kann – indirekt – eine viel größere Zahl von »Dienstleistenden« unterhalten, indem sich die globalen Einkünfte der Symbol-Analytiker über die gesamte lokale Wirtschaft ausbreiten.

Symbol-Analytiker würden dieses Hindernis natürlich gern beseitigt sehen, würden also im Idealfall gern die wertvollsten Dienstleistungen zu den niedrigsten Preisen in Anspruch nehmen, die in der Welt zu haben sind – ebenso wie sie sich der Routineproduktion und symbolanalytischer Dienstleistungen in aller Welt bedienen können. Die amerikanischen »Dienstleistenden« wiederum würden es selbstredend vorziehen, daß die Beschränkungen erhalten bleiben, so daß die Symbol-Analytiker sie nicht durch andere »Dienstleistende« aus aller Herren Ländern ersetzen können, die bereit sind, für weniger Geld härter zu arbeiten.

Symbol-Analytiker sind jedoch nicht ohne Alternativen. Sie können zum Beispiel die Einführung von Geld- und Kassenautomaten, von der Möglichkeit, Waren vom Heimcomputer aus zu bestellen, und von ähnlichen Technologien, die imstande sind, Dienstleistungen zu geringeren Kosten zur Verfügung zu stellen, fördern. Solche Technologien können jedoch, wie bereits festgestellt, lediglich einen winzigen Bruchteil der »Dienstleistenden« ersetzen. Darüber hinaus wird die Nachfrage nach Dienstleistungen mit dem Rückgang des Bevölkerungswachstums in den Vereinigten Staaten das Angebot wohl bald überflügeln, was einen Anstieg der Löhne mit sich bringen wird. Bereits 1990 wurden Besorgnisse über einen bevorstehenden Arbeitskräftemangel laut. Der Einzelhandel, Krankenhäuser, Imbißlokale, Wachgesellschaften, um nur einige zu nennen, meldeten Schwierigkeiten, Personal zu finden, das bereit war, zum gesetzlichen Mindestlohn oder wenig darüber für sie zu arbeiten. Andere Arbeitgeber sahen sich einem Mangel an qualifizierteren Dienstleistenden wie Chefsekretärinnen, Anwaltsgehilfen, Krankenschwestern und medizinisch-technischen Assistenten gegenüber.

Es sollte angemerkt werden, daß »Arbeitskräftemangel« nur selten bedeutet, daß sich um keinem Preis Arbeitskräfte finden lassen. In Wirklichkeit bedeutet es, daß sich die gewünschten Arbeitskräfte nicht zu einem Preis auftreiben lassen, der Arbeitgebern und Kunden genehm ist. Zu jeder Zeit gibt es jede Menge Leute, die nur halbtags arbeiten, aber liebend gern vollbeschäftigt wären. Weiterhin gibt es eine »stille Reserve« aus Rentnern, Oberschülern und Hausfrauen (gelegentlich auch Hausmännern), die bereit wären, halbtags zu arbeiten, wenn die Bezahlung nur gut genug wäre, um sie von ihren anderen Beschäftigungen fortzulocken. Am bedeutendsten aber ist die große Gruppe derjenigen, die arbeiten könnten, denen es jedoch an den nötigen Fertigkeiten fehlt, die keine Autos reparieren, nicht mauern oder Blutproben nehmen können. Oder sie sind funktionale Analphabeten und somit außerstande, einfache Anleitungen zu lesen. Normalerweise stellen Arbeitgeber solche Leute nicht ein, doch in Zeiten akuten »Arbeitskräftemangels« haben sie keine andere Wahl. Sie müssen sie nicht nur einstellen, sondern obendrein auch noch ausbilden. Kurz gesagt, besteht der direkteste Weg zur Behebung eines »Arbeitskräftemangels« darin, bessere Löhne und Ausbildung zu bieten. Eine solche Strategie verbessert offenkundig die relative Position derjenigen, die in den Genuß der höheren Löhne und besseren Ausbildung gelangen.

Es gibt jedoch auch eine weniger kostspielige Alternative für Symbol-Analytiker, die sich einem »Arbeitskräftemangel« ausgesetzt sehen. Diese besteht darin, die Grenzen für Immigranten zu öffnen, die unweigerlich darauf erpicht sind, für billigen Lohn Dienst am Kunden zu leisten. Verfügen die Immigranten bereits über ein gewisses Maß an Vorbildung – um so besser. »Immigration ... kann uns helfen, den fehlenden Bedarf an Fertigkeiten zu decken [und] Arbeitskräftemängel zu beheben, die eventuell auf uns zukommen«, begeisterten sich zwei politische Analytiker des konservativen Washingtoner American Enterprise Institute Ende 1989. Die potentiellen Einsparungen sind offenkundig: »Wenn sie kommen, verursachen sie uns nur geringe Kosten. Viele Immigranten haben ihre Ausbildung bereits anderswo absolviert und finanziert bekommen.«[2] Man beachte die Logik: Immigranten können den Arbeitskräftemangel beheben, indem sie den Lohndruck der bereits in den Vereinigten Staaten tätigen »Dienstleistenden« dämpfen und außerdem die Notwendigkeit reduzieren, Amerikaner für solche

Tätigkeiten ausbilden zu müssen. *The Wall Street Journal*, dessen Leitartikel ein fast perfektes Barometer konservativer Befindlichkeiten sind, drückte es sehr viel deutlicher aus: »Wir bleiben bei unserer Meinung: Das Problem sind nicht zu viele, sondern zu wenige Immigranten. ... Solange wir selbst nicht genügend [Amerikaner] ausbilden, ist Einwanderung der rettende Anker.«[3]

Als solcher Rat erteilt wurde, hatte das Land seine Grenzen bereits immer weiter für Einwanderer geöffnet. Über acht Millionen kamen im Laufe der 80er Jahre legal nach Amerika – fast so viele wie im ersten Jahrzehnt des Jahrhunderts –, und weitere 3,4 Millionen dürften sich illegal im Land aufhalten.[4] Auch hatte der Kongreß ein offenes Ohr, wenn bestimmte Arbeitgeber weitergehenden Bedarf an Arbeitskräften anmeldeten. Mit einem »Arbeitskräftemangel« an Krankenschwestern konfrontiert, begannen Amerikas Krankenhäuser in den 80er Jahren auf den Philippinen und in Irland Krankenschwestern zu rekrutieren und mit zeitlich begrenzter Arbeitserlaubnis in die Vereinigten Staaten zu holen; 1989 beschloß der Kongreß, diesen Krankenschwestern – immerhin 10 000 an der Zahl – aufgrund des schwerwiegenden Pflegenotstandes anstelle der zeitlich begrenzten Aufenthaltserlaubnis die volle Staatsbürgerschaft der Vereinigten Staaten zu verleihen. Durch eine weitere Änderung der Einwanderungsgesetze, die mit ausdrücklicher Unterstützung durch amerikanische Unternehmen von Republikanern im Kongreß eingebracht wurde, ist eine neue Kategorie berufserfahrener »selbständiger« Immigranten geschaffen worden, denen jährlich 54 000 Visa erteilt werden sollen. Als Resultat dieser und anderer Maßnahmen begann der Anteil der Bevölkerung der Vereinigten Staaten, der nicht im Lande selbst geboren wurde, nach längerem Rückgang wieder anzusteigen und erreichte im Jahr 1990 gut sechs Prozent.[5]

Ist die uneingeschränkte Einwanderung gut für die amerikanische Wirtschaft? Ist sie gut für Amerika? Dies hängt wieder einmal davon ab, was man unter diesen Begriffen versteht. Wie ich bereits betont habe, ist unter »amerikanischer Wirtschaft« die Gesamtheit der Menschen zu verstehen, die innerhalb der Grenzen der Vereinigten Staaten leben und arbeiten. Ihr Erfolg mißt sich nicht an der Einträglichkeit amerikanischer Unternehmen, sondern an dem Wert, den diese Menschen der Weltwirtschaft hinzufügen – was wiederum von ihrem Schul- und Ausbildungsniveau, ihrem Gesundheitszustand sowie der Leichtigkeit abhängt, mit der sie die Ergebnisse ihrer Arbeit transportieren und kommunizieren können.

Sind Sie zufällig ein in Amerika tätiger Symbol-Analytiker, so wird der Zustrom von Neueinwanderern wahrscheinlich eine Geldersparnis für Sie darstellen, zumal wenn diese eine gute Ausbildung genossen haben und über nützliche Kenntnisse und Fertigkeiten verfügen. Sind Sie jedoch ein bereits fest im Arbeitsleben Amerikas integrierter »Dienstleistender«, so wirkt sich die Einwanderung weniger segensreich für Sie aus. Zwar profitieren auch Sie von der Bildung, der Energie und der Bereitschaft des Immigranten, für einen geringen Lohn zu arbeiten, nicht weniger als alle anderen Amerikaner, doch in dem Maße, wie deren Anwesenheit den akuten »Arbeitskräftemangel« behebt, reduziert sie auch den Druck auf die anderen Amerikaner, mehr für die Inanspruchnahme Ihrer Dienste zahlen zu müssen; Ihre Bezüge werden nicht ganz so stark und so schnell ansteigen wie im anderen Fall (werden aller Wahrscheinlichkeit nach aber auch nicht wesentlich sinken).[6] Auf lange Sicht wichtiger ist für Sie, daß Symbol-Analytiker immer weniger Anlaß haben werden, ihr Einkommen in Ihre Schul- und Berufsausbildung zu investieren und dadurch Ihren Wert für die Zukunft zu steigern. Wenn *The Wall Street Journal* meint, gebildete Einwanderer seien der »rettende Anker«, solange »wir selbst« nicht genügend Menschen innerhalb der Vereinigten Staaten ausbilden, um Jobs in der dienstleistenden Branche auszufüllen, bezieht sich dieses »wir« auf die Reicheren unter uns, die andernfalls ein aufgeklärtes Eigeninteresse empfinden würden, einen größeren Teil ihres Einkommens der Schul- und Berufsausbildung der Allgemeinheit zu widmen.

Aus diesen Gründen wird die Einwanderungspolitik in den kommenden Jahren ein Gegenstand wachsender Auseinandersetzung zwischen Amerikas Symbol-Analytikern und Dienstleistenden werden. Während die Debatte darüber, wie weit der amerikanische

Markt für ausländische Waren und Dienstleistungen zu öffnen sei, weitgehend an Schwung verliert, kann sich die Debatte darüber, wie weit die Grenzen für ausländische Arbeitskräfte zu öffnen seien, nur intensivieren. Doch auch hier werden sich die Symbol-Analytiker aller Wahrscheinlichkeit nach durchsetzen.

In dem Masse, wie ein freierer grenzüberschreitender Verkehr von Waren, Dienstleistungen, Geld, Technologien und Menschen die Symbol-Analytiker weiter bereichert, entsteht mehr Reichtum, der sich – wenigstens theoretisch – mit den Routinearbeitern und Dienstleistenden teilen ließe. Symbol-Analytiker stellen nicht mehr als ein Fünftel der wahlberechtigten Bevölkerung Amerikas dar. Die anderen vier Fünftel, die große Mehrheit der Wähler, könnte nun theoretisch verlangen, die blühenden Einkommen der Symbol-Analytiker proportional höher zu besteuern und den Erlös auf sie zu übertragen – entweder direkt, in Form von Einkommensverbesserungen, oder indirekt in Gestalt öffentlicher Investitionen in ihre Schul- und Berufsausbildung, ihre Gesundheit, gute Straßen, sauberes Wasser und Erholungsmöglichkeiten. In der Praxis jedoch ist es höchst unwahrscheinlich, daß die unteren vier Fünftel der Amerikaner solche Forderungen gegenüber dem oberen Fünftel durchsetzen können.

Ein Grund dafür mag ein Mangel an fundamentalem Wissen sein. Die Kompliziertheit der Abgabenordnung und des Sozialversicherungssystems, des Bundesetats, der außerplanmäßigen Subventionen und Steuerermäßigungen sowie der bundesstaatlichen und kommunalen Steuern ist schon für mutmaßlich intelligente und gewissenhafte Politiker (und ihre sachkundigen Mitarbeiterstäbe) schwer zu durchschauen, erst recht also für Otto Normalverbraucher. Nimmt man noch die Finessen der internationalen Wirtschafts- und Finanzwelt hinzu, so ergibt sich ein Gesamtbild, das kaum noch zu überschauen ist. Während der wenigen Stunden, die einem verbleiben, wenn man abends von der Arbeit nach Hause kommt, die Kinder schlafen legt und selber todmüde ins Bett fällt, hat man keine große Lust, sich durch Berge von offiziellen Statistiken zu wühlen.

Zeitung und Fernsehen helfen einem auch nicht viel weiter. Katastrophen, Mord, Plünderung und Krieg sind viel interessantere Themen als globale Direktinvestitionen und die Besteuerung von Veräußerungsgewinnen. Wie der Teufel das Weihwasser meiden die Medien komplizierte Sachverhalte, aus Furcht, der geplagte Leser oder Zuschauer könnte zur unterhaltsameren Konkurrenz überwechseln.

Außerdem ist da die fortdauernde Dominanz des rudimentären Denkens. Für die meisten Menschen besteht die amerikanische Wirtschaft weiterhin aus amerikanischen Industrien und diese aus amerikanischen Unternehmen, deren fortgesetzte Einträglichkeit und deren globaler Marktanteil wiederum von amerikanischen Investoren abhängen, denen genügend Anreiz geboten werden muß, ihr Kapital aufs Spiel zu setzen. Und weil bei dieser Sichtweise die Arbeitsplätze in Amerika und die damit verbundenen Löhne von der Vitalität der amerikanischen Wirtschaft abhängen, folgt daraus, daß alle Amerikaner dafür Sorge tragen müssen, daß die Erträge der amerikanischen Investoren so großzügig ausfallen, daß diese hoch motiviert bleiben. Entsprechend meint man, daß der Staat es sich nicht leisten kann, mehr Geld für Straßen, Brücken, sauberes Wasser, Gesundheitsfürsorge, Berufs- und Schulbildung auszugeben. Das Dringlichste muß Vorrang haben; für das wirtschaftliche Wohlergehen des Landes hat der private Profit erste Priorität. Wie wir jedoch gesehen haben, ist das Gegenteil der Fall. Doch das alte Bild läßt sich nicht so leicht vertreiben. Es ist deshalb so beharrlich, weil es auf die alte Organisationsform der Volkswirtschaft paßt, weil die meisten Amerikaner es so aus der Blütezeit dieser Wirtschaftsform in der vorigen Generation in Erinnerung haben, und schließlich auch, weil Wirtschaftsführer und Medien es weiterhin so darstellen. Um eine dominante Vorstellung von der Realität zu verändern, bedarf es eines beträchtlichen Aufwands an Energie und Entschlußkraft, weshalb eine entsprechende Aufklärung oftmals erst dann stattfindet, wenn der Abstand zwischen Schein und Wirklichkeit derart groß geworden ist, daß Äußerungen konventioneller Art ins Absurde führen. Irgendwann wird dieser Tag kommen, er ist jedoch fürs erste nicht in Sicht.

Zu der Schwierigkeit, die Abläufe zu verstehen und zu akzeptieren, gesellt sich die Annahme des »wohlverdienten Lohns« – eine seit Gründung der Vereinigten Staaten tief im amerikanischen Bewußtsein verwurzelte Vorstellung. Diesem Prinzip zufolge haben die Reichen ihre Stellung in der Gesellschaft aufgrund eigenen Verdienstes erreicht. Ihr Reichtum ist ein Ausdruck ihres Wertes, ihr Wert ein Zeichen ihrer Verdienste. Die Reichen von ihrem Reichtum zu trennen wäre gleichbedeutend mit einer ungerechtfertigten Konfiszierung. Natürlich sollten sie Steuern zahlen wie jeder andere auch, und daß sie eine größere Summe zahlen als der Rest der Bevölkerung, ist auch nur gerecht, weil das Opfer, das sie hierdurch erbringen, proportional nicht größer ist. Doch sollten sie nicht gezwungen werden, eine unverhältnismäßig größere Last als die übrigen Bürger zu tragen. Eingebettet in dieses Argument ist der ebenfalls zutiefst amerikanische Glaube, daß mit genügend harter Arbeit, mit Mumm und Grips jeder es schaffen kann. Eines Tages könnten ja auch ich oder meine Kinder unter den Reichen sein, und wenn dieser Gipfel des Erfolges erklommen ist, will auch ich nicht, daß *mein* (oder meiner Kinder) Vermögen beschlagnahmt wird. Der Glaube an den sozialen Aufstieg ist Teil der amerikanischen Lebensauffassung.

Doch auch hier begegnen wir wieder dem Übel des rudimentären Denkens. Der Rückzug der Symbol-Analytiker in Enklaven mit guten Schulen, einer hervorragenden Gesundheitsfürsorge und erstklassiger Infrastruktur – Einrichtungen, von denen die übrige Bevölkerung größtenteils ausgeschlossen bleibt – macht es eher unwahrscheinlich, daß Routinearbeiter oder Dienstleistende oder ihre Nachkommenschaft jemals zu Symbol-Analytikern aufsteigen. Diese Realität hebt den Zusammenhang zwischen hohem Einkommen und inhärentem Verdienst natürlich auf. Hohe Einkommen haben mehr mit dem Glück zu tun, in symbolanalytischen Haushalten innerhalb symbolanalytischer Enklaven aufgewachsen zu sein, als mit dem Besitz eines einzigartigen Talents oder der Fähigkeit zu harter Arbeit. Mit der Zeit wird sich auch die Erkenntnis dieser Realität durchsetzen und somit auch das Prinzip des »wohlverdienten Lohnes« weniger zwingend werden.

Eine weitere Erklärung für die Duldsamkeit der weniger bevorteilten vier Fünftel der Bevölkerung ist deren Überzeugung, daß man mit politischen Maßnahmen sowieso nichts ausrichten kann. Sie ergeben sich in ihr Schicksal, weil sie glauben, daß die Symbol-Analytiker alle Karten in der Hand halten; wenn das Spiel von Anfang an manipuliert ist, wozu dann überhaupt spielen? Im Vergleich zu den meisten anderen Demokratien übt der Amerikaner sein Wahlrecht mit auffallend wenig Begeisterung aus. Die Beteiligung an nationalen Wahlen ist zum Teil auf unter fünfzig Prozent gesunken, und unter denen, die ihre Stimme doch abgeben, herrschen die höheren Einkommensgruppen vor.[7] Was die übrigen betrifft: »Viele der Jungen, der Geringverdienenden, deren Einkommen an der Armutsgrenze liegt, der Arbeitslosen oder der von der Wohlfahrt abhängigen Armen . . . gehören zu denen, die nicht wählen oder die zunehmend zur Gruppe der Nichtwähler überlaufen.«[8]

Die angenommene Sinnlosigkeit politischer Aktivität ist ein typischer Fall von »self-fulfilling prophecy«. Politiker werden kaum den Bedürfnissen von »Wählern« große Beachtung schenken, die nicht bereit sind zu wählen, sich an Wahlvorbereitungen zu beteiligen oder ihren Beitrag zu politischen Kampagnen zu leisten. Ein großer Teil der unteren vier Fünftel Amerikas ist in einem politischen Teufelskreis gefangen, wo ein zynisches Urteil über amerikanische Politik durch Regierungsbeschlüsse belohnt wird, die die schlimmsten Befürchtungen bestätigen, was wiederum Anlaß zu neuem Zynismus und noch größerer Enthaltung gibt.

Selbst Politiker der Demokratischen Partei, die in vergangenen Jahrzehnten einen Großteil ihrer Stärke von den unteren vier Fünfteln bezogen, tendieren dazu, ihre Aufmerksamkeit in dem Maße von den ärmeren Amerikanern abzuwenden, wie diese der Politik den Rücken kehren. Als während der 80er Jahre großzügige Wahlkampfspenden von reichen Einzelpersonen, Unternehmen und Unternehmerverbänden in die republikanischen Parteikassen strömten, glaubten viele demokratische Politiker, sie hätten keine andere Wahl, als sich ihr Geld aus den gleichen Töpfen zu besorgen. Demokratische Kongreßmitglieder hatten kaum Schwierigkeiten, amerikanische Wirtschaftsführer und Wall-Street-Banker davon zu überzeugen, daß es klüger sei, anstelle neu kandidierender Republikaner lieber bereits amtierende Demokraten zu wählen. Es war ein reelles Geschäftsangebot: Wer bereits im Amt sitzt, hat viel bessere Gewinnchancen, besonders mit ein wenig freundschaftlicher Nachhilfe. Offenbar war es auch ein erfolgreiches Geschäft: Bei den Wahlen von 1988 konnten 97 Prozent der Abgeordneten und 85 Prozent der Senatoren, die sich zur Wiederwahl gestellt hatten, ihren Sitz wiedergewinnen, und als Ergebnis begannen Gelder aus traditionell republikanischen Quellen den Demokraten zuzufließen. 1988 gingen 64 Prozent aller Gelder, die von Politischen Aktionskomitees (PACs) gesammelt wurden, an demokratische Amtsinhaber in Repräsentantenhaus und Senat, ihre republikanischen Herausforderer gingen fast leer aus. Der größte Teil dieser Zuwendungen (31,7 Millionen Dollar) wurde von PACs aufgebracht, die sich in Unternehmen, an der Wall Street und in Arbeitgeberverbänden organisiert hatten, mehr als von den Gewerkschaften (die weniger als 24 Millionen Dollar beisteuerten) oder aus anderen traditionellen Quellen demokratischer Wahlkampffinanzierung.[9]

Natürlich ist es schwierig, den kleinen Mann zu repräsentieren, wenn der große Mann die Rechnung zahlt. Das hat nichts mit Korruption zu tun. Die Hemmungen, die sich neuerdings der Politiker der Demokratischen Partei bemächtigen, sind subtilerer Art. Die Sorge um zukünftige Wahlkampfgelder führt dazu, daß mutige Ansätze zur Lösung der Probleme des Landes unterdrückt und Alternativen von vornherein ausgeschlossen werden, die bei denen, die das Geld besitzen, auf erheblichen Widerstand stoßen würden, wie zum Beispiel eine stark progressive Einkommensteuer. Sie führt weiterhin dazu, daß die Stimmen derjenigen, die weniger bereit oder in der Lage sind, zur Wahlkampffinanzierung beizutragen oder sich sonstwie an politischen Aktivitäten zu beteiligen, einfach überhört werden. Die Aufmerksamkeit der Demokraten für die Interessen der Symbol-Analytiker bestätigt nur, was die übrige Bevölkerung über die Nutzlosigkeit politischen Handelns denkt, und bestärkt sie nur noch in ihrer Passivität.

Wären die unteren vier Fünftel der Bevölkerung politisch aktiver, könnten ihre gesammelten Wahlbeiträge und ihre Bemühungen um die Mobilisierung weiterer Wählerstimmen die monetären Ressourcen der Symbol-Analytiker, die zwar reicher, aber viel geringer an Zahl sind, bei weitem in den Schatten stellen. Doch gibt es keinen leichten Weg, diese mächtige Kraft zu mobilisieren und den Teufelskreis politischer Nutzlosigkeit zu sprengen. Zwischen der Mitte der 30er und den 60er Jahren mobilisierten die Gewerkschaften Amerikas Arbeiterklasse für eine verbesserte Schulbildung, bessere Sozialleistungen und eine progressive Einkommensteuer. Doch die Weltwirtschaft hat die Macht der Gewerkschaften unterhöhlt, und die Zahl der Routinearbeiter schrumpft weiter. »Dienstleistende«, deren Zahl wächst, lassen sich nicht so leicht organisieren; sie arbeiten zumeist in kleineren Betrieben und sind über weite Gebiete und viele verschiedene Erwerbszweige verstreut. Während die meisten anderen westlichen Demokratien immer noch aktive Arbeiterbewegungen aufzuweisen haben, die die wirtschaftlichen Interessen der Arbeiterschaft politisch vertreten, ist dies in Amerika nicht länger der Fall. Die Folge sind politische Lethargie unter den meisten Arbeitern Amerikas und die »self-fulfilling prophecy«, daß sich Politiker nur für »die da oben« einsetzen.

SELBST WENN ALL DIESE HEMMNISSE NICHT BESTÜNDEN, würden die unteren vier Fünftel der Bevölkerung noch zögern, Forderungen an das obere Fünftel zu stellen. Der Grund ist wirtschaftlicher Art. Der Rest der Bevölkerung ist davon abhängig, wie und wo Symbol-Analytiker ihre Energien und ihr Geld anzulegen beschließen. Die Abhängigkeit der »Dienstleistenden« ist direkter Art; reiche Symbol-Analytiker, die unter ihnen leben, ziehen Geld aus aller Welt an und geben einen Teil davon für örtliche Dienstleistungen aus. Routinearbeiter hängen zwar nicht ausschließlich von *amerikanischen* Symbol-Analytikern ab, dennoch sind sie auf die Entscheidungen strategischer Vermittler – welcher Nationalität auch immer – angewiesen, die ihnen Arbeit geben und im Idealfall eine Fortbildung ermöglichen, durch welche ihr Wert und ihre Produktivität eine Steigerung erfahren.

Die Abhängigkeit ist nicht gegenseitig. Symbol-Analytiker stellen den mobilsten Teil des Arbeitskräftepotentials eines Landes dar. Sie hängen nicht – wie Routinearbeiter – von in der Nähe gelegenen Fabriken ab; noch hängen sie von einem großen Kundenkreis in enger räumlicher Nachbarschaft ab, wie dies bei »Dienstleistenden« der Fall ist. Symbol-Analytiker können fast überall arbeiten, wo Telefon, Faxgerät, Modem und Flughafen in Reichweite sind. Sie mögen zwar intellektuelle Anregung durch die Nähe anderer Symbol-Analytiker an dem besonderen Ort ihrer Tätigkeit finden, doch sind sie auf diesen Ort nicht angewiesen; es gibt andere symbolanalytische Zentren, in die sie umziehen können. Auch Tradition und Familienbindung spielen für Symbol-Analytiker keine so bedeutende Rolle bei der Frage nach dem Ort der Niederlassung, wie dies zuweilen bei Routinearbeitern und »Dienstleistenden« der Fall sein mag. Da ihnen für Wohnung und Kinderbetreuung mehr Geld zur Verfügung steht, sind sie weniger auf die Nähe von Verwandten angewiesen. Sowieso verbringen Symbol-Analytiker einen großen Teil ihrer Zeit auf Reisen – sie fliegen zu Sitzungen mit Klienten und Kunden in andere Städte, werden vorübergehend in Fabriken und Laboratorien im Ausland eingesetzt oder besuchen Messen und Kongresse rund um die Welt.

Durch die Asymmetrie der Abhängigkeiten werden Symbol-Analytiker in eine starke Verhandlungsposition versetzt. Routinearbeiter und »Dienstleistende« müssen unter allen Umständen vermeiden, irgend etwas zu tun, was Symbol-Analytiker davon abschrecken könnte, in ihre Stadt oder Region oder sogar ihr Land zu kommen; gleichzeitig geben sie sich alle Mühe, Symbol-Analytiker, die bereits in ihrer Mitte sind, nicht vor den Kopf zu stoßen. Statt dessen sind die unteren, weniger mobilen vier Fünftel der Bevölkerung bereit, den Symbol-Analytikern für ihr Kommen oder Bleiben großzügige Anreize zu bieten.

DIESE UNGLEICHE VERHANDLUNGSSTÄRKE tritt am offensten zutage, wenn Routinearbeiter versuchen, Symbol-Analytiker dazu zu bringen, sie unter Vertrag zu nehmen. Man denke zum Beispiel an die Geschäftsführung der Hyster Company, der wir bereits früher begegneten, als sie die Vermarktung billiger Gabelstapler in den Vereinigten Staaten zu verhindern suchte. Im September 1982 setzten die strategischen Vermittler von Hyster die Behörden in den fünf Bundesstaaten und vier Ländern, in denen Routinearbeiter Hysters Gabelstapler montierten, davon in Kenntnis, daß einige Hyster-Werke ihre Pforten schließen müßten. Die jeweiligen Regierungen wurden eingeladen, Angebote abzugeben, um lokale Arbeitsplätze zu erhalten; die Geschäftstätigkeit würde fortgeführt, wo sie am großzügigsten subventioniert werde. Die »Auktion« war ein Riesenerfolg für Hyster. Bis Februar 1983 hatte das Unternehmen 72,5 Millionen Dollar an Direkthilfe von verschiedenen Gebietskörperschaften eingeheimst. London bot eine 20-Millionen-Dollar-Auslösung für 1500 Arbeitsplätze in Irvine (Schottland). Mehrere amerikanische Kommunen – darunter Kewanee (Illinois), Sulligent (Alabama) und Bera (Kentucky) – rückten insgesamt 18 Millionen Dollar an direkten Zuschüssen und subventionierten Darlehen heraus, um 2000 Arbeitsplätze zu schaffen beziehungsweise zu erhalten. Nicht einmal auf Heimatbindungen wurde Rücksicht genommen. In Portland (Oregon), Hysters Weltzentrale, genügte ein 20-Millionen-Dollar-Darlehen aus dem Pensionsfonds der Staatsbeamten nicht, um die Schließung des lokalen Hyster-Werks zu verhindern. Den größten Vogel schoß Danville (Illinois) ab: Diese 39 000-Einwohner-Stadt – mit einer damaligen Arbeitslosenrate von 16 Prozent – erklärte sich einverstanden, rund zehn Millionen Dollar an Betriebssubventionen und Ausbildungsstipendien zur Verfügung zu stellen. Die traurige Ironie dabei war natürlich, daß die so erhaltenen Routine-Arbeitsplätze weiterhin in Gefahr blieben. Die Nachfrage nach Gabelstaplern wuchs nur langsam in den Vereinigten Staaten, und Routinearbeiter in den Ländern der Dritten Welt konnten sie viel billiger produzieren.

Andere globale Netze haben ähnliche Ausschreibungsschlachten geführt. Als Diamond-Star Motors, eine Firma des Mitsubishi-Konzerns, 1985 ankündigte, die Kraftfahrzeugmontage in den Vereinigten Staaten aufnehmen zu wollen, konkurrierten vier Bundesstaaten (Illinois, Indiana, Michigan und Ohio) um den Zuschlag für das Werk. Der Gewinner war Illinois mit einem Zehn-Jahres-Paket an Direkthilfen und sonstigen Anreizen im Gesamtwert von 276 Millionen Dollar – umgerechnet etwa 25 000 Dollar pro Jahr für jeden Arbeitsplatz, den Mitsubishi im Bundesstaat Illinois schaffen würde. Derartige Anreize werden mit der Zeit immer großzügiger: 1977 ließ sich Honda noch durch die Zusage von 22 Millionen Dollar an Subventionen und Steuererleichterungen zur Errichtung seines Automobilwerks im Bundesstaat Ohio bewegen; 1986 war bereits ein 100-Millionen-Dollar-Paket nötig, damit Toyota in Kentucky etwa die gleiche Anzahl an Arbeitsplätzen schuf.[10]

Staats- und Kommunalbeamte lassen sich bei der Bewerbung um die Niederlassung globaler Netzwerke nicht von Skrupeln plagen, selbst wenn sich diese Netzwerke nominell in Besitz und unter Kontrolle von Ausländern befinden. Damit stehen sie natürlich in scharfem Kontrast zu den Bundesbehörden, die, wie wir gesehen haben, einen klaren Trennstrich zwischen Unternehmen in amerikanischem und solchen in ausländischem Besitz ziehen. Der Grund dafür ist politischer Art. Die strategischen Vermittler, die amerikanische Unternehmen managen, besitzen genügend Einfluß in Washington, um großzügige Zuwendungen aus Bundesmitteln ausschließlich für sich selbst zu beanspruchen. Ihr Einfluß wird noch verstärkt durch ihre nationalen Unternehmerverbände und oftmals auch durch ihre Lobbyisten mit Büros in günstiger Lage sowohl zum Capitol wie zu den teuren Washingtoner Speiserestaurants. Doch auf den unteren Verwaltungsebenen geht ihr Einfluß kaum über diejenigen Bundesstaaten und Kommunen hinaus, in denen ihre Geschäftszentralen und größten Werke bereits angesiedelt sind. Nicht einmal das größte Unternehmen Amerikas betreibt nachhaltige Einflußnahme auf die Regierungen in Little Rock (Arkansas) oder Indianapolis (Indiana). Daher bleibt es den bundesstaatlichen und kommunalen Behörden weitgehend freigestellt, mit Symbol-Analytikern aus aller Welt zu verhandeln. Dies geht so weit, daß Bundesstaats- und Kommunalbehörden oftmals sogar Büros in *ausländischen* Städten unterhalten, um dort Ausschau nach potentiellen Investoren zu halten.

Die Folge ist, daß nun Bundesstaaten, Städte, ja Länder gegeneinander antreten, um die gleichen globalen Arbeitsplätze für sich zu ersteigern. Der Zuschlag wird nicht nur zu einer Frage der Arbeitsplatzbeschaffung, sondern auch zu einer Frage bundesstaatlichen und lokalen Stolzes; auch kann er einen entscheidenden Einfluß auf die zukünftigen Karrieren bundesstaatlicher und lokaler Politiker haben, die sich persönlich dafür verbürgt haben, diese Arbeitsplätze zu gewinnen. Die Aussicht auf eine neue Fabrik in der Region setzt eine furiose Auktion in Gang; die Drohung, eine bereits vorhandene Betriebsstätte zu verlegen, gibt Anlaß zu gleichermaßen leidenschaftlich geführten Verhandlungsrunden. Der Gesamtbetrag der Subventionen und Steuerermäßigungen, der hierdurch den globalen Unternehmen gleich welcher Nationalität zufließt, ist viel höher, als er ohne ein solches Wettbieten wäre. Länder, die sich dieser gegenseitigen Vernichtungsschlachten enthalten, bezahlen am Ende viel weniger dafür, die Arbeitsplätze zu sich zu locken. Am besten fahren diejenigen Länder, die untereinander vereinbaren, sich dieses Auktionsunwesens völlig zu enthalten.[11]

Solche Subventionen und Steuernachlässe verringern natürlich die öffentlichen Mittel, die zur Verfügung stehen, um Grund- und Oberschulen, Landstraßen und Brücken, Erholungsmöglichkeiten, Einrichtungen zur Abfallbeseitigung und andere kommunale Leistungen zu verbessern. Und gerade dabei handelt es sich, wie ich bereits hervorgehoben habe, um die Art öffentlicher Investitionen, die nötig sind, um gute Arbeitsplätze für die Zukunft zu schaffen. Ärmere Bundesstaaten und Städte, zumeist verzweifelt auf die Beschaffung (oder den Erhalt) von Arbeitsplätzen in der Routineproduktion erpicht, geraten dadurch in ein Dilemma: Entweder gewähren sie Subventionen und Steuerermäßigungen für Routinejobs, die vielleicht nicht viel länger als ein Jahrzehnt erhalten bleiben, oder sie geben den Wettstreit auf und investieren ihre schrumpfenden Steuereinnahmen in das Schulwesen und die Infrastruktur, was sich jedoch erst Jahrzehnte später auszahlt.

WENN ES UM VERHANDLUNGSPOSITIONEN gegenüber Symbol-Analytikern geht, sind »Dienstleistende« nicht besser dran als Routinearbeiter. Die Möglichkeit, daß Symbol-Analytiker ihren Wohnsitz, ihre Laboratorien oder Geschäftsräume in eine andere Gegend verlegen, wo Dienstleistungen billiger oder die Steuern niedriger sind, erweist sich als ein starkes Hemmnis.

Die Verlockung billigerer Dienstleistungen im Ausland reicht selten aus, um Symbol-Analytiker zum Auswandern zu veranlassen; weniger extreme Wanderungsbewegungen bürgern sich jedoch immer mehr ein. So besteht zum Beispiel der Reiz eines Urlaubs auf einer Karibikinsel oder in Mexiko im Vergleich zu Miami Beach oder San Diego darin, daß dort Dienstleistungen nur einen Bruchteil dessen kosten, was man in den US-amerikanischen Urlaubsgebieten dafür bezahlen muß. Gleiches gilt für Zweitwohnungen, Kongresse und Konferenzen. Der Tourismus wird rasch zu einem der wichtigsten Exportartikel der Dritten Welt, mit dem die Bedürfnisse reicher Symbol-Analytiker aus dem industrialisierten Norden befriedigt werden.

Dadurch, daß Transport und Kommunikation immer billiger werden, können Symbol-Analytiker darüber hinaus ihre Tätigkeit unter Wahrung wirtschaftlicher Aspekte zeitweilig in Weltgegenden verlagern, wo gute Dienstleistungen für wenig Geld zu haben sind. Zum Beispiel haben amerikanische und deutsche Investoren in Baja California (Mexico) ultramoderne Filmstudios errichtet, wohin sich amerikanische Regisseure, Drehbuchautoren, Produzenten und Schauspieler begeben können, wenn der Moment gekommen ist, mit dem Drehen zu beginnen. Dienstleistungen wie die Instandhaltung der Studios werden dort von Mexikanern zu einem Bruchteil der Kosten erbracht, die in Hollywood dafür anfallen würden.

Noch verbreiteter ist die Verlockung durch andere Bezirke oder Kommunen im Inland, die niedrigere Steuern versprechen. So verlagerte sich im Laufe der 80er Jahre die symbolanalytische High-

Tech-Zone um Boston (Massachusetts) ins südliche New Hampshire und nördliche Rhode Island, weil Symbol-Analytiker lieber da leben und arbeiten wollten, wo die Steuern niedriger waren. In wissenschaftlichen Untersuchungen wurde eine ähnliche Wanderungsbewegung von Fachkräften festgestellt, die sich in Länder flüchteten, wo die Steuerlast weniger drückend war. Der »brain drain« von der Alten in die Neue Welt – die Abwanderung von Wissenschaftlern aus dem egalitären Europa in die weniger egalitären Vereinigten Staaten – zeugt von diesem Phänomen.[12] Eine weitere Illustration dieses Phänomens findet sich in der Wanderungsbewegung zwischen den Vereinigten Staaten und Kanada. Die meisten Amerikaner, die nach Kanada auswandern, sind relativ schlecht ausgebildete Routinearbeiter und »Dienstleistende«; die meisten Kanadier, die in die Vereinigten Staaten kommen, sind hochkarätige Symbol-Analytiker. Warum? Beide Länder verfügen über ein ähnliches Angebot an Arbeitsmöglichkeiten. Der entscheidende Unterschied ist jedoch, daß Kanada über eine gleichmäßigere Einkommensverteilung verfügt und großzügigere Sozialleistungen anbietet als die Vereinigten Staaten. So finden ungelernte US-Amerikaner in Kanada ein gastlicheres Klima, in dem sie sich einer größeren sozialen Sicherheit erfreuen können, während sich gut ausgebildeten Kanadiern in den Vereinigten Staaten ein gastlicheres Umfeld bietet, wo sie einen größeren Teil ihres Einkommens für sich behalten können.[13]

Kurz gesagt: Weil »Dienstleistende« und Routinearbeiter viel mehr auf Symbol-Analytiker angewiesen sind als diese auf sie, verfügen erstere kaum über politische Macht, die sie gegen letztere zum Einsatz bringen könnten. Sie können Symbol-Analytiker nicht zwingen, ihr Einkommen mit ihnen zu teilen oder in ihre Zukunft zu investieren. Mit anderen Worten: Die Sezession der Symbol-Analytiker verläuft deshalb relativ friedlich, weil es der anderen Seite an politischen Druckmitteln mangelt.

Wer sind »wir«?

Es ist recht, unser eigenes Land allen anderen Ländern vorzuziehen, denn wir sind zunächst einmal Kinder und Bürger, bevor wir Reisende und Philosophen werden können.

GEORGE SANTAYANA,
The Life of Reason (1905)

WELCHE ROLLE BLEIBT NOCH DEM STAAT innerhalb der aufstrebenden Weltwirtschaft, in der Grenzen kaum noch eine Rolle spielen? Ich hoffe, meine Antwort ist deutlich geworden: Statt die Einträglichkeit von Unternehmen zu erhöhen, die die Landesflagge führen, oder die weltweiten Unternehmensbeteiligungen seiner Bürger zu vermehren, muß der Staat seine wirtschaftliche Rolle darin sehen, den Lebensstandard seiner Bürger zu erhöhen, indem er den Wert dessen erhöht, was diese zur Weltwirtschaft beitragen. Die Sorge um die nationale »Konkurrenzfähigkeit« setzt oftmals an der falschen Stelle an. Nicht darauf, was wir besitzen, sondern darauf, was wir tun, kommt es an.

Aus diesem Blickwinkel betrachtet, besteht Amerikas Problem darin, daß zwar einige Amerikaner der Weltwirtschaft beträchtlichen, die Mehrheit ihr jedoch wenig oder gar keinen Wert zufügen, weshalb die Kluft zwischen den wenigen in der ersten Gruppe und allen anderen immer größer wird. Um die wirtschaftliche Stellung der unteren vier Fünftel zu verbessern, ist es erforderlich, daß das »gesegnete« Fünftel seinen Reichtum teilt und in die reichtumschaffenden Fähigkeiten anderer Amerikaner investiert. Je enger jedoch die Spitzengruppe mit der Weltwirtschaft verwoben ist, desto weniger hängt für sie von der Leistung und dem Potential ihrer weniger begünstigten Mitbürger ab. Daraus erwächst unser Dilemma wie auch das anderer Länder.

Die Geschichte verläuft aber kaum jemals geradlinig. Wer voraussagt, daß die steten Verbesserungen (oder Verschlechterungen) von heute sich fortsetzen werden, erlebt oftmals sein blaues Wunder, wenn die Zukunft schließlich eingetroffen ist. In der Zwischenzeit kann alles mögliche – ein Erdbeben, eine machtvolle Idee, eine Revolution, ein plötzlicher Vertrauensverlust unter Geschäftspartnern, eine wissenschaftliche Entdeckung – eintreten und den scheinbar hartnäckigsten aller Trends ins Gegenteil verkehren. Dem Ausbleiben aller Voraussagen zum Trotz hört die Öffentlichkeit weiterhin auf Börsenanalytiker, Trendbeobachter, Futurologen, Meteorologen, Astrologen und Wirtschaftswissenschaftler. Vermutlich ist ein solcher Respekt weniger der Zuverlässigkeit der Prophezeiungen als der Selbstsicherheit zu verdanken, mit der sie abgegeben werden.

Der Leser dieser Seiten sei entsprechend vorgewarnt: Eine allzu simple Extrapolation der Vergangenheit in die Zukunft ergäbe einen fortgesetzten Aufstieg der Symbol-Analytiker und den steten Abstieg fast aller anderen. Durch die fortgesetzte Senkung der weltweiten Transport- und Kommunikationskosten entstünde ein immer größerer Markt für die Dienste der amerikanischen Problem-Löser, -Identifizierer und strategischen Vermittler, gleichzeitig käme es zu einem immer größeren Angebot an ungelernten Arbeitskräften. Folglich würden Amerikas Symbol-Analytiker noch reicher, Amerikas Routinearbeiter aber immer ärmer werden und zahlenmäßig abnehmen; und mit der vergrößerten internationalen Mobilität von Arbeitskräften und der zunehmenden Einführung arbeitskräftesparender Maschinen ginge es auch mit der wirtschaftlichen Sicherheit der »Dienstleistenden« bergab.

Die Geschicke der Wohlhabendsten und der Ärmeren und Ärmsten würden somit immer weiter auseinanderklaffen. Im Jahr 2020 würden mehr als sechzig Prozent aller Einkommen an das oberste und nur noch zwei Prozent an das unterste Fünftel der Erwerbstätigen Amerikas gehen. Symbol-Analytiker würden sich in noch isoliertere Enklaven zurückziehen und lieber dort ihre Mittel gemeinschaftlich anlegen, als sie mit den Amerikanern draußen im Lande zu teilen oder mit dem Ziel zu investieren, die Produktivität ihrer Landsleute zu verbessern. Der Anteil ihrer Einkommen, der versteuert und damit umverteilt oder zum Wohl der Allgemeinheit investiert würde, nähme weiter ab. Der Anteil der staatlichen Ausgaben für Schulwesen, berufliche Fortbildung und Infrastruktur am Gesamtetat würde weiter sinken, Einsparungen im Verteidigungsbudget würden für weitere Steuersenkungen und die Verringerung des Haushaltsdefizits verwendet. Ärmeren Städten, Gemeinden und Bundesstaaten würde es nicht mehr gelingen, die Finanzierungslücken zu schließen.

Durch ihre globalen Verbindungen, ihre guten Schulen, ihren komfortablen Lebensstil, ihre ausgezeichnete Gesundheitsfürsorge und ihren Überfluß an Wachpersonal vom Rest der Bevölkerung abgesetzt, würden die Symbol-Analytiker ihre Sezession von der Union vervollständigen. Die Gemeinden und städtischen Enklaven, in denen sie residieren, und die symbolanalytischen Zonen, in denen sie arbeiten, hätten keine Ähnlichkeit mehr mit dem Rest Amerikas, noch würde es irgendwelche direkten Verbindungen zwischen beiden Seiten geben. Indessen würden die ärmsten Bürger Amerikas isoliert in ihren eigenen Enklaven städtischer und ländlicher Hoffnungslosigkeit leben, ein immer größerer Teil ihrer jungen Männer würde die Gefängnisse des Landes füllen. Die übrige Bevölkerung Amerikas würde ebenfalls immer ärmer werden und sich machtlos fühlen, irgend etwas an dieser Entwicklung zu ändern.

Wie gesagt, so einfach ist das nicht. Ereignisse werden eintreten, die eine derart geradlinige Entwicklung beeinträchtigen. Nicht zu unterschätzen ist dabei die Unmöglichkeit, daß Symbol-Analytiker sich, ihre Familien und ihr Eigentum auf Dauer gegen Raubzüge und Plünderungen durch die große, verzweifelte Bevölkerungsmehrheit schützen können. Der Schutz, den sie sich durch Kohorten von Wachmännern, ausgeklügelte Alarmsysteme und jede Menge Gefängnisse erkaufen können, hat nur eine begrenzte Wirkung. Auch besteht die Möglichkeit, daß Symbol-Analytiker letzten Endes doch zu dem Schluß kommen, daß ihnen, unabhängig von irgendwelchem persönlichen Gewinn, eine Verantwortung für das Wohlergehen ihrer Landsleute obliegt. So würde ein neuer, weniger auf wirtschaftlichen Eigennutz als auf Loyalität gegenüber der Nation gegründeter Patriotismus entstehen.

WAS SIND WIR EINANDER als Angehörige derselben Gesellschaft schuldig, die nicht länger in wirtschaftlicher Gemeinschaft lebt? Die Antwort hängt davon ab, wie stark das Gefühl in uns ist, daß wir in der Tat derselben Gesellschaft angehören.

Früher ging der wirtschaftliche Eigennutz selbstverständlicher als heute mit der Treue zur Heimat – zu Stadt, Region oder Land – einher. Einzelne Bürger finanzierten Schulen, Straßen und andere kommunale Einrichtungen, selbst wenn sie persönlich kaum davon profitierten, weil sie davon ausgehen konnten, daß sich solche Opfer irgendwann reichlich bezahlt machten. Lokalpatriotismus, öffentliche Investition und wirtschaftliche Zusammenarbeit standen im Einklang mit Tocquevilles Prinzip vom »wohlverstandenen Eigennutz«. Je reicher unsere Mitbürger wurden, desto mehr profitierten wir von ihrer Fähigkeit, uns mehr zu geben, als wir ihnen im Gegenzug bieten konnten. Und indem sie sich ebenso wie wir einer opportunistischen Verhaltensweise enthielten, war der allgemeine Nutzen nur noch größer. Aus den hieraus sich bildenden Netzwerken gegenseitiger wirtschaftlicher Abhängigkeit entstanden dann die staatsbürgerlichen Gepflogenheiten moderner Zeit.

Seitdem jedoch Stadt-, Staats- und sogar Landesgrenzen keine besonderen Domänen wirtschaftlicher Interdependenz mehr bezeichnen, hat auch Tocquevilles Prinzip des aufgeklärten Eigennutzes seine zwingende Gesetzmäßigkeit eingebüßt. Nationen sind zu Regionen der Weltwirtschaft, ihre Bürger zu Arbeitnehmern auf einem globalen Arbeitsmarkt degradiert. Die Unternehmen eines Landes verwandeln sich in globale Netzwerke, deren standardisierte Massenproduktion dahin verlagert wird, wo der Faktor Arbeit weltweit am preisgünstigsten ist, und deren lohnendste Aktivitäten da stattfinden, wo Fachleute und Talente neue Probleme und Lösungen am besten konzeptualisieren können. Unter solchen Umständen ist es weniger wahrscheinlich geworden als in dem geschlosseneren Wirtschaftssystem von ehedem, daß sich der Kreis der innerhalb der Grenzen eines Landes geübten wirtschaftlichen Opferbereitschaft schließt.

Die Frage ist, ob die staatsbürgerlichen Gepflogenheiten stark genug sind, den Zentrifugalkräften der neuen Weltwirtschaft zu widerstehen. Ist genügend Heimatverbundenheit – das heißt staatsbürgerliches Pflichtgefühl, unabhängig vom »aufgeklärten Eigeninteresse« – vorhanden, um Opferwillen hervorzubringen? Schließlich sind wir nicht nur Wirtschaftssubjekte, sondern auch Bürger; wir mögen auf dem globalen Markt tätig sein, leben aber in einer Gesellschaft. Wie stark ist die soziale und politische Bindung, wenn die wirtschaftliche Bindung fortfällt?

Die Frage stellt sich allen Nationen, die den globalen wirtschaftlichen Kräften ausgesetzt sind – Kräften, welche die Interdependenz ihrer Bürger schwächen und sie in globale Gewinner und Verlierer unterteilen. In manchen Gesellschaften, in denen nationale Bindungen stärker sind als in anderen, neigt sich die Balance zwischen gesellschaftlichen und wirtschaftlichen Banden eher den ersteren zu. Dem Sog der Weltwirtschaft trotzend, erweisen sich nationale Bindungen als stark genug, die Gewinner dazu zu motivieren, weiterhin den Verlierern zu helfen. Dem »Wir sitzen alle im gleichen Boot«-Nationalismus, der für solche Länder typisch ist, liegt nicht nur ein aufgeklärtes Eigeninteresse, sondern auch ein tief verwurzelter Sinn für gemeinsames Erbe und nationale Bestimmung zugrunde. Japaner, Schweden, Österreicher, Schweizer und Deutsche zum Beispiel sehen sich als Kulturen, deren Stärke und Überleben in gewissem Grad von der Opferwilligkeit der Begünstigteren unter ihnen abhängen. Es ist eine Frage von Staatsbürgerpflicht und Nationalstolz. Teilweise diesem Umstand ist es zuzuschreiben, daß die Einkommensverteilung in diesen Ländern zu den ausgeglichensten der Welt gehört (wenn auch die globale Aufteilung der Arbeit einen Keil zwischen die Reichen und die Armen dieser Länder zu treiben und ihre Treue zu dem Prinzip der wirtschaftlichen Gleichheit auf die Probe zu stellen beginnt). Übrigens erlebten diese Länder während der 60er und 70er Jahre einige der spektakulärsten Wachstumsrekorde unter allen Industriestaaten.[1]

Könnten derartige Gefühle auch in Amerika genährt werden? Sollten sie das?

NATIONALISMUS KANN EINE GEFÄHRLICHE Geisteshaltung sein. Die gleiche »Wir sitzen alle in einem Boot«-Haltung, die innerhalb einer Nation gegenseitige Opferbereitschaft erweckt, kann leicht in chauvinistische Verachtung allem Ausländischen gegenüber ausarten. In der Tat tendieren beide Gefühle sogar dazu, sich gegenseitig hochzupeitschen. In Großbritannien ist es eine altbekannte Tatsache, daß die Bürger des Landes nie wieder eine solche Tapferkeit und Solidarität an den Tag gelegt haben wie zu der Zeit, als sie gemeinsam Hitler bekämpften. Amerikas kalter Krieg mit der Sowjetunion war Anlaß – und Rechtfertigung – für Milliarden Dollar an öffentlichen Ausgaben für Straßenbau, Schulwesen und Forschung. Die Bereitschaft talentierter Japaner, gegen niedrige Bezahlung lange zu arbeiten, um der Ehre willen, einen Beitrag für ihr Land zu leisten, leitet sich von den gleichen Gefühlen ab, die es den Japanern so schwer machen, ihre Grenzen für ausländische Produkte und für Immigranten zu öffnen.

Die Geschichte bietet genügend warnende Beispiele dafür, wie ein »Nullsummen«-Nationalismus – »entweder wir oder sie« – die gesellschaftlichen Werte so weit korrumpieren kann, daß Bürger eine Politik unterstützen, die zwar das eigene Wohlergehen geringfügig verbessert, dafür aber den gesamten restlichen Planeten ins Unglück stürzt, wodurch sich andere Nationen gezwungen sehen, in purer Selbstverteidigung das gleiche zu tun. Die Rüstung eskaliert, Handelsbarrieren werden errichtet, kalte Kriege werden heiß. Die gleiche gesellschaftliche Disziplin und glühende Loyalität, die Deutschen und Japanern immer wieder Opfer abringen, haben in diesem Jahrhundert auch unsägliche Greueltaten heraufbeschworen.

Ungezügelter Nationalismus kann auch die Entartung der staatsbürgerlichen Tugenden im eigenen Land zur Folge haben. Da werden Nationen so paranoid, daß sie glauben, das ganze Land sei von ausländischen Agenten durchsetzt; aus Gründen der nationalen Sicherheit werden bürgerliche Freiheiten beschnitten. Nachbarn beginnen einander zu mißtrauen. Stammesbindungen können sogar Nationalstaaten auseinanderreißen. Die immer wieder ausbrechende Gewalt zwischen griechischen und türkischen Zyprioten, Armeniern und Aserbeidschanern, Albanern und Serben, Flamen und Wallonen, Vietnamesen und Kambodschanern, Israelis und Palästinensern, Sikhs und Hindus, Tamilen und Singhalesen, den christlichen und moslemischen Sekten des Libanon und nun vor allem auch zwischen Serben, Moslems und Kroaten im ehemaligen Vielvölkerstaat Jugoslawien ist trauriger Beleg für den Preis der Volkstreue.

Das Argument gegen den Nullsummen-Nationalismus und für eine kosmopolitische Sichtweise erscheint besonders plausibel im Lichte der wachsenden Ungleichheiten in der Welt. Die Einkommenskluft zwischen dem obersten Fünftel und den unteren vier Fünfteln in den Vereinigten Staaten verschwindet fast angesichts der Kluft zwischen dem obersten Fünftel und den unteren vier Fünfteln der Weltbevölkerung. Drei Viertel des Bruttoweltproduktes und achtzig Prozent des Welthandels (nach Wert) gehen auf das Konto Nordamerikas, Westeuropas und Ostasiens, die zusammen das oberste Fünftel ausmachen. Da sich diese reichen Regionen vom Rest der Welt abgekoppelt haben, versinkt dieser Rest nun größtenteils in hoffnungslose Armut.

Zwischen 1970 und 1980 stieg die Zahl der unterernährten Menschen in den Entwicklungsländern (ausgenommen China) von 650 Millionen auf 730 Millionen. Seit 1980 hat sich das Wirtschaftswachstum in den meisten dieser Länder verlangsamt, die Reallöhne sind weiter gesunken. In Afrika und Lateinamerika lagen die Pro-Kopf-Einkommen 1990 um ein beträchtliches unter denen von 1980. Die Rohstoffpreise sind in den Keller gefallen; die Verschuldung bei den Weltbanken hat die Wirtschaft vieler unterentwickelter Länder völlig lahmgelegt; jährlich müssen über fünfzig Milliarden Dollar an die reichen Länder überwiesen werden. Auch die Verwüstungen, die durch Abholzen der Wälder, Erosion und landwirtschaftliche Großbetriebe angerichtet wurden, haben in der Dritten Welt ihren Tribut gefordert. Währenddessen liegen die Geburtenraten bei den armen Völkern viel höher als bei den reichen. Sechzig

Prozent der 12 000 Kinder, die stündlich das Licht der Welt erblicken, werden in Familien hineingeboren, deren jährliches Pro-Kopf-Einkommen unter 350 Dollar liegt. 1990 lebten knapp über fünf Milliarden Menschen auf dem Planeten; bis zum Jahr 2025 werden es acht Milliarden sein, und gegen Ende des 21. Jahrhunderts dürfte die Erde eine Bevölkerungszahl von 16 Milliarden erreicht haben. In Brasilien, Chile, Ghana, Jamaika, Peru und auf den Philippinen ist die Zahl verarmter Menschen dramatisch gestiegen. Die Lebenserwartung in neun afrikanischen Ländern südlich der Sahara ist gesunken, Unterernährung als Todesursache bei Kindern häufiger geworden.[2]

Auch ist die ausschließliche Beschäftigung mit dem Wohlergehen des eigenen Landes gefährlich kurzsichtig im Hinblick auf andere Probleme, bei denen es auf globale Zusammenarbeit ankommt: den sauren Regen, die Zerstörung der Ozonschicht, die Verschmutzung der Weltmeere, die Ausbeutung fossiler Brennstoffe, den Treibhauseffekt, die Zerstörung der artenreichen tropischen Regenwälder, die Verbreitung von Nuklearwaffen, den Drogenhandel, die Ausbreitung von AIDS, den internationalen Terrorismus. Eine engstirnig nationalistische Haltung macht die Lösung dieser und anderer übernationaler Krisen nur noch schwieriger.

Der Nullsummen-Nationalismus gefährdet auch die globale Wirtschaftskonjunktur. Die neo-merkantilistische Prämisse, daß entweder sie oder wir gewinnen, ist schlichtweg falsch. Indem die Arbeiter eines Landes an Kenntnissen und Fertigkeiten gewinnen, können sie den Reichtum der Welt vermehren. Jeder auf unserem Planeten profitiert von kleineren und leistungsfähigeren Halbleiterchips, unabhängig davon, wer sie herstellt. Es stimmt natürlich, daß dasjenige Land, dessen Arbeiter sich die Kenntnisse und Fertigkeiten zuerst aneignen, aller Wahrscheinlichkeit nach am meisten profitiert. Dieser Vorteil mag die Bürger anderer Länder veranlassen, sich *relativ* ärmer vorzukommen, unbeschadet ihres absoluten Gewinns. Schon seit längerem sind Soziologen auf das Phänomen der »relativen Deprivation« gestoßen, wonach die Menschen ihr

Wohlbefinden am Reichtum anderer messen. Dem Durchschnittsbriten geht es heute, absolut gesehen, bei weitem besser als vor zwanzig Jahren, doch fühlt er sich ärmer, weil der Durchschnittsitaliener an ihm vorbeigezogen ist. Wenn ich bei Gelegenheit meine Studenten fragte, ob sie lieber in einer Welt leben möchten, in der jeder Amerikaner um 25 Prozent reicher sei als heute und jeder Japaner viel reicher als der Durchschnittsamerikaner, oder in einer Welt, in der jeder Amerikaner nur zehn Prozent reicher sei als heute, aber reicher als der Durchschnittsjapaner, entschied sich gewöhnlich eine große Zahl für die zweite Option. Man ist also unter Umständen bereit, auf ein höchstmögliches Einkommen zu verzichten, wenn man dadurch verhindern kann, daß jemand, den man als Rivalen empfindet, sich eines noch höheren Einkommens erfreut. Obwohl verständlich, können derartige Nullsummen-Impulse kaum als Grundlage eines internationalen wirtschaftlichen Verhaltenskodexes empfohlen werden. Da nur selten die Bürger aller Nationen in gleichem Maße in den Genuß wirtschaftlicher Fortschritte kommen, würde ein solcher Ansatz die Bemühungen um eine Erhöhung des globalen Reichtums blockieren.

Die gegenseitige wirtschaftliche Abhängigkeit der Nationen ist in der Tat bereits so tief verankert, daß sich jede Nullsummen-Strategie aller Wahrscheinlichkeit nach als Bumerang erweisen würde. Dies mußten bereits die Mitgliedsstaaten der OPEC entdecken, als ihre astronomischen Ölpreise in den 70er Jahren die Welt in eine Rezession stürzten und daraufhin die Nachfrage nach Öl drastisch zurückging. Heutzutage kann kein Zentralbanker mehr die Geldumlaufmenge in seinem Land oder den Wechselkurs der Landeswährung ohne die Hilfe der Zentralbanker anderer Länder regulieren, noch kann ein Land ohne die Mitarbeit oder Zustimmung anderer Länder einseitig seine Zinssätze erhöhen oder großartige Haushaltsüberschüsse oder -defizite auflaufen lassen. Heutzutage hängt jedes fortgeschrittene Land von anderen ab – als Abnehmer und Lieferant von Waren. Japan braucht ein starkes, prosperierendes Amerika als Markt für seine Produkte und als Ort für Investitionen. Falls es etwas unternähme, was in den Vereinigten Staaten einen

Konjunktursturz hervorriefe, wäre das Ergebnis für die Japaner ebenso katastrophal.

Was aber geschieht nun, wenn Ausländer ein wichtiges technologisches Gebiet beherrschen, wie zum Beispiel Japan bald die fortgeschrittene Halbleiter- und HDTV-Technologie und Dutzende anderer technischer Wunderdinge beherrschen wird? Auch hier sollten wir uns vor Nullsummen-Schlüssen hüten. Die Meisterschaft der Japaner auf bestimmten technologischen Gebieten schließt ja nicht den technologischen Fortschritt in den Vereinigten Staaten und anderen Ländern aus. Technologien sind ja keine Rohstoffe, für die es einen beschränkten Weltbedarf gibt, noch gibt es davon bestimmte Mengen, die entweder sie oder wir bekommen. Technologien sind Domänen des Wissens. Sie sind wie die jüngsten Triebe eines Baumes, dem Jahr für Jahr unzählige neue Zweige wachsen. Zwar ist auch Amerika auf die unmittelbare Erfahrung der Erforschung, Entwicklung und Herstellung von Technologien an den jüngsten Trieben angewiesen, wenn es am zukünftigen Wachstum teilhaben soll, doch braucht es sich dabei nicht um genau die gleichen Triebe zu handeln, die von der Arbeitskraft eines anderen Landes belegt sind.

Der kosmopolitische Mann oder die kosmopolitische Frau mit Sinn für das Weltbürgertum sollte somit imstande sein, die Probleme und Möglichkeiten der Welt aus der richtigen Perspektive zu sehen. Frei von allzu starken patriotischen Impulsen wird der globale Symbol-Analytiker Nullsummen-Lösungen widerstehen und sich verantwortungsvoller verhalten als der Bürger mit einem beschränkteren Bezugsrahmen.

Wird sich der Kosmopolit mit der globalen Perspektive jedoch dafür entscheiden, fair und mitfühlend zu handeln? Werden unsere gegenwärtigen und zukünftigen Symbol-Analytiker – denen ja ein besonderes Verantwortungsgefühl für ein bestimmtes Land und seine Bürger abgeht – ihren Reichtum mit den weniger Begünstigten dieser Welt teilen und ihre Ressourcen und Energien dafür einsetzen, die Chancen zu verbessern, daß auch andere zum Reichtum der Welt beitragen können? Hier begegnet uns nun die dunklere Seite des Kosmopolitismus. Denn ohne starke Bindungen und Loyalitäten, die über Familie und Freundeskreis hinausgehen, entwickeln Symbol-Analytiker vielleicht niemals einen Sinn für eine sozial verantwortliche Verhaltensweise. Sie sind dann Weltbürger, ohne jedoch die Verpflichtungen zu akzeptieren oder auch nur anzuerkennen, welche die Zugehörigkeit zu einem staatlichen Gemeinwesen üblicherweise mit sich bringt. Sie werden Nullsummen-Lösungen ablehnen, werden aber auch alle anderen Lösungen von sich weisen, die persönliches Opfer und Engagement verlangen. Ohne eine eigentliche politische Gemeinschaft, in der sie die Ideale der Gerechtigkeit und Fairneß erlernen, verfeinern und praktizieren können, müßten ihnen diese Ideale als bedeutungslose Abstraktionen erscheinen.

Der Sinn für Gerechtigkeit und Großzügigkeit wird anerzogen. Die Erziehung dazu hat viele Wurzeln, bedeutsam ist jedoch vor allem die Zugehörigkeit zu einer politischen Gemeinschaft. Wir lernen, uns für andere verantwortlich zu fühlen, weil wir mit ihnen eine gemeinsame Geschichte teilen, eine gemeinsame Kultur haben, einem gemeinsamen Schicksal entgegensehen. Der Sozialphilosoph Michael Ignatieff hat dazu geschrieben: »Wir sehen uns in erster Linie nicht als menschliche Wesen, sondern als Söhne und Töchter [. . .] Stammesangehörige und Nachbarn. Dieses dichtgewobene Netz von Beziehungen und die Bedeutung, die sie dem Leben verleihen, sind es, welche die Bedürfnisse stillen, auf die es uns wirklich ankommt.«[3]

Daß wir mit anderen nichts weiter als das Menschsein teilen sollten, dürfte wohl nicht genügen, um großen Opferwillen in uns zu wecken. Der Unternehmensberater, der im vornehmen Chappaqua bei New York lebt, täglich zu einem Wolkenkratzer aus Glas und Stahl an der Park Avenue pendelt und mit Kunden aus aller Welt zu tun hat, mag zwar ein bißchen mehr Verantwortung für eine arme amerikanische Familie empfinden, die 4800 Kilometer entfernt in East Los Angeles wohnt, als für eine arme mexikanische Familie, die noch 350 Kilometer weiter in Tijuana lebt, doch dürfte das

Extra-Quentchen an Zusammengehörigkeitsgefühl nicht ganz ausreichen, um über seine Energien und Ressourcen zu verfügen. Als Weltbürger wird sich der Unternehmensberater zu keiner Gemeinschaft besonders hingezogen fühlen.

Kosmopolitismus kann auch Resignation bewirken. Selbst wenn der Symbol-Analytiker aufgeschlossen für die Probleme ist, von denen die Welt heimgesucht wird, so kann es durchaus sein, daß sie ihm in ihrer globalen Dimension derart verhärtet und überwältigend vorkommen, daß jeder Versuch, sie zu lösen, zum Scheitern verurteilt scheint. Der größte Feind des Fortschritts ist das Gefühl der Hoffnungslosigkeit; von einem Standpunkt aus, von dem sich die ganze Ungeheuerlichkeit der Übel dieser Welt erkennen läßt, scheint wahrer Fortschritt unerreichbar zu sein. Innerhalb kleinerer politischer Einheiten wie Gemeinden, Städten, Bundesstaaten und sogar Nationen mögen Probleme lösbar erscheinen; sogar eine winzige Verbesserung kann in diesem kleineren Maßstab als ein großer Schritt erscheinen. Dies läuft darauf hinaus, daß der Nationalist oder Lokalpatriot ein Opfer als sowohl heldenhaft wie auch potentiell wirksam empfinden mag, während sich der Kosmopolit von der offenbaren Sinnlosigkeit eines solchen Opfers beeindrucken läßt.[4]

Nichts erweckt mit größerer Sicherheit reformistische Begeisterung als die gewissenhafte Lektüre der *New York Times* oder anderer großer Zeitungen der Welt, in denen die globalen Dimensionen von Hunger, Krankheit, Rassismus, Umweltzerstörung und politischer Ungerechtigkeit täglich vorgeführt werden. Da wird es niemanden mehr überraschen, daß alle großen sozialen Bewegungen auf lokaler Ebene begonnen haben. Wer die Welt in einem großen Aufwasch reformieren will, hat oftmals Schwierigkeiten, eine gläubige Gefolgschaft zu finden. Kurz gesagt: Während der kosmopolitische Standpunkt eine nützliche und angemessene Perspektive vieler Probleme dieser Welt bietet und andererseits die Fallstricke des Nullsummen-Denkens vermeidet, kann er gerade den Maßnahmen im Wege stehen, die notwendig wären, um die Probleme, die er beleuchtet, zu beheben. Unklar bleibt, ob der Menschheit wirklich mehr mit einem Überfluß an weisen Kosmopoliten gedient ist, die gegenüber den Übeln dieser Welt Gleichgültigkeit oder Ohnmacht empfinden, als mit einem Haufen törichter Nationalisten, denen es nur darum geht, ihre jeweilige Gesellschaft zur Nummer eins zu machen.

Bleibt uns also nur die Wahl zwischen einem Nullsummen-Nationalismus und einem teilnahmslosen Kosmopolitismus? Beschreiben diese beiden Positionen die einzigen Erscheinungsformen zukünftiger Staatsbürgerlichkeit? Unglücklicherweise spielt sich das, was wir von der Debatte um Amerikas nationale Interessen in der Weltwirtschaft mitbekommen, in genau diesem dichotomischen Begriffsrahmen ab. Auf der einen Seite die Nullsummen-Nationalisten, die in ihren Äußerungen in der Regel die Meinung der Routinearbeiter und Dienstleistenden widerspiegeln und die Regierung drängen, Amerikas Wirtschaftsinteressen wahrzunehmen – wenn nötig auf Kosten anderer auf der Welt. In ihren Augen werden die Ausländer, falls wir nicht mit mehr Bestimmtheit auftreten, ihre Marktanteile weiterhin auf Kosten Amerikas in einem Industriezweig nach dem anderen vermehren – wobei sie unsere Offenheit ausnutzen, Wettbewerbsvorteile gewinnen und uns letztlich der Selbstbestimmung über unser Schicksal berauben. Auf der anderen Seite die Kosmopoliten mit ihrem Laissez-faire, die üblicherweise die Ansichten der Symbol-Analytiker repräsentieren und sich dafür aussprechen, daß sich die Regierung einfach aus allem heraushalten solle. Ihrer Ansicht nach sind gewinnsüchtige Einzelpersonen und Firmen viel besser in der Lage zu entscheiden, was wo produziert werden soll; Regierungen bringen alles nur durcheinander. Die freie Bewegung aller Produktionsfaktoren über die Landesgrenzen hinweg werde letzten Endes allen zum besten gereichen.

Was in dieser Debatte untergeht, ist eine dritte, höhere Position: ein positiver Wirtschaftsnationalismus, bei dem die Bürger jedes Landes ihre Hauptverantwortung in der Erweiterung der Fähigkeit ihrer Landsleute sehen, ein ausgefülltes, produktives Leben zu führen, aber auch mit anderen Ländern zusammenarbeiten, um sicherzustellen, daß diese Verbesserungen nicht auf Kosten anderer gehen. Dies ist nicht die Position der Laissez-faire-Kosmopoliten, denn sie beruht auf einem Sinn für eine auf hehre Prinzipien gegründete geschichtliche und kulturelle Bindung an ein gemeinsames politisches Trachten. Sie sucht einen neuen Bildungsprozeß in der Bevölkerung zustande zu bringen, der Arbeiterschaft den Übergang von älteren Industrien zu neuen Technologien zu erleichtern, die Infrastruktur des Landes zu verbessern und internationale Regeln der Fairneß zur Erreichung all dessen zu schaffen. Diese Investitionen kommen unzweifelhaft der Allgemeinheit zugute.

Es ist auch nicht die Position des Nullsummen-Nationalisten: Hier besteht das überragende Ziel darin, den globalen Wohlstand zu vergrößern, und nicht, den Wohlstand eines Landes auf Kosten eines anderen voranzubringen. Es gilt nicht, einen feststehenden weltweiten Profit oder einen begrenzten Markt aufzuteilen. Es geht nicht darum, ob »ihre« oder »unsere« Unternehmen den Welthandel beherrschen sollen. Statt dessen arbeiten wir gemeinsam auf einem sich unendlich ausdehnenden Gebiet menschlicher Kenntnisse und Fertigkeiten. Anders als das Sach- und Finanzkapital ist das Humankapital seinem Wesen nach keiner Begrenzung unterworfen.

In der Tat dürfte *diese* Art der nationalistischen Einstellung in größerem globalem Reichtum münden als eine kosmopolitische Einstellung, der keinerlei nationale Loyalität zugrunde liegt. Denn ebenso, wie der Fleiß von Dorfbewohnern bei der Kultivierung ihrer eigenen Gärten zu einer reichlichen Ernte für alle führt, tragen Bürger, die sich die Kultivierung der Talente und Fähigkeiten ihrer Mitbürger angelegen sein lassen, letztlich zum Wohlstand von Mitbürgern und Außenstehenden gleichermaßen bei. Der Wohlstand eines Landes nimmt zu, wann immer andere Nationen die Fähigkeiten ihrer eigenen Bürger verbessern. Um in der Metapher fortzufahren: Zwar mag jeder Gärtner mit jedem anderen Gärtner im Wettbewerb stehen, doch gleichzeitig wissen alle, daß der Erfolg der Gesamternte Zusammenarbeit erfordert. Jeder hat eine primäre Verantwortung für seinen eigenen Garten, aber auch eine sekundäre Verantwortung dafür – und ein echtes Interesse daran –, daß alle Gärten blühen.

Ein solch positiver Wirtschaftsnationalismus würde sowohl Handelsbarrieren gegen die Erzeugnisse jeglicher Herkunft als auch Hindernisse gegen den freien grenzüberschreitenden Verkehr von Geld und Ideen tunlichst vermeiden. Selbst wenn derartige Hindernisse durchsetzbar wären, würden sie nur die Möglichkeit der Arbeiterschaft eines jeden Landes reduzieren, sich der Früchte von Investitionen bei sich und anderen zu erfreuen. Doch nicht sämtliche staatlichen Interventionen wären ausgeschlossen. Vielmehr würde dieser Ansatz innerhalb eines jeden Landes zu öffentlichen Investitionen anregen, deren Ziel es wäre, die Fähigkeit der Bürger zur Führung eines ausgefüllten und produktiven Lebens zu erhöhen – darunter prä- und postnatale Fürsorge, Kinderbetreuung und Vorschulerziehung, eine ausgezeichnete Grund- und Sekundarschulbildung, ein von finanziellen Bedingungen freier Zugang zum Hochschulstudium, Berufsausbildung und Umschulung sowie eine gute Infrastruktur. Solche Investitionen würden den Kern nationaler Wirtschaftspolitik bilden.

Ein positiver Nationalismus würde auch die Zahlung staatlicher Subventionen an Firmen tolerieren – und sogar unterstützen –, die innerhalb der Landesgrenzen eine wertschöpfende Produktion unterhalten (komplexe Formen des Designs, der Konstruktion, Herstellung, Systemintegration und so weiter), um den Arbeitskräften des die Subventionen gewährenden Landes eine anspruchsvolle praktische berufliche Fortbildung zu ermöglichen. Doch würde er dabei keine Unterschiede aufgrund der Nationalität der Aktionäre oder Führungskräfte der betreffenden Firmen machen. Als Vorkehrung gegen Nullsummen-Tricks, bei denen einzelne Länder versuchen könnten, einander mit Subventionsangeboten an die gleichen globalen Firmen zu überbieten, um diese und die mit ihnen verbundenen Technologien für sich zu gewinnen, würden die Nationen über Höhe und Ziel solcher Subventionen miteinander verhandeln. Das Ergebnis wäre eine Art »GATT für Direktinvestitionen« – eine logische Erweiterung des Allgemeinen Zoll- und Handelsabkommens, das die Vereinigten Staaten nach dem Zweiten Weltkrieg in Gang brachten –, in dem die Regeln festgelegt würden, nach denen sich die Mitgliedsstaaten um Investitionen von Globalunternehmen bewerben könnten. Drohungen, die heimischen Märkte zu schließen, falls gewisse Investitionen nicht getätigt würden, dürfte es dann auch nicht mehr geben, denn solche Drohungen würden sehr wahrscheinlich in Nullsummen-Konkurrenzkämpfe ausarten. Statt dessen würde das Regelwerk versuchen, je nach volkswirtschaftlicher Charakteristik und Art der angestrebten Investition ein faires Verfahren festzulegen. Zum Beispiel könnte sich die Höhe der zulässigen Subvention direkt proportional zur Größe des Arbeitskräftepotentials, aber umgekehrt proportional zu dessen durchschnittlichem Ausbildungsstand verhalten. Auf diese Weise würde Ländern mit einem großen, aber fachlich relativ ungebildeten Arbeitskräftepotential ein größerer Freiraum bei der »Ersteigerung« globaler Investitionen gewährt als Ländern mit einer kleineren, aber gut ausgebildeten Arbeiterschaft.

Andere Subventionsarten würden gepoolt und da eingesetzt, wo sie am meisten nützen, wie es die Europäische Gemeinschaft auf regionaler Ebene bereits praktiziert. Zum Beispiel könnte man Grundlagenforschung gemeinsam finanzieren, deren Früchte fast umgehend aller Welt zugute kämen – Projekte wie den Hochenergie-Teilchenbeschleuniger, die Genforschung oder die Weltraumforschung. (Einzelne Regierungen unterstützen derartige Projekte nur ungern, weil im Erfolgsfall alle Welt so leicht davon profitieren kann.) Darüber, wie und mit welcher Zweckbestimmung diese Finanzierungsfonds aufgeteilt würden, müßte natürlich ebenfalls verhandelt werden.

Ein positiver Wirtschaftsnationalismus würde auch für die Überleitung von Arbeitskräften Sorge tragen, die in veralteten Industrien sowie auf technologischen Gebieten beschäftigt waren, auf denen eine weltweite Überkapazität herrscht. Dies könnte in Form von Entlassungsentschädigungen, Umzugshilfen, zusätzlichen Fortbildungsbeihilfen, einer besonderen Arbeitslosenversicherung, regionaler Wirtschaftshilfe sowie Fonds für die Modernisierung von Fabriken geschehen. Da jedes Land davon profitiert, wenn Überkapazitäten – wo auch immer – abgebaut werden, könnten diese

Subventionen aus einem gemeinsamen Fonds aller Staaten finanziert werden. Die Höhe der Einzahlungen eines jeden Landes in diesen Fonds könnte sich anfangs danach richten, wieviel Kapazität der jeweiligen Industrien innerhalb der Grenzen des jeweiligen Landes liegt.

Schließlich würde der positive Wirtschaftsnationalismus auch danach trachten, die Fähigkeiten der Arbeitskräftepotentiale der Dritten Welt zu entwickeln – jedoch nicht, wie früher, um der Ausbreitung des Weltkommunismus zu begegnen oder Dritte-Welt-Regime zu stabilisieren, damit Globalunternehmen dort ungestört Rohstoffe ausbeuten und ihre Waren verkaufen können, sondern als eine Methode, die einheimische Entwicklung zu fördern und dadurch den globalen Reichtum zu vergrößern. Zu diesem Zweck wäre die Verlagerung der standardisierten Massenproduktion in die Dritte Welt durchaus willkommen, und die Märkte der fortgeschrittenen Nationen stünden ihnen offen. Die entwickelten Staaten würden die Schuldenlast der Dritten Welt verringern, ihnen neue Kreditmöglichkeiten einräumen und ihre Kreditpolitik sorgfältiger überwachen als in der Vergangenheit.

DIE ZWÄNGE DER GLOBALEN VERÄNDERUNGEN haben die amerikanische Wählerschaft zersplittert. Routinearbeiter und »Dienstleistende« – die dem Nullsummen-Nationalismus zuneigen – fürchten, daß Ausländer, zumal die Japaner, die Vermögenswerte des Landes übernehmen und Einfluß auf die amerikanische Politik nehmen. Sie ärgern sich über die billigen Arbeitskräfte in Südostasien und Lateinamerika, die nicht nur ihre Arbeitsplätze in der Routineproduktion erben, sondern außerdem noch die Städte Amerikas zu überschwemmen scheinen. Viele – dem Laissez-faire-Kosmopolitismus zuneigende – Symbol-Analytiker sehen einerseits keine besondere Dringlichkeit in der Notlage ihrer Landsleute, andererseits fühlen sie sich machtlos und überwältigt angesichts der enormen Probleme, von denen die Welt beherrscht wird.

Mit anderen Worten: Keine dieser beiden Wählergruppen ist von Natur aus auf einen positiven Wirtschaftsnationalismus eingestellt.

Wer vom globalen Wettbewerb bedroht ist, glaubt, daß er von einem Ansatz, der den Weltreichtum zu vergrößern trachtet, viel zu verlieren und wenig zu gewinnen hat, während derjenige, der am meisten von der Auflösung der nationalen Grenzen profitiert, meint, daß er von staatlichen Interventionen, die eine bessere Verteilung dieses Profits zum Ziel haben, viel zu verlieren und kaum etwas zu gewinnen hat.

Die Richtung, in der wir uns bewegen, ist einigermaßen klar. Ließen sich die bereits vorhandenen Trends in die Zukunft fortschreiben, so müßte der Laissez-faire-Kosmopolitismus zu Amerikas vorherrschender Wirtschafts- und Sozialphilosophie werden. Sich allein überlassen, wird die weltweite Aufteilung der Arbeitskraft nicht nur gewaltige Wohlstandsgefälle innerhalb von Nationen hervorrufen, sondern sie könnte auch die Bereitschaft der globalen »Gewinner« schmälern, diesen Trend zur Ungleichheit umzukehren – sowohl inner- wie außerhalb des Landes. Symbol-Analytiker, die in diesem Spiel die besten Karten haben, könnten zuversichtlich auf ihren »Sieg« vertrauen. Aber was geschieht mit den »Verlierern«?

Wir befinden uns an einem besonderen Wendepunkt in der Geschichte. Die Gefahr eines weltweiten bewaffneten Konflikts scheint gebannt, und die wirtschaftlichen und technologischen Umwälzungen verwischen die Grenzen zwischen den Nationen. Der moderne Nationalstaat, gut zweihundert Jahre alt, ist nicht mehr das, was er einmal war: Ein auf die praktischen Notwendigkeiten wirtschaftlicher Interdependenz innerhalb der Landesgrenzen und die Absicherung nach außen gegründeter Nationalismus ist im Verschwinden begriffen. Deshalb bietet sich uns, wie jeder anderen Nation auch, die Gelegenheit, neu zu definieren, wer wir sind, warum wir uns zusammengetan haben und was wir uns und den anderen Bewohnern der Welt schuldig sind. Wir können uns entscheiden. Wir sind ebensowenig Sklaven gegenwärtiger Trends wie von Relikten der Vergangenheit. Wir können, wenn wir wollen, dafür einstehen, daß unsere gegenseitigen Verpflichtungen als Bürger über den wirtschaftlichen Nutzen hinausgehen, den wir einander zu bieten haben, und entsprechend handeln.

Nachwort

Nationale Identität in der postsowjetischen Welt

Man sollte meinen, nach Fortfall der sowjetischen Bedrohung könnte Amerika seine Ressourcen auf die heimischen Bedürfnisse umlenken. Statt das Schicksal der anderen imperialen Mächte der Geschichte zu teilen, deren weitgestreute Armeen die zum Erhalt der zivilen Gesellschaft im Kernland notwendigen Mittel auslaugten, hätte Amerika nunmehr die Möglichkeit, das Gleichgewicht wiederherzustellen. Doch setzt diese einfache Rechnung die Bereitschaft der Amerikaner voraus, diese Ressourcen wirklich umzulenken, anstatt die eingesparten Dollars in der eigenen Tasche verschwinden zu lassen.

Ist diese Bereitschaft vorhanden? Hier begegnen wir einem Grundprinzip staatsbürgerlicher Kultur: Die einzelnen Glieder einer Gesellschaft werden ihr persönliches Wohlergehen dem Gemeinwohl nur dann opfern, wenn sie sich mit dieser Gesellschaft in solcher Weise verbunden fühlen, daß das »höhere Gut« eine reale Bedeutung für sie hat. Wenn die Identität Amerikas ohne die sowjetische Bedrohung etwas nebelhafter erscheint, seine Zielbestimmung irgendwie weniger überzeugend als zuvor, dann wird es auch den Amerikanern schwerfallen, dieses Opfer zu bringen.

So hat das Ende des Sowjetkommunismus die Vereinigten Staaten in ein ernstes Dilemma gestürzt. Seit dem Ende des Zweiten Weltkriegs haben die Bürger Amerikas die Tugenden unseres Landes dadurch hochgehalten, daß sie sie in Kontrast zum Sowjetkommunismus stellten. Abstrakte amerikanische Ideale – Demokratie, Freiheit, Gerechtigkeit, Kapitalismus – gewannen eine konkrete Bedeutung im Spiegel dessen, was hinter dem Eisernen Vorhang geschah. Amerika wurde durch den Sowjetkommunismus ähnlich definiert wie das Licht durch die Dunkelheit, der Tag durch die Nacht, die Silhouette durch den kontrastierenden Hintergrund.

Für uns war es wie eine mythische Schlacht – ein manichäischer Wettstreit zwischen Gut und Böse –, ausgetragen auf der Weltbühne unter der immerwährenden Drohung eines apokalyptischen Endes. Der Sowjetkommunismus war eine betörende Verführerin, die die Armen und Naiven der Welt mit falschen Versprechungen eines irdischen Paradieses lockte. Wir waren die Stimme der Vernunft und die einzige Hoffnung auf wirklichen Wohlstand. Beharrlich widerstanden wir selbst der Versuchung und halfen anderen Nationen, ihr zu widerstehen. Die Apokalypse fand nicht statt, doch forderte der Kampf all unsere Energien. In peripheren Konflikten wie Korea und Vietnam forderte er auch das Leben unserer tapfersten jungen Männer und Frauen. Es war ein besessener und verzehrender Kampf, der in unseren eigenen Augen und denen der Welt zum Charaktermerkmal Amerikas wurde: Die Vereinigten Staaten wurden zum Synonym für den Widerstand gegen die Verführung durch den Kommunismus.

Es war nicht das erste Mal, daß Amerikas Selbstgefühl durch die Konfrontation mit düsteren Gewalten jenseits unserer Grenzen geschärft wurde, unsere nationale Zielbestimmtheit im Konflikt ihre Konturen gewann. Schon bevor wir offiziell zur Nation wurden, entwickelten wir in den Kämpfen mit Franzosen, Indianern und vor allem Briten eine Art Nationalbewußtsein. Unser Selbstbewußtsein wurde gestärkt, als wir später Mexiko, Spanien, Deutschland, dann Italien, Japan und den Nazis gegenübertraten. Verschiedene dieser Konflikte erreichten in der Phantasie der Amerikaner auch mythische Proportionen: Mehrfach waren wir das ausgewählte Volk, von Gottes Segen beschirmt, unsere Feinde hingegen standen unter göttlichem Fluch. Dieser Prozeß der Selbstdefinition unterschied sich nicht von dem der meisten anderen Staaten, deren nationale Identität im Feuer des Kriegs geschmiedet wurde: der Römer gegen die Parther, der Byzantiner gegen die Sassaniden, der Elamiter gegen Babylon, der Assyrer gegen die Urartäer, der Engländer gegen Frankreich.

Amerikas Kampf gegen den Sowjetkommunismus war nur insofern einzigartig, als er die amerikanische Kultur so tief durchdrang und das Sendungsbewußtsein des Landes so entscheidend prägte. Konflikte zwischen anderen Gesellschaften konzentrierten sich gewöhnlich auf bestimmte Ereignisse: glorreiche Schlachten, denkwürdige heldenhafte oder ruchlose Taten, Machenschaften von Königen. Der Durchschnittsbürger wußte zwar, daß der Feind verabscheuungswürdig war, doch soweit er nicht selbst am Kampfgeschehen teilnahm oder das Pech hatte, in unmittelbarer Nachbarschaft der Kampfhandlungen zu wohnen, fühlte er sich nur selten direkt von ihm beeinträchtigt. Auch Amerikas frühere Feinde flößten nur dann Furcht und Haß ein, wenn offene Kampfhandlungen stattfanden oder kurz bevorstanden; der dämonische Charakter des Gegners war jeweils mit einzelnen Taten verknüpft.

Im Kalten Krieg war das anders, und zwar nicht nur wegen der stets gegenwärtigen Gefahr eines nuklearen Holocausts, sondern auch, weil wir ihn als einen Wettkampf um die Zukunft der Menschheit ansahen. Als solcher verlangte er viel mehr von uns als lediglich Kampfbereitschaft. Auf dem Spiel standen unser Stolz, unser Platz in der Geschichte, unser Selbstverständnis als Hoffnung der Menschheit. Angesichts des Sowjetkommunismus sollte alles, was wir als Gesellschaft unternahmen, als Vorbild für andere auf dem Erdball dienen, als Erinnerung an uns selbst, wer wir waren und warum unsere Ideale und unsere Lebensweise denen des Gegners überlegen waren. Implizit wußten wir, daß unsere »Stärke« nicht nur auf Bomben, Truppen oder Gefechtskopfgewichten beruhte, sondern ebenso von unserer moralischen Autorität abhing. Somit befand sich die amerikanische Gesellschaft fortwährend auf dem Prüfstand.

Selten in der Geschichte hat sich eine Nation derart selbstzerfleischenden Gewissensprüfungen, Selbstanalysen und Grundsatzdebatten unterzogen wie Amerika während des Kalten Krieges. So, als hätten wir andauernd außerhalb unserer selbst gestanden, uns selbst beobachtet und beurteilt: Wie werden wir unseren Ansprüchen gerecht? Sogar die ansonsten eher zurückhaltende Eisenhower-

Administration sah sich veranlaßt, eine »Commission on National Goals« einzusetzen – einen Ausschuß, der feststellen sollte, ob sich Amerika auf dem rechten Weg befände. Aus dem gleichen selbstbefangenen Bewußtsein heraus, daß die amerikanischen Ideale im In- wie im Ausland genauestens unter die Lupe genommen wurden, erwuchsen auch die moralischen Kreuzzüge und innenpolitischen Bewegungen der Folgejahre: die Bürgerrechtsbewegung, der Krieg gegen die Armut, die Umwelt- und Frauenbewegung. Auch unsere nationalen Verfehlungen – Vietnam, Watergate, sogar das riesige Haushaltsdefizit – wurden hinsichtlich ihrer moralischen Dimension auf die Waagschale gelegt und gaben Anlaß zu besorgten Debatten, inwiefern sie sich auf die Seelenlage der amerikanischen Gesellschaft auswirken würden.

Die beiden Aspekte der »nationalen Stärke« Amerikas in der Konfrontation mit dem Kommunismus – nämlich der militärische und der moralische – wurden miteinander vermengt. Aufgrund des *National Defense Highway Act* legten wir ein landesweites Netz von Autobahnen und Schnellstraßen an – nicht nur, um im Kriegsfall Munition schnell von Ort zu Ort transportieren zu können, sondern auch, um das ländliche Amerika am Wohlstand der Nation teilhaben zu lassen. Im Namen des *National Defense Education Act* zogen wir eine ganze Generation von Lehrern der Mathematik und Naturwissenschaften heran – nicht nur, um den Vorsprung der Sowjets in der Raumfahrt einzuholen, sondern auch, um unsere Schulen zu verbessern. Wir waren die ersten auf dem Mond – nicht nur, um unser technologisches Können unter Beweis zu stellen, sondern auch, um die Menschheit zu adeln. Wir schufen die schlagkräftigste Streitmacht der Welt, entwickelten zugleich aber auch eine erfolgreiche Methode, Legionen junger Männer aus Stadt und Land zu disziplinieren und auszubilden und ihnen die technischen Fertigkeiten zu vermitteln, die sie für den Erfolg im Zivilleben brauchten. Das gleiche gilt auch für andere Verteidigungsprogramme, denen eine Doppelrolle als Sozialprogramm untergeschoben wurde: GI-Ausbildungsdarlehen, Wohnungsbaukredite, Krankenhäuser für Kriegsveteranen.

Mit dem militärischen Auftrag ließ sich indes nicht alles rechtfertigen, was an innenpolitischen Problemen zu lösen war. Amerikas Schulen, Straßen, Brücken, Gesundheitsdienste, Bibliotheken und Parks verkamen weiterhin, besonders in ländlichen Gemeinden und in den Innenstädten. Dennoch gab uns der Vorwand der nationalen Verteidigung weiterhin Gelegenheit, über unsere gemeinsamen Ziele zu reden, und legitimierte somit auch die Diskussion über gemeinsame Bedürfnisse. *Unsere* jungen Männer (und Frauen) versahen den weltweiten Patrouillendienst. *Wir* traten der sowjetischen Bedrohung entgegen. Zumindest versetzten solche kollektivistischen Aussagen Amerikaner in die Lage, auch die inneren Probleme des Landes als *unsere* Probleme zu sehen. Nun aber, da die sowjetische Bedrohung weggefallen ist, ist es nicht nur unser Militär, das durch diese umwälzende Veränderung in die Krise gerät, sondern auch unser Selbstverständnis.

Ironie der Geschichte: Fünfundvierzig Jahre und mehr hat Amerika seine kollektiven Energien in erster Linie darauf verwendet, dem Sowjetkommunismus die Stirn zu bieten – eine große Mission, die zwar unsere kollektive Identität gerechtfertigt und geadelt, uns aber auch in vielerlei Hinsicht im eigenen Land verarmt hat. Nun, da die Bedrohung durch die Sowjets entfallen ist, hätten wir die Möglichkeit, das Land wiederaufzubauen. Doch ohne die Bedrohung von außen fehlt es uns vielleicht an genügend nationaler Identität, um die Aufgabe in Angriff zu nehmen.

Vielleicht hält die amerikanische Gesellschaft nach Wegfall des Sowjetkommunismus nichts mehr zusammen. Eine Rückkehr zu der Zeit vor dem Kalten Krieg gibt es auch nicht mehr, als der eine oder andere heiße Krieg genügte, uns unter dem Sternenbanner zu einen. Die Zentrifugalkräfte, die uns auseinanderzerren, sind mächtiger geworden. Wie ich in diesem Buch dokumentiert habe, rücken unsere Bürger durch die Weltwirtschaft dicht mit den Bürgern anderer Länder zusammen, und diese neuen Bindungen sind genauso stark wie die wirtschaftlichen Bindungen, die uns bisher innerhalb der Grenzen unseres Landes zusammenhielten – wenn nicht stärker.

In gleicher Weise schaffen die modernen Technologien grenzübergreifende kulturelle Verbindungen und verdrängen so die Dominanz einer einzigen amerikanischen Kultur im Lande. Ein Brasilianer, der in Miami lebt, kann jetzt täglich seine Zeitung aus São Paulo lesen, die per Satellit an eine computerisierte Druckerei ganz in der Nähe »gebeamt« wird. Auch brasilianische Fernsehprogramme kann er über Satellit empfangen, innerhalb von Sekunden Faxe senden und empfangen, nach Brasilien durchwählen und sich jederzeit in ein Flugzeug setzen, um Familie und Freunde zu besuchen. Die Leichtigkeit, mit der man von Land zu Land und von Kontinent zu Kontinent reisen kann, hat auch eine starke Zunahme der illegalen Einwanderung zur Folge. Viele der elf Millionen Ausländer, die jedes Jahr die Vereinigten Staaten besuchen, bleiben da und verdienen sich ihren Lebensunterhalt durch Verrichtung niedriger Dienste bei minimalstem Lohn. Auch die modernen Bestrebungen in Richtung auf einen »Multikulturalismus« in amerikanischen Schulen sind unter diesem Aspekt zu verstehen – einerseits wird damit die wachsende Vielfalt der Nation zelebriert, andererseits an die zunehmenden Divergenzen in der Gesellschaft erinnert. In dem traditionellen amerikanischen »Schmelztiegel« brodelt nun ein bunt gemischtes Süppchen. Jede einzelne Zutat hat ihr besonderes Aroma.

In Anbetracht dieser Trends könnte sich Amerika – ohne den äußeren Druck durch den Sowjetkommunismus, der uns bisher zusammenhielt – einfach in einen Mikrokosmos verwandeln, ein Spiegelbild der gesamten Welt. Dieser würde einige der reichsten ebenso wie manche der ärmsten Menschen der Welt beherbergen, die unzählige Sprachen sprächen, vielerlei Loyalitäten schuldeten, den verschiedensten Idealen huldigten. Diese Individuen würden vielfältige Beziehungen zum Rest der Welt unterhalten – sowohl wirtschaftlicher wie kultureller Art –, aber nicht notwendigerweise untereinander. Unsere kollektive Identität würde dahinschwinden. Es gäbe keine nationale Zielsetzung mehr – nicht einmal den Anspruch, eine zu haben. Statt dessen könnte sich jeder Einwohner der Vereinigten Staaten, auf sich allein gestellt, den großen Problemen der Menschheit widmen, er könnte den Bedürfnissen seiner eigenen ethnischen Gruppe oder auch weniger erbauenden persönlichen Ambitionen und Neigungen nachhängen.

Dies muß nicht unbedingt schlimm sein. Manch freiheitlicher Geist könnte es sogar attraktiv finden. Im Gegensatz zu den meisten Bewohnern unseres Planeten, die weiterhin Nationen angehören, die ihnen beträchtliche Verantwortungen für das Wohlergehen ihrer Landsleute aufbürden, würden die Menschen, die innerhalb der Grenzen der Vereinigten Staaten leben, eine Art freie, universale Zone bewohnen, deren einzige Verpflichtung darin bestünde, sich gegenseitig keinen körperlichen Schaden zuzufügen und einander nicht zu bestehlen. Ein Gefühl staatlicher Zusammengehörigkeit würde es nicht mehr geben. Statt dessen würde Amerika in kleinere Enklaven von Menschen mit ähnlichem Einkommen, ähnlichen Werten und Interessen, ähnlichen ethnischen Zugehörigkeiten zerfallen: *Pluribus* ohne *unum*.*

Gleichzeitig aber wäre etwas schrecklich Trauriges um dieses Schicksal, wenn dies denn unser Schicksal wäre. Es würde das Ende des »amerikanischen Experiments« bedeuten, eine vielfältige Gesellschaft zu schaffen, die nicht nur ihre Liebe zu individueller Freiheit, sondern auch ihr Sinn für Gerechtigkeit verbinden sollte. Es würde Amerika einer moralischen Autorität berauben, die vor und über dem Kalten Krieg mit dem Sowjetkommunismus stand – einer Autorität, die aus einer einzigartigen Kombination von Toleranz und Fairneß erwuchs.

Natürlich muß es nicht so kommen. Amerika könnte sich einen anderen Feind suchen, der die Stelle des Sowjetimperiums einnimmt – eine neue externe Bedrohung, die uns als Amerikaner zusammenbindet und uns einen neuen Grund gibt, einander verantwortlich zu sein. Dabei fällt einem sofort Japan ein. Jede Menge Bücher, Artikel und Fernsehsendungen warnen bereits vor der japanischen Gefahr. Die genaue Natur dieser Bedrohung – gewiß nicht

* Die lateinischen Worte *E pluribus unum* (Aus Mehreren Eines) stehen als Wahlspruch im Wappen der Vereinigten Staaten.

die nukleare Vernichtung – wird niemals genau ausgeführt, doch der sinngemäße Zusammenhang ist klar: Wenn wir ihnen nicht Einhalt gebieten, werden die Japaner uns letztlich kontrollieren. Deshalb ist es geraten, uns zu verbünden, um der Gefahr entgegenzutreten: Amerikanische Wirtschaft, amerikanische Politik, amerikanische Arbeiterschaft – *vereinigt euch!* Reiche Amerikaner, arme Amerikaner, Amerikaner jeder Glaubensrichtung und ethnischen Zugehörigkeit – *vereinigt euch!*

Der vorgeschobene Zweck der Vereinigung wäre es, der japanischen Herausforderung zu begegnen, die wahre Logik aber – die tiefere Botschaft, die vielleicht sogar den Warnern und Mahnern verborgen wäre – ist das genaue Gegenteil: Der Zweck der japanischen Herausforderung ist es, uns einen Grund zu geben, uns von neuem zu vereinigen.

Während ich dies niederschreibe, besitzen britische Bürger einen weitaus größeren Anteil an der amerikanischen Industrie als japanische Bürger – einschließlich uramerikanischer Ikonen wie Burger King. Doch die Briten reichen nicht aus, uns Amerikaner zusammenzubringen, wie sie es vor zweihundert Jahren taten, vielleicht weil sich zwischen der britischen und der amerikanischen Gesellschaft im Vergleich zu den lateinischen, asiatischen und afrikanischen Kulturen, die das Land jetzt bevölkern – und im Vergleich zu der nicht-angelsächsischen Weltwirtschaft, die Amerikas Handelsgrenzen verwischt –, kaum ein Unterschied ausmachen läßt. Nein, uns fehlt eine stärkere externe Macht, um uns in dieser postsowjetischen Welt zusammenzuhalten – eine äußere Macht, die so grundverschieden von uns ist, daß sie uns, kraft des Kontrastes, ständig daran erinnert, wer »wir« sind. Japan ist dafür ein geeigneter Kandidat.

Im besten Fall könnte ein Wirtschaftskrieg mit Japan als Vorwand dienen, Amerikas freigewordene Ressourcen in die Gesundheit, Ernährung und schulische Bildung aller amerikanischen Kinder (»Wir müssen in die zukünftige Generation Amerikas investieren, um nicht von den Japanern überholt zu werden!«) und in die Erneuerung der Infrastruktur zu lenken (»Amerika muß fiberglasverkabelt sein, damit wir der japanischen Herausforderung begegnen können!«). Doch der Wirtschaftskrieg könnte ebenso kostspielig und destruktiv werden wie der Kalte Krieg mit den Sowjets: Wenn wir den Handel mit Japan einschränkten, japanische Investitionen blockierten und uns auf eine eskalierende Folge wirtschaftlicher Vergeltungsschläge einließen, würde sich unser – und ihr – Lebensstandard drastisch verschlechtern.

Die zentrale Frage für Amerika in der postsowjetischen Welt lautet also: Werden wir imstande sein, unsere Identität und das Gefühl gegenseitiger Verantwortung zurückzugewinnen, ohne uns ein neues Feindbild schaffen zu müssen? Die Antwort ist alles andere als klar.

Anmerkungen

Teil I: Die Wirtschaftsnation

Die Ursprünge des Wirtschaftsnationalismus

1. Zit. nach Ch. W. Cole: *Colbert and a Century of French Mercantilism*, New York 1939, Vol. 1, S. 337.
2. Zit. in F. Braudel: *Sozialgeschichte des 15.–18. Jahrhunderts*, Bd. 2: *Der Handel*, München 1986, S. 602.
3. Zitat aus René Gandilhon: *Politique économique de Louis XI*, Paris 1941, S. 416f., zit. bei Braudel, a. a. O., S. 218.
4. Zitat aus François André Isambert: *Recueil générale des anciennes lois françaises*, Paris 1829, S. 283 (Erlaß zur Gründung einer Manufaktur für Bekleidungsstücke aus Tuch, Gold-, Silber- und Seidenstoffen in Paris, August 1603), zit. bei Braudel, a. a. O., S. 603. Die klassische Studie des Merkantilismus ist Eli F.Heckscher: *Merkantilismen*, Stockholm 1931 (dt.: *Der Merkantilismus*, Jena 1932).
5. Zitiert in Louis M. Hacker: *American Capitalism: Its Promise and Accomplishment*, New York 1957, S. 23.
6. Edmund Burke: *Betrachtungen über die Französische Revolution*, 2 Teile, übers. u. hg. v. Friedrich Gentz, Berlin 1793, in Edmund Burke / Friedrich Gentz: *Über die Französische Revolution: Betrachtungen und Abhandlungen*, hrsg. und mit einem Anhang versehen von Hermann Klenner, Berlin 1991, S. 137 (Originaltext: *the general reason of the whole*), S. 122, 198, 327. Gentz übersetzte *deliberative assembly* mit »gesetzgebende Versammlung«.
7. Ebd., S. 193. [Klenner führt hierzu in einer Anmerkung den englischen Originaltext an, um darauf hinzuweisen, daß die Gentzsche Übersetzung wesentlich vom Original abweicht: ». . . a partnership not only between those who are living, but

between those who are living, those who are dead, and those who are to be born« (a. a. O., S. 648, Anm. 175); an anderer Stelle (S. 641, Anm. 112) weist er darauf hin, daß es bei Burke nicht »Gemeinschaft«, sondern »Teilhaberschaft« (partnership) heiße. *Anm. d. Übers.*]

8. J. S. Mill, »Representative Government«, in: *Utilitarianism, On Liberty, and Representative Government*, London 1910, S. 243.
9. F. Brunot: *Histoire de la langue française dès origines à 1900*, Paris 1935, Bd. 6, Pt. 1, S. 135, zit. in Boyd C. Shafer: *Nationalism: Myth and Reality*, New York 1955.
10. T. Davies, Hg.: *Bolingbroke's Works*, London 1775, Bd. 1. Nicht alle Intellektuellen des 18. Jahrhunderts ließen sich indessen von nationalen Regungen inspirieren. In genau dem gleichen Maße, wie die Idee der Nation heranreifte, entwickelte sich auch der Gedanke, daß das Individuum der gesamten Menschheit zu größerer Loyalität verpflichtet sei. Thomas Jefferson und Benjamin Franklin betrachteten sich als Weltbürger, desgleichen Goethe, Schiller und Kant in Deutschland, Voltaire, Diderot und Helvetius in Frankreich, Goldsmith und Hume in Großbritannien. Im Mittelpunkt ihrer Überlegungen standen dabei die universalen Rechte und Pflichten des Menschen.
11. 1784 hatte Johann Gottfried von Herder in seinen *Ideen zur Geschichte der Philosophie der Menschheit* (4 Teile, 1784–1791) die Deutschen dazu aufgerufen, von der Nachahmung der Franzosen abzulassen und ihren eigenen »Volksgeist« zu entwickeln. Auch andere nationale Gruppen hätten ihren »Volksgeist«, den sie nur zu entdecken brauchten.
12. Adam Smith: *Der Wohlstand der Nationen. Eine Untersuchung seiner Natur und seiner Ursachen* (hg. v. H. C. Recktenwald), München 1974, S. 379. Engl. Originalausgabe: *An Inquiry into the Nature and Causes of the Wealth of Nations*, 2 Bde., 1776 (dt.: *Untersuchung über die Natur und die Ursachen des Nationalreichthums*, 3 Bde., 1794–1796).

13. Ebd., S. 9.
14. »Report on the Subject of Manufacture«, aus J. C. Hamilton, Hg.: *The Works of Alexander Hamilton*, New York 1850f., Bd. 7.
15. Ebd. Albert Gallatin, einer von Hamiltons Nachfolgern als Schatzminister, äußerte sich 1810 zu den Problemen, denen sich Amerika auf den Exportmärkten im Wettbewerb mit Großbritannien gegenübersah. Die gleichen Argumente werden auch heute laut, wenn das Gespräch auf den Konkurrenzkampf zwischen Amerikanern und Japanern kommt: »Das einzige mächtige Hindernis, gegen das amerikanische Hersteller anzukämpfen haben, entsteht aus der weit überlegenen Kapitalkraft Großbritanniens, die es dessen Kaufleuten gestattet, sehr langfristige Kredite einzuräumen, mit geringen Gewinnmargen zu verkaufen und gelegentlich sogar Verluste zu machen.« Zit. in Jacob Viner: Dumping: A Problem in International Trade, Chicago 1923, S. 38.
16. Zit. in H. W. Furber, Hg.: *Which? Protection or Free Trade*, Boston 1888, S. 551.
17. Zit. in Frank William Taussig, Hg.: *State Papers and Speeches on the Tariff*, Cambridge (Mass.) 1892, S. 275.
18. Ebd. Der deutsche Volkswirt Friedrich List führte Hamiltons und Clays Ideen in Deutschland ein. In seinem unvollendeten Hauptwerk *Das nationale System der politischen Oekonomie* (1841) vertrat er die Ansicht, jede Nation, die reich und zivilisiert sein wolle, müsse ihre eigenen Industrien und ihr eigenes Finanzkapital entwickeln. Hohe Zölle seien – zumindest zeitweise – notwendig, um noch in den Kinderschuhen steckende Industrien vor den fortgeschritteneren britischen Herstellern zu schützen.
19. Ebd., S. 213.
20. Zitat aus einer der Reden Clays, die er 1818 vor dem Repräsentantenhaus hielt. Wiedergegeben in Calvin Colton, Hg.: *Works of Henry Clay*, New York 1857, Bd. 5.
21. Alexis de Tocqueville: *Über die Demokratie in Amerika* (*De la*

démocratie en Amérique, 2 Teile, 1835/40), Zweiter Teil, in A. de T.: *Werke und Briefe*, II, Stuttgart 1962, S. 138f.
22. Ebd., S. 121.

WIRTSCHAFTSNATIONALISMUS UND MASSENPRODUKTION

1. Zahlen aus Simon Kuznets: *Economic Growth and Structure*, New York 1965, S. 305–327.
2. Zahlen aus *Historical Statistics of the United States: Colonial Times to 1970*, hg. vom U.S. Bureau of the Census, Washington, D. C., 1975, Vol. 1, S. 201f., 224
3. Ebd., Vol. 2, S. 731.
4. Ebd.
5. Zahlen aus F. Crouzet, *The Victorian Economy*, London 1982.
6. Seit den 1890er Jahren wurde der britische Durchschnittsbürger mit einer Reihe von düsteren Darstellungen vom wirtschaftlichen Ansturm Deutschlands und Amerikas und dessen unheilvollen Folgen für Britannien traktiert, darunter Ernest Edwin Williams, *Made in Germany*, London 1896, und Frederick A. MacKenzie, *American Invaders*, London 1902. In Form und Gehalt hatten diese Jeremiaden erstaunliche Ähnlichkeit mit Berichten über japanische »Invasionen«, die amerikanischen Lesern hundert Jahre später präsentiert wurden.
7. Dem hier vom Autor wiedergegebenen Zitat aus W[illiam] A[ppleman] Williams: *The Tragedy of American Diplomacy*, New York 1959, S. 44 – »Territorial expansion is but the by-product of the expansion of commerce« – entsprechen in der deutschen Ausgabe (*Die Tragödie der amerikanischen Diplomatie*, Frankfurt/M. 1973, S. 55) die Worte des früheren amerikanischen Außenministers John W. Foster: »Welche Meinungsverschiedenheiten unter den Bürgern Amerikas hinsichtlich der Politik der territorialen Expansion auch bestehen mögen, alle scheinen darin übereinzustimmen, daß eine kommerzielle Expansion wünschenswert ist.« – *Anm. d. Übers.*
8. D. S. Landes: »Japan and Europe: Contrasts in Industrialization«, in W. W. Lockwood, Hg.: *The State and Economic En-*

terprise in Japan: Essays in the Political Economy of Growth, Princeton 1965.

9. Sun Yat-sen, *The International Development of China*, New York 1922, S. 8.
10. »Hind Swaraj«, in *The Collected Works of Mahatma Gandhi*, Allahabad 1963, Bd. 10, S. 26.
11. J. A. Hobson: *Imperialism*, London 1902, S. 112.
12. Zahlen aus *Historical Statistics of the United States*.
13. Zahlen aus Jeremiah Jenks und Jeff Lavek, *The Immigration Problem*, New York 1926, S. 148.
14. In den Köpfen vieler Amerikaner spukte die Frage, ob die Neueinwanderer auch zu echtem amerikanischem Patriotismus fähig seien. Henry Cabot Lodge [1850–1924; über 31 Jahre lang republikanischer US-Senator, 1919 Vorsitzender des Auswärtigen Ausschusses des Senats. *Anm. d. Übers.*] vertrat die Auffassung, der Gedanke der Vaterlandsliebe sei römischen Ursprungs, während sich der Gedanke der Hingabe an ein Staatsoberhaupt aus dem Byzantinischen Reich herleite. Deshalb brächten Einwanderer aus Südosteuropa den falschen Patriotismusbegriff nach Amerika mit. Siehe H. C. Lodge: »Immigration – A Review«, in Philip David, Hg.: *Immigration and Americanization*, Boston 1920, S. 55.

Wirtschaftsunternehmen und nationale Interessen

1. Die Geschichte des Wechsels zum integrierten Großunternehmen in Europa erforscht Leslie Hannah in »Mergers, Cartels, and Concentration: Legal Factors in the U.S. and European Experience«, in N. Horn und J. Kocka: *Law and the Formation of the Big Enterprises in the 19th and Early 20th Centuries*, Göttingen 1979, S. 306–314.
2. Chicago, 10. Okober 1912. *Papers and Speeches of Woodrow Wilson*, Princeton 1926.
3. F. D. Roosevelt in seiner Ansprache zur Annahme der Kandidatur für seine zweite Amtsperiode, Philadelphia, 27. Juni 1936. *Speeches of Franklin D. Roosevelt*, New York 1949.

4. Zur Entwicklung des Antitrust von einer politischen Bewegung zum juristischen Spezialgebiet siehe Richard Hofstadter: »What Happened to the Antitrust Movement?«, in ders.: *The Paranoid Style in American Politics and Other Essays*, Chicago 1952.
   Dies soll natürlich nicht heißen, daß Antitrust aufhörte, jegliche signifikante Auswirkung auf die Struktur der amerikanischen Industrie zu nehmen. Doch während die Öffentlichkeit allmählich das Interesse an Antitrust verlor, verlegten sich Behörden und Gerichte immer mehr auf die Frage, ob das Großunternehmen oder die geplante Fusion die *Effizienz* förderte. Die ursprünglichen Befürchtungen um unberechenbare politische Machtkonzentrationen traten bei solchen Analysen zunehmend in den Hintergrund, bis sie im Laufe der 80er Jahre praktisch verschwanden.
5. Herbert Croly: *The Promise of American Life*, New York 1909, S. 362, 379.
6. Zit. in Norman Hapgood, Hg.: *Professional Patriots*, New York 1928, S. 62; zu weiteren Lobreden auf Mussolini siehe John Booth Carter: »American Reactions to Italian Fascism, 1919–1933«, Dissertation, University of California 1953.
7. A. A. Berle und G. C. Means: *The Modern Corporation and Private Property*, New York 1932, S. 300.
8. Ebd., S. 312.
9. Ebd.
10. John Kenneth Galbraith: *American Capitalism: The Theory of Countervailing Power*, Boston 1952.

Der nationale Champion

1. Zit. in *Fortune*, September 1950, S. 77.
2. D. Lilienthal: *Big Business: A New Era*, New York 1953, S. 47, 190.
3. Richard Hofstadter: »What Happened to the Antitrust Movement?«, in ders.: *The Paranoid Style in American Politics and Other Essays*, Chicago 1952.

4. *Fortune*, Oktober 1955, S. 81. Der gleiche Trend zeigte sich in einer 1951 vom Institute of Social Research der University of Michigan veranstalteten Meinungsumfrage: Bei der Frage nach einer allgemeinen Charakterisierung der gesellschaftlichen Auswirkungen des Big Business waren sich 75 Prozent der Befragten einig, daß »die Vorteile die Nachteile überwiegen«. Siehe B. Fisher und S. Withey, *Big Business as the People See It*, Ann Arbor (Mich.) 1951.
5. 17. Januar 1951, S. 18. Siehe auch *Fortune*, Februar 1954, S. 64.
6. *Fortune*, Dezember 1953, S. 99.
7. *Fortune*, September 1953, S. 94. Ein bekannter Investment-Banker der damaligen Zeit brachte es noch genauer auf den Punkt: »Nicht Kaufkraft, sondern Einkauf, nicht Produktion, sondern Konsum sind die beherrschenden Faktoren in der Wirtschaft.« Paul Mazur, *The Standards We Raise: The Dynamics of Consumption*, New York 1953, S. 29.
8. Zahlen aus M. A. Adelman: »The Measurement of Industrial Concentration«, *Review of Economics and Statistics*, Vol. 32 (November 1951).
9. *Time*, 2. Januar 1956, S. 40–51.
10. *Fortune*, April 1950, S. 91.
11. U.S. Senate, Armed Services Committee, *Confirmation Hearings on Charles E. Wilson as Secretary of Defense, February 18, 1953.*
12. Zit. in *Fortune*, Juni 1951, S. 67.
13. Aus *Historical Statistics of the United States: Colonial Times to 1957*, hg. vom U.S. Bureau of the Census, Washington, D. C., 1960.
14. R. S. Lynd und H. M. Lynd: *Middletown*, New York 1929, S. 21–24. Als Robert Lynd 1935 noch einmal nach »Middletown« zurückkehrte, war dessen Einwohnerzahl auf 47 000 angewachsen, bei den größten Firmen hatte eine Zentralisierung zu größeren Einheiten hin stattgefunden, die wiederum stärker von überregionalen Unternehmen abhängig waren. Die Kluft zwischen Arbeitern und Managern – zwischen der

»Arbeiterklasse« und der »kaufmännischen Klasse« – hatte sich vertieft. *Middletown in Transition*, New York 1937.

15. J. Kahl: *The American Class Structure*, New York 1956, S. 109f.
16. John Knox Jessup: Harvard Business School, 7. Juni 1952. Siehe auch Hofstadter, a. a. O., S. 218: »[D]ie moderne Kapitalgesellschaft hat sich als besseres Medium für soziale Mobilität und Aufstiegschancen erwiesen als das alte System der Einzel- und Familienunternehmen.«
17. *Fortune*, Mai 1957, S. 106.
18. Zit. in *Fortune*, Oktober 1951, S. 98.
19. Ebd., S. 99.
20. Zit. in *Fortune*, Juli 1957, S. 94.
21. D. Riesman, *The Lonely Crowd: A Study of the Changing American Character*, New Haven 1950.
22. W. H. Wythe, Jr.: *The Organization Man*, New York 1956.
23. Zit. ebd.
24. The Editors of *Fortune*: *The Executive Life*, Garden City (N.Y.) S. 30.
25. *Fortune*, Oktober 1951, S. 114.
26. Daniel Bell: »The Language of Labor«, *Fortune*, September 1951, S. 86.
27. Zit. ebd.

Der nationale Pakt

1. E. P. Cobberly: *Public Education in the United States*, Boston 1934.
2. William Baldwin: *The Structure of the Defense Market, 1955–1964*, Durham (N. C.) 1967, S. 21.
3. K. Kaysen: »The Corporation: How Much Power: What Scope?«, in Edward S. Mason, Hg.: *The Corporation in Modern Society*, Cambridge (Mass.) 1959, S. 86–89.
4. *Fortune*, Juli 1955, S. 23.
5. Jean-Jacques Servan-Schreiber, *Die amerikanische Herausforderung*, Hamburg 1968, S. 35.
6. Ebd., S. 201.

Das vermeintliche Problem

1. *Fortune*, April 1953, S. 188.
2. Zahlen entnommen aus Alan Greenspan: »Goods Shrink and Trade Grows«, *The Wall Street Journal*, 24. Oktober 1988, S. 21.
3. Die folgenden drei »Endspiel«-Strategien habe ich bereits ausführlicher diskutiert in *The Next American Frontier*, New York 1983, Kap. 8–10.
4. Diese Schätzung basiert auf Daten der International Trade Commission. Sie enthält nicht nur formelle Zolltarife und Einfuhrquoten, sondern auch »freiwillige« Selbstbeschränkungsvereinbarungen, Antidumping-Abgaben, Kompensationszölle und nicht-tarifliche Barrieren, z. B. Kontrollnormen, durch die ausländische Erzeugnisse vom amerikanischen Markt ferngehalten werden.
5. Als Maßstab dafür, ob ein ausländisches Unternehmen seine Waren auf dem US-Markt zu Dumpingpreisen absetzt, geht das US-Handelsministerium von einer Mindest-Gewinnspanne von 8 Prozent aus. Ist die Gewinnspanne kleiner, so nimmt das Handelsministerium an, daß die ausländische Firma ihr Produkt mit Verlust verkauft und sich somit des illegalen Dumpings schuldig macht.
6. Nach Angaben des US-Handelsministeriums waren im Jahr 1986 66 Prozent aller in den Vereinigten Staaten verkauften Rundfunk- und Fernsehgeräte, 45 Prozent aller Werkzeugmaschinen, 28 Prozent aller Kraftfahrzeuge und 25 Prozent aller Computer außerhalb der Vereinigten Staaten hergestellt worden. Eine Übersicht hierzu findet sich in *U.S. News & World Report*, 2. Februar 1987, S. 18.
7. D. Tarr und M. Morke: *Aggregate Costs to the United States on Tariffs and Quotas on Imports*, Federal Trade Commission, Washington, D. C., 1984, S. 19–36.
8. Zahlen aus J. Grunwald und K. Flamm: *The Global Factory: Foreign Assembly in International Trade*, Washington, D. C., 1985, S. 14–20.

9. Zahlen aus W. T. Grimm and Company, *Merger Statistics Review 1985*, Chicago 1986, S. 92.
10. Im Februar 1990 wurden Grace-Aktien nur noch zu rund 30 Dollar pro Stück gehandelt. *Business Week* zufolge betrug jedoch allein der geschätzte Abbruchswert (der Wert aller verkehrsfähigen, d. h. einzeln veräußerbaren Güter) des Unternehmens das Doppelte. Somit hatte Peter Grace, die Geißel staatlichen Schludrians, seine Aktionäre um die Hälfte ärmer gemacht. Nicht einmal die Regierung hatte eine Verschwendung derartigen Ausmaßes zustande gebracht. *Business Week*, 19. Februar 1990, S. 69.
11. Siehe »Do Mergers Really Work?«, *Business Week*, 3. Juni 1985, S. 88; »The Wasteful Games of America's Corporate Raiders«, *The Economist*, 1. Juni 1985, S. 73.
12. Berechnungen bis einschl. 1986 aus S. Bowles, D. Gordon und T. Weisskopf: »Power and Profits: The Social Structure of Accumulation and the Profitability of the Postwar U.S. Economy«, *Review of Radical Political Economics*, Vol. 18, No. 1 und 2 (Frühjahr und Sommer 1986), revidierte Fassung.
13. A. Glyn, A. Hughes, A. Lipietz und A. Singh: »The Rise and Fall of the Golden Age«, in S. Marglin und J. Schor, Hg.: *The End of the Golden Age*, New York 1989; T. P. Hill: *Profits and the Rate of Return*, Paris (OECD) 1979.
14. M. Dertouzos, R. Lester, R. Solow et al.: *Made in America: Regaining the Productive Edge*, Cambridge (MIT) 1989, S. 1.

Teil II: Das globale Netz

Von der Masse zur Qualität

1. Die folgenden Beispiele entstammen Interviews, die ich mit leitenden Angestellten einer breiten Palette in- und ausländischer Unternehmen geführt habe. Siehe Aufstellung im Anhang unter »Weitere Quellen – Interviews«.
2. Aus Interviews mit leitenden IBM-Angestellten.

1. Durch die modernen Informationstechnologien wurden die Kosten für die Koordinierung selbst relativ großer Personengruppen drastisch reduziert, wobei auf »Amtswege« und andere bürokratische Strukturen weitgehend verzichtet werden konnte. Siehe z. B. T. Malone, J. Yates und R. Benjamin: »Electronic Markets and Electronic Hierarchies«, *Communications of the ACM*, Vol. 30, No. 6 (Juni 1987).
2. In einer Reihe von Studien wurde für die 80er Jahre ein markanter Anstieg von Produktionsauslagerung und Teilzeitbeschäftigung festgestellt. Zum Teil ist in den USA der Grund gewiß darin zu suchen, daß in Tarifverträgen festgeschriebene oder gesetzlich vorgeschriebene Sozialleistungen umgangen werden sollen. Interessanterweise ist dieses Phänomen jedoch auch in vielen anderen modernen Volkswirtschaften zu beobachten, in denen von diesen Maßnahmen Sozialleistungen nicht berührt werden. Siehe I. W. Sengenberger und G. Loveman: *Smaller Units of Employment: A Synthesis of Research on Industrial Organization in Industrial Countries*, Genf (International Institute for Labor Studies) 1988. Einen guten Überblick über den Trend zur Produktionsauslagerung und Teilzeitbeschäftigung geben E. Appelbaum: »Restructuring Work: Temporary, Part-time, and At-home Employment«, in H. Hartmann, Hg.: *Computer Chips and Paper Clips: Technology and Women's Employment*, Washington 1987; S. Christopherson: »Flexibility in the U.S. Service Economy and the Emerging Spatial Division of Labour«, *Transactions of the British Institute of Geographics*, Vol. 14 (1989).
3. Dieses Beispiel ist nicht hypothetisch. Eine finnische Papierfabrik, die unter der Belastung durch dauernd reparaturbedürftige Holzerntemaschinen litt, verkaufte die Geräte kurzerhand an die Maschinenführer und nahm diese dann unter Vertrag, ihre Arbeit wie bisher weiterzuführen. Dadurch wurde die Produktivität stark erhöht, denn die Maschinenführer hielten die Geräte nunmehr besser in Schuß und gingen mit ihnen viel

sorgfältiger um als zuvor. Siehe *The Economist*, 24. Dezember 1988, S. 16.

4. Zahlen aus *Business Week*, 13. November 1989, S. 83.
5. Apple bezog seine Mikroprozessoren ursprünglich von Synertek, andere Chips von Texas Instruments und Motorola, Monitore von Hitachi, Netzteile von Astec und Drucker von Qume. Siehe James Brian Quinn et al.: »Beyond Products: Service-Based Strategy«, *Harvard Business Review*, März–April 1990, S. 58ff.
6. U.S. Office of Management and Budget, SIC Manual (1987), S. 12.
7. Im Jahr 1975 waren nur 6,9 Prozent der nichtlandwirtschaftlichen Arbeitskräfte selbständig erwerbstätig, 1986 betrug der Anteil 7,4 Prozent. Daten aus *The State of Small Business: Report of the President*, Washington (verschied. Jahrg.).
8. David L. Birch: »The Hidden Economy«, *The Wall Street Journal*, 10. Juni 1988, S. 23R.
9. Daten aus Douglas P. Handler: *Business Demographics*, New York 1988.
10. Der National Science Foundation zufolge verdoppelten Kleinbetriebe mit weniger als 500 Angestellten ihren Anteil an der privatwirtschaftlichen Forschung und Entwicklung in Amerika während der 80er Jahre von 6 auf 12 Prozent. National Science Foundation, Research Report, Washington, D. C. (National Science Foundation), November 1990, S. 12ff.
11. Siehe z. B. »München Management«, *The Economist*, 14. Oktober 1989, S. 25.
12. In den von mir geführten Interviews fand ich andere Untersuchungen bestätigt. Siehe z. B. R. Johnston und Paul Lawrence: »Beyond Vertical Integration: The Rise of the Value-Added Partnership«, *Harvard Business Review*, Juli–August 1988; R. Miles: »Adapting to Technology and Competition: A New Industrial Relations System for the 21st Century«, *California Management Review*, Winter 1988; und J. Badaracco, Jr.: »Changing Forms of the Corporation«, in J. Meyer und J.

Gustafson, Hg.: *The U.S. Business Corporation*, Cambridge (Mass.) 1988. Siehe auch Jordan D. Lewis: *Partnerships for Profit: Structuring and Managing Strategic Alliances*, New York 1990.

13. Zur Entwicklung in Europa siehe D. J. Storey und S. Johnson: *Job Generation and Labour Market Changes*, London 1987.

DIE STREUUNG VON BESITZ UND KONTROLLE

1. Steve Swartz: »GE Finds Running Kidder, Peabody & Co. Isn't All That Easy«, *The Wall Street Journal*, 27. Januar 1989, S. 1.
2. Zahlen bis einschl. 1983: Erhebungsdaten nach W. Johnson, A. Packer et al.: *Workforce 2000: Work and Workers for the 21st Century*, Indianapolis 1987, S. 27, Fig. 1–11; auf dieser Basis fortgerechnet bis einschl. 1990.
   Im gleichen Zeitraum sank der Anteil der Arbeiterlöhne am Gesamtwert der Produktion (»Produktion« – engl. *manufacturing* – im Sinne der offiziellen US-Statistik) von 40 auf 24 Prozent. Ebd., S. 26, Fig. 1–10.
3. Zahlen aus U.S. Department of Commerce: *Survey of Current Business*, Washington, D. C. (verschied. Jahrg.).
4. Siehe Ken Carls: »Corporate Coats of Arms«, *Harvard Business Review*, Mai–Juni 1989.
5. Da einige ausländische Marken in letzter Zeit renommierter und vertrauenerweckender als amerikanische geworden sind, hat sich das Blatt gewendet: Der Minolta-Schriftzug erscheint jetzt auf Sofortbildkameras, die von Polaroid hergestellt wurden. Ein Polaroid-Manager erklärte hierzu: »Minoltas guter Name [. . .] verleiht der Sofortbild-Photographie eine positive Markenidentifikation.« *The Wall Street Journal*, 6. Juli 1990, S. D2.
6. Zum Vergleich der konventionellen wirtschaftlichen Sichtweise mit diesem dynamischeren Ansatz siehe W. Brian Arthur: »Positive Feedbacks in the Economy«, *Scientific American*, Februar 1990, S. 92.

Die globale Vernetzung

1. Siehe z. B. Calvin Sims: »Global Communications Net Planned by GE for Its Staff«, *The New York Times*, 31. Mai 1989, S. C1; Woody Hochswender: »How Fashion Spreads Around the World at the Speed of Light«, *The New York Times*, 13. Mai 1990, S. E5.
2. Manchmal gestattet eine geographische Spezialisierung dieser Art natürlich auch Kosteneinsparungen durch Massenfertigung *innerhalb* bestimmter Produktionsstadien. Heckkonusse für Strahlflugzeuge können z. B. in Kanada in großen Stückzahlen hergestellt und in einzigartiger Weise mit anderen massengefertigten Teilen kombiniert werden, um eine Vielzahl verschiedener Flugzeugtypen zu schaffen. Doch selbst unter diesen Umständen leitet sich ein Großteil des Wertes der Endprodukte von den Fähigkeiten der Problem-Löser, -Identifizierer und strategischen Vermittler ab, diese Bauteile in einzigartiger Weise zu kombinieren.
3. Einer Schätzung zufolge vollzogen sich (1987) 92 Prozent der amerikanischen Exporte und 72 Prozent der Importe innerhalb globaler Unternehmen. Siehe Amir Mahini: »A New Look at Trade«, *The McKinsey Quarterly*, Winter 1990, S. 42.
4. Nach Untersuchung des Vorwurfs des illegalen Dumpings entdeckten Beamte des US-Handelsministeriums, daß es »genaugenommen so etwas wie einen amerikanischen Gabelstapler nicht gibt – und einen ausländischen Gabelstapler ebensowenig«. Dennoch beschlossen die Beamten, um die Sache zum Abschluß zu bringen, einen Gabelstapler als »amerikanisch« zu definieren, wenn der Rahmen in den Vereinigten Staaten hergestellt wurde. Seitdem brauchen Hersteller, um Antidumping-Abgaben in den Vereinigten Staaten zu vermeiden, nur noch in Amerika hergestellte Gabelstapler-Rahmen zu verwenden – selbst wenn sämtliche anderen Teile im Ausland produziert wurden. Siehe Anne E. Brunsdale, Vorsitzende der U.S. International Trade Commission: »Global Industries and U.S. Trade Laws«, Western Cargo Conference, 13. Oktober 1989.

5. Das US-Verteidigungsministerium hat das Problem erkannt: »Es ist kaum zu ermitteln, welcher Prozentsatz der Einkäufe [des Verteidigungsministeriums] bei in den Vereinigten Staaten ansässigen Firmen in Wirklichkeit Einkäufe bei US-Filialen von ausländischen Firmen sind.« Berichtsentwurf: *Task Force on Ownership and Control*, Defense Manufacturing Board, Office of the Under Secretary of Defense, 1. Februar 1990, S. 8.
6. In Reaktion auf das Anti-Apartheid-Gesetz der US-Regierung (1986), das amerikanischen Unternehmen verbot, bei ihren südafrikanischen Tochtergesellschaften nach November 1986 irgendwelche Neuinvestitionen vorzunehmen, verkaufte General Motors seine südafrikanische Konzerntochter für 40 Millionen Dollar an seine südafrikanischen Direktoren. Dem Abkommen zufolge sollte GM fortfahren, das nunmehr selbständige Unternehmen mit Bauteilen, Konstruktionsplänen und Ersatzteilen zu versorgen, und zwar hauptsächlich über die deutsche GM-Tochter Opel. Glenn Adler: »Withdrawal Powers: GM and Ford Disinvest from South Africa«, New York University, Center for Labor-Management Policy Studies, November 1989.

DAS ENDE DES NATIONALEN CHAMPIONS

1. Zahlen aus U.S. Department of Commerce, Bureau of Economic Analysis: »Foreign Direct Investment by U.S. Companies«, verschied. Jahrg.; siehe auch Translink's *European Deal Review* (Februar 1990).
2. Aus Interviews mit leitenden Angestellten sowie aus Jahresberichten von Bell South.
3. Aus *China Trade*, März 1990; siehe auch *Business Week*, März 1989, S. 63.
4. »Enter the Mini-Multinational«, *Northeast International Business*, März 1989, S. 13.
5. Aus einer Untersuchung über 100 profitable mittlere und kleinere Unternehmen: »Winning in the World Market«, American Business Conference, November 1987.

6. *The New York Times*, 18. April 1988, S. A32.
7. Professor Michael Porter geht bei einem Großteil seines Arguments zum Wettbewerbsvorteil von Nationen von der Voraussetzung aus, daß ein Unternehmen da zu Hause ist, »wo seine produktivsten Arbeitsplätze angesiedelt sind« und die »höchstentwickelten Fertigkeiten« genährt werden: *The Competitive Advantage of Nations*, New York 1990, S. 97. Noch Ende der 70er Jahre hätte Porter mit seiner Annahme recht gehabt, doch Beispiele aus jüngerer Zeit belehren uns eines Besseren, wie ich noch zeigen werde. Vgl. auch John Cantwell (s. Anm. 21).
8. *Highlights*, National Science Foundation, Washington, D. C., 9. März 1990, Tab. 2. Auch unter Berücksichtigung der Dollar-Abwertung stiegen die Ausgaben amerikanischer Unternehmen für Forschung und Entwicklung im Ausland schneller als in den Vereinigten Staaten. National Science Foundation: *Science and Technology Update*, Washington, D. C., 1989.
9. David Sanger: »Singapore's Aim: High-Tech Future«, *The New York Times*, 15. Mai 1990, S. D1, D8.
10. Ein Spitzenwissenschaftler in einem größeren amerikanischen Unternehmen würde einschließlich Gehalt, Nebenleistungen und allgemeiner Unkosten mindestens 250 000 Dollar verschlingen. In Osteuropa ist ein Wissenschaftler desselben Kalibers für ein Zehntel dieser Kosten zu haben. J. Holusha: »Business Taps the East Bloc's Intellectual Reserves«, *The New York Times*, 20. Februar 1990, S. A1, D5.
11. Zit. in John Markoff: »Silicon Valley Is Changing Programs«, *The New York Times*, 14. Januar 1990, S. D24.
12. Die folgenden Beispiele entstammen Interviews und Unternehmensberichten. Eine Reihe jüngerer Untersuchungen bestätigen den Trend. Siehe z. B. David J. Teece et al.: »Joint Ventures and Collaborative Arrangements in the Telecommunications Equipment Industry«, in D. Mowery, Hg.: *International Collaborative Ventures in U.S. Manufacturing*, Cambridge (Mass.) 1988; D. Morris und M. Hergert: »Trends in International Col-

laborative Agreements«, *Columbia Journal of World Business*, Sommer 1987, S. 15–21; und Ashoka Mody: »Changing Firm Boundaries: An Analysis of Technology-Sharing Alliances«, The World Bank, Industry and Energy Department, Arbeitspapier, Industry Series Paper No. 3, Februar 1989, S. 2ff.

13. Unternehmensberichte.
14. 1990 wurde fast der gesamte Unternehmensgewinn von General Motors auf dem automobilen Sektor von GM-Europa erwirtschaftet, obwohl dort nur halb so viele Pkw wie in Nordamerika gebaut wurden.
15. Die Angaben über ausländische Investitionen sind aus »Foreign Direct Investment in the United States, Detail for Position and Balance of Payments Flows«, *Survey of Current Business* (1988), U.S. Department of Commerce, August 1989; Angaben über den Nettowert der nicht mit Finanzierungen befaßten Unternehmen aus Federal Reserve Board: »Balance Sheets for the U.S. Economy 1949–1988«, April 1989.
16. Vermögenswerte und Beschäftigtenzahlen der Tochterfirmen ausländischer Hersteller in den Vereinigten Staaten geschätzt nach Bureau of Economic Analysis: *Foreign Direct Investment in the United States: Operations of U.S. Affiliates of Foreign Companies*, Washington, D. C. (U.S. Department of Commerce), verschied. Jahrgänge; Vermögenswerte der US-Hersteller von U.S. Bureau of the Census und Federal Trade Commission.
17. Zahlen von Joseph White: »Chrysler to Shut St. Louis Plant, Third Since 1987«, *The Wall Street Journal*, 21. Februar 1990, S. 14.
18. Robert Z. Lawrence: *Japanese-Affiliated Automakers in the United States: An Appraisal*, Washington, D. C., 1989, S. 41–53.
19. Berechnet nach Bureau of Economic Analysis: »Foreign Direct Investment in the United States, Detail for Position and Balance of Payments Flows«, *Survey of Current Business*, August, verschied. Jahrgänge (Zahlen bis 1990 fortgerechnet).

20. Von E. Graham und P. Krugman: *Foreign Direct Investment in the United States*, Washington, D. C. (Institute for International Economics), 1990, S. 58f., Tab. 3–3.
21. U.S. General Accounting Office: *Foreign Sponsorship of U.S. University Research*, Washington, D. C., 1989. Untersuchungen John Cantwells zufolge konzentrieren Globalunternehmen ihre Forschungs- und Entwicklungstätigkeit im allgemeinen *nicht* auf ihr Heimatland. Siehe J. Cantwell: *Technological Innovation and Multinational Corporations*, London 1989.
22. Ein großer Teil aller Erfindungen der Welt kommt weiterhin von amerikanischen Wissenschaftlern und Erfindern. (1987 waren über ein Drittel aller wissenschaftlichen Beiträge von Amerikanern, 7 Prozent von Japanern und 6 Prozent von Deutschen verfaßt.) Ausländische Unternehmen kaufen sie begierig auf; amerikanische Unternehmen tun dies ebenfalls und reichen sie oft an im Ausland gelegene Produktionsstätten weiter, um sie dort zur Vermarktung in der übrigen Welt in Produkte umwandeln zu lassen. Die Honorare und Lizenzgebühren, die zur Bezahlung von Neuerfindungen in die Vereinigten Staaten fließen, überschreiten bei weitem die Honorare und Gebühren, die in die entgegengesetzte Richtung fließen. Siehe National Science Foundation: *Science and Technology Update*, Washington, D. C., jährlich neu; des weiteren John Alec: »Report on Foreign Purchases of U.S. Technology«, U.S House of Representatives, Task Force on Technology Policy, Committee on Science, Space, and Technology, 22. Oktober 1989.
23. 1980 belief sich der Anteil der industriell gefertigten Produkte (*manufactured goods* im Sinne der amtlichen Statistik) am gesamten japanischen Einfuhrvolumen auf lediglich 22 Prozent; 1989 betrug er bereits 61 Prozent aller japanischen Importe. Siehe Yoshi Tsurumi: »From Brinkmanship to Statesmanship«, *World Policy Journal*, Winter 1989/90.
24. Zur Zeit der Ankündigung befand sich Renault offiziell noch »im Besitz« des französischen Staates. Indem Renault jedoch allmählich in einem globalen Netzwerk aufging, spielte sogar

die explizite Verbindung zur Regierung immer weniger eine Rolle bei geschäftlichen Entscheidungen, wo auf der Welt was zu produzieren sei. Überall ist der Stern staatlicher Unternehmen im Sinken. Siehe Raymond Vernon: »The Eclipse of the State-Owned Enterprise: Causes and Consequences«, Center for Business and Government, John F. Kennedy School of Government, 1989.

25. Sanger, a. a. O.
26. Berechnet nach Amir Mahini: »A New Look at Trade«, The McKinsey Quarterly, Winter 1990. Siehe auch DeAnne Julius: *Global Companies and Public Policy*, London 1990; M. Barker: »U.S. Merchandise Trade Associated With U.S. Multinational Companies«, *Survey of Current Business*, U.S. Department of Commerce, Mai 1986.
27. Berechnet nach Robert E. Lipsey und Irving Kravis: »The Competitive and Comparative Advantage of U.S. Multinationals, 1957–1983«, Arbeitspapier Nr. 2051, National Bureau of Economic Research, November 1986.

Die künftige Irrelevanz der Unternehmens-Nationalität

1. Weil alle derartigen Aktiva (verkehrsfähigen, d. h. jederzeit veräußerbaren Vermögenswerte) nach ihrem Buchwert gemessen werden (d. h. danach, was ihre Anschaffung kostete), und nicht nach ihrem Marktwert (d. h. danach, was sie erbringen würden, falls man sie heute verkaufte), werden Aktiva, die bereits vor Jahren gekauft wurden – was bei einem hohen Prozentsatz der gegenwärtig in amerikanischem Besitz befindlichen ausländischen Vermögenswerte der Fall ist –, im Vergleich zu in jüngerer Zeit angeschafften Vermögenswerten meistens unterbewertet. Gegenwärtige Marktwerte können nur geschätzt werden, doch stellen die meisten Schätzungen den Wert amerikanischer Vermögenswerte im Ausland – auf das Jahr 1990 bezogen – über denjenigen ausländischer Vermögenswerte in den Vereinigten Staaten.
2. Die Aufmerksamkeit richtete sich größtenteils auf die Japaner.

Doch im Jahr 1990 wurden die japanischen Beteiligungen in den Vereinigten Staaten bei weitem von den britischen übertroffen. Allein in der ersten Jahreshälfte 1990 kauften die Briten amerikanische Werte in Höhe von 7,9 Milliarden, die Franzosen in Höhe von 5,7 Milliarden, die Japaner jedoch nur in Höhe von 3,8 Milliarden Dollar. *The New York Times*, 17. Juli 1990, S. D2.

3. 1989 stiegen die grenzüberschreitenden Kapitalbeteiligungen auf 1,6 Billionen Dollar oder etwa 14,5 Prozent aller Aktienkapitalumsätze der Welt. An jeder siebenten Transaktion war ein ausländischer Investor beteiligt, und über 7 Prozent vom Gesamtwert des Welt-Aktienmarkts wurden von ausländischen Investoren gehalten. Siehe »Cross Border Investments«, Salomon Brothers, Juli 1990.
4. Zu Beginn der 90er Jahre konnten amerikanische Investoren über globale Investmentgesellschaften (überall auf der Welt), internationale Fonds (nur außerhalb der Vereinigten Staaten), Regionalfonds (auf Europa bzw. Asien spezialisiert), Länderfonds (auf Aktien von Unternehmen mit Hauptsitz in bestimmten Ländern spezialisiert) und Depotscheine öffentlicher Geldinstitute (d. h. Forderungen auf ausländische Wertpapiere, die für US-Investoren von Kreditinstituten verwahrt werden) im Ausland investieren.
5. Ein Dollar, 1985 auf dem österreichischen Aktienmarkt investiert, hätte 1990 6,97 Dollar erbracht; desgleichen in Belgien 5,51 Dollar, in Spanien 5,11 Dollar, in Japan 4,66 Dollar. *Morgan Stanley Capital International Study*, Januar 1990.
6. Securities Industry Association, 1990.
7. L. Birinyi, Jr.: *International Equity Analysis*, New York 1989.
8. Zit. in L. Uchitelle: »U.S. Businesses Loosen Link to Mother Country«, *The New York Times*, 28. Mai 1989, S. A1.
9. Zit. in L. Uchitelle: »Global Strategies vs. National Ties«, *The New York Times*, 26. März 1990, S. D2.
10. Ebd.
11. Der interessierte Leser möge einmal die periodischen Debat-

ten über den Foreign Corrupt Practices Act – das Gesetz, das amerikanischen Unternehmen verbietet, ausländische Beamte zu bestechen – oder Debatten über Vorschriften verfolgen, die auch heute noch verhindern, daß amerikanische Unternehmen gewisse militärisch sensitive Technologien an die (ehemalige) Sowjetunion und ihre (ehemaligen) Verbündeten exportieren.

12. Die japanische Regierung gestattet Japans Unternehmen sogar, in den Vereinigten Staaten geleistete Spenden für wohltätige Zwecke steuerlich abzusetzen.
13. Siehe Craig Smith, Hg. von »Corporate Philanthropy Report«, zit. in: *The Chronicle of Higher Education*, 8. November 1989, S. A-34.
14. Telefonisches Interview, 6. März 1988.
15. Uchitelle: »U.S. Businesses Loosen Link to Mother Country« (vgl Anm. 8).
16. In dieser Beziehung hinkten 1990 die meisten japanischen Unternehmen Sony weit hinterher: Direktoren und andere Führungskräfte japanischer Unternehmen sind durchweg Japaner. Diese Abschottung stellt für das Land bereits jetzt ein Handikap in der Globalwirtschaft dar, das sich in Zukunft noch vergrößern wird.
17. R. Vernon: »Multinational Enterprise and National Security«, *Adelphi Papers*, 74, London (Institut für strategische Studien) 1985.
18. Robert Z. Lawrence: *Japanese Affiliated Automakers in the United States*, Washington, D. C., 1989.
19. Ihre Geschäftstätigkeit auf dem Territorium Ihrer Konkurrenz bringt einen strategischen Vorteil mit sich: Sie verhindern dadurch, daß Ihr Konkurrent auf dem heimischen Markt überhöhte Preise für seine Produkte verlangt, um damit Kampfpreise im Ausland zu subventionieren. Wenn sich Ihr ausländischer Konkurrent allerdings auf dem heimischen Markt bereits einer starken Konkurrenz zu erwehren hat, gibt es keinen besonderen Grund für Sie, sich auf eine derart kostspielige Strategie einzulassen.

20. *Consumer Reports*, Mai 1990.
21. John F. Krafcik: »The Triumph of the Lean Production System«, *Sloan Management Review* 41, Vol. 30, No. 1 (Herbst 1988).
22. H. Shimada und J. P. MacDuffie: »Industrial Relations and ›Humanware‹: Japanese Investments in Automobile Manufacturing in the United States«, Informationspapier zum Internationalen Kraftfahrzeugprogramm 1987, Massachusetts Institute of Technology, 1987, S. 91.
23. Zwischen 1989 und 1992 beabsichtigte Bridgestone, über 1 Milliarde Dollar in seine US-Fabriken zu investieren, um die nächste Generation von Radialreifen für Pkw zu entwickeln. »Die Größenordung beträgt fast das Doppelte dessen, was Firestone als unabhängiges Unternehmen hätte investieren können«, erklärte John J. Nevin, Vorstandsvorsitzender von Firestone, der *New York Times*. Siehe John P. Hicks: »Foreign Owners Are Shaking Up the Competition«, *The New York Times*, 28. Mai 1989, S. D9.
24. 1986 verdiente der amerikanische Angestellte eines ausländischen Industrieunternehmens in den Vereinigten Staaten durchschnittlich 32 887 Dollar, während der amerikanische Angestellte eines amerikanischen Unternehmens im Schnitt nur 28 945 Dollar verdiente. Zu den Daten über ausländische Firmen siehe Bureau of Economic Analysis: *Foreign Direct Investment in the U.S.: Operations of U.S. Affiliates of Foreign Companies*, Washington, D. C. (U.S. Department of Commerce), 1988; zu den Daten über US-Firmen siehe U.S. Bureau of the Census: *Annual Survey of Manufacturing Statistics for Industry Groups and Industries, 1986*, Washington, D. C., 1987.
25. Lawrence, a. a. O. (vgl. Anm. 18).
26. Zit. in *The Wall Street Journal*, 16. August 1989, S. B4. Ähnlich erleichtert äußerte sich der Präsident von Genentech, dem größten Biotechnologie-Unternehmen der Vereinigten Staaten, als die Firma Anfang 1990 an die Schweizer Roche Holdings

Ltd. verkauft wurde: »Es gibt so vieles, was wir tun wollen. Der vierteljährliche Druck der Börse, obwohl real und verständlich, hemmt jedoch den Brain-Trust, sich hier auf unseren 120 000 Quadratmetern richtig zu entfalten.« Zit. in *The Wall Street Journal*, 5. Februar 1990, S. A3.

Die Gefahren des rudimentären Denkens

1. National Security Council, *Draft Report on Military Dependency on Foreign Technologies*, April 1987, S. 5f. Siehe auch *Defense Semiconductor Dependency*, Report of the Defense Science Board Task Force, Office of the Under Secretary of Defense for Acquisition, Februar 1987, S. 1: »[E]ine direkte Bedrohung der für die US-Verteidigungssysteme als notwendig erachteten technologischen Überlegenheit ist existent.«
2. Das Interesse eines Staates an der Aufrechterhaltung der Kontrolle über die Grundlage seiner Verteidigung diskutiert in einleuchtender Weise Theodore H. Moran: »The Globalization of America's Defense Industries: What's the Threat? How Can It Be Managed?«, School of Foreign Service, Georgetown University (Washington, D. C.), Oktober 1989.
3. Ein dem Ausschuß angehörender Regierungsbeamter äußerte: »Wir könnten zur letzten Bastion gegen Übernahmen [amerikanischer Unternehmen durch Ausländer, *Anm. d. Übers.*] werden.« *The Wall Street Journal*, 8. März 1989, S. A16.
4. Die Bush-Regierung legte etwas weniger Interesse an – wenn nicht gar Feindseligkeit gegenüber – verschiedenen offeneren Bemühungen des Pentagon an den Tag, gewisse Hochtechnologien der Zukunft anzuvisieren, wie etwa das hochauflösende Fernsehen. Im Kongreß fanden diese Bemühungen jedoch weiterhin Unterstützung. Und selbst wenn die Regierung manche dieser Bemühungen einschränken oder ganz unterbinden sollte, so würde das Pentagon (und das eng mit diesem zusammenhängende Energieministerium) doch fortfahren, einen Großteil der hochtechnologischen Forschung und Entwicklung in den Vereinigten Staaten zu subventionieren.

5. »Wenn man diese entscheidende Industrie dahinschwinden läßt, so wird das Land dies mit dem Verlust von Millionen von Arbeitsplätzen, dem Verlust der technologischen Führung auf vielen verwandten Gebieten wie der Telekommunikation und der Computertechnologie sowie dem Verlust des technischen Vorsprungs bezahlen, von dem unsere nationale Sicherheit abhängt.« *A Strategic Industry at Risk*, National Advisory Committee on Semiconductors, November 1989.
6. Interview.
7. Pressekonferenz, 18. Dezember 1988. Hervorhebung vom Autor. Die Bush-Regierung [ab 20. Januar 1989 im Amt, *Anm. d. Übers.*] brachte anschließend weniger Begeisterung für dieses Projekt zum Ausdruck. Siehe oben, Anm. 4.
8. Großen Wert legte die Handelsrepräsentantin auch darauf, Japan zu zwingen, große amerikanische Einzelhandelsketten wie Toys-R-Us im Lande Fuß fassen zu lassen. Doch fast die gesamte Produktpalette von Toys-R-Us bestand aus Artikeln, die in Südostasien und Lateinamerika entworfen und hergestellt wurden. Sollte Japan seinen Markt für Toys-R-Us öffnen, so wären die einzigen Nutznießer in Amerika eine relativ kleine Gruppe von strategischen Vermittlern in der US-Zentrale des Unternehmens sowie die Aktionäre des Unternehmens, soweit sie Amerikaner sind.
9. Protektionistische, ausschließlich binnenwirtschaftlich fixierte Vorschriften *(domestic-content rules)* sind von den an früherer Stelle empfohlenen Regelungen zwischen Regierung und Privatwirtschaft zu unterscheiden, aufgrund deren der Staat bestimmte Technologien unter der ausdrücklichen Bedingung finanziert, daß die eigenen Bürger sie herstellen. Zwar ist es vollkommen angemessen, daß eine Regierung ein solches Quid pro quo im Gegenzug für öffentliche Subventionen von den betreffenden Unternehmen verlangt, doch gibt es keinerlei Rechtfertigung dafür, den Marktzugang ganz allgemein auf heimische Produkte zu beschränken. Die Kosten derartiger Beschränkungen fallen nicht nur auf die heimischen Verbrau-

cher zurück, sondern auf all diejenigen außerhalb des Staates, die folglich nicht in der Lage sind, ihre Fertigkeiten zu vermarkten.

10. Zit. in *The Wall Street Journal*, 22. Januar 1990, S. A4.
11. U.S. House of Representatives, Committee on the Judiciary, *Hearings Before the Subcommittee on Economic and Commercial Law, March 14, 1989.*
12. John Judis: »Yen for Power«, *The New Republic*, 22. Januar 1990. Siehe auch Pat Choate: *Agents of Influence*, New York 1990.
13. »How TRW Plays the Game«, *Japan Economic Journal*, 19.Mai 1990, S. 6.

Teil III: Der Aufstieg des Symbol-Analytikers

Die drei Jobs der Zukunft

1. Siehe Alba M. Edwards: *U.S. Census of Population, 1940: Comparative Occupation Statistics, 1870–1940*, Washington, D. C., 1943.
2. Weil jedoch ein Großteil der Informationen über das amerikanische Arbeitskräftepotential aus den alten Kategorien abgeleitet werden muß, besteht die einzige Möglichkeit, festzustellen, wer in welche der neuen Kategorien paßt, darin, die offiziellen Daten in die kleinsten Unterkategorien, in denen sie gesammelt werden, zu zerlegen und anschließend die Unterkategorien danach neu zu ordnen, welcher der neuen Funktionsgruppen sie jeweils anzugehören scheinen. Zu einer ähnlichen Methodologie siehe Steven A. Sass: »The U.S. Professional Sector: 1950 to 1988«, *New England Economic Review*, Januar–Februar 1990, S. 37–55.
3. Eine aufschlußreiche Abhandlung über Routinejobs in einer hochtechnologischen Industrie ist D. O'Connor: »Women Workers in the Changing International Division of Labor in Microelectronics«, in L. Benerici und C. Stimpson, Hg.:

Women, Households, and the Economy, New Brunswick (N.J.) 1987.

4. Zu diesem Punkt siehe Arlie Russell Hochschild: *The Managed Heart: The Commercialization of Human Feeling*, Berkeley (Calif.) 1983.
5. U.S. Department of Commerce, Bureau of Labor Statistics, verschied. Jahrg.
6. Das materielle Umfeld, in dem Symbol-Analytiker ihrem Beruf nachgehen, unterscheidet sich wesentlich von dem, in dem Routinearbeiter und »Dienstleistende« tätig sind. Symbol-Analytiker arbeiten gewöhnlich in stillen, geschmackvoll eingerichteten Räumen. Weiches Licht, Teppichböden, die Farben Beige und Braunrot werden bevorzugt. Eine solche behagliche Umgebung ist typischerweise eingebettet in Hochhauskonstruktionen aus Stahl und Glas oder postmodernistische Flachbauten in Hanglage, umgeben von ausgedehnten, gepflegten Rasenflächen.
7. Sass' Definition des *»professional worker«* [svw. Angehöriger eines Berufs mit hohem, zumeist akademischem Ausbildungs-, Erfahrungs- und Leistungsstandard; Fachmann – *Anm. d. Übers.*] stimmt im wesentlichen mit meiner Definition des Symbol-Analytikers [im Original: *»symbolic analyst«* – *Anm. d. Übers.*] überein (wenn auch, wie ich noch erklären werde, nicht alle Symbol-Analytiker *professionals* und nicht alle *professionals* Symbol-Analytiker sind). Sass stellte fest, daß im Jahr 1988 das amerikanische Arbeitskräftepotential zu 20 Prozent aus *professional workers* bestand. Siehe Sass, a. a. O. (vgl. Anm. 2).
8. Im weiteren Verlauf des Buchs werde ich, wenn von Symbol Analytikern die Rede ist, zur Illustration gelegentlich von Anwälten, Unternehmensberatern, Software-Entwicklern und anderen Fachleuten sprechen, doch sollte sich der Leser klar darüber sein, daß es sich dabei lediglich um eine Kurzmethode handelt, die von diesen Fachleuten ausgeübte symbolische und analytische Tätigkeit zu beschreiben.

Exkurs über Symbol-Analyse und Marktanreiz

1. 1990 unternahmen Kongreß und Bush-Administration einen Vorstoß in dieser Richtung, doch war die Opposition dagegen so stark, daß das Projekt erst einmal auf Eis gelegt wurde.
2. Eine durchdachte Analyse der exzessiven Kosten finanzieller Transaktionen bieten L. und V. Summers: »When Financial Markets Work Too Well: A Cautious Case for a Securities Transactions Tax«, National Bureau of Economic Research, 28. Februar 1989.
3. Jährliche Übersichten über Anwaltsfirmen und die Entwicklung der Anwaltshonorare werden in *The American Lawyer* veröffentlicht.
4. Securities Industry Association, 1989.
5. Zit. in Robert J. McCartney: »Wall St. Restructuring Lemons into Lemonade«, *Washington Post Weekly Edition*, 26. März–1. April 1990, S. 20.
6. Inzwischen haben Anwälte, die die Schuldscheininhaber von RJR vertreten, eine weitere neuartige juristische Theorie entwickelt, um Forderungen gegen diejenigen geltend zu machen, die ihre Obligationen im Verlauf der Transaktion verkauften. Die Theorie mit dem Namen »betrügerische Übertragung« wurde bei dieser Art von Transaktion noch nie einem Praxistest vor Gericht unterzogen und wird es wohl auch niemals werden. Ihre Anwendung ist rein strategischer Natur – um den Beklagten eine großzügige Geldsumme zu entlocken.

Einkommensverteilung in den Vereinigten Staaten

1. Unter den ersten Forschern, die diesen Trend registrierten, waren Bennett Harrison und Barry Bluestone. Eine Zusammenfassung ihrer Analyse findet sich in ihrem Buch *The Great U-Turn*, New York 1988.
2. Die Projektionen bis 1990 basieren auf der vom U.S. Bureau of the Census (dem Statistischen Bundesamt der USA) monatlich durchgeführten Aktualisierung der Bevölkerungsstatistik, der jährlich für die Einkommensstatistik zusammengestellten

repräsentativen Auswahl von Steuererklärungen sowie der vierteljährlich vom Bureau of Labor Statistics (Amt für Arbeitsstatistik) durchgeführten Erhebung über die gesamtwirtschaftlichen Konsumausgaben (Consumer Expenditure Survey). Siehe Congressional Budget Office: »The Changing Distribution of Federal Taxes, 1977–1990«, U.S. House of Representatives, Ways and Means Committee, Februar 1987; desgl. »Tax Progressivity and Income Distribution«, U.S. House of Representatives, Ways and Means Committee, 26. März 1990.

Unter Schwarzen, deren Einkommen weiter hinter denjenigen der Weißen zurückbleiben, ist die Kluft noch größer. Zwischen 1978 und 1988 sank das Durchschnittseinkommen des ärmsten Fünftels schwarzer Familien um 24 Prozent, während sich dasjenige der obersten 5 Prozent um fast ebensoviel erhöhte. Ende der 80er Jahre bezogen die obersten 5 Prozent schwarzer Familien 47 Prozent des Gesamteinkommens der schwarzen Bevölkerung, die obersten 5 Prozent weißer Familien hingegen nur 42,9 Prozent des Gesamteinkommens des weißen Bevölkerungsteils. »Still Far from the Dream: Recent Developments in Black Income, Employment, and Poverty«, Center on Budget Priorities, Oktober 1988.

3. 1979 verschlangen bundesstaatliche und kommunale Umsatzsteuern 6,1 Prozent der Einkommen des ärmsten und 7,8 Prozent des reichsten Fünftels der Amerikaner. Bis 1990 hatte sich die Steuerlast verlagert: das ärmste Fünftel gab nun 7,1 Prozent seines Einkommens für bundesstaatliche und kommunale Umsatzsteuern aus, das reichste Fünftel dagegen nur 2,5 Prozent. Auf 1990 hochgerechnet aus einem Arbeitsmodell des Urban Institute über die anteilmäßige Belastung durch bundesstaatliche und kommunale Umsatzsteuern zwischen 1979 und 1984. Urban Institute, Washington, D. C., 1986.

   Es sollten an dieser Stelle auch die staatlich geförderten Lotterien nicht unerwähnt bleiben, aus denen nach Steuern dürstende Bundesstaaten einen immer höheren Anteil ihrer Einnahmen schöpfen. Auch hier sind die distributorischen Auswirkungen beunruhigend. Eine Reihe von Studien haben ergeben, daß die Lotterieverkäufe in den ärmsten Wohngebieten am höchsten sind. In den innerstädtischen Bezirken von Detroit sind sie zum Beispiel dreimal höher als in den Vororten. In Gebieten, wo das Bildungsniveau höher ist, sinkt der Lotterieverkauf. Wohlgemerkt finden die auf diese Weise gewonnenen Steuereinnahmen nur selten den Weg zurück in die armen Wohnviertel. Im Jahr 1988 flossen aus den in Detroit getätigten Lotteriekäufen 104 Millionen Dollar in den Schulhilfsfonds des Staates Michigan, aus dem hingegen nur 80 Millionen Dollar an den Hilfsfonds für die öffentlichen Schulen der Stadt Detroit zurückflossen, während die restlichen 24 Millionen Dollar auf reichere Schuldistrikte verteilt wurden. Zahlen von Charles Clotfelter und Philip Cook: *Selling Hope: State Lotteries in America*, Cambridge (Mass.) 1989.

4. »Tax Progressivity and Income Distribution« (vgl. Anm. 2).
5. Ebd. Siehe auch Richard A. Musgrave: *Strengthening the Progressive Income Tax*, Washington, D. C. (Economic Policy Institute) 1989. Die Frage der Steuergerechtigkeit hat, wie zu erwarten, eine intensive, wenn auch nicht gerade aufschlußreiche Debatte unter Vertretern verschiedener politischer Richtungen hervorgebracht. Apologeten argumentieren, daß – der obengenannten Prozentsätze ungeachtet – der Anteil des oberen Fünftels an den *insgesamt* gezahlten Bundessteuern im Laufe der 80er Jahre von 55,7 auf 58,1 Prozent und der Anteil der obersten 5 Prozent der Steuerzahler von 27,6 auf 30,4 Prozent stieg, während der vom untersten Fünftel gezahlte Anteil seit 1980 in etwa gleich blieb. Siehe z. B. Lawrence Lindsey: *The Growth Experiment: How the New Tax Policy Is Transforming the United States Economy*, New York 1990. Dieses Argument ist soweit korrekt, doch bedeutet dies nicht, daß das System als solches fairer geworden wäre. Vielmehr sagt es lediglich aus, daß der Anteil der Reichsten am gesamten Steueraufkommen *weniger* stieg als ihr Anteil am Gesamt*einkom-*

men – mit dem Ergebnis, daß ihre individuelle Steuerbelastung sank. Der Anteil der Armen am Volkseinkommen hingegen sank, während ihr Anteil am gesamten Steueraufkommen gleich blieb – *ihre* Steuerlast wuchs also.

6. Siehe John Pechman: »The Future of the Income Tax«, *The American Economic Review*, Vol. 80, No. 1 (März 1990), S. 1. Siehe auch »Tax Progressivity and Income Distribution« (vgl. Anm. 2).
7. Siehe Mary Jo Bane und David Ellwood: »One Fifth of the Nation's Children: Why Are They Poor?« *Science*, September 1989, S. 1047f.
8. Ebd.
9. Eine von der University of Michigan durchgeführte Panel-Studie zur Einkommensdynamik, die seit 1968 die Entwicklung einer repräsentativen Gruppe von 5000 Familien verfolgte, fand heraus, daß nur ein Siebentel der im Kindesalter erfolgten Übergänge in die langfristige Armut mit zerrütteten Familienverhältnissen zusammenhing, während mehr als die Hälfte mit Veränderungen in der Arbeitsmarktpartizipation und in den Löhnen zusammenhing. Siehe auch Bane und Ellwood, a. a. O. (vgl. Anm. 7); Center on Budget and Policy Priorities, 29. Oktober 1989.
10. Hierzu siehe J. Bound und G. Johnson: »Changes in the Structure of Wages During the 1980s: An Evaluation of Alternative Explanations«, National Bureau of Economic Research, Arbeitspapier No. 2983, Mai 1989.
11. Siehe Thomas Stark: »The Changing Distribution of Income Under Mrs. Thatcher«, in Francis Green, Hg.: *The Restructuring of the U.K. Economy*, London 1989; T. Elfring und R. Kloosterman: »The Dutch Job Machine: The Fast Growth of Low-Wage Jobs in Services, 1979–1986«, Rotterdam School of Management, Erasmus University, 1989. Daten über die Einkommensunterschiede in Kanada finden sich bei J. Myles, G. Picot und T. Wannell: »Wages and Jobs in the 1980s: Changing Youth Wages and the Declining Middle«, Social and Economic

Studies Division, Statistics Canada, Research Paper Series No. 17, 1988. Über Europa im allgemeinen siehe *OECD Employment Outlook*, Paris (OECD) September 1985 und nachfolgende Jahrg.

12. Nicholas Kristof: »Taiwan Embraces Trappings of New Wealth«, *The New York Times*, 5. Dezember 1989, S. A9.
13. Zwei Drittel dieser wachsenden Kluft innerhalb der Arbeiterschaft lassen sich einer zunehmenden Dispersion der Löhne zuschreiben, das restliche Drittel einer wachsenden Divergenz der tatsächlich geleisteten Arbeitsstunden – wobei viele Teilzeitbeschäftigte lieber vollbeschäftigt wären.
14. Daten von 1984. D. Ellwood: *Poor Support: Poverty in the American Family*, New York 1988, S. 99, Tab. 4–3.
15. Daten aus B. Harrison und B. Bluestone: »Wage Polarization in the United States and the ›Flexibility‹ Debate«, School of Urban and Public Affairs, Carnegie-Mellon University, Arbeitspapier, Herbst 1989.
16. Untersuchungen über die Bezüge der Führungskräfte in der Wirtschaft werden jährlich von Fachgutachtern durchgeführt und in den meisten größeren Wirtschaftsblättern veröffentlicht. Kaum einer Pressenotiz wird von den Wirtschaftsführern Jahr für Jahr größere Aufmerksamkeit geschenkt. Siehe z. B. »Pay Stubs of The Rich and Corporate«, *Business Week*, 7.Mai 1990, S. 56; »Executive Pay«, *The Wall Street Journal*, Beilage, 18. April 1990; A. Bennett: »A Great Leap Forward for Executive Pay«, *The Wall Street Journal*, 24. April 1989, S. B1.
17. Recht aufschlußreich ist ein internationaler Vergleich. Einer Untersuchung der Vergütungsfachleute Towers, Perrin, Forster & Crosby zufolge verdiente der typische amerikanische Vorstandsvorsitzende eines Unternehmens mit einem jährlichen Umsatz von 250 Millionen Dollar im Jahr 1990 insgesamt 543 000 Dollar an Gehalt, Zulagen und Sondervergütungen. Das war über 50 Prozent mehr als die 352 000 Dollar, die ein ähnlich situierter Unternehmensführer in Japan bezog, 90 Prozent mehr als die Gesamtbezüge eines Vorstandsvorsitzenden in

Deutschland oder Großbritannien und 400 Prozent mehr als das Gehalt einer typischen Spitzenführungskraft in Südkorea. Außerdem kann sich der »Chief Executive Officer« (CEO) in Amerika für den gleichen Dollarbetrag dreimal mehr kaufen als sein Kollege in Japan und etwa doppelt soviel wie ein Deutscher in Deutschland. *Report on International Compensation*, Januar 1990, S. 8–14.

18. Zit. in Patricia O'Toole: »Silk Purse Chronicles«, *Lears Magazine*, April 1990, S. 23.
19. William T. Grant Foundation Commission on Work, Family, and Citizenship: »The Forgotten Half: Non-College Youth in America«, Januar 1988, S. 18–27.
20. Siehe M. Blackburn, D. Bloom und R. Freeman: »Why Has the Economic Position of Less-Skilled Male Workers Deteriorated in the United States?«, Brookings Diskussionspapier, März 1989. Siehe auch C. Juhn, K. Murphy und B. Pierce: »Wage Inequality and the Rise in Returns to Skill«, unveröffentlicht, November 1989.
21. Guy Standing, *Unemployment and Labour Market Flexibility: Sweden*, Genf (Internationales Arbeitsamt) 1988.
22. L. Katz und A. Revenga: »Changes in the Structure of Wages: United States vs. Japan«, National Bureau of Economic Research, September 1989.
23. Daten von Bound und Johnson, a. a. O. (vgl. Anm. 10).

Warum die Reichen reicher und die Armen ärmer werden

1. Natürlich muß man sich darüber klar sein, daß niedrigere Löhne in anderen Weltgegenden keine besondere Anziehungskraft auf das globale Kapital besitzen, wenn die dortigen Arbeitskräfte nicht produktiv genug sind, um die Lohn*stück*kosten unter diejenigen in Gegenden mit höheren Löhnen zu drücken. In vielen Niedriglohngegenden der Welt hat sich die Produktivität dank der Leichtigkeit erhöht, mit der sich dort modernste Fertigungsanlagen aufbauen lassen.
2. John Maxwell Hamilton: »A Bit Player Buys Into the Computer

Age«, *The New York Times Business World*, 3. Dezember 1989, S. 14.

3. Udayan Gupta: »U.S.-India Satellite Link Stands to Cut Software Costs«, *The Wall Street Journal*, 6. März 1989, S. B2.
4. *Statistical Abstract of the United States*, Washington, D. C., 1989, S. 416, Tab. 684.
5. Berechnungen aus Current Population Surveys von L. Katz und A. Revenga: »Changes in the Structure of Wages: United States vs. Japan«, National Bureau of Economic Research, September 1989.
6. U.S. Department of Commerce, Bureau of Labor Statistics: »Wages of Unionized and Non-Unionized Workers«, verschied. Jahrg.
7. U.S. Department of Labor, Bureau of Labor Statistics: »Reemployment Increases Among Displaced Workers«, *BLS News*, USDL 86-414, 14. Oktober 1986, Tab. 6.
8. *The Wall Street Journal*, 16. Februar 1990, S. A5.
9. Zahlen aus dcm International Motor Vehicles Program, Massachusetts Institute of Technology, 1989.
10. Die Tatsache, daß ein immer höherer Anteil des Arbeitskräftepotentials auf dem Sektor personenbezogener Dienstleistungen tätig ist, trägt somit zu der Erklärung bei, warum die Zahl der nicht krankenversicherten Amerikaner im Laufe der 80er Jahre um mindestens 6 Millionen angestiegen ist.
11. U.S. Department of Labor, Bureau of Labor Statistics: »Reemployment Increases Among Displaced Workers«, 14. Oktober 1986.
12. Federal Immigration and Naturalization Service: *Statistical Yearbook*, Washington, D. C., 1986, 1987.
13. Siehe Claudia H. Deutsch: »The Powerful Push for Self-Service«, *The New York Times*, 9. April 1989, Sektion 3, S. 1.
14. U.S. Bureau of the Census, Current Population Reports, Series p-23, No. 138, Tab. 2-1, 4-6. Siehe W. Johnson, A.Packer et al.: *Workforce 2000: Work and Workers for the 21st Century*, Indianapolis 1987.

15. Das Census Bureau (Statistische Bundesamt) schätzt, daß bis zum Jahr 2000 mindestens 12 Millionen Amerikaner im Gesundheitswesen tätig sein werden – gut 6 Prozent des gesamten Arbeitskräftepotentials.
16. 1989 brachte die Unterhaltungsbranche den Vereinigten Staaten 5,5 Milliarden Dollar an Auslandseinkünften ein – und gehörte damit zu den größten Exportindustrien des Landes, gleich nach der Raumfahrt. U.S. Department of Commerce, International Trade Commission: »Composition of U.S. Exports«, verschied. Jahrg.

DIE AUSBILDUNG DES SYMBOL-ANALYTIKERS (I)

1. In einer erdrückend großen Zahl von Untersuchungen wurde der relative Rückstand amerikanischer Schüler verzeichnet. Siehe z. B.: »U.S. Students Near the Foot of the Class«, *Science*, März 1988, S. 1237.
2. *National Assessment of Educational Progress*, verschied. Jahrg.
3. Zum System der Leistungskurse siehe Jeanne Oakes, *Keeping Track: How Schools Structure Inequality*, New Haven (Conn.) 1985.
4. In der Tat stellt die Hochschulausbildung eine der wenigen übriggebliebenen Industrien dar, in denen die Vereinigten Staaten eine durchweg positive Handelsbilanz behalten haben. Als Hochschullehrer habe ich dank der Tatsache, daß über ein Drittel meiner Studenten der höheren Semester Ausländer waren, meine Vorlesungen und Seminare fortwährend in die übrige Welt »exportiert«.
5. Siehe Merry White: *The Japanese Educational Challenge*, New York 1987; Thomas Rohlen: *Japan's High-Schools*, Berkeley (Calif.) 1983; W. Jacobson et al.: *Analyses and Comparisons of Science Curricula in Japan and the United States*, New York (Teachers College of Columbia University, International Association for the Evaluation of Educational Achievement) 1986.

6. Literaturhinweise zu diesen Fertigkeiten sowie darüber, wie die formale Schulbildung sie fördern kann, finden sich im Anhang unter »Weitere Quellen: Erziehung zum kritischen Denken«.

DIE AUSBILDUNG DES SYMBOL-ANALYTIKERS (II)

1. Zu den zukunftsweisenden Studien über die Entwicklung regionaler Agglomerationen gehören R. Vernon: *Metropolis 1985*, Cambridge (Mass.) 1960, und M. Hall: *Made in New York*, Cambridge (Mass.) 1959. Eine Aufstellung von Studien aus jüngerer Zeit befindet sich im Anhang »Weitere Quellen – symbolanalytische Zonen«.
2. Zwei ausgezeichnete Darstellungen der Beziehung zwischen Universitäten und regionaler Wirtschaftsentwicklung sind Adam Jaffe: »Universities and Regional Patterns of Commercial Innovation«, *REI Review*, Case Western Reserve University, September 1989; und Stuart W. Leslie: »From Backwater to Powerhouse: Stanford Engineering and Silicon Valley«, *Stanford*, März 1990.

Teil IV: Die Bedeutung der Nation

NEUFORMULIERUNG DES PROBLEMS

1. Daten bis einschl. 1990 zusammengestellt von Citizens for Tax Justice (Bürger für Steuergerechtigkeit), Washington, D. C., Februar 1990. Es sei angemerkt, daß es auch in anderen Ländern Umsatz- und Vermögensteuer gibt, so daß man nicht eindeutig behaupten kann, Amerikas Steuersystem sei insgesamt das regressivste von allen.
2. Eine derart ausgebildete Belegschaft »kann beim Betrieb der angeschlossenen Maschinensysteme ihr kritisches Urteil einbringen. Die Arbeit wird abstrakter, wenn sie vom Verständnis und der Verarbeitung von Informationen abhängt. [. . .] Eine ganz neue Aufgabenpalette bietet einer breiten Skala von

Beschäftigten nie dagewesene Möglichkeiten, zur Werterhöhung von Produkten und Dienstleistungen beizutragen.« Shoshana Zuboff: *In the Age of the Smart Machine*, New York 1987, S. 6.

3. Eine Reihe von Studien wurde hinsichtlich der nützlichsten Ausbildungsformen durchgeführt. Ein besonders aussichtsreiches Beispiel findet sich bei R. Lerman und H. Pouncy: »Why America Should Develop a Youth Apprenticeship System«, Progressive Policy Institute, Policy Report No. 5, März 1990.
4. Eine Zusammenfassung der Studien, auf denen diese Schlußfolgerungen beruhen, findet sich bei P. Cottingham und D. Ellwood, Hg.: *Welfare Policies for the 1990s*, Cambridge (Mass.) 1989.

Der Niedergang der öffentlichen Investitionen

1. Daten vom US-Handelsministerium. Siehe auch Berechnungen von Brian Cromwell: »Capital Subsidies and the Infrastructure Crisis«, *Economic Review*, Federal Reserve Bank of Cleveland 1989.
2. Zahlen von David Aschauer: »Is Public Expenditure Productive?« *Journal of Monetary Economics*, März 1989, S. 177–200, und von Alicia Munnell: »Productivity and Public Investment«, *New England Economic Review*, Januar–Februar 1990, S. 3–22.
3. Daß mit kleineren Klassen und besser qualifizierten Lehrern die besten Bildungsergebnisse zu erzielen sind, ist einer der wenigen Punkte, in denen sich die meisten Erziehungswissenschaftler einig sind. Siehe z. B. David Cord und Alan Krueger: »Does School Quality Matter? Returns to Education and the Characteristics of Public Schools in the U.S.«, National Bureau of Economic Research, Arbeitspapier No. 3358, Mai 1990. Siehe auch R. Eberts, E. Schwartz und J. Stone: »School Reform, School Size, and Student Achievement«, *Economic Review*, Federal Reserve Bank of Cleveland, Vol. 26, No. 2, Juni 1990.

4. Internationale Vergleiche sind riskant, und zwar nicht nur aufgrund der verschiedenen Berechnungsgrundlagen in den jeweiligen Ländern, sondern auch weil die jeweiligen Gesellschaften mit ihren Bildungssystemen unterschiedliche Ziele verfolgen. Auch erhebt sich die Frage, wie man die Berechnungen bei schwankenden Wechselkursen vornehmen soll. Legt man die Wechselkurse von 1985 zugrunde, als der US-Dollar im Verhältnis zu den Währungen der anderen Industriestaaten seinen Höchststand hatte, liegen die Vereinigten Staaten an vierter Stelle, doch ergibt dies wegen des damals abnorm hohen Dollars ein eher schiefes Bild. Zu diesen und ähnlichen Berechnungen siehe *Digest of Educational Statistics*, U.S. Department of Education, National Center for Education Statistics, Washington, D. C., 1988. Siehe auch M. E. Rasell und L. Mishel: »Shortchanging Education: How U.S. Spending on Grades K–12 Lags Behind Other Industrialized Nations«, Economic Policy Institute, Januar 1990.
5. Eine Bewertung des »Head Start«-Programms bieten R. Darlington und I. Lazar: »The Lasting Effects After Preschool«, U.S. Department of Health and Human Services, Washington, D. C., 1979.
6. Zahlen vom Children's Defense Fund, Washington, D. C.
7. Siehe »Competitive Assessment of the President's Fiscal Year 1991 Budget«, Council of Competitiveness, Washington, D. C., Mai 1990, S. 6f. Wo Vorschulprogrammen für Kinder aus armen Familien mehr Lehrer und Sozialarbeiter als im üblichen »Head Start«-Programm zur Verfügung standen, erzielten die Kinder sogar noch bessere Ergebnisse. Siehe Jean Layzer: »Evaluation of New York City Project Giant Step«, Apt Associates, Cambridge (Mass.), April 1990. Siehe auch Amy Stuart Wells: »Preschool Program in New York City Is Reported to Surpass Head Start«, *The New York Times*, 16. Mai 1990, S. B7.
8. Daten vom American Higher Education Research Program, American Council of Education, 1989. Siehe auch Barbara Vobejda: »Class, Color, and College: Higher Education's Role

in Reinforcing the Social Hierarchy«, *Washington Post Weekly Edition*, 15.–21. Mai 1989, S. 6.

9. Bis zu den 90er Jahren hatte jede Generation Amerikaner eine bessere Erziehung genossen als die vorausgegangene. 1980 hatten 25 Prozent der 35- bis 44jährigen vier Jahre College absolviert; bis 1990 war dieser Wert für die gleiche Altersgruppe auf 31 Prozent gestiegen. Doch 1990 waren *jüngere* Männer weniger gebildet als die Generation zuvor: Nur 25 Prozent hatten vier Jahre College vollendet gegenüber 27 Prozent der gleichen Altersgruppe im Jahr 1980. Bei jungen Frauen hingegen hatte sich der Bildungsstand leicht erhöht: 1990 hatten 24 Prozent der 25- bis 34jährigen gegenüber 23 Prozent der 35- bis 44jährigen Frauen vier Jahre College absolviert. Ebd.
10. Zahlen aus »Unprotected: Jobless Workers«, Center on Budget and Policy Priorities, Washington, D. C., 1989.
11. Was genau darunter zu verstehen ist, läßt sich schwer definieren, doch habe ich meine eigenen Erfahrungen gemacht, die vielleicht etwas Licht auf die Angelegenheit werfen. Bei mehr als einer Gelegenheit wurde ich angeheuert, Vortrag vor Führungskräften der Wirtschaft zu halten, die nach zwei geistig erschöpfenden Stunden mit mir ein ähnlich rigoroses Ganztagsprogramm absolvierten: ein üppiger Lunch, gefolgt von Tennis oder Golf am Nachmittag, der dann in einer auserlesenen Cocktailstunde und einem fünfgängigen Dinner kulminierte.
12. L. A. Lillard und H. W. Tan: »Private Sector Training: What Are Its Effects?«, Bericht an das Handelsministerium, Rand Corporation, Santa Monica (Calif.) 1986.
13. Entgegen der Volksweisheit, daß Amerikaner zuwenig sparen und zuviel ausgeben, stieg der tatsächliche Konsum der unteren vier Fünftel der amerikanischen Bevölkerung während der 80er Jahre praktisch überhaupt nicht. Lediglich das oberste Fünftel der Haushalte erfuhr während dieses Zeitraums ein rasches Wachstum des Realkonsums. Siehe Robert R. Blecker: *Are We on a Consumption Binge? The Evidence Reconsidered*, Washington, D. C. (Economic Policy Institute), Januar 1990.

14. Fast die gesamte Summe wäre von den obersten 10 Prozent der Einkommensbezieher aufgebracht worden. Berechnungen aus *Inequality and the Federal Budget Deficit*, Washington, D. C. (Citizens for Tax Justice), März 1990.
15. Würden die Militärausgaben der Vereinigten Staaten im Verlauf der 90er Jahre schrittweise um etwa 50 Prozent reduziert, so beliefe sich die Gesamtersparnis bis zum Jahr 2000 auf nahezu 1 Billion Dollar.
16. Die Kosten der nach dem »Savings and Loan«-Dilemma fällig gewordenen Regierungsbürgschaften [nach der Deregulierung durch Präsident Reagan hatten sich Hunderte dieser Bauspar- und Darlehenskassen auf hochspekulative Bankgeschäfte eingelassen und waren pleite gegangen, der Staat muß für den entstandenen Schaden, schätzungsweise 500 Milliarden Dollar, einstehen – *Anm. d. Übers.*] habe ich in meine Berechnungen nicht einbezogen, da es sich bei dieser Summe lediglich um einen riesigen Geldtransfer von amerikanischen Steuerzahlern an andere Amerikaner handelt. So werden bei dieser Aktion nicht etwa knappe Geldmittel verbraucht, sondern lediglich umgeschichtet.

DIE HARTNÄCKIGKEIT DES RUDIMENTÄREN DENKENS

1. Die Frage, wie eng das Sparverhalten der Bevölkerung mit den Kapitalkosten (Zinsniveau) zusammenhängt, war während der 80er Jahre Gegenstand lebhafter Debatten. 1980 behaupteten Martin Feldstein und C. Horioka, es bestehe eine direkte Beziehung, Änderungen in der Sparrate wirkten sich drastisch auf die Inlands-Investitionsrate aus (»Domestic Saving and International Capital Flows«, *Economic Journal*, Vol. 90 [1980], S. 314–329). Doch mit der Erleichterung des internationalen Kapitalverkehrs und der Perfektionierung von Technologie und Infrastruktur der weltweiten Mobilität des Kapitals begannen sich die Kapitalkosten in den verschiedenen Ländern einander anzugleichen, so daß es 1990 zwischen den wichtigsten Industriestaaten kaum noch Unterschiede in den Kreditzinsraten

gab, solange die Verträge in einheitlicher Währung abgeschlossen wurden. In unterschiedlichen Währungen abgeschlossene Kreditverträge spiegelten natürlich auch weiterhin die jeweiligen Inflations- und Wechselkursrisken wider. Siehe J. Frankel: »Quantifying International Capital Mobility in the 1980s«, National Bureau of Economic Research, Arbeitspapier No. 2856, Februar 1989.

2. Natürlich verringert eine Zunahme der öffentlichen Ausgaben – oder ein Rückgang der Sparrate – in jedem einzelnen Land die Gesamtsumme der *weltweiten* Spareinlagen und bewirkt so einen leichten Anstieg der *globalen* Zinsraten.
3. Einführung zur Haushaltsvorlage 1991, 1. Februar 1990.

Die neue Gemeinschaft

1. Siehe »The Growth of Private Security«, in William C. Cunningham und Todd H. Taylor: *Private Security and Police in America*, Portland (Oregon) 1985. Siehe auch L. Uchitelle: »Sharp Rise of Private Guard Jobs«, *The New York Times*, 14. Oktober 1989, S. A16.
   Im öffentlichen Dienst verzeichnet indessen das Gefängnis-Wachpersonal eine der höchsten Wachstumsraten. Zwischen 1960 und 1980 verdoppelte sich die Zahl der Gefängnisinsassen in den Vereinigten Staaten; von 1980 bis 1990 verdoppelte sie sich abermals. Die American Correctional Association sagte eine weitere Verdoppelung bis 1995 voraus. (American Correctional Association, Report on the State of the Nation's Prisons, Januar 1990). 1989 wiesen die Ausgaben für den Strafvollzug in den Haushalten der Bundesstaaten die Kategorie mit den größten Wachstumsraten auf. Siehe E. J. Dionne, Jr.: »Prison Spending Rises Fastest in State Budgets«, *The New York Times*, 8. August 1989, S. A16.
2. Der Trend bestätigte sich in einer Reihe von Studien. Siehe z. B. Thierry Noyelle: *Beyond Industrial Dualism*, Boulder (Colo.) 1987; Saskia Sassen: *The Mobility of Labor and Capital*, Cambridge (Mass.) 1987; John Kasarda: »Dual Cities: The

New Structure of Urban Poverty«, *New Perspectives Quarterly*, Winter 1987.

3. Daten von John Kasarda: »Urban Industrial Transition and the Underclass«, *Annals of the AAPSS*, Januar 1989.
4. B. Frieden und L. Sagalyn: *Downtown, Inc.: How America Rebuilds Cities*, Cambridge (Mass.: MIT) 1989. Siehe auch J. Kasarda: »Economic Restructuring and America's Urban Dilemma«, in M. Dogan und J. Kasarda, Hg.: *Economic Restructuring and America's Urban Dilemma*, Beverly Hills (Calif.) 1988.
5. Siehe z. B. Paul Ong et al.: »Inequalities in Los Angeles«, Graduate School of Architecture and Urban Planning, University of California at Los Angeles, Juni 1989.
6. Siehe William Schmidt: »Riding a Boom, Downtowns Are No Longer Downtrodden«, *The New York Times*, 22. August 1989, S. A23.
7. »A Private Police Force Patrols Midtown Area«, *The New York Times*, 22. August 1989, S. A23.
8. U.S. Advisory Commission on Intergovernmental Relations: *Significant Features of Fiscal Federalism* (Ausg. 1988), Vol. 2, S. 115; siehe auch John Shannon: »Federalism's Fiscal Fable«, *Intergovernmental Perspective*, Sommer 1988, S. 22.
9. Steven D. Gold: »State Finances in the New Era of Fiscal Federalism«, in Thomas Swart, Hg.: *The Changing Face of Fiscal Federalism*, Armonk (N. Y.) 1990.
10. Siehe – generell – Helen Ladd: »State and Local Governments in the 1980s«, unveröffentlicht, Duke University, 2. Dezember 1989. Siehe auch »The State of the States«, National Council of State Governments, 1990 u. a. Jahrg.
11. *Statistical Abstract of the United States*, »Per Capita Money Income of 50 Largest Cities«, Tab. 732, S. 451; »Per Capita Money Income by State«, Tab. 731, S. 450, Washington, D. C., 1989. Siehe auch *Sourcebook of Demographics and Buying Power for Every Zip Code in the United States*, New York (CACI) 1989, 1990.

12. Michael de Courey Hinds: »After Renaissance of 1970s and 1980s, Philadelphia Is Struggling to Survive«, *The New York Times*, 21. Juni 1990, S. A16.
13. Für detailliertere Vergleiche zwischen amerikanischen Städten siehe Randall W. Eberts: »Public Infrastructure and Regional Economic Development«, *Economic Review*, Federal Reserve Bank of Cleveland, Vol. 26, No. 1 (Januar–April 1990), S. 15. In einer Reihe von Studien wurde einwandfrei nachgewiesen, daß die Höhe des öffentlichen Kapitalstocks in definitivem und wesentlichem Zusammenhang mit dem jeweiligen personellen Pro-Kopf-Einkommen steht. Siehe K. Duffy-Deno und R. Eberts: »Public Infrastructure and Regional Economic Development: A Simultaneous Equations Approach«, Arbeitspapier No. 8909, Federal Reserve Bank of Cleveland, August 1989; C. Hutton und R. Schwab: »Regional Productivity Growth in U.S. Manufacturing: 1951–1978«, *American Economic Review*, Vol. 74, No. 1 (März 1984), S. 152–162.
14. *Statistical Abstract*... (vgl. Anm. 11), Tab. 223, S. 137.
15. Daten aus der Zeitschrift *Boston*, September 1989, S. 144.
16. *Times Herald* (Dallas, Tex.), 26. Februar 1990, S. 5.
17. Ronald Reagan, Ansprache vor der Annual Concretes and Aggregates Convention, 31. Januar 1984.
18. Mario Cuomo, Rede vor dem Newsday Education Symposium, 4. März 1987.
19. Über die Neigung der Amerikaner zur Mobilität siehe U.S. Bureau of the Census, *Current Population Survey*, verschied. Jahrg. Siehe auch Michael Weiss: *The Clustering of America*, New York 1988, S. 30.
20. Weiss, a. a. O., S. 1 (vgl. Anm. 19).
21. Reagan, a. a. O. (vgl. Anm. 17).
22. George Bush, Rede vor dem Nationalkonvent der Republikanischen Partei zur Annahme der Präsidentschaftskandidatur.
23. Daten aus T. Odendahl, *Charity Begins at Home: Generosity and Self-Interest Among the Philanthropic Elite*, New York 1990, S. 12–27.

24. L. M. Salomon, J. C. Musselwhite, Jr. und C. J. DeVita: »Partners in the Public Service: Government and the Nonprofit Sector in the Welfare State«, *Working Papers*, Washington, D. C. (Independent Sector and the United Way Institute), 1986, S. 3–38.
25. »The Role of Business and Education: Blueprint for Action«, Business Round Table, Washington, D. C., September 1988. Siehe auch »Business Means Business About Education: A Synopsis of the Business Round Table's Company Educational Partnerships«, Business Round Table, Washington, D. C., Juni 1989.
26. Council of Economic Priorities: »Corporate America in the Classroom«, Januar 1990. Siehe auch »Giving in the U.S.A.«, American Association of Fund Raising Council, 1989.
27. Carin Rubenstein: »The Deadbeat of America«, *The New York Times*, 17. März 1990, S. A22.
28. »Significant Features of Fiscal Federalism«, Advisory Commission on Intergovernmental Relations, Washington, D. C., verschied. Jahrg.

DIE SEZESSIONSPOLITIK

1. Auffallend abwesend von der Gruppe der amerikanischen Halbleiter-Hersteller, die 1985 ursprünglich um Protektion nachsuchten, waren Motorola und Texas Instruments, die damals bereits große Mengen Chips in Japan produzierten – von denen sie einen Teil auch in die Vereinigten Staaten importieren wollten.
2. Ben Wattenberg und Karl Zinmeister, American Enterprise Institute Policy Conference, Dezember 1989.
3. Leitartikel, *The Wall Street Journal*, 2. Februar 1990, S. A8. Die Bush-Administration bot ähnlichen Rat: »Bei einer voraussichtlichen steigenden Nachfrage nach Facharbeitern in den kommenden Jahren kann das Land aus der Einwanderung nur um so größeren Nutzen ziehen.« Weiterhin empfiehlt der Bericht, »die Quoten für potentielle Einwanderer mit gehobe-

nen Grund- und Spezialkenntnissen zu erhöhen«. *Economic Report of the President*, Washington, D. C., Februar 1990.

4. Zur Methode, die Zahl illegaler Einwanderer zu schätzen, siehe George J. Borjas: *Friends or Strangers: The Impact of Immigrants on the United States Economy*, New York 1990, S. 22–31. Borjas stützt seine Schätzung illegaler Ausländer zum einen auf die Zahl der in Mexiko geborenen Personen, die in den Vereinigten Staaten sterben, zum anderen auf die Zahl derer, die beim illegalen Übertritt der Grenze zwischen Mexiko und den Vereinigten Staaten gefaßt werden. Wohlgemerkt bezieht sich diese Schätzung jedoch nur auf illegal eingewanderte Mexikaner; die Gesamtzahl illegaler Einwanderer liegt wesentlich höher.
5. U.S. Department of Justice, U.S. Immigration and Naturalization Services: *Statistical Yearbook of the Immigration and Naturalization Service*, Washington, D. C., 1990.
6. Studien haben erwiesen, daß die Durchschnittslöhne von in den Vereinigten Staaten geborenen Arbeitern auf Arbeitsmärkten mit starker Einwandererkonzentration nur unwesentlich niedriger sind (bereinigt nach Unterschieden in Schulbildung, Alter und Beruf). Siehe z. B. Jean B. Grossman: »The Substitutability of Natives and Immigrants in Production«, *Review of Economics and Statistics*, Vol. 64 (November 1982), S. 596–603; George J. Borjas: »The Sensitivity of Labor Demand Functions to Choice of Dependent Variable«, *Review of Economics and Statistics*, Vol. 69 (Februar 1986), S. 58–66; George J. Borjas: »Immigrants, Minorities, and Labor Market Competition«, *Industrial and Labor Relations Review*, Vol. 40 (April 1987), S. 382–392.
7. Siehe V. R. A. Teixera: *Why Americans Don't Vote: Turnout Decline in the United States, 1960–1984*, Westport (Conn.) 1987; Frances Fox Piven und Richard Cloward: *Why Americans Don't Vote*, New York 1989, S. 114f.; William Crotty: *American Parties in Decline*, Boston [2]1984, Kap. 1; Walter Dean Burnham: *The Current Crisis in American Politics*, New York 1982,

S. 172f.; Thomas Byrne Edsall: *The New Politics of Inequality*, New York 1984, bes. Kap. 5.

8. Richard Valelly: »Vanishing Voters«, *The American Prospect*, Vol. 1 (Herbst 1990), S. 140.
9. Daten von Federal Election Commission and Common Cause, 1989.
10. Siehe *The Economist*, 18. Februar 1989, S. 32; siehe auch James K. Jackson: »Japan: Increasing Investment in the United States«, Congress Research Service, Bericht No. 87-747E, Washington, D. C., 1987.
11. Eine analoge Situation zeigt die Größenordnung dieser Unterschiede auf. Als der Zeitpunkt gekommen war, sich die Fernsehübertragungsrechte für die Olympischen Spiele 1992 zu sichern, bewarb sich die Europäische Gemeinschaft als Ganzes, während in den Vereinigten Staaten jede Fernsehanstalt ein eigenes Gebot abgab. Beide Märkte verfügen in etwa über die gleiche Bevölkerungszahl und eine ähnliche Kaufkraft. Wegen der unterschiedlichen Aufgebotsverfahren erhielt jedoch die EG die Rechte für die Übertragung der Olympischen Spiele für nur 70 Millionen Dollar, während der Fernsehsender, der in den Vereinigten Staaten den Zuschlag erhielt, 700 Millionen Dollar bezahlen mußte, um die Olympischen Spiele in Amerika ausstrahlen zu können.
12. Diese Untersuchungen sind u. a. V. B. Agarwal: »Migration of Professional Manpower to the United States«, *Southern Economic Journal*, Vol.50 (Januar 1984), S. 814–830; W. Huang: »A Pooled Cross-Section and Time-Series Study of Professional Indirect Immigration to the United States«, *Southern Economic Journal*, Vol. 54 (Juli 1987), S. 95–109. Die »brain drain«-Wirtschaft wird behandelt in Walter Adams: *The Brain Drain*, New York 1968; und J. N. Bhagwati und M. Partington: *Taxing the Brain Drain: A Proposal*, Amsterdam (NL) 1976.
13. Mehrere Studien beschäftigen sich mit diesem Phänomen. Siehe z. B. George J. Borjas: *International Differences in the Labor Market Preferences of Immigrants*, Kalamazoo (Mich.;

W. E. Upjohn Institute for Employment Research) 1988, Kap. 9; D. Bloom und M. K. Gunderson: »An Analysis of the Earnings of Canadian Immigrants«, in R. B. Freeman, Hg.: *Immigration, Trade, and the Labor Market*, Chicago 1990; J. Edward Taylor: »Undocumented Mexico-U.S. Migration and the Returns to Households in Rural Mexico«, *American Journal of Agricultural Economics*, Vol. 69 (August 1987), S. 626–638.

WER SIND »WIR«?

1. Viel ist über den »Entwicklungsstand« des modernen Japan geschrieben worden. Südkorea und Hongkong, von orthodoxen Verfechtern der freien Marktwirtschaft einstmals als Modelle eines wirtschaftlichen Laissez-faire-Individualismus gepriesen, weisen bei näherer Betrachtung eine bemerkenswerte Ähnlichkeit mit ihrem fortgeschritteneren nördlichen Nachbarn auf. Siehe z. B. Alice Amsden: *Asia's Next Giant*, New York 1989; und M. Castells und L. Tyson: »High Technology and the Changing International Division of Production«, in R. Purcell, Hg.: *The Newly Industrializing Countries in the World Economy*, Boulder (Colo.) 1989. Österreich, die Schweiz und Schweden verfolgen zwar einen anderen Weg, doch zeichnen sich diese Länder ebenso durch interne Sozialverträge aus, welche den weniger begünstigten Bürgern die Anpassung erleichtern und dafür den begünstigteren Bürgern Opfer abverlangen. Siehe z. B. Peter Katzenstein: *Corporatism and Change: Austria, Switzerland, and the Politics of Industry*, Ithaca (N. Y.) 1989.
2. Siehe *Global Outlook 2000*, New York (Vereinte Nationen) 1990, S. 202–221, 285–297.
3. Michael Ignatieff: *The Needs of Strangers*, New York 1985, S. 29.
4. Jonathan Glover: »It Makes No Difference Whether or Not I Do It«, *Supplemental Proceedings of the Aristotelian Society*, New York 1975.

Weitere Quellen

Industrialisierung und Nationalismus

Braudel, Fernand: *Sozialgeschichte des 15.–18. Jahrhunderts*, 3 Bde., München 1985/86.

Hayes, Carlton J. H.: *The Historical Evolution of Modern Nationalism*, New York 1948.

Hobsbawm, Eric: *The Age of Empire, 1875–1914*, New York 1987.

Pollard, Sidney: *The Industrialization of Europe: 1760–1970*, Oxford 1981.

Shafer, Boyd C.: *Nationalism: Myth and Reality*, New York 1955.

Geschichte des Kernunternehmens in den Vereinigten Staaten

Chandler, Alfred: *The Visible Hand: The Managerial Revolution in American Business*, Cambridge (Mass.) 1977.

Galambos, Louis, und Joseph Pratt: *The Rise of the Corporate Commonwealth*, New York 1988.

Hartz, Louis: *The Liberal Tradition in America*, New York 1955.

Horowitz, Morton: *The Transformation of American Law: 1780–1860*, Cambridge (Mass.) 1977.

Hughes, Jonathan R. T.: *The Governmental Habit: Economic Controls from Colonial Times to the Present*, New York 1977.

McConnell, Grant: *Private Power and American Democracy*, New York 1966.

McCraw, Thomas: »Rethinking the Trust Question« in ders., Hg.: *Regulation in Perspective*, Cambridge (Mass.) 1981.

– *Prophets of Regulation*, Cambridge (Mass.) 1984.

Weinstein, James: *The Corporate Ideal in the Liberal State, 1900–1918*, Boston 1968.

Das amerikanische Unternehmen des 20. Jahrhunderts in politischer Perspektive

Hawley, Ellis: *The New Deal and the Problem of Monopoly*, Princeton 1966.

Hofstadter, Richard: *The Age of Reform*, New York 1955.

Hurst, James Willard: *Law and Markets in U.S. History*, Madison (Wisc.) 1981.

Symbolanalytische Zonen

Doeringer, Peter et al.: *Invisible Factors in Local Economic Development*, New York 1987.

Dorfman, Nancy: »Route 128: The Development of a Regional High Technology Center«, *Research Policy*, Vol. 12 (1983), S. 299–316.

Hall, M.: *Made in New York*, Cambridge (Mass.) 1959.

Harrison, Bennett: »Regional Restructuring and Good Business Climates: The Economic Transformation of New England«, in L. Sawers und W. Tabb, Hg.: *Sunbelt/Snowbelt*, New York 1984.

Markusen, Ann: »Defense Spending and the Geography of High Technology Industries« in John Rees, Hg.: *Technology, Regions, and Policy*, Totowa (N.J.) 1986.

Miller, R., und M. Cote: »Growing the Next Silicon Valley«, *Harvard Business Review*, Juli–August 1985, S. 114–123.

Saxenian, Annalee: »The Urban Contradictions of Silicon Valley: Regional Growth and the Restructuring of the Semiconductor Industry«, in Sawers/Tabb, Hg., *Sunbelt/Snowbelt*, New York 1984.

U.S. Congress, Office of Technology Assessment: *Technology, Innovation, and Regional Economic Development*, Washington, D. C., 1987.

Vernon, Raymond: *Metropolis 1985*, Cambridge (Mass.) 1960.

Erziehung zum kritischen Denken

Kolb, David Allen: »On Management and the Learning Process«, in ders. et al., Hg.: *Organizational Psychology: A Book of Readings*, Englewood Cliffs (N. J.) [2]1974.

Resnick, Lauren: *Education and Learning to Think*, Washington, D. C. (National Academy), 1987 ([5]1990).

Schon, Donald A.: *The Reflective Practitioner: How Professionals Think in Action*, New York 1983.

Whimbey, A., und J. Lockhead: *Problem-solving and Comprehension*, Philadelphia (Franklin Institute) 1982.

Interviews mit Vertretern privatwirtschaftlicher Unternehmen

Aries Computer – Arthur Anderson & Company – AT&T – AT&T Bell Laboratories – Atex Corporation – Bell South – British Steel – Bull HN – Burlington Northern Corporation – Cargill – La Cie Minière Québec – Cincinnati Milacron Inc. – Consolidated Edison – CSX Corporation – Erving Paper Mills – First Bank of Minneapolis – First Commercial Bank of Arkansas – Frito-Lay – Fujisankei Communications – Fujitsu Microelectronics Inc. – General Foods Corp. – GTE Inc. – Honeywell Inc. – IBM – IBM Canada – Imo Deleval Inc. – John Hancock Mutual Life Insurance Co. – Kendall Corp. – Loram Companies – McKinsey & Company – NEC Corporation – Newmont Mining Corp. – Newsday Corp. – Onex Corp. – Polysar Inc. – Prescott Ball & Turben Inc. – Prime Computer Inc. – R. R. Donnelly Inc. – Sara Lee Corp. – Schott America Inc. – Scotts Hospitalities (Canada) – Shamrock Holdings Corp. – Sony – Square D Corp. – Steelcase Corp. – Sun Chemical Corp. – Touche Ross Inc. – Towers Perrin Company – The Williams Companies – Wyatt Company.

Interviews mit Vertretern öffentlicher Organe

Association des Directeurs de Recherche Industrielle du Québec, Kanada – Ministerium für wirtschaftliche Entwicklung des Commonwealth von Kentucky – Ministerium für wirtschaftliche Entwicklung des Commonwealth von Massachusetts – *Growth Opportunity Alliance of Lawrence, Massachusetts – Industrial Development Research Council of San Antonio, Texas* – Industriegewerkschaftliche Abteilung der *American Federation of Labor – Congress of Industrial Organizations (AFL-CIO)* – Internationale Handelskommission der Vereinigten Staaten – Finanzministerium, Japan – Ministerium für internationalen Handel und Industrie, Japan – *Office of Employee Relations* des Staates New York – *Port Authority of New York and New Jersey* – Regierungsbehörden der Provinz Ontario, Kanada – *Science and Engineering Council of Great Britain* – Handelsministerium des Staates Michigan – *Bureau of Mediation Services* des Staates Minnesota – *La Secretaría de Programacida y Presupuesto de México – U.S. Trade Representative – Western Pennsylvania Advanced Technology Center.*

Danksagung

Dieses Buch ist das Ergebnis jahrelanger Forschungen, Interviews und Diskussionen mit Persönlichkeiten, deren Erkenntnisse aus jeder Seite hervorscheinen. Ihnen allen einen angemessenen Dank auszusprechen würde das halbe Buch füllen. Einige von ihnen haben verantwortungsvolle Positionen in der Wirtschaft und Regierung des In- und Auslandes inne. Ich führe im Anhang die privaten und öffentlichen Institutionen auf, denen sie angehören, habe jedoch in den meisten Fällen davon Abstand genommen, sie im Text namentlich zu erwähnen. Bei anderen handelt es sich um Wissenschaftler und Akademiker, die weniger empfindlich sind, wenn es darum geht, ihre Verdienste gebührend hervorzuheben. Jack Donahue, David Ellwood, Bill Hogan, Lawrence Katz, Frank Levy, John Meyer, David Riesman, Dani Rodrik, Robert Solow, Laura D'Andrea Tyson, Raymond Vernon und Shirley Williams leisteten wertvolle Beiträge zu früheren Entwürfen. Des weiteren möchte ich mich bei mehreren fleißigen Studenten bedanken. Paul Ameer, Karen Kornbluh, Tom Pendry und Kim Walesh haben mit Beharrlichkeit die obskursten Daten und Quellen ausfindig gemacht. John Heilemann hat meine Prosa und meine Gedanken so elegant zurechtgefeilt, daß er mir die Erkenntnis ersparte, wie stumpf sie anfänglich waren. Diverse Freunde überzogen meine früheren Entwürfe mit jener Art vernichtender Kritik, die man sich nur von wahren Freunden erhoffen kann. Hierbei haben James Dillon, Doug Dworkin, John Isaacson, Marc Lackritz, Bennett Marks, Dorothy Robyn und Eric Tarloff ihre gewohnte Rolle gespielt. Robert Wright und Martin Peretz von *The New Republic*, Alan Webber vom *Harvard Business Review* sowie Jack Beatty und Bill Whitworth von *The Atlantic* haben mich dazu ermuntert, frühere Versionen verschiedener in diesem Buch enthaltener Ideen weiterzuentwickeln. Katie McDermott, Margaret Brooke, Scott Samenfeld und Alison

Thompson lieferten die dringend benötigte technische Unterstützung; Jeff Faux und das Economic Policy Institute die dringend benötigte finanzielle Unterstützung; Rafe Sagalyn und Bill Leigh den dringend benötigten Rat. Die ganze Zeit über ertrug Clare Dalton meine obsessiven Grübeleien und versicherte mir, daß das Fieber vorübergehen werde. Nicht zuletzt bin ich wieder einmal meinem Lektor und Freund Jonathan Segal für seinen Zuspruch, seine Umsicht und Freundlichkeit zutiefst verpflichtet.

ROBERT B. REICH
Cambridge, Massachusetts